골 턴 에서 말랜드 까지

영재교육을 이끈
세기의 학자들

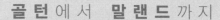

Ann Ribinson · Jennifer L. Jolly 공편
박경빈 · 길경숙 · 김명숙 · 김판수 · 류지영 · 박명순 · 박혜원
변순화 · 안도희 · 윤여홍 · 이미순 · 임호찬 · 전미란 · 태진미 공역

A Century of Contributions
to Gifted Education

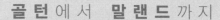

학지사

역자 서문

지금은 영재교육과 관련된 책들은 많이 볼 수 있지만 우리나라에 영재교육이 처음 태동할 때만 해도 관련 서적을 찾거나 소개하기가 무척 어려웠던 기억이 아직도 생생하다. 이제 「영재교육진흥법」도 통과된 지 20년이 가까이 되고, 영재교육과 관련된 다양한 이론과 프로그램을 소개하는 책자들을 쉽게 볼 수 있게 되었다.

2014년, Wallace Symposium에서 영재교육 전문가들과 이야기를 나누는 와중에 이 책에 대해 알게 되었다. 그 당시 책이 나온 지 얼마 되지 않았음에도 불구하고 많은 사람이 이 책을 매우 높게 평가하며 소개해 주었다. 또 마침 이 책의 저자인 Ann Robinson을 만났고, 책을 쓰기 위해 자료를 모으는 데 어려웠던 일들과 원고를 쓰면서 보람을 느꼈던 일들을 들으며, 이 책 한 권이 만들어지기까지 많은 사람의 인생이 여기에 녹아 들어가 있음을 실감했다. 무엇보다도 이 책의 내용이 또 하나의 이론서가 아닌 그 이론을 창안해 낸 사람의 배경과 철학 그리고 경험을 다루고 있다는 점이 무척 신선했다. 우리가 교과서를 통해서 배운 이론들이 어떻게 해서 탄생했는지를 생생하게 그려 볼 수 있다는 점이 다른 어떤 책들보다 이 책이 영재교육의 발달 과정을 흥미롭게 배울 수 있는, 차별화되는 점이라 확신한다. 각 이론의 창시자들의 배경을 알면 그 이론을 더 잘 이해할 수 있을 것이다.

우리 인류는 과거를 보고 미래를 예측해 왔다. 뉴턴은 "내가 더 멀리 본 적이 있다면 그것은 거인들의 어깨 위에 서 있었기 때문이다."라고 말했다. 이 책은 영재교육 분야뿐만 아니라 심리학, 교육학, 행정학, 창의성, 또 학문적 성취와 같은 분야에 관심이 있는 모든 사람에게 도움이 될 것으로 믿는다.

이 책에는 서양에서 영재교육의 토양을 다져 온 이론가들의 인생이 담겨 있다. 이 땅 한국의 영재교육 전문가들이 마음을 모아 그 내용을 우리의 후배들에게 전달하고자 한다. 그 노력에 많은 분이 함께 참여해 주었다. 이 책은 서문 및 저자 소개(류지영), 제1장 전기, 역사 그리고 선구적인 생각들(전미란), 제2장 프랜시스 골턴(박명순), 제3장 알프레드 비네(안도희), 제4장 윌리엄 에드워드 버거트 두 보이스와 재능 있는 10프로(임호찬), 제5장 위대한 연구자, 제6장 루이스 터먼(박혜원), 제7장 리타 스테터 홀링워스(윤여홍), 제8장 캐서린 모리스 콕스 마일즈와 다른 이들의 삶(길경숙), 제9장 창의성, 문화 다양성, 위기(박명순), 제10장 폴 위티, 제11장 마틴 D. 젠킨스(김판수), 제12장 캘빈 테일러(김명숙), 제13장 창의성에 대한 이해를 조명한다(박경빈), 제14장 카지미어즈 다브로프스키(윤여홍), 제15장 실제, 옹호 그리고 정책 세우기(태진미), 제16장 미리엄 골드버그(류지영), 제17장 A. 해리 파소(전미란), 제18장 버질 S. 워드, 제19장 루스 메이 스트랭(변순화), 제20장 앤 파베 아이작스(태진미), 제21장 메리 M. 미커, 제22장 시드니 P. 말랜드 주니어(이미순), 제23장 지난 1세기 영재교육 분야에 기여한 인물들에 대한 소회(안도희)로 이루어져 있다. 각 장은 필자를 포함한 14명의 영재교육 분야 전문가들이 번역을 함께하였다.

마지막으로, 책 전체의 흐름과 통일성을 봐 주신 에반이즈의 김영연 실장님, 역자가 여러 명이다 보니 책을 내는 과정에 굴곡들이 있었음에도 차분히 기다려 주고 꼼꼼히 살펴 준 학지사 오희승 대리님께 심심한 감사의 마음을 전한다. 끝으로 이 책의 출판을 위해 기다려 주신 학지사 김진환 사장님께 깊은 감사를 드린다.

2016년 8월
역자 대표 박경빈

감사의 글

우선, 연대기적 연구를 가능하게 해 준 연구원들과 도서관 사서분들께 무한한 감사를 드린다. 터먼(Terman), 콕스 마일즈(Cox Miles)와 홀링워스(Hollingworth)의 문서들에 대해 전문적인 도움을 주었던 애크런 대학 심리역사 센터(Center for the History of Psychology)의 연구원인 리제트 로이어 바턴(Lizette Royer Barton)에게 감사하며, 그 내용을 입증하기 위해 캐서린 콕스 마일즈(Catharine Cox Miles)의 동영상을 점검해 준 대니얼 존슨(Daniel Johnson)에게도 감사를 전한다. 또한 해리 파소(Harry Passow)와 미리엄 골드버그(Miriam Goldberg), 그리고 루스 메이 스트랭(Ruth May Strang)과 관련된 문서에 도움을 준 고츠먼(Gottesman) 대학 기록실의 제니퍼 고번(Jennifer Govan)과 브라이언 휴즈(Brian Hughes)에게도 감사한다. 마틴 젠킨스(Martin Jenkins)의 사진이 있는 인디애나 대학 서고의 폴 맥닐(Paul McNeil)과 W. E. B. 두보이스(W. E. B. Dubois) 사진들을 지원해 준 매사추세츠 대학의 앤 L. 무어(Anne L. Moore)에게도 감사한다. 조지아 대학의 도서관에 근무하는 칼라 버스(Carla Buss), 스킵 휼렛(Skip Hulett), 척 바버(Chuck Barber)는 토랜스(Torrance)의 초기 자료들을 지원해 주었다. 또한 유타 대학 J. 윌러드 메리엇(J. Willard Marriott) 도서관 서고의 클린트 베일리

(Clint Bailey), 신시아 모건(Cynthia Morgan)과 서고에 출입을 허가해 준 기록 팀에게도 감사한다. 마지막으로, 우리는 프랜시스 골턴(Francis Galton) 경과 관련된 이미지들을 지원해 준 유니버시티 칼리지 런던 특별전시관의 댄 미첼(Dan Mitchell)에게도 감사의 말을 전하고자 한다.

우리는 아주 많은 동료와 친구 그리고 가족의 도움을 받았다. 엘리스 올리브 존스(Ellis Olive Johns)는 캐서린 콕스 마일즈(Catharine Cox Miles)에 대한 우리의 질문들에 친절히 대답해 주었고, 마이클 파소(Michael Passow)는 그의 아버지인 해리 파소가 동료였던 에이브러햄 타넨바움(Abraham Tannenbaum) 박사에게 했던 것처럼 여러 질문에 성심껏 답해 주었다. 우리는 또한 파소 박사 부부와 골드버그(Goldberg)의 사진을 찾는 데 성심을 다해 준 교육과정학과의 마조리 시걸(Marjorie Siegel)에게 감사한다. 모리스 피셔(Maurice Fisher) 박사는 버질 스콧 워드(Virgil Scott Ward)에 대한 정보를 알려 주었고, 레베카 워드(Rebecca Ward)는 아버지의 논문들을 잘 안내해 주었으며, 우리에게 좋은 정보를 많이 제공해 주었다. 캐시 커니(Kathi Kearney)는 개인적인 소장품인 리타 홀링워스(Leta Hollingworth)와 아이들의 사진들을 많이 제공해 주었다. 개인적인 소장 자료들을 제공해 주신 세르주 니콜라(Serge Nicolas)와 프랑스 낭시 시에 있는 비네 기록관(Binet Archives)의 베르나르 앙드리외(Bernard Andrieu)에게도 감사를 드린다. 또한 폴 위티(Paul Witty)에 관한 이야기들과 기억들을 나누어 주는 데 많은 시간을 할애해 주신 월터 바브(Walter Barbe) 박사에게도 감사의 말을 전하고 싶다.

미국영재학회(National Association for Gifted Children)에서 제공한 자료들과 사진들, 앤 파베 아이작스(Ann Fabe Isaacs)를 더욱 잘 이해하도록 도와주신 낸시 그린(Nancy Green), 제인 콜라렌바크(Jane Clarenbach), 앤디 바셋(Andy Bassett)과 캐런 오호(Karen Yoho)에게도 감사드리고 싶다.

루틀리지(Routledge) 출판사 편집 팀의 전문가들에게도 감사한다. 빛을 밝혀 주는 삶(Illuminating Lives) 프로젝트 초기에 보여 주었던 레인 에이커스(Lane Akers)의 관심에도 감사하고, 이 작업들을 끝낼 수 있도록 이끌어 준 알렉스 매슐리스(Alex Masulis)와 메들레인 햄린(Madeleine Hamlin)에게도 감사의 말을 전하지 않을 수 없다.

마지막으로, 이 프로젝트는 리틀록 시에 있는 아칸소 대학의 조디 마호니 센터 (Jodie Majony Center)에 근무하는 베키 로저스(Becky Rogers), 크리스타 스미스(Krista Smith), 폴레트 에디슨(Paulette Edison)의 헌신적인 도움 없이는 불가능했다. 이 책의 각 장들을 완성시키는 데 보여 준 공저자들과 데비 데일리(Debbie Dailey)의 노력은 그들이 얼마나 끈기 있는 연구자인지를 증명해 주는 좋은 계기가 되었다. 돌이켜 보면, 우리 모두는 다 같이 영재교육의 일대기병에 걸린 것 같았다.

아칸소 리틀록에서 앤 로빈슨(Ann Robinson)
로스앤젤레스 배턴루지에서 제니퍼 L. 졸리(Jennifer L. Jolly)

영재교육 이론가들의 삶

[그림 1.1] Alfred Binet와 그의 딸들 Madeleine과 Alice
[Serge Nicolas의 개인 소장]

[그림 1.2] Kazimierz Dabrowski
[Sal Mendaglio의 개인 소장]

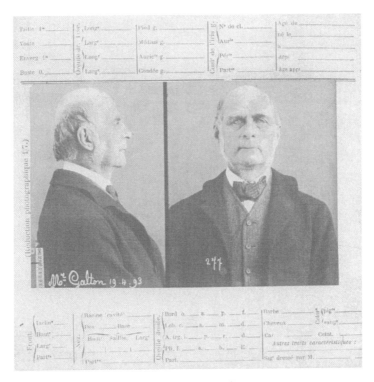

[그림 1.3] 1983년 베르티용의 실험실에 있는 Francis Galton의 카드
[센트럴 런던 대학]

[그림 1.4] Leta S. Hollingworth와 스파이어 학교 학생들
[Kathi Kearney의 개인 소장]

[그림 1.5] Ann Fabe Isaacs
[국립영재학회]

[그림 1.6] 1960년 W. E. B. Du Bois, Martin Jenkins,
그리고 Shirley Graham Dubois(왼쪽부터 오른쪽으로)

[그림 1.7] Sidney P. Marland Jr.
[후버 연구소]

[그림 1.8] 미국 프렌드 교회 사회복지 사업회 공급 구역에서
Catharine Cox(후에 Miles로 바뀜)와 독일 아이들
[미국심리학사 기록보관소]

[그림 1.9] 1991년 4월 Harry Passow의 은퇴 기념 파티에서 『재능청소년을 위한 계획서
(Planning for Talented Youth)』 저자 네 사람 중 세 사람
(왼쪽부터 오른쪽으로: A. Harry Passow, Miriam Goldberg, Abraham J. Tannenbaum)
[Marjorie Siegel의 개인 소장]

[그림 1.10] Paul Witty
[노스웨스턴대학 도서관]

[그림 1.11] Carl Taylor
[Rebecca Odoardi의 개인 소장]

[그림 1.12] E. Paul Torrance
[Tom Hebert의 개인 소장]

[그림 1.13] Virgil S. Ward0
[Rebecca Ward의 개인 소장]

[그림 1.14] Ruth May Strang
[교육대학 고츠만 도서관]

[그림 1.15] 1917년 5월 28일 사범대학 고츠만 도서관 심리학 시험 위원회
(뒷줄 왼쪽부터 오른쪽으로: Frederick Wells, Guy M. Whipple, Robert Yerkes, Walter Bingham, 그리고
Lewis M. Terman; 앞줄 왼쪽부터 오른쪽으로: Edgar Dill, Henry Goddard, 그리고 Thomas Haines)
[미국심리학사 기록보관소]

[그림 1.16] 1907년 W. E. B. Du Bois
[매사추세츠대학교 애머스트 캠퍼스 W. E. B. Dubois
도서관의 특별소장 및 대학 기록보관서 부서]

서 문

Abraham J. Tannenbaum
컬럼비아 대학교 사범대학
교육심리학과 명예교수

이 책이 발간된다는 말을 들었을 때 몇 가지 이유로 매우 기뻤다. 첫째, 내 친구이자 멘토인 해리 파소(Harry Passow)가 여기에 포함되어 있다. 나는 아직도 그의 연구 조교가 되기 위해 인터뷰했던 그날을 생생히 기억한다. 해리와 함께, 이 책에서 다룬 또 한 분인 유쾌한 미리엄 골드버그(Miriam Goldberg)와 함께 일한 것은 우리가 영재 학생 프로젝트를 시작할 때처럼 보석 같은 기억으로 영원히 남을 것이다. 둘째, 앤 로빈슨(Ann Robinson)과 일하는 것이 즐거웠고 그녀가 이 분야의 중요한 리더가 되는 것을 보는 것이 매우 즐겁다. 마지막으로, 무엇보다 중요한 것은 이 책은 과거의 연구와 현재의 연구, 그리고 미래의 연구들을 통하여 영재교육을 이루어 가는 데 도움이 될 것이라는 것이다. 위인들의 일대기에 대한 관심은 이 분야의 초창기 교육과정에 공헌을 하였던 많은 분 중 한 명의 역사에 관심을 가진다는 말이다. 리타 홀링워스(Leta Hollingworth)의 가르침을 받은 영재들은 위인들의 전기를 공부하였고 그들에 대한 학습이 창의적인 산출물로 발현되도록 지금까지 잘하고 있다. 영재교육과정은 주로 모든 영역의 지도자와 공헌자들에 대한 연구를 담고 있다. 이 책에 있는 저자들은 영재교육 탄생의 전체적인 개요를 알 수 있는 연대기적 연구 도구를 사용하여 원천적인 자료들을 제시함으로써 이런 것들을 가능하게 만들었다.

역사를 탐구하는 분야는 보다 나은 미래를 구성해 갈 기회가 더 많다. 이 책에서 앤 로빈슨과 제니퍼 L. 졸리(Jennifer L. Jolly)는 독특한 학자적 탐구로 영재교육의 중요 연구들과 막대한 규모의 연구물들, 그리고 이데올로기적인 매력과 성취들에 중요한 공헌을 한 사람들의 삶과 업적을 정립시켰다.

역사와 문서화된 연구, 일대기적 자료들과 전략들의 렌즈를 통하여, 이 책의 저자들은 이 분야를 형성하는 데 중요하고도 재미있는 사상가들과 활동가들의 모습을 잘 나타내고 있다. 각 장은 증명할 수 있는 문서들과 보전되어 있는 개인적인 소장품들을 바탕으로 각 인물들의 삶에 초점을 두고 있다. 이 책에 언급된 몇 분의 주요 학자들은 학문의 새로운 지평을 넓히고 사고 학파들의 영향을 받은, 널리 알려진 심리학자와 교육학자들이다. 다른 학자들도 다양한 연구로 심리학이나 교육학에 공헌을 하였다. 이 중 몇 분은 창의성에 대한 연구와 창의적인 삶을 통해 이 분야에 공헌을 하고 있으며, 아직도 몇 명은 영재교육 지원, 법률, 행정 등을 통한 실제와 철학적 작업으로 이 분야에 공헌하고 있다.

초기 100년의 영재교육 역사를 쭉 살펴보면서, 지금도 진행되고 있는 여러 논쟁이 더 잘 평가되고, 21세기의 정치적인 도전을 명확히 하여야 한다는 생각이 든다. 이 책은 일반적인 교육에 종사하는 사람들에게도 매우 유용하다.

지난 영재교육에 대한 저자들의 통찰력 있는 해석을 통해 밝혀진 학문의 숨은 보석은 일반교육과 영재교육 전문가들 사이에 필요한 협업을 강화하는 데 도움을 줄 것이다. 아마도 미래에는 다음의 이슈가 가장 대두될 것으로 보인다. 그것은 영재성은 평등함과 양립할 수 없다는 것이다. 평등에 대한 재해석을 통해 영재성을 이해하려고 노력을 많이 하지만 영재학생들의 특별한 요구에 맞는 적절한 교육을 받는 것이 그들의 권리를 동등하게 행사하는 것으로 인식되지 않는 한, 이는 쉽사리 인정되기 힘들 것이다.

Julia Link Roberts 교육학 박사
웨스턴 켄터키 대학
영재교육 Mahurin 교수
특수교육학회 영재교육분과 회장

이 책의 서문을 쓰게 되어 매우 영광으로 생각한다. 앤 로빈슨(Ann Robinson)과 제니퍼 L. 졸리(Jennifer L. Jolly)는 이 책의 중요한 저자이면서 주요 편집자다. 그들은 영재교육 분야의 어떤 사람도 이보다 더 나을 수 없을 정도로 이 책을 잘 정리해 주었다. 이는 매우 뛰어난 학자들을 저자집단으로 모았으며, 영재교육에 매우 중요한 인물들을 저술하는 데 책임을 지고 있다는 말이다.

이 책은 영재교육 분야에 중요한 공헌을 하고 있다. 영재교육 역사를 만든 18명의 심리학자와 교육자의 삶에 빛을 제시하면서 그들을 새로이 조명하고 있다. 각 장은 문서들이나 주요 자료들에서 발견한 정보들을 보여 주고 있다. 영재교육 분야의 초기 공헌자들 중 몇 분에 대해서는 이 책이 나오기 전에는 매우 제한된 내용의 업적만 알려져 있었다.

이 책의 특이한 공헌 중 하나는 프랜시스 골턴(Francis Galton)의 『유전적 천재(Hereditary Genius)』의 발간부터 시드니 P. 말랜드(Sidney P. Marland)의 국회 보고서까지를 잇는 100년보다 훨씬 이전 학자들에 대한 정보를 모으는 데 사용한 학문적 테크닉에 있다. 저자들은 영재교육 분야에 대한 중요한 여러 업적의 공헌을 부각하기 위해 연대기적 연구와 문서 연구를 실시하였다. 이런 연구 기술들은 비록 새로운 것은 아니지만, 영재교육에서는 거의 사용되지 않았던 것들이다.

연구 분야는 시초에 대한 이해로부터 중요성을 갖게 된다. 이 책은 영재교육 초기에 중요한 공헌을 하였던 학자들인 '계몽자'들을 보여 주면서 영재교육의 격차를 없앴다. 나는 이 작업에 대한 주요 내용으로 여러 나라의 교육학자들과 심리학자들을

포함시킬 것을 제안하였으며, 편집자들도 국제적인 저자들을 포함시켰다. 전 세계의
역사를 통해 영재교육에 공헌을 한 사람들을 연구하는 것은 매우 중요한 일이다.

이 훌륭한 책의 발간을 다시 한 번 축하한다.

Tracy L. Cross 박사
윌리엄 메리 대학
심리와 영재교육 학과
Jody and Layton Smith 교수
미국영재학회 회장

어떤 학문 영역이 가치롭고, 풍요롭고, 중요하다고 기술될 정도로 인정받게 되는
시기는 언제일까? 나는 바로 지금 영재교육 분야가 그런 시기라고 주장하고 싶다. 영
재교육 혹은 영재학 혹은 재능교육 등 무엇이라 부르든 상관없이, 우리 분야는 성공
과 실패의 역사적 공헌들이 포함된 매우 중요한 현실들을 지나왔다. 영재에 대한 중
요한 질문들을 추구해 온 위대한 사상가와 연구자들의 역사적 공헌을 점검하고 추적
하는 것이 바로 앤 로빈슨(Ann Robinson)과 제니퍼 L. 졸리(Jennifer L. Jolly)가 이 책에
서 한 일이다. 이 책에서는 죽은 자들을 깨워서, 우리 분야에서 중요한 역할을 한 사
람들의 알려지지 않은 일부 작업까지도 끌어들였다. 이 책은 매우 적은 사람들에 의
해 부분적으로 모호하지만 여러 다양한 방법으로 이런 학자들의 작업을 알려 주고
있다. 아마도 이 책의 가장 위대한 교훈은 우리가 얼마나 많이 알게 되었는지와 상관
없이, 우리의 선지자들 중 몇 분은 우리가 상상할 수 있는 것보다 더 어두운 길을 헤
쳐 나와 오늘을 있게 해 주었다는 사실을 알려 줌으로써 우리에게 겸손함을 가르친
다는 것이다.

프랜시스 골턴(Francis Galton) 경에서부터 비네(Binet)와 다브로프스키(Dabrowski),

로빈슨(Robinson) 박사 부부와 졸리까지 이들은 모두 이 분야의 선지자이자 어머니로서 풍부한 연구를 통하여 우리에게 환상적인 지적 산책을 가능하게 하였다. 루이스 터먼(Lewis Terman), 캘빈 테일러(Calvin Taylor), 리타 홀링워스(Leta Hollingwoth)와 같은 고매한 학자들이 생활에서 어떤 일을 했는지를 기술하는 한편, 폴 위티(Paul Witty)나 마틴 젠킨스(Martin Jenkins), 미리엄 골드버그(Miriam Goldberg)와 같이 매우 훌륭하지만 다소 덜 알려진 선구자들도 함께 다루고 있다. 이 책은 이 분야를 보다 구체적으로 알게 하여 겸손해지게 함은 물론, 이 분야를 정교히 이해하는 데 큰 도움을 줄 것이다. 이 책은 단지 하나의 책을 읽었다는 성취감뿐 아니라, 이 분야의 미래를 상상하는 데에도 도움을 줄 것이다. 미래를 위해 밝은 빛을 비추어 준 뛰어난 학자들인 이 책의 저자들과 이 책을 하나로 엮는 데 전문적인 지식을 제공해 준 동료들에게 진심으로 경의를 표하고 싶다.

차 례

전기, 역사 그리고 선구적인 생각들
빛을 밝혀 주는 삶

Ann Robinson

위인전의 비밀은 재능과 성취 사이의 관계를 밝히는 데 있다. 만약 그 사람이
한 일과 그 일을 가능하게 했던 삶 사이의 접점을 밝히지 못한다면, 위인전도
쓸모없는 이야기가 될 것이다.

— 에델(Edel, 1985, para. 41).

　영재교육은 확실히 신생 분야다. 아무리 고대 그리스의 천재들이 명철한 예언을
했고(Grinder, 1985), 다양한 사회 변화에 맞추어 준비해야 한다는 플라토닉 견해가 나
오기도 하였으며(Tannenbaum, 2000), 18세기에는 아동의 평가와 교육에 대한 정책 사
례 보고서를 내놓기도 하였지만(Shi & Zha, 2000), 탁월함, 영재성, 신동, 재능 등에 대
한 현대적인 과학적 접근은 19세기에 이르러서야 심리학의 별도의 관심사로 떠오른
것이다. 특히 1869년 골턴(Galton) 경의 『유전하는 천재(Hereditary Genius)』라는 책의
등장부터 1972년 미국 의회에 제출된 교육위원회의 '말랜드(Marland) 보고서' 까지

103년 동안은 재능 개발에 힘써야 한다는 주장과 그런 주장을 제시 · 적용 · 발전시킨 사람들로 가득 찼다. 이 책에서는 독자들에게 이 기간 동안에 영재교육에 기여한 인물들을 놀랍게 분석해 주고 있는 것을 볼 수 있다. 책 한 권 분량으로 나온 것도 처음이었으며 100여 년 동안 영재교육의 이론과 실제에 기여한 주요 인물들을 매우 잘 다루고 있다. 비록 미국 남북전쟁 4년 후에 시작된 영국에서의 출판에 대한 이야기에서 시작하여, 미국의 영재학생들을 위한 정치적 · 교육적 행동주의에 맞추어 미 의회에 제출된 보고서로 끝을 맺고는 있지만, 이 책에 등장한 주요 인물들은 다양한 나라와 문화를 대표한다. 그렇기 때문에 주요 인물이나 그들을 다룬 작가들 중에는 외국인들도 많이 포함되어 있다. 이렇게 국제적인 시야를 가지는 것은 영재교육을 더 폭넓게 이해하는 데 중요한 역할을 할 것이다.

선별 기준

한 권에 담기에는 훌륭한 후보자들이 너무나도 많기 때문에, 인물을 선정하기 위해 확실한 기준을 사용하였다. 골턴(Galton)으로 시작하여 말랜드(Marland)로 끝내기로 한 것은 다소 의도적이었다. 왜냐하면 이 기간이 영재교육에서는 중요한 역사적 흐름을 나타내기 때문이다. 탁월함을 다루는 초기 연구나 두뇌를 측정하려는 시도, 창의성에 대한 과학적 연구에 대한 관심, 문화적 다양성에 대한 관심, 의도적 지지를 통한 영재교육 확립, 학교에서의 재능 개발 프로그램이나 커리큘럼에 대한 관심 등이 그것이다.

이 책에 나오는 주요 인물은 세 가지 확실한 기준을 기반으로 선정하였다. 첫째, 사망한 지 적어도 7년이 되어 이 책이 출판될 때쯤에는 최소 사망한 지 10년이 되도록 하였다. 10년 기간을 택한 이유는 주요 인물과 연구자 사이에 어느 정도 분석적인 거리를 두어 개념적인 혼란을 줄이기 위함이며 또한 살아 있는 가족들의 감정을 존중하기 위해서다. 둘째, 주요 인물은 반드시 이론적이거나 실제적으로 영재교육에 근본적인 기여를 했어야 한다. 예를 들면, 지능, 창의성, 동기, 커리큘럼 등에 대한 이론을 정립하거나 실제 지지 기반을 세우는 것을 말할 수 있겠다. 말하자면 이론을 제기했거나, 실증적인 연구를 많이 했거나, 영재교육이 기반을 잡는 데 지대한 공헌을 했거나, 실제로 교육 현장에서 중요한 역할을 했을 때 두 번째 기준에 맞는다고 볼 수 있다. 마지막 기준으로는 그 인물과 관련된 기록과 보관된 연구 자료들이 충분히 존재하고 본 프로젝트의 각 장을 맡은 연구자가 접근 가능해야 한다. 이 마지막 기준은 다음과 같은 몇 가지 이유에서 매우 중요하다. 주요 인물들에 대해서는 그 분야에서도 문서나 역사적 자료를 활용하여 연구하기 때문에 연구 방법은 비록 같다 할지라도 영재교육이 전기적 연구와 잘 통한다고 볼 수 있다(Robinson, 2009b). '골턴에서 말랜드까지'이라는 이 학술적 프로젝트에 깔려 있는 목적 중 하나는 전기적 기록물 연구를 증진시키기 위함이기도 하다. 사실상 영재교육에서 전기적 연구가 광범위하게 실시되지는 않았다. 이 책을 계기로 더 많은 연구자가 전기적 연구를 많이 하게 되기를 바란다(Robinson, 2009a).

전기적 연구의 중요성

문서 자료를 활용한 전기적 연구를 강조하는 것은 단순히 임의적인 것은 아니다. 번쩍이는 생각들은 신화에나 나오는 지혜의 여신처럼 한순간에 완벽하게 형성되는 것은 아닌 듯하다. 아이디어란 사람에게서 나오고 사람은 둘러싸인 환경의 영향을 받는다. 상황, 사건, 사고망, 그리고 어떤 한 분야를 형성하는 데 기여했던 사람들을 연구하다 보면, 21세기의 사고와 이론에 대해 좀 더 잘 이해할 수 있을 것이다. 그렇기 때문에, 우리는 저자들에게 문서의 원본을 꼭 확인하라고 요구하였다. 그러다 보니 그들이 작업하기가 쉽지 않았는데 전기 작가인 리온 에델(Leon Edel)은 그들이 얼마나 힘들었는지를 다음과 같이 설명하였다.

> 커다란 전기 작가의 탁자를 상상해야 한다—전기 작가들은 대부분의 작가보다
> 훨씬 더 커다란 탁자나 책상이 필요하다. 거기에 책과 서류를 엄청나게 쌓아 놓고 있

다. 출생증명서와 사망증명서, 가계도, 그들의 위업을 증명하는 사진들, 편지들—
편지는 합리화했거나 속인 것이나 과장된 것들이 그대로 드러난다—그리고 그다
음엔 그들이 받았던 추천서라든가 사진들, 필사본, 일기, 그들이 기록했던 공책들,
은행 계좌, 뉴스 스크립트들이 마치 우리가 다락방의 오래된 박스나 오래된 서랍의
내용물을 그대로 뒤집어 부어 놓은 듯이 한가득 쌓여 있다. 혼란스러울 정도로 많은
양의 자료들이다. 동시대 사람들이 썼던 수많은 회고록도 잊지 말아야 한다—어떤
경우엔 그것들이 얼마나 많던지! 동시대 사람들의 일기와 노트에도 이들의 이야기
가 나타나며 다른 사람들이 썼던 전기까지 모두 포함하면 정말 많은 양의 자료가
쌓이게 된다. 수년 동안 모아 온 모든 자료로 인하여 그 사람의 마음속, 아니 가슴
속까지 이해할 수 있게 되는 것 같다.

우리의 저자들은 자료를 모으기 위해 최선의 노력을 기울였으며 풍부한 기록을 찾
을 수 있었다. 그중 몇몇은 기록보관실에서 자료를 많이 찾을 수 있었다[골턴(Galton)
을 맡았던 반타셀-바스카(VanTassel-Baska), 비네(Binet)에 대해서 쓴 다 코스타(da Costa)와
동료들, 터먼(Terman), 말랜드(Marland) 그리고 위티(Witty)를 맡았던 졸리(Jolly), 콕스 마일
즈(Cox Miles)에 대해 썼던 로빈슨(Robinson)과 시몬턴(Simonton), 토랜스(Torrance)에 대해
썼던 헤버트(Hébert), 아이작스(Isaacs)를 맡았던 로저스(Rogers)]. 그리고 다른 연구자들은
디지털로 기록 보관되었던 자료에 찾을 수 있었는데, 그들은 두 보이스(Du Bois)를 맡
았던 워렐(Worrell), 홀링워스(Hollingworth)를 맡았던 허트버그-데이비스(Hertberg-
Davis), 젠킨스(Jenkins)를 맡았던 데이비스(Davis), 골드버그(Goldberg)를 맡았던 볼랜
드(Borland), 스트랭(Strang)을 맡았던 크론보그(Kronborg), 파소(Passow)를 맡았던 로
빈슨(Robinson)과 동료들이다. 저자들 중 세 번째 그룹은 개인적으로 소장된 서류를
많이 조사하고 살아 있는 가족들과 동료들을 인터뷰하는 데서 많은 자료를 얻을 수
있었는데 워드(Ward)에 대해 썼던 헨션(Hen-shon), 테일러(Taylor)에 대해 썼던 코헨
(Cohen)과 동료들, 그리고 미커(Meeker)에 대해 썼던 피어토(Piirto)와 켈러-마티스
(Kellar-Mathers)가 포함된다.

몇몇 경우에는 우리가 찾을 수 있는 보관된 기록이 충분하지 못해서 아쉬운 경우

도 있었다. 다음의 두 예가 그러하다. 우리의 주요 인물의 처음 명단에는 조이 P. 길퍼드(Joy P. Guilford)가 포함되어 있었다. 1950년 미국심리학회 회장단 기조연설에서 창의성의 과학적인 연구를 주장한 것에 힘입어, 길퍼드는 영재교육 분야의 근간을 이루는 공헌자가 되었다. 하지만 그의 논문이 일본의 한 단체에 보내졌을 가능성이 있다는 것을 알아내고 추적해 보았으나 그 행방이 묘연해졌다. 아마 이 책이 출판되고 나면 길퍼드의 개인적인 자료들이나 출판되지 않았던 전문 연구물의 존재와 그 장소를 알고 있는 사람이 나타날지도 모른다. 만약 그렇게 된다면 이 책은 단순히 책 이상의 역할을 넘어서는 기여를 하게 될 것이다. 두 번째 예는 사실상 기록 추적을 하다가 더 행복한 결론이 내려졌던 경우다. 버질 워드(Virgil Ward)도 처음부터 우리 명단에 있었지만 전자 검색으로는 기관에서 보관물을 찾을 수 없었다. 결국 워드의 공저자인 부르스 쇼어(Bruce Shore)의 우연한 제안으로 워드가 옛날에 가르쳤던 학생인 모리스 피셔(Maurice Fisher)를 찾게 되었고 그는 자기 집 지하실에 보관해 두었던 그 당시 자신의 멘토였던 워드에게서부터 받았던 자료들을 찾아 주었다. 그 이후 피셔 박사의 도움으로 워드 교수의 딸인 레베카(Rebecca)를 만날 수 있었다. 그녀는 워드의 자료를 개인 소장품으로 보관하고 있었으며 우리 프로젝트에 많은 도움이 되었다. 이렇게 개인적으로 소장한 자료들까지 찾게 해 준 일련의 사건이 없었다면 '빛을 밝혀 주는 삶' 프로젝트에 담을 많은 업적 중에서 영재들을 위한 차별화된 교육이란 이론을 만들어 냈던, 영재교육의 토대가 된 학자의 장(chapter)이 빠질 뻔했던 것이다. 전기 자료 연구는 학문적 탐구만큼이나 흥미진진한 학문적 추구다.

이 책의 구성

이 책을 읽으면서 다른 사람을 떠올리며 그들의 삶과 공헌을 생각할 때 이 책에 충분히 나왔어야 한다고 생각하는 후보자가 있을 수 있다. 다른 전기적 · 분석적 작업들이 구체화되어서 우리가 놓친 기록과 의견들을 모아 다시 좋은 자료가 나오길 바란다. 그동안 우리는 운 좋게도 몇몇 매우 중요한 생각과 공헌을 추적할 수 있는 중요한 자료들을 발견할 수 있었다. 이 책은 개념적으로 편리하게 하고 저자들이 밝혀낸 풍부한 이야기를 연대기적으로 보여 주기 위해 네 부분으로 구성되었다. 토대를 이루는 선구자들(골턴, 비네, 두 보이스), 위대한 연구자들(터먼, 홀링워스, 콕스 마일즈), 문화적 다양성, 창의성 그리고 위기를 연구한 사람들(위티, 젠킨스, 토랜스, 테일러, 다브로프스키), 그리고 커리큘럼, 지지, 정책을 다루었던 사람들(골드버그, 파소, 워드, 미키, 스트랭, 아이작스, 말랜드)이 그것이다. 이렇게 나누면 연대기가 그렇게 엄격하게 나타나진 않는다. 출생과 사망 날짜를 억지로 맞추기 위해서 이들이 만들어 낸 개념적인 역사적 흐름을 끊고 싶지 않아서였다.

각 인물에 대한 내용은 주로 두 부분으로 구성되었다. 첫째는 주요 인물의 전기적인 내용이고 다음은 그 인물의 주된 공헌에 대한 분석이다. 그리고 나서 그 공헌과 영재교육 사이의 관계를 밝히고자 하였다. 장들 사이의 연관성은 거기서 끝난다. 또한 저자들 사이의 다양성 문제는 분명히 있었겠지만 어느 정도는 그 주요 인물에 대해 얻을 수 있는 기록과 자료의 종류와 접근성의 차이도 꽤나 영향을 미치기도 하였다. 때로는 정말 많은 양의 자료를 얻을 수 있기도 하였다. 예를 들면, 런던 대학의 골턴 기록보관소 한 곳에는 엄청나게 많은 양의 자료가 수집되어 있었고 또 다른 곳에서는 골턴이 발명했던 실험 기구들을 보관하고 있기도 하였다. 게다가 골턴의 편지, 서류들이 영국의 도서관 소장품으로 그가 살았던 시대인 빅토리아 시대의 또 다른 기록보관 소장품들 사이에서 발견되기도 하였다. 또한 암허스트의 매사추세츠 주립대학에는 검색 가능한 자료들과 영상 이미지를 포함한 W. E. B. 두 보이스(W. E. B. Du Bois)에 대한 엄청난 자료를 보관하고 있었다. 오하이오 애크런의 심리학 역사센터에 있는 캐서린 콕스 마일즈(Catharine Cox Miles)의 남편 소장품에서도 자료를 많이 얻을 수 있었고 펜실베이니아에 있는 해버퍼드(Haverford) 대학교 기록보관소와 스탠퍼드 대학의 터먼 연구 자료 중에서도 많이 발견되었다. 이런 경우에 저자들은 두터운 보관기록물 때문에 시달리면서도 동시에 잘 정리된 검색 도구가 있다는 것에 매우 행복해진다.

어떤 저자들은 별로 많지 않은 보관기록물을 가지고 작업을 해야만 했다. 예를 들어, 노스웨스턴 대학교에 있는 폴 위티(Paul Witty)의 자료들은 특히 제한적이었는데,

주로 영재교육에 대한 것보다는 오히려 독해와 관련된 그의 연구가 기여했던 것에 초점이 맞추어져 있었다. 이렇게 자료가 부족한 경우에는 그가 이전에 가르쳤던 학생인 월터 바브(Dr. Walter Barbe) 박사의 인터뷰로 힘을 실어 주고 보충할 수가 있었다. 월터 바브는 비교적 개인적인 이야기도 많이 해 주었고 추가적인 서류 자료들도 많이 제공해 주었다. 이렇게 필요한 자료가 보관되어 있는지, 어떻게 보관되어 있는지(디지털로 검색할 수 있는지, 아니면 낡은 원본인지), 어떤 식으로 그 자료를 찾아볼 수 있었는지(분류가 잘 되어 있는지, 디지털로 스캔되어 있는지, 아니면 분류도 잘 안 되어 있어서 꼭 발로 뛰어다니며 찾아야만 하는지), 그리고 어디에 그 자료가 보관되어 있는지(대학이나 기관의 기록보관소인지, 아니면 개인적으로 소장하고 있는 것인지)의 모든 것이 전기적 연구를 하는 이 프로젝트의 저자들에게 영향을 주었다. 모든 전기 작가나 역사학자들은 너무 장황하거나 관계가 없는 자료를 모으기도 하고 이상하게 왜곡될 수도 있는 문제에 직면하기도 한다. 이 책의 저자들에게도 예외는 아니었으며 그런 영향을 받을 수도 있었기 때문에 매우 조심스러웠다.

근간을 이루는 개척자들: 박식한 사람과 도전하는 사람

자료가 풍부할 뿐만 아니라 수십 년에 걸친 생생하고도 논쟁적인 분석적 학문이라는 측면에서 근간을 이루는 개척자로 초점이 맞추어진 이 책에 나타나는 인물들은 일련의 흥미를 자아내기도 하고 개념을 확립해 주기도 한다. 프랜시스 골턴 경은 영재교육의 할아버지로 일컬어졌다(Stanley, 1976). 반타셀-바스카(이 책에서)는 그를 영재교육의 아버지라고 부른다. 하지만 사실상 그는 아동의 신체적·심리적 변화에 대한 다양한 데이터를 확보하고 연구하였을 뿐 영재아동 그 자체를 연구한 적은 결코 없었다고 지적한다. 다윈이라든가 도자기 무역으로 번성했던 웨지우드(Wedgewood) 등 가족 중에 유명인사들이 많았던 골턴은 다양한 분야(통계학, 범죄학, 지리학, 심리학)에서 독창적인 기여를 하였다. 수집하고 집계하는 그의 빅토리아 시대적 습관은 기발한 데이터 수집을 하기에 이르렀고, 성취와 향상, 발전과 같은 빅토리아 시대적 가치를 가짐으로써 탁월함에 대해 깊이 탐구하게 되었으며 궁극적으로는 우생학주의를 지지하고 증명하게 되었다. 그는 현대의 영재교육 입장에서는 어쩌면 골치 아픈 인물이다. 그의 열정으로 만들어 낸 이러한 명석한 혁신은 결국 절망적이기 때문이다. 그를 이 책에 포함시킨 것은 그를 맡은 저자에게는 도전이었으며 독자들에게도 도전이 될 것이다. 하지만 그의 삶은 전기 작가적 역사적 연구에서 필수불가결한 현대적 사고방식과 수정주의자적 분석의 전형이 된다(Lovett, 2006). 역사학자들은 사건의 해석이 시대별로 그리고 현재 우리가 가진 세계관으로 제한되는 것을 조심하라고 경고한다. 21세기 시각을 19세기 삶에 적용하는 것은 계몽적일 수도 있으나 잘못 해석될 수도 있다는 것이다. 그 대신 골턴의 세계에 들어가야만 하며, 거기에 있는 수많은 통찰력이나 교훈적인 이야기들을 얻어내야만 한다.

골턴이 런던 사람들에게 자신의 중요 통계 자료가 있는 인체공학 연구소에 등록하는 데 약간의 돈을 부과하고, 아주 어린 아동들의 표본 데이터를 모으려고 자부심 많은 부모들에게 그림책 판매를 종용하였다면, 동시대 사람인 알프레드 비네(Alfred Binet)는 열심히 자신의 딸을 관찰하고 그가 개인심리학이라 명명한 것을 개발하고 있었다. 영재교육 공헌자를 다룬 이 책에 비네가 등장하는 것이 단순히 그가 지능검사를 개발했기 때문이라고 생각할 수도 있지만 그 뿐만이 아니다. 영어권 독자들은 비네의 원본 작품을 읽을 기회가 없었다. 왜냐하면 번역본에만 의존할 수밖에 없기 때문이다. 영어로 번역된 작품들은 사실 그의 전 작품을 총망라하여 보면 아동의 사고와 인성에 대한 이론적이고 실험적인 연구를 한 것뿐만 아니라, 비네는 작가들의 '창의적 상상력'을 연구하였으며, 암산가와 전문 체스 플레이어들의 인지 전략을 연구하기도 하였고, 19세기 후반의 놋쇠와 유리 실험실이 아니라 오히려 학교라는 현실 세계에서 교육학적인 연구를 하기 위해 교사들과 학교 관리자들을 찾아다니며 작업하였다. 비네는 영재교육과 관련된 이론과 실제에 대해 많이 연구하였는데, 그것은 배우와 작가, 암산가나 체스 플레이어들과 같이 좀 특별한 사례들을 가지고 그들이 가진 지능이나 창의력, 그리고 개개인의 차이에 맞추어진 교육적 사례에 대해서 연구하였다. 비네와 골턴은 그 당시 많은 지식인이 그랬던 것처럼 서로 편지를 주고받았다. 개인의 차이에 대한 그들의 관심사는 서로 달랐다. 골턴은 어른들의 탁월한 성취에 대해 변함없는 관심을 보였으며, 비네는 아동을 이해하고 학교에서의 학습 기회를 개선시키는 데 열정적으로 헌신하였다.

마지막으로 영재교육에 지대한 영향을 끼친 세 번째 인물은 학자이자 활동가였던 W. E. B. 두 보이스(W. E. B. Du Bois)다. 두 보이스는 골턴의『유전하는 천재』가 발표되기 1년 전에 태어났고 95세까지 살았으며 1963년에 죽었다. 두 보이스는 노예제도의 지속적인 영향력을 이해하였지만 미국의 시민운동이 시작될 때까지 살았고 그에 기여도 하였다. 영재교육에서 그의 주된 공헌은 1903년에 출판된『재능 있는 10프로 (The Talented Tenth)』였다. 두 보이스는 아프리카계 미국인들에 대한 재능 개발이 교육에서 그들에게 희망을 줄 수 있는 유일한 길이라고 주장하였다. 그는 백인 연구자들이 주를 이루는 영재 관련 학술지나 심리학 학술지에 글을 싣지도 않았으며 영재교육 분야와 관련 있는 이론이나 교육적 실제에 대해 연구하지도 않았다. 그러나 그의 삶과 작업을 살펴볼 때, 영재교육에 끼쳤던 근본적인 그의 영향력을 부인할 수는 없다. 영재교육은 이러한 초기 인물들을 통하여 지금도 지속적인 개념을 찾을 수 있다. 개척자 골턴, 비네 그리고 두 보이스는 탁월함, 천재, 창의성, 지능, 문화적 다양성을 늘 생각하고 이론화하고 연구하고 저술하였다. 백 년 동안 이러한 것들이 여전히 21세기의 관심사로 남아 있다. 그들은 진정 영재교육에 바탕이 되는 사람들이다.

참고문헌

Edel, L. (1984). *Writing lives: Principia biographica*. New York, NY: Norton.

Edel, L. (1985). The art of biography no. 1. Interview by Jeanne McCullough. *Paris Review, No. 98*. Retrieved from http://www.theparisreview.org/interviews/2844/the-art-of-biography-no-1-leon-edel

Grinder, R. E. (1985). The gifted in our midst: By their divine deeds, neuroses, and mental test scores we have known them. In F. D. Horowitz & M. O'Brien (Eds.), *The gifted and talented: Developmental perspectives* (pp. 5-34). Washington, DC: American Psychological Association.

Lovett, B. J. (2006). The new history of psychology: A review and critique. *History of Psychology, 9*(1), 17-37.

Robinson, A. (2009a). Biographical methods in gifted education. In B. Kerr (Ed.), *The encyclopedia on giftedness, creativity, and talent: Vol. 1* (pp. 97-99). Thousand Oaks, CA: Sage.

Robinson, A. (2009b). Biography, eminence, and talent development: The lure of lives. In B. D. MacFarlane & T. Stambaugh (Eds.), *Leading change: The festschrift of Dr. Joyce VanTassel-Baska* (pp. 457-468). Waco, TX: Prufrock Press.

Shi, J., & Zha, Z. (2000). Psychological research on and education of gifted and talented children in China. In K. A. Heller, F. J. Monks, R. J. Sternberg, & R. F. Subotnik (Eds.), *International handbook of giftedness and talent* (2nd ed., pp. 757-764). Amsterdam, Netherlands: Elsevier.

Stanley, J. C. (1976). Concern for intellectually talented youths: How it originated and fluctuated. *Journal of Clinical Child Psychology, 5,* 38-42.

Tannenbaum, A. J. (2000). A history of giftedness in school and society. In K. A. Heller, F. J. Monks, R. J. Sternberg, & R. F. Subotnik (Eds.), *International handbook of giftedness and talent* (2nd ed., pp. 23-53). Amsterdam, Netherlands: Elsevier.

프랜시스 골턴
빅토리아 여왕 시대의 대학자(1822~1911)

Joyce VanTassel-Baska

프랜시스 골턴(Francis Galton)의 생애와 연구는 영재교육 분야의 어떠한 역사보다 확실히 가장 중요하다. 그는 영재성을 신중하게 연구한 최초의 사람일 뿐 아니라 자신이 만든 데이터를 통계를 사용하여 다루었는데, 상관과 회귀와 같은 통계 기술을 고안해 냈던 것이다. 그는 학교 아동들과 병원 여성들에게 관심을 가졌는데, 이 두 상황에서 자료를 수집하려는 목적으로 설문지를 만들어 사용하기 시작하였다. 골턴의 조사는 아동에 대한 비전에 주의를 돌리고 아동들의 욕구에 귀 기울이며 여성과 연관된 임신 문제에 관심을 갖게 하였다. 따라서 그의 연구 활동은 영재교육뿐 아니라 일반적 교육 분야에까지 아직도 수많은 측면에 강력한 영향을 주었다.

골턴은 사촌인 찰스 다윈의 업적에 대해 확실한 믿음을 갖고 있었는데, 따라서 그는 영재성에 대한 유전의 영향력을 조사하였고, 더불어 이런 현상을 다양한 방식으로 연구하기 위해 그가 개발했던 혼합 방법을 사용하는 방향으로 자신의 연구를 몰고 갔다. 그는 역사 속의 뛰어난 인물에 대한 사례 연구를 실행했는데, 이는 거의 한 세기 이후에 캐서린 콕스 마일즈(Catharine Cox Miles) 연구의 전조가 되었다(Cox, 1926). 그는 과학자들의 출신지인 영국에서 세대 내에 또는 세대를 가로질러 뛰어난 업적이 있는지를 파악하면서 영국 과학자들과 그들의 가족 혈통을 연구하였다 (Galton, 1874). 그는 그 예시에 관한 자료 수집을 거쳐 공감각을 연구하였다. 대부분의 응답은 여성들이 하였다(Galton, 1880). 그는 정신적 특성을 반영하는 육체적 특징을 발견하기 위해서 전형적인 사람들과 뛰어난 사람들의 얼굴 모습에 관한 연구를 시행하였다(Galton, 1883). 그의 폭넓고 광범위한 연구 의제는 궁극적으로 더 많은 공간을 필요로 했고, 결국 런던 대학교에 골턴 실험실이 설립되었는데, 이 실험실은 골턴이 죽고 난 후 그의 동료이자 학생인 칼 피어슨(Karl Pearson)에게 넘어갔다. 골턴은 아마추어 과학자였지만, 통계 분석, 질문법, 다양한 목적을 가진 주제의 대규모 테스트 등과 같은 그의 업적은 그 시대에는 아직 개발되지 않았던 엄청난 기술 분야에 기여하였던 것이다.

골턴의 기록보관소

골턴의 기록보관소는 엄청나다. 그 보관소는 런던 유니버시티 칼리지에 있으며 그 범위는 가족 앨범 사진의 원본부터 사진 이미지의 원본 유리 슬라이드와 그의 연구원고 원본에 이르기까지 120박스에 이른다. 그 목록은 여러 가지의 카테고리와 수천 개의 데이터 포인트를 담고 있다. 3년에 걸친 이 기록보관소의 방문은 비록 지금은 대다수의 기록보관소가 디지털로 이용 가능함에도 불구하고, 온라인을 통해 알 수 있는 것을 뛰어넘는 골턴의 인생과 일에 대한 이해의 깊이를 만들어 냈다. 이 장의 틀을 잡는 데 가장 유용했던 자료는 편지, 골턴의 연구 보고, 출판한 논문과 책, 연구 노트, 가족 사진, 기록 사진 슬라이드, 초안 형태의 관련 자료들이다.

기록보관소를 조사할 때의 기쁨은 과장이 아니다. 골턴의 기록보관소에 접근해서 자료를 얻는 과정에서 자격증명서, 목표, 이용 가능 시간에 관하여는 형식적이고 엄중한 반면, 질문을 하거나 어떤 문서나 인공물을 만지거나 디지털 사진을 찍거나 개인 컴퓨터에 메모할 것을 타이핑하는 것에는 매우 자유로웠다. 나는 골턴의 연구 보고를 포함한 연구들의 원본과 같은 전기 관련 자료들에 집중하기로 마음먹었고, 그가 썼던 편지들이나 받았던 편지들을 선택했다. 연구 목록은 나로 하여금 가장 중요한 것을 선택하고, 엄청난 양의 자료들에 어떻게 덤벼들지에 대한 선택을 가능하게 했다. 매일 밤 호텔에 돌아가서 했던 메모 리뷰는 나로 하여금 내가 이해했던 것과 더 명료하게 이해할 필요가 있는 것을 생각하도록 이끌었다. 또한 어떤 사실—『영국의 과학자들(English Men of Science)』과 『유전하는 천재(Hereditary Genius)』의 원고 원본은 다윈으로부터 받은 편지들과 이집트에서 골턴이 윤곽을 그린 원본과 여전히 두 가닥으로 꼬여져 관련이 있다는 사실—을 발견할 때 얼마나 흥분이 되었던지 깨닫게 했는데 특히 내가 피라미드의 모래땅에서 인생 여행을 마치고 막 돌아왔을 때 특별히 더 의미 있었다. 다른 어떤 조사에서도 이와 같은 열정을 일으킨 적이 없으며 저명한 한 사람의 소유물에 대한 전기 연구에 이렇게 개인적으로 참을성 있게 관여한 적도 없다.

약 력

1822년 영국 퀘이커 가문의 7형제 중 막내로 태어난 골턴의 가정환경은 그의 많은 경력을 예견케 하였다. 어머니와 아버지 두 분 다 대대로 저명한 가문 출신으로, 양 가문은 은행 거래와 과학 연구로 유명했다. 그의 친할아버지인 새뮤얼 골턴은 조지프 프리스틀리와 함께 루나 소사이어티(Lunar Society)에 소속된, 과학과 통계학에 소질이 있었던 매우 성공한 사업가였다. 그의 외할아버지인 에라스무스 다윈은 혼자 힘으로 성취한 박식한 사람이었고, 존경받는 내과 의사이자 발명가였으며, 그의 또 다른 손자인 찰스 다윈이 평생 그것을 증명하는 데 헌신했던 진화론을 제안한 시인이었다. 골턴의 위대한 할아버지 두 분 모두 옥스퍼드 대학교에서 석좌교수를 지냈고, 많은 친척이 영국 『인명사전(Dictionary of National Biography)』에 올라와 있다. 아버지인 새뮤얼 골턴은 숫자를 좋아하고 통화에 대한 책을 쓸 때조차 통계학을 사용했던 성공한 은행가이자 사업가였다. 그는 44세에 은퇴했고, 가난하지는 않았지만 스스로를 부양하며 대가족을 떠나 살다가 60세에 세상을 떠났다. 어머니인 비올레타는 찰스 다윈의 사촌이었다. 골턴은 어머니에 대해 가정의 훌륭한 경영자였고 그림에 숙련된 예술가였다고 말했다. 골턴은 성장 과정에서 누이인 아델과 에밀리와 특히 친하게 지냈다(Baska, 2009). 이처럼 골턴의 가족 안에는 그가 성장하며 본받기에 훌륭한 역할 모델이 있었다.

골턴은 평생 진단명 없는 육체의 질병으로 고통받았다. 과로 때문이라고 여겼던 신경쇠약은 우울증만큼이나 그를 괴롭혔다. 케임브리지의 청년이었을 때 골턴은 한바탕 병치레를 할 때마다 휴식을 취하고 해소 수단으로 여행을 떠났다. 하지만 그는 세상에 대해 만족할 줄 모르는 호기심을 가졌고, 이 성격은 그의 일생에 걸친 연구 의제에 활용되었다. 또한 그는 특히 숫자와 연관된 일을 할 때면 그것을 조직하고 분류하기를 좋아했다. 그의 어린 시절 기록은 숫자 개념을 가진 일과 말하기의 이중 중요성을 증명하고 있다. 예를 들어, 그는 누이인 아델 앞에서 종종 시를 암송했고, 또한 그녀를 즐겁게 하기 위해 숫자 패턴을 만들어 내기도 했다.

조숙함과 영재성

어린 시절 골턴과 누이 아델은 둘 다 조숙한 행동을 보였다. 아델은 남동생의 언어 이해를 돕기 위해 그에게 글자를 가르치고 읽기 방법을 사용하며 태어날 때부터 남동생을 보호하였다. 그녀는 그리스어와 라틴어를 독학하여 남동생에게 가르쳐 주고, 비공식적으로 집에서 곤충학 분야를 훈련시키기도 했다. 자신의 5세 생일 전날, 프랜시스 골턴은 누이에게 다음과 같은 편지를 썼다.

> 사랑하는 누나(아델),
> 나는 네 살이고, 어떤 영어책이든 읽을 수 있어요. 나는 라틴어 명사와 형용사와 행동동사를 모두 말할 수 있고, 라틴시 52행도 말할 수 있어요. 게다가 나는 더하기를 할 수 있고, 2, 3, 4, 5, 6, 7, 8, 9, 10, 11을 곱할 수도 있어요. 또 페니 도표를 말

할 수 있고, 불어도 조금 읽을 수 있고, 시계도 알아요.

프랜시스 골턴

1827년 2월 15일(Pearson, 1914, p. 66)

6세 즈음, 프랜시스와 아델 둘 다 호머의 『일리아드(Iliad)』와 『오디세이(Odyssey)』를 독파했고, 고전을 공부하는 대학생들도 여전히 어려워하는 고대 그리스어와 라틴어로 초보 작문을 시작했다. 많은 전기 작가는 골턴을 엄청난 가문 출신 대기만성형의 대표 사례라고 언급하지만(그의 마지막 연구는 80세가 될 때까지 미완성이었다), 루이스 터먼(Lewis Terman)은 1917년 골턴의 조숙성에 대한 연구를 발표했는데, 그의 아동기 IQ가 약 200이라고 추정하였다. 그의 행동을 수량화한 것은 없지만 그의 지성과 지적 호기심은 어린 시절부터 뚜렷이 나타났다.

교 육

골턴의 아버지는 아들이 교육을 잘 받고 자신이 가지지 못했던 기회들을 잘 이용하길 바랐다. 그래서 교육은 골턴의 어린 시절에 중요한 고려 사항이었다. 그는 버밍엄 근처의 지역 학교에 다녔다. 1836년 그는 킹스 에드워드 학교에 들어갔고, 그곳에서 그는 고전과 종교에 대해 많이 배웠다. 하지만 부모님은 그가 기대에 미치지 못하자 학교를 그만두게 하고 대신 의료계 관련 진로를 따르기를 권했다. 결국 그는 16세부터 버밍엄 종합병원에서 수학했다. 그 시절에 대해 골턴은 회고록에 주로 싸움을 하다가 다친 사람들과 시간을 보냈음에도 자신은 그 의무 시간을 즐겼다고 기록하고 있다. 그는 『회고록(Memories)』에 호탕하게 다음처럼 썼다. "피를 비누 거품처럼 사용해서 머리를 면도하는 것은 나의 일이었는데, 피거품은 비누보다 훨씬 더 면도하기 좋은 상태를 만들어 주었다." (1908, p. 42) 버밍엄 종합병원에서 지역 의사에게 도제교육을 받고 난 다음 해, 골턴은 1년 동안 킹스 칼리지 의과대학에 다녔고, 그곳에서 그는 자신의 연구에서 병과 관련한 주제들에 대한 편애를 또다시 나타냈다. 그는 오히려 아버지에게 잔인하게 말했다. "해부는 내 식욕을 놀랍게 증가시켜요"(1908, p. 48) 이미 그는 청소년기에 환자와 나중에 그가 몸담게 될 일반 의료계를 향해 다소 섬뜩하고 거리를 두는 태도를 발달시켰다.

그런 다음 그는 1840년 케임브리지 대학교의 트리니티 칼리지에 입학하여 수학과 의학을 배웠지만 학교생활의 엄격함을 잘 받아들이지 못했다. 어렵게 시작한 이후, 그는 정신적인 과로를 회복하기 위해 1년의 휴가를 얻었다. 그는 이 기간에 회고록을 썼다. "마치 나는 만들어진 것을 마음대로 건드려서 기계를 긴장하게 하는 것보다 더 한 일을 수행하는 증기 엔진인 것 같았다."(Galton, 1908, p. 97) 1844년 아버지가 돌아가셨을 때, 그는 수입 없이도 잘 살 수 있다는 것을 깨닫고, 그에게 시간 낭비일 뿐인 의학을 중단하기로 결정했다. 그는 탁월하지도 않고 미래에 대한 확신도 없이 케임브리지 대학을 졸업했다. 몇 년 동안 그는 스포츠에 빠졌고, 건강을 회복하는 동안 레저 생활을 하며 살았지만 지루했고, 그래서 그가 좋아하는 광범위한 여행을 다녔다.

골턴의 여행

골턴은 세계 여행에 관한 끊임없는 욕구가 있었는데, 처음에는 광범위한 유럽 여행으로 시작되었다. 하지만 여행에 관한 그의 열정은 시작일 뿐으로, 그는 이집트에 갔고, 카르툼 근처에 기원을 둔 나일강 길을 따라 흥미로운 영상을 스케치하고, 이 나라의 불가사의에 대해 친구와 편지를 교환하며 탐험했다. 그는 개인적으로도 직업적으로도 흥미로웠던 아프리카 대륙을 계속 여행했다. 그는 2년 동안 28명의 원정대를 이끌며 오늘날의 나미비아 내륙 지방을 탐험했다. 그는 지질학과 천문학적으로 그 지역의 지도를 만들었고, 지역 사람들과 교제했으며, 그 지역의 식물과 유물을 다시 가져왔다. 나중에 그는 수집품과 스케치를 편집해서 2권의 여행책을 썼는데, 그중 하나는 그의 여행 이야기이고(*Narrative of an Explorer in Tropical South Africa*, 1853), 다른 하나는 여행에 관심이 있는 비전문가를 위한 것으로 성공적인 여행을 위한 초기 프로머스 가이드(Frommer's Guide)다(*The Art of Travel*, 1855). 아프리카에서 했던 이러한 획기적인 작업으로 그는 왕립지리학회(Royal Geographical Society)에서 금메달을 받았다. 그로부터 3년 후인 1856년 그는 영국인이 당시에 과학적 발견으로 받을 수 있는 가장 높은 상인 영국학사원회원(Fellow of the Royal Society)이 되었다(Bulmer, 2003).

과학 분야 업적

1859년 『종의 기원(*Origin of Species*)』을 출판한 그의 사촌 찰스 다윈의 중대한 발견은 골턴이 자신을 과학자로 인식하게 만들었다. 그 연구를 읽은 후 골턴은 후에 『나의 삶(*Memories of My Life*)』에 다음과 같이 썼다.

> 나는 『종의 기원』을 읽는 데 어려움을 거의 느끼지 않았거니와 그 내용을 탐독했고, 그것에 빨려들어가듯 빨리 동화되었다. 사실 나는 그 책의 유명 저자와 나, 둘 다 우리의 할아버지인 에라스무스 다윈으로부터 이어받은 자연스러운 본능 때문으로 돌리고 싶다(Galton, 1908, p. 288).

『종의 기원』을 읽는 순간부터 그는 인간의 능력에 관하여 유전 개념을 적용하기 시작했다.

다윈과 많은 편지를 주고받고, 그의 연구들을 공부한 후, 골턴은 인간의 특성으로서 탁월성의 발달은 거의 전적으로 유전 때문이라고 확신하게 되었다. 학문 분야나 재능과 상관없이 탁월성은 유전적 특징이라고 생각했는데, 모든 사람은 동등한 능력을 갖고 있다고 주장했던 당시의 대중적인 정서로 볼 때 그 생각은 매우 시대에 맞지 않는 믿음이었다. 다윈조차도 그가 배웠던 가치있는 것은 모두 스스로 터득한 것이며, 개인의 성취는 자기 자신 이외에는 아무도 보증할 수 없다고 믿기까지 했다. 그러나 다윈은 골턴의 첫 번째 중요한 저서인 『유전하는 천재』를 읽은 후 이러한 생각을 취소해야 했다. 1869년 다윈의 편지에는 이렇게 적혀 있다. "나는 항상 바보들을 제외하고 인간의 지적 능력에는 열정이나 열심히 하는 것 이외에는 큰 차이가 없다는 생각을 지녀왔는데, 그런 의미에서 너는 반대자를 개종시킨거야." (Darwin, 1869)

골턴에게 천재성은 타고난 재능이고 기술이었다. 그는 천재성이 때때로 환경에 의해 형성되기도 하지만 항상 이전 세대로부터 전해진 것이라고 생각했다. 그는 평생에 걸쳐 이런 생각을 다양한 방식으로 광범위하게 연구하였다. 그 과정에서 그는 통계 방법을 고안했고, 자료를 수집하는 조사 방법을 개발했으며, 등급을 사용하여 다양한 항목에 관한 사람들의 응답 차이를 측정하였다. 탁월성에 대한 그의 첫 번째 연구는 위대한 과학자들에게 초점을 두었는데, 골턴은 그들 중 대부분을 개인적으로 알았기에 그들의 가족, 개인 특성, 선호성, 성향에 관한 자료를 수집하였다. 『영국의 과학자들』(1874)에서 그는 다윈이 현대 언어와 기계적인 암기는 진짜 못했지만 개념을 잘 기억했고 프로젝트를 계획하고 점검하는 데 뛰어난 조직 기술을 가졌다고 기록했다.

이후 연구인 『유전하는 천재』를 준비하던 바로 그때, 골턴은 그의 새로운 아이디어를 지지할 만한 단서를 찾기 위해 계보학과 사망 기사를 공부했다. 『영국의 과학자들』과 『유전하는 천재』 두 저서 모두 가족 구성원들과 왕립협회 동료들과 같은 그가 개인적으로 알았던 사람들과 플라톤, 미켈란젤로, 뉴턴, 브론테 자매와 같은 그가 존경했던 사람들의 작업으로부터 자료를 캐내어 천재는 유전한다고 하는 그의 논지를 세상에 알렸다. 한때 그는 파리 강연에서 그의 연구에 관하여 발언했다.

> 만일 우리가 우리에게 근접할 수 없는 사람들에게 제공할 정보로 가족 기록을 수립하는 데 성공할 수 있다면 우리는 우리 자신뿐만 아니라 미래 세대 과학자들을 위해 연구해야 한다는 것과 우리가 정말로 과학에서 훌륭한 일을 하고 있다는 점을 기억해야 할 것이다(Galton, 1869, p. 32).

골턴의 작업은 선천성 대 후천성이라는 생각을 보급시켰고, 그는 그의 생애 대부분을 선천적 특성의 강한 영향력을 다른 사람들에게 이해시키는 데 할애하였다. 그는 같은 가족 내에서 반론의 여지가 없는 유전성을 증명하기 위해 최초로 쌍둥이 연구를 시작하였다. 또한 학습에 영향을 주는 시력이나 정신력과 같은 신체 건강 문제를 예측하고 진단하기 위해 학령기 아동들의 호구 조사에 관심을 가졌다. 그가 결코 지능검사를 만들지는 않았지만, 그의 생각은 지능검사 도구를 최초로 개발한 비네에게 분명히 영향을 주었을 것이다(Wolf, 1973).

골턴이 보다 악명 높은 우생학에 연관되기 시작한 것은 이러한 관심의 자연스러운 결과물이었다. 골턴은 다윈의 '적자생존(survival of the fittest)' 아이디어가 인간 사회에서 활용되어야 한다고 믿었다. 그는 바람직한 특성이 전체적으로 세상을 이롭게 하기 위해 미래 세대에 전해져야 한다고 생각했다. 그는 다음과 같이 기술했다.

> 살아 있는 세계는 유사한 요소들의 반복으로 구성되지 않는다. 그 세계는 동시대인과 그들이 사는 곳의 물리적 환경에 적응하는 선택적인 영향력을 통해 몸과 영혼이 성장했던 무한한 다양성의 요소로 구성된다. 한 국가의 도덕과 지성의 부유함은 대개 구성원들의 다양한 재능으로 이루어지는데, 모든 구성원을 흔한 유형으로 동화시키는 것은 개선의 정반대가 될 것이다(Galton, 1883, p. 2).

우생학에서 골턴의 철학적 초점은 항상 재능을 개발하는 방향이었고, 이러한 재능의 자연스러운 발달은 번영으로 이어졌다. 『유전하는 천재』의 도입부에서 그는 중세 시대에 위대한 지식인들에게 호소하는 수도원 운동의 비극을 논하며 역사적 관점으로 우생학을 분석하였다. 골턴에 따르면, 중세 시대의 위인들은 자신을 종교적 독신으로 바쳤고, 그래서 더 강하고, 지적으로 힘이 있고, 도덕적으로 우월한 사람들을 세상에서 빼앗았다. 후에 그의 제자 칼 피어슨은 비유로 이런 골턴의 우생학적 사고에서 정수를 뽑아냈다.

> 인류의 정원은 잡초로 가득 차 있다. 양육은 그것을 꽃들로 바꾸지 못할 것이다. 즉, 우생학자는 인류의 통치자가 정원의 잡초를 제거하여 공간을 확보함으로써 개인과 인종들이 가능한만큼 꽃을 활짝 피울 수 있도록 할 것을 요청한다(Pearson, 1924, p. 220).

골턴 우생학 이론의 이러한 환원주의적 관점은 나중에 백인 우월론자들에게 논쟁거리로 사용되었지만, 골턴 자신은 지배 민족(master race)이란 개념보다는 타고난 영재아들의 가능한 성취에 보다 집중했다.

다른 업적들

골턴의 탁월성이 개인차 심리학에 확실하게 기여하는 한편, 그는 다른 분야에서도 세계 최고 수준으로 공을 세웠다. 그는 최초로 날씨 패턴 분석에 유럽 지도를 추적하며 사진을 사용했다. 이 기술은 오늘날 여전히 기상학자들이 사용하고 있다. 또한 그는 지문의 독특성을 발견하여 범죄자들을 추적하는 이상적인 방법으로 지문을 제안한 두 권의 책을 썼다. 그 주제에 관한 획기적인 작업을 한 지 5년 후 그 제안은 런던 경찰국에 의해 실행되고 제도화되었다.

그는 살아 있는 형태를 이해하기 위해 통계 방법을 활용하는 생물 측정학을 발달시켰다. 그는 상관과 회귀 개념을 사용함으로써 추론적 통계학의 기초를 세우는 데 공헌했다. 그리고 이는 그를 완전히 새로운 과학과 수학 과정에 있어 선두 주자 반열에 올려놓았다. 1889년 골턴은 그가 연구했던 상관과 회귀와 기술들을 요약한 『자연의 유전(Natural Inheritance)』을 출판했다. 골턴의 대학원생이자 전기 작가인 칼 피어슨은 자신이 이 분야에서의 골턴 연구에 얼마나 감동했는지 기록했다. "건전한 수학은 인과관계의 범주 아래에서 오직 자연현상에만 활용될 수 있다는 편견에서 최초로 나를 자유롭게 해 준 사람이 골턴이었다. 생태 분야와 무엇보다 인간 행동의 모든 분야에서 물리적 지식만큼 유효한 지식에 도달할 가능성이 있다고 생각했던 최초의 시간이었다."(Pearson, 1930, p. 87)

골턴은 시각적 영상을 연구했고, 그의 연구 대상자들이 시각적 이미지와 그들의 개인적인 의미의 두 방식으로 그에게 보낸 것에 마음이 사로잡혔다. 이 정신적 연합은 매우 흥미로웠고 문학적이었다. 골턴은 시각적 영상을 매우 생생한 연상으로 경험한 여성들로부터 편지를 받았다(Galton, 1864-1892). 터너 부인(노팅엄의 노부인)으로부터 온 편지에는 다음과 같이 쓰여 있다.

> 짝수와 홀수는 매우 분명히 연대감이 있어요. 홀수는 저에게 좀 더 별난 사람들
> 같아요—더 똑똑한 사람들. 반면, 짝수는 보다 믿을 만하고 존경할 만한 것 같고요.
> 아마 홀수와 짝수라는 단어를 전달하는 초기 인상 때문일 거예요. 저는 모든 역사
> 의 인물이나 기념할 만한 행사들을 그 일들이 발생했던 지도 위에서 지금 본답니다
> (1864-1892).

그녀는 이러한 지도가 동시에 무의식적으로 그녀의 머릿속에 있다고 말했다. 예를
들어, 골턴의 두 번째 응답자인 터렐 부인은 특정 글자와 연계를 지었다(B를 난쟁이와,
S를 보일러 잔을 쥐고 있는 지나치게 옷을 차려입은 숙녀와, I를 중요 사건과, 그리고 Q를 뱀
과 관련지었다). 또 다른 여성 응답자는 자신이 "항상 얼굴을 가지고 있는 인쇄 단어들
을 보았다."라고 말했다. 남성 응답자는 자신이 명확한 장소에서 원 안에 놓인 1과
1000 사이의 숫자들을 보았다고 말했다(1864-1892). 어떤 여성들은 어떻게 각 가족 구
성원들(부모, 숙모, 삼촌)이 같은 숫자에 반응하는지를 전체 가계도로 보냈다. 이런 언
급들은 언뜻 초기 공감각 연구의 발달을 가능하게 했다. 공감각이란 시각, 청각, 운동
감각의 영역에서 겹쳐진 감각 능력에 수많은 개인들의 지각 능력을 문서화한 상태를
말한다(Cytowic & Eagleman, 2009). 어떤 사람들은 이것을 심리학적으로 이상하다고
보았고, 다른 사람들은 이것을 창의력의 자극제로 보았는데, 골턴은 처음으로 공감각
의 유전 가능성과 인간 제작품에서 그것의 긍정적인 성과의 가능성을 보았다. 우리는
지금 이 상황이 듀크 엘링턴과 바실리 칸딘스키를 포함한 예술 분야의 수많은 천재들
에게 긍정적인 영향을 미치고 있다는 것을 안다(Tucker, 1995; Grohmann, 1958).

골턴은 그가 데이터를 분석하기 위해 통계 도구를 만들어 냈던 것처럼 키와 신체
부위의 어떤 차원 같은 신체적 특징을 측정하는 도구도 개발했다. 그의 연구에 대한
흥미는 의문을 제기하던 그의 본래 생각과 접근으로 몰고 갔다. 이러한 도구들은 런
던 대학교 골턴 연구실 기록보관소에서 볼 수 있다.

만년(마지막 몇 해)

골턴은 그의 만년을 계속해서 실험실에서 연구를 하고, 회고록을 쓰며 미래 인류에게 우생학의 중요성을 강의하면서 보내고 있었다. 그는 칼 피어슨과 이 시기 그의 생각에 영향을 주었던 다른 사람들과 지속적으로 편지를 주고받았다. 비록 조카딸인 에바와 몇 번의 해외 여행을 했지만, 널리 여행하고자 했던 그의 열망은 줄어들었다 (Bulmer, 2003).

골턴은 89년을 사는 동안 많은 상을 받았다. 심지어 그가 죽던 해에는 빅토리아 여왕으로부터 기사 작위를 받기도 했다. 그는 갈수록 허약해졌는데, 처음에는 들을 수 없었고 나중에는 걷지도 못했다. 신체적인 여건에도 불구하고, 그는 여전히 전원 생활을 좋아했고 자연 세계와 가까이 있는 것을 소중히 여겼다. 그는 런던 대학교의 우생학과 석좌교수 자리에 재산의 대부분을 남겨 둔 채 1911년 급성 기관지염으로 사망했다. 런던 대학교는 그가 1884년 이전까지 오랜 시간 인위 개변(anthropogenic)의 실험실을 시작했던 곳이다. 칼 피어슨은 그 실험실의 첫 번째 사용자였다. 골턴의 마지막 말은 이것이었다. "사람은 고난에서 불평하지 말고 배워야 한다."(Brookes, 2004, p. 235)

믿음과 가치

전 생애 동안 골턴은 명망 높은 가문 출신 사람들이 사회 발전을 위해 자신의 능력을 헌신할 수 있는 성향이 있음을 믿었다. 그들의 타고난 능력 때문에, 그는 자원이 사회의 가능한 많은 사람을 도울 수 있도록 넘쳐흘러야 한다고 생각했다. 또한 그는 가족 데이터를 모으고 출산을 조절하며 다른 방법들을 통해 자신의 인종(race of man)이 나아지도록 노력해야 한다고 생각했다. 비정치적인 인물로서 그의 동기는 다음 세대의 삶을 강화시키는 것이었고, 19세기 영국이 해낼 수 있는 범위 내에서 훌륭한 포부였다. 심지어 팡숑(Fanchon, 2009)은 골턴에 대하여 우생학은 그의 종교였고, 다원의 진화 사상에 대한 그의 숭배는 인류를 위해 역동적이고 혁신적인 방향으로 통합하는 방식이었다고 생각했다. 생의 마지막 해에 골턴은 우생학에 대한 자신의 이상적인 비전을 담은 *Kantsaywhere*라는 소설을 썼다. 그의 죽음 이후 이러한 아이디어가 유대인 대학살 동안 벌어진 인류에 대한 범죄의 정당화에 부분적으로 도용됐다는 이유로 매도당할 만큼 인류 강화를 위한 그의 꿈은 이타적이었다. 빅토리아 여왕 시대의 많은 사람처럼, 골턴은 미래 세대를 위해 삶의 자연스러운 조건이 향상되기를 바랐다. 현재 우리의 유전학 시대에 이런 소망은 여전히 살아 있고, 병을 예방하기 위해 인간 게놈 설계에 공을 들이거나 유전적 코드의 개인차가 건강과 미래 삶 궤도에 많은 영향을 미친다는 것을 증명하는 것과 같은 여러 가지 방식으로 다루어지고 있다.

골턴, 그 사람

많은 전기 작가는 골턴과 전 생애에 걸쳐 그토록 많은 것을 성취하도록 이끈 그의 특성들을 분석했다. 여러 재능 있는 성격의 특징은 다양한 분야에 영향을 줄 정도다. 골턴은 그저 탐험가로, 기상학자로, 생물 측정학자로, 과학자로 그 일을 했다. 하지만 그는 오늘날까지 여전히 유전 연구가로, 우생학 운동의 아버지로 가장 잘 알려져 있다. 박식한 사람으로 잘 알려진 것처럼 골턴은 사는 동안 많은 분야에 영향을 미쳤다. 그는 또한 여전히 제자리에 있는 학교와 다른 단체들을 위해 제도를 도입했다. 예를 들어, 지문을 이용한 기술은 여전히 범인을 식별하는 데 사용되고, 조사 연구 방법은 여전히 현대 연구에서도 활용되고 있으며, 거대 학령기 집단이나 임신한 여성들의 요구를 이해하기 위해 데이터를 모으는 것 역시 그의 생각이었다.

특히 신사답게 한가한 삶을 너무나 쉽게 살 수 있었던 골턴의 지적인 욕구와 에너지는 엄청났다. 그는 대중의 눈으로 볼 때 많은 것을 성취했지만, 그러나 그도 인생에서 얼마간의 기간에 걸쳐 마음을 써야하는 단체를 이끌었다. 그는 총장, 비서를 역임했고, 그리고 영국학술협회, 왕립협회, 인류학협회를 포함하여 그가 연계된 단체들에서 수장의 역할을 했다. 그는 흥미가 있을 때마다 새로운 프로젝트와 조사 연구들을 시작했다. 당대 대부분의 전기 기술에 따르면 골턴은 매우 사회적이고 상냥한 인격을 가졌다(Gillham, 2001). 그는 아내와 강한 유대관계를 맺고 있었으며, 그가 런던 켄싱턴 루틀리지 거리에 있는 집에서 즐거워하도록 또는 영국 도처의 좋아하던 여러 곳에서 소풍을 즐기도록 도왔던 아내 덕분에 활발하게 사회생활을 영위했다.

골턴은 자신이 만든 저명한 유전 이론에 부응하며 살기 위해 노력하는 데 인생의 많은 시간을 할애했다. 상당한 크기의 할아버지와 사촌의 그림자는 그를 위협했지만 동시에 다양한 방식으로 그가 과학의 새로운 영역을 추구하도록 하는 자극이 되었다. 그는 한때 이렇게 말했다. "세상은 사람들의 인생이 어떤 의미에서 조상들 삶의 연장이라는 사실을 깨닫기 시작하고 있다. 우리 친척의 인생사는 우리 자신의 미래를 예언한다."(Galton, 1869, p. 145) 이런 언급이 지금까지 그의 작품에 분명히 나타나 있을 뿐 아니라, 인구 유전학의 동시대적 이해의 신호이자 의료 서비스 적용의 신호다.

전기 작가 중 한 사람인 벌머(Bulmer, 2003)는 창의성이 그의 지성을 뛰어넘는다고 골턴을 묘사하고 있다. 그의 아이디어 능력은 작업 시 모든 면에서 도출되는 논리적 결론에 필요한 가장 깊은 수준을 수행하는 능력 이상으로 확장되었다. 그 결과 세상은 그가 공헌했던 거의 모든 분야를 잊었다. 왜냐하면 다른 사람들이 지적 캔버스에 더 깊은 흔적을 남겼고 현대 역사는 우생학에 대해 나쁜 평판을 내렸기 때문이다. 하지만 어떤 연구가도 개인차를 이해해서 작품에 활용하는 상상력의 완벽한 범위로 골턴을 넘어서지 못했다.

그의 개인사에 남아 있는 한 가지 미스터리한 이슈는 여성들과의 관계다. 비록 그의 누이가 그에게 가장 훌륭한 교육 경험을 하게 해 주었고, 어머니는 20세까지 그의 가까운 친구였으며, 그의 아내가 그의 지적 노력들을 지지했고 빅토리아 시대 영국 사회 환경에서 그가 빛나도록 도왔지만, 그는 결코 직접적으로 자신의 인생에서 여성에게 은혜를 입었다고 인정한 적은 없다. 또 다른 골턴의 전기작가(Forrest, 1974)는 그의 아내가 상상력이 거의 없거나 완전히 없었다고 고발했다. 아마 골턴의 회고록에서 거의 언급된 적이 없기 때문일 것이다. 그러나 골턴은 위대한 예술가와 과학자들의 어머니들이 그들의 작품에 기여한 바가 크다고 인정해 놓고도 왜 자신은 자기 인생에 영향을 줬던 여성들에 대해 그토록 짧게 기록했는지 불가사의하다. 그의 어머니가 남편이 사망한 후 30년 동안 모든 가족을 뭉치게 했는데도 골턴은 단지 어머니가 소묘에 대해 좋은 관점을 가지고 있었다는 점만을 언급하고 있다. 그의 누나 역시 제한적으로 언급되었고, 그의 성장·발달에 있어 그녀의 지적 공헌을 인정받지 못했다. 골턴은 『회고록』에서 단지 이렇게 말한다. "나는 그녀의 경건하고 차분하고 단호한 성격 덕분에 성공했다."(1908, p. 11)

골턴은 개인적인 감정에 관하여는 사촌인 다윈과 다를 것 없이 사적인 사람이었다 (Brookes, 2004). 그의 회고록은 인생의 다양한 시기에 그가 행했던 것만 드러낼 뿐 그 사람에 대해서는 거의 보여 주지 않는다. 아마도 이러한 자기성찰의 부족은 그가 살았던 빅토리아 시대의 특징일 것이다. 그는 자녀가 없었으므로 가족에 대한 의무 때문에 다른 사람들이 가지고 있는 그런 성공에 대한 동기는 없었다고 솔직하게 인정했다. 그는 유전 특성에 관하여 집중하였기에 상속자가 없다는 것을 아마 개인적인 실패로 인정했을 것이다. 그의 인생에서 그를 괴롭힌 것은 두 가지였다. 하나는 아이를 가질 수 없는 것이었는데, 그래서 그는 사촌인 다윈을 따라할 수 없었다. 그리고 다른 하나는 종교였는데, 그는 자신의 독특한 연구관점을 통해 자연 그대로의 종교로서 이 문제를 해결하려 애썼는데, 즉 인간에 대한 숭배의 최고행위인 우생학으로 해결하려 했던 것이다. 〈표 2-1〉은 전기적, 전문적으로 중요한 핵심 사건들을 요약해준다.

골턴의 장례식에서 케임브리지 트리니티 대학의 버틀러 목사는 그의 진가에 대해 연설했고 그것은 사망 기사에 인용되었다.

〈표 2-1〉 전기적·전문적으로 중요한 사건

1822	영국 버밍엄에서 가족 안에서 6남매 중 막내이자 둘째 아들로 탄생. 아버지는 새뮤얼이고 어머니는 비올레타임
1824~1829	집에서 누나인 아델에게 고전 과목들을 배움. 2세 6개월 때 읽는 것을 배웠고 4세에 수학을 습득함
1830~1837	8세부터 16세까지 계속 사립학교에 다님. 그곳에서 교육적 가치에 대해 혐오감과 부족함을 발견함

1838	버밍엄 병원에서 수련받기 시작함
1840~1844	3년 동안 케임브리지 대학을 다녔지만 신경쇠약으로 휴학을 하고, 복학한 후 의대 수련 과정을 모두 마침
1845	이집트 여행을 하고, 소의 동물적 행동 양상을 발견함. 그의 여행에서 가장 흥미로운 부분을 스케치하고 수채화를 그림
1850~1855	미국지리학협회에서 메달을 받게 만든 남아프리카 내륙 지도를 만들고, 1855년 미지의 땅을 탐험하고 싶어 하는 다른 이들을 위한 가이드로 『여행의 예술(The Art of Travel)』을 씀
1853	루이사 버틀러와 결혼
1859	찰스 다윈의 『종의 기원(The Origin of Species)』 출판. 이 책은 천재의 유전적 영향에 관한 골턴의 연구에 헤아릴 수 없을 만큼 많은 영향을 줌
1862	고기압과 날씨 지도 패턴 방법을 발견함
1865	남은 인생의 연구 기반인 유전성 천재의 특징에 관한 한정판 논문 발표
1869	『유전하는 천재(Hereditary Genius)』를 완성하고 출판함 유전적인 특성을 이해하기 위해 축산 농사를 배움 사진 공부를 시작함
1884	『인간능력에 대한 연구(Inquiry into Human Faculty)』 출판
1884~1891	인간 생물학을 연구하기 위해 인체 측정학 실험실을 설립하고 운영함
1889	『자연의 유전(Natural Inheritance)』 출판
1891	개인차를 정확히 보여 주는 방법으로서 지문의 역할에 관한 논문 게재함. 이 기법은 결국 런던 경찰국에서 범인을 식별하기 위한 방법으로 채택됨. 골턴은 또한 이 주제에 관한 책을 2권 씀
1897	40년 동안 아내였던 루이사가 부부가 해외 여행을 하던 중 사망
1901	헉슬리 협회(Huxley Society)에서 우생학 강의를 함. 이는 영국과 해외에 우생학의 영향력 확장을 주재한 것이었음
1902	다윈 메달을 수상함
1906	누이 에밀리가 98세로 사망
1908	자서전 『회고록(Memories)』 출간
1910	*Kantsaywhere*라는 우생학에 대한 이상 소설을 씀
1911	기관지염으로 병치레를 한 후 심부전으로 집에서 사망 런던 대학교에 골턴 의장석이 세워졌고, 첫 번째로 칼 피어슨이 차지함
1912	런던에서 첫 번째 국제 우생학 학술대회가 개최됨

그는 유례없이 다정하고, 공손하고, 배려하는 사람이었으며, 큰일뿐만 아니라 작은 일에도 동정을 하는 사람이었다. 그는 활발하게 대화를 잘하는 사람이었고, 문제를 잘 해결했던 매력적인 여행 동료였으며, 새롭고 아름답고 멋진 것에 대해 방심하지 않는 날카로운 지성을 가진 사람이었다(Butler, 1911).

골턴과 다윈

골턴과 다윈은 저명한 에라스무스 다윈을 할아버지로 둔 사촌이었기 때문에 공통의 관심 주제에 대해 서로 가끔씩 연락을 했다. 아무도 그들의 할아버지를 알지는 못했지만, 두 사람 모두 중요한 길에서 할아버지의 발자취를 따라갔다. 그런데 아마도 골턴의 관심 범위가 발명, 과학, 의학, 시 등 다윈보다 더 넓었던 점에서 더 그랬던 것 같다. 골턴의 어머니는 그녀의 아버지가 의학으로 성공했던 것을 근거로 의학이 골턴에게 좋은 직업이라고 확신하고 있었다. 골턴은 이 모든 분야에 관심이 있었기에 매우 바빴고, 현대 심리학의 전조가 되었던 과학의 삶에 자리 잡기 전 성인기 수년 동안 생산적으로 활동했다.

골턴은 다윈의 진화론에 푹 빠졌다. 그것은 심오한 방식으로 그의 연구를 어떤 형태로 만들어 갔다. 그리고 다윈은 그만의 방식으로 능력이 타고난 유전이라는 골턴의 관점에 매료되었다. 두 사람은 그 주제에 관하여 많은 편지를 주고받았다. 골턴의 『유전하는 천재』에 대해 다윈은 이렇게 말했다. "내 인생을 통틀어 읽었던 책 중에서 이보다 더 흥미롭고 독창적인 책은 없다고 생각한다. 모든 핵심을 얼마나 명쾌하게 잘 짚던지. 내가 확신하던 것을 기억에 남을 만한 작품으로 만들어 보여 주어서 자랑스럽구나." (Darwin, 1869)

골턴은 다윈이 대부분의 성인 시절을 보낸 그의 고향인 다운보다 차라리 웨스트민스터 사원에 매장되는 것을 보고 영향을 받았다. 골턴의 노력은 그의 사촌의 성취가 후세에 대대로 인정을 받도록 하기 위한 가족적 의무로 인식될 수 있다. 골턴에게 다윈은 과학적 사고의 모델일 뿐 아니라 철학과 종교의 가이드였다. 그가 전통적인 종교에서 벗어나 불가지론 관점으로 보다 옮겨감에 따라, 골턴은 진화 생물학의 종교적 측면에 반하게 되었다. 『유전하는 천재』의 결론에서 그는 이렇게 말했다. "모든 생물은 본질적으로 단 하나이지만 다양하고, 명백히 상호작용한다. 사람과 다른 모든 동물들은 우리가 이해할 수 있는 것보다 훨씬 더 광대한 우주 시스템 내에서 활발하게 일하는 존재이고 공유하는 존재다." (1869, p. 428)

골턴, 행동 유전학의 아버지

정신 능력에 관한 개인차 연구는 골턴이 쌍둥이, 가족, 학교 환경을 연구하면서 시작되었다. 행동 유전학이 되었던 진화 분야의 역사에서 다른 어떤 사람보다 골턴은 딱 맞는 질문을 예측했고, 그의 관점에서의 독특한 자료 수집과 분석으로 이 질문에 대해 끝까지 추적했다. 『영국의 과학자들』의 연구를 시작할 때, 골턴은 사회 기여에 막대한 영향력을 미치는 가족 유전 이론을 입증할 자료를 꼼꼼하게 수집했다. 중세 시대 교회에서 요구한 독신주의 때문에 유럽의 영재들이 문명의 발전에 필요한 자손을 생산하지 않았던 것을 안타깝게 생각했다. 그는 이렇게 언급했다. "세상에 꼭 있어야 할 가장 뛰어난 생각과 가장 온화한 마음을 지닌 사람들을 자손 대대로 잃어버린 것이다." (Galton, 1869, p. 45) 그는 인간을 완전하게 할 수 있다고 믿었고, 신중한 테스트는 이를 실현시킬 도구를 제공한다고 믿었다. 그는 우생학을 창시했고, 이 우생학은 영국 사람들의 정신 능력을 향상시키기 위한 목적으로 그 당시의 유전적 이해를 조종하고자 했던 과학의 한 분야다. 그는 비록 다른 목적이기는 하지만 비네와 시몽의 지능검사 개발과 인간 발달에서 유전자의 역할을 입증하는 수많은 쌍둥이 연구의 전조가 되었다(Bouchard, Lykken, McGue, Segal, & Tellegen, 1990).

골턴, 영재교육의 아버지

비록 영재교육 분야가 미국에서 발달해서 루이스 터먼과 리타 홀링워스가 창시자라고 믿는 경향이 있지만, 선구자 월계관이 프랜시스 골턴이 아닌 다른 누구의 것이라고 하기는 어렵다. 그는 오늘날 우리의 생각을 이끄는 이론들—가족의 역할, 유전의 한계, 모든 분야의 수행에서 개인차의 역할, 탁월성의 특별한 천성—을 개념화하였다. 또한 그는 전기적 기술부터 여전히 사용 중인 통계적 방법까지 영재교육 연구에서 우리가 수행하는 방법론과 도구들을 만들어 냈다. 또한 거시적 연구 주제를 공들여 만들었고 지금까지 이어지고 있는데, 이 역시 쌍둥이 연구, 당대의 훌륭한 사람들의 가족 배경과 삶에 관한 전기적 질문, 시간의 흐름에 따른 재능의 발달을 이해하도록 도와주는 거시적 연구들이다. 우리 중 수정론자들은 그의 생각들을 인종차별주의적이고, 성차별주의적이며, 지금 시대의 관점에서 볼 때 부정확하다고 재빨리 일축해 버릴지도 모르지만, 골턴을 그 시대와 문화의 결과물로 여겨 천재에 대한 이해와 그런 천재가 사회를 만들어 가는 흔적에 대해 공헌했던 위인의 지위를 주는 것은 공정해 보인다. 그는 그런 주제를 연구했을 뿐 아니라 자기 개인의 삶을 모범 사례로 보여주고자 했던 것이다.

결 론

마지막으로 골턴의 연구는 '나를 찾기(me-search)'였다. 나 찾기란 그가 탁월성, 가족 배경, 특성 이론이라는 점에서 그 자신을 찾아가는 것이었기 때문이다. 그는 여러 차원에서 다윈에게 매우 많은 영향을 받았지만, 특히 골턴에게 우생학 운동의 기반을 제공해 주었던 진화론의 영향이 컸다. 우생학은 인류의 발전에 관한 일련의 추론에서 다음의 논리적 단계였다. 여성에 대한 그의 관점은 그가 일하고 살았던 시대의 영향을 많이 받았다. 그는 여성들을 존경했지만, 많은 여성으로 인해 고통을 당했고,

그들의 특별한 업적과 능력에 대해 거의 신뢰하지 않았다. 그는 역사상 다른 누구보다 영재교육 연구와 발전에 명백히 기여했다. 요약하면, 그는 자신의 흥미와 성향에 최고로 잘 어울리는 삶을 살았던 대표적인 뛰어난 영재이고, 이러한 능력과 흥미를 새로운 연구 분야로 바꾸어 다양한 방식으로 사회에 유익함을 줄 수 있었다. 그의 삶과 일은 그를 영원한 명사로서 명성을 확고히 하게 했다.

미주

1. 이 장의 일부는 Eminent Remains의 '프랜시스 골턴경의 삶, 연구 및 기록들(The Life, Studies, and Archives of Sir Francis galton)'(Baska, 2009)을 참고한 것이다. 자료 사용을 허가해 준 Prufrock 출판사에 감사드린다.

참고문헌

Baska, A. (2009). Eminent remains: The life, studies, and archive of Sir Francis Galton. In B. MacFarlane & T. Stambaugh (Eds.), *Leading change in gifted education: The festschrift of Dr. Joyce Van Tassel-Baska* (pp. 469–479). Waco, TX: Prufrock Press.

Bouchard, T. J., Lykken, D. T., McGue, M., Segal, N. L., & Tellegen, A. (1990). Sources of human psychological differences: The Minnesota study of twins reared apart. *Science, 250,* 223–228.

Brookes, M. (2004). *Extreme measures: The dark visions and bright ideas of Francis Galton.* New York, NY: Bloomsbury.

Bulmer, M. (2003). *G. Francis Galton: Pioneer of heredity and biometry.* Baltimore, MD: Johns Hopkins University Press.

Butler, G. (1911). Obituary for Francis Galton. Galton Papers (GALTON/1/2/4/15/1). University College London Archives.

Cox, C. M. (1926). *The early mental traits of 300 geniuses.* Palo Alto, CA: Stanford University Press.

Cytowic, R. E., & Eagleman, D. M. (2009). *Wednesday is indigo blue.* Cambridge, MA: MIT Press.

Darwin, C. (1869, December 23). [Letter to Francis Galton]. Darwin Correspondence Database. Retrieved from http://www.darwinproject.ac.uk/entry7032

Fanchon, R. E. (2009). Scientific cousins: The relationship between Charles Darwin and Francis Galton. *American Psychologist, 4*(2), 84–92.

Forrest, D. W. (1974). *The life and work of a Victorian genius.* London, UK: Paul Elek.

Galton, F. (1853). *Narrative of an explorer in tropical South Africa.* London, UK: Murray.

Galton, F. (1855). *The art of travel.* London, UK: Murray.

Galton, F. (1864–1892). Data and correspondence related to inquiries into human faculty and its development. Galton Papers (GALTON/2/7/2). University College London Archives. London, UK.

Galton, F. (1869). *Hereditary genius.* London, UK: Macmillan.

Galton, F. (1874). *English men of science.* London, UK: Macmillan.

Galton, F. (1880). Statistics of mental imagery. *Mind, 5,* 301–318.

Galton, F. (1883). *Inquiries into human faculty.* London, UK: Macmillan.

Galton, F. (1889). *Natural inheritance.* London, UK: Macmillan.

Galton, F. (1906). *Noteworthy families* (with Edgar Schuster). London, UK: John Murray.

Galton, F. (1908). *Memories of my life.* London, UK: Methuen.

Gillham, N. W. (2001). *A life of Sir Francis Galton: From African exploration to the birth of eugenics.* Oxford, UK: Oxford University Press.

Grohmann, W. (1958). *Wassily Kandinsky: Life and work.* New York, NY: Abrams.

Keynes, M. (Ed.). (1993). *Sir Francis Galton: The legacy of his ideas.* London, UK: Galton Institute.

Pearson, K. (1914). *The life, letters and labours of Francis Galton: Vol. 1.* London, UK: Cambridge University Press.

Pearson, K. (1924). *The life, letters and labours of Francis Galton: Vol. 2.* London, UK: Cambridge University Press.

Pearson, K. (1930). *The life, letters and labours of Francis Galton: Vol. 3.* London, UK: Cambridge University Press.

Terman, L. (1917). The intelligence quotient of Francis Galton in childhood. *American Journal of Psychology, 28,* 209–215.

Tucker, M. (1995). *The Duke Ellington reader.* London, UK: Oxford University Press.

Wolf, T. H. (1973). *Alfred Binet.* Chicago, IL: University of Chicago Press.

알프레드 비네

측정과 교육학 발전을 위한 창의적인 삶(1857~1911)

Maria Pereira Da Costa, Franck Zenasni, Serge Nicolas, & Todd Lubart

알프레드 비네(Alfred Binet)는 현대 심리학의 선구자 중 한 사람이다(Fancher, 1997). 그는 특히 아동의 지능을 측정하는 데 기여한 학자로 알려져 있지만, 20세기 심리학 분야에서 많은 것을 발견해 내는 데 공헌했을 뿐만 아니라, 심리학자들이 이후에 개발한 다양한 아이디어를 널리 알리는 데 공헌하였다. 국제적으로, 비네는 지능검사 개발로 알려져 있지만, 비네-시몽 검사가 최초의 아동용 지능검사. 불행하게도, 불어로 출간된 수많은 저서가 번역이 되지 않아, 비네의 저서는 국제적으로 널리 알려지지 못했다. 울프(Wolf, 1973)가 비네의 일대기를 영어로 출간하여 비네의 생애와 그의 과학적 저서가 국제적인 자원이 되긴 했지만, 영재교육에 대한 그의 헌신과 그가 영재교육에 얼마나 많은 관련을 맺고 있었는지에 대해서는 널리 알려지지 못했다.

비네가 지닌 다양한 관심 분야와 그가 기고한 주제들을 통해 볼 때, 그의 삶과 업적은 가히 놀랄 만하다. 이러한 혁신적인 심리학자이자 사상가인 그에 대해 보다 친숙해지기 위해, 우리는 심리학 역사에 대해 관심을 가진 연구자들로 구성된 소그룹에 의해 창설된 비네-시몽 학회의 학술 발간물을 살펴보게 된다. 비네-시몽 학회의 회장인 낭시 대학교의 교수, 베르나르 앙드리외(Bernard Andrieu)는 비네의 업적물 기록의 책임자이기도 하다. 기 아방지니(Guy Avanzini), 알렉상드르 클랭(Alexandre Klein) 그리고 비네 일가의 도움으로, 비네가 일궈 낸 업적물들과 관련한 문서들이 수집되었다. 그의 서적들은 다시 출판되었고 알프레드 비네를 기리기 위해 정기적으로 세미나도 개최되었다. 이 장에서는 이 장의 공저자인 세르주 니콜라(Serge Nicolas)를 포함한 프랑스 심리학을 다룬 역사가들이 발간한 수많은 논문과 저서를 다루고자 하였다. 이 장에서 우리는 먼저 비네의 특이한 개인 여정에 대해 기술하고, 그런 후에 심리학의 다양한 영역을 보다 더 잘 이해하는 데 도움이 되기 위해 그가 기여한 바, 특히 아동의 지능검사 개발에 대해 논의하고자 한다. 계량화된 척도를 통한 그의 연구와 사상에 대한 적용 그리고 효과적인 교육학의 특성에 대해 그가 지닌 개념에 대해서도 소개하고자 한다. 또한 알프레드 비네의 기이한 부분, 즉 현대 공포 영화를 떠올리게 하는 연극이 상영되는 그랑 기뇰(Grand-Guignol) 극장을 향한 그의 열정에 대해 논의하고자 한다.

비네의 일대기

알프레드 에두아르 루이 앙트완 비네(Alfred Edouard Louis Antoine Binet)는 1857년 7월 8일 니스에서 출생하였다. 그 당시 니스는 여전히 피에몽트-사르디니아(Piedmont-Sardinia) 왕국(후에 이탈리아 지방이 됨)에 속해 있었지만, 1860년 다시 프랑스에 속하게 되었다. 알프레드 비네는 의사인 에두아르 비네와 화가인 모이나 알라르의 유일한 자녀였다. 비네는 저명한 과학자들이 연구와 교육을 했던 당시 명문대학인 콜레주 드 프랑스(College de France)에서 발생학(embryology)을 가르치는 교수인 에두아르 제라르 발비아니(1825~1899)의 딸 로라 발비아니(1857~1922)와 1884년 8월 14일 결혼하였다. 알프레드와 로라는 두 명의 딸 마들렌느(1885~1961)과 알리스(1887~1938)를 두었는데, 이들은 비네에게 영감을 불어넣는 자원이자 관찰의 대상이기도 하였다 (Nicolas & Sanitioso, 2011).

비네의 학문적 배경은 다양하다. 그는 1878년 대학에서 법학을 전공하였으며, 몇 년간 변호사로 활동하기도 하였다. 그는 법학을 좋아하지 않았고, 동시에 최면 실험을 통해 히스테리를 치료하는 신경학자 장 마틴 샤르코(Jean-Martin Charcot, 1825-1893)가 근무하는 살페트리에르(Salpêtriére) 병원에서 과학적 훈련을 시작하였다. 1892년에 비네는 샤르코의 교육에 영감을 받아 『성격의 변형(Les Altérations de la Personnalité)』(Binet, 1892a)을 출간하였는데, 그 작업의 과학적 가치가 윤리/정치학회로부터 인정을 받게 되었다. 『성격의 변형(Les Altérations)』에서 비네는 다중의식(multiple consciousnesses)에 대한 아이디어를 옹호하였다(Binet, 1890a).

비네의 활동과 심리학계에서 비네가 이룬 활동과 헌신은 괄목할 만하지만, 비네의 논문은 실제로 자연과학 분야에 해당하였다. 샤르코와 작업할 당시에 비네는 그의 장인과 함께 공부하였으며, 1894년 12월 24일 그는 '곤충지대에서의 신경체제 연구에 대한 헌신' 이라는 제목으로 자연과학 분야 박사학위 논문심사를 받았다(Binet, 1894b). 수년 동안 비네는 과학에 대한 관심은 갑절로 늘어났으며, 그는 1895년에 생물학회 회원이 되었고, 1895년에는 소르본에서 실험심리학 실험실의 책임자가 되었다.

그가 샤르코의 지도에 영향을 받긴 하였지만, 심리학에 대한 그의 관심은 소르본의 생리심리학 실험실의 설립자인 앙리 보니(Henry Beaunis, 1830~1921)를 만난 이후인 1890년에 보다 더 과학적인 방향으로 나아가게 되었다. 비네는 1892년 실험실 부책임자가 되었으며, 1895년에는 실험실 책임자가 되었다. 그의 자서전에서, 보니는 비네와의 만남에 대해 보다 생생하게 기술하였다. 그는 다음과 같이 기술하였다.

그는 혈기왕성하고 지적인 눈매를 지닌 체구가 큰 남성이며, 미소를 잘 짓는 연구자의 풍채를 지닌 인물이다. 그는 자기 자신을 소개하였으며, 우리 둘 사이에 흐르는 냉기류는 순식간에 사라졌다. 그 당시 최면과 관련한 분야에 몰두하고 있었던 나는 그와 상반되는 입장을 취하고 있긴 했지만, 그의 업적에 대해 알고 경이롭게 생각했다. 우리는 대화를 나누었으며, 그는 실험실에 와서 작업해도 되냐고 요청하였는데, 나는 그의 요청에 바로 화답하였고, 개설한 지 얼마 되지 않은 실험실에서 같이 일할 귀중한 공동 연구자를 얻게 되어 행복했다. 나는 그의 총명함과 생기

넘치는 호기심 그리고 그의 왕성한 연구 활동을 바로 알아챘다. 그는 각각의 실험
과 과학 분야에서 이전에 연구되지 않은 새로운 것을 찾아내고, 새로운 방식의 사
고를 불러일으켰으며, 탐색되지 않은 분야를 시도하였다. 그는 경이로운 작업 역
량과 놀라운 두뇌 활동 역량을 지니고 있었다(Beaunis, p. 495, Nicolas &
Sanitioso, 2011 역)

1895년에 비네는 세르주 니콜라와 뤼도빅 페랑(Ludovic Ferrand)의 책임하에 오늘
날 여전히 프랑스어로 발간되고 있는 저명한 심리학 학술지 『심리학 연보(L'Année
Psychologique)』를 창간하였다(Nicolas, Segui, & Ferrand, 2000).

심리학 분야에서의 비네는 19세기 후반 프랑스 심리학의 변혁기의 선두주자였으
며, 그 당시 프랑스 심리학은 정신병리학이 주를 이루고 있었다. 19세기 말 무렵 심리
학은 의학과 거리를 두고 있었는데, 정신병리 사례 연구가 정상적인 심리 기능을 보
다 더 잘 이해하기 위한 수단이 되었다(Huteau & Lautrey, 1999). 이러한 맥락에서 개인
심리학이 발달했으며, 특히 지능 수준을 구분할 필요성이 인식되었다. 비네는 이러
한 이론적 발달 경향을 따랐다. 그는 리보(Ribot)와 함께 '정신병리학'을 발견하였으
며, 샤르코의 가르침을 받아 계속해서 연구를 이어 갔는데, 두 딸이 태어나고 교육학
에 대한 관심이 생기면서 아동의 지능을 이해하는 데에 관심이 집중되었다. 비네는
그 당시 과학 심리학의 주된 초점이었던 기억과 같은 심리 활동을 연구하기 시작하
였다. 비네의 연구 중 하나로 특정 과제에서 탁월한 기억을 해내는 매우 비범한 개인,
특히 암산과 체스의 고수들의 행동과 수행을 면밀히 관찰하는 것이었다(Nicolas &
Sanitioso, 2012).

비범한 개인 연구에서부터
정신 능력에 대한 체계적인 측정에 이르기까지

1880년 초반에 비네는 최면술, 추론, 감각, 환시 및 몽유병과 같은 다양한 주제와

관련한 과학적인 연구물을 출간하였다. 1890년대에는 인지와 관련하여 특이한 사람들에 대해 관심을 보였다. 그의 동료인 보니와 함께, 그는 색깔에 대한 지각 경험과 연관되는 단어와 같은 시각적 자극 지각으로 정의되는 색청(colored audition)을 지닌 개인에 대해 초기에 관심을 보였다. 보니와 비네(1892)는 두 남자의 사례를 보고하였다. 첫 번째 남자인 Mr. X는 철자에 대해 단순히 생각하거나 들었거나 혹은 읽었을 때 색깔을 보았다. 예컨대, 연구자는 Mr. X가 'a'라는 철자에서 빨간색을 느끼고, 'e'라는 철자에서 회색을 느끼며, 'i'라는 철자에서 검은색을 느끼게 된다는 것을 인식하였다. 철자와 색깔 간의 연합은 수학영재학자가 색깔로 숫자를 이해하는 것을 관찰한 경우와 꽤 유사하다.

비네가 색청에 대해 연구했던 시기 동안에, 그는 또한 비범한 암산 전문가들과 이나우디(Inaudi)의 구체적인 사례에 집중하였다(Binet & Henneguy, 1892). 이나우디는 브로카(Broca), 샤르코 그리고 과학학회에 의해 연구된 바 있는 유명한 암산 전문가였다. 이나우디는 6세에 계산을 하기 시작하였다. 이와 대조적으로, 그는 14세에 글을 읽고 쓰는 법을 터득하게 되었다. 비네에 의하면, 아동기 초기부터 이나우디는 그의 형으로부터 구두로 문제가 주어지면 이를 암산으로 해결할 수 있었다.

비네는 성인이 된 이나우디를 몇 가지 검사를 사용하여 면밀히 탐색하였다. 그 결과, 그는 21자리 수 2개의 뺄셈 문제, 6자리 수 5개의 덧셈 문제 그리고 4자리 수 제곱 문제를 암산할 수 있는 것으로 나타났다. 이나우디는 다음과 같은 방식으로 문제를 풀었다. 각 단계에서 그는 문제를 반복하였고, 그런 다음 숫자들을 중얼거리기 시작하였다. 표면적으로, 그는 암산하는 동안 대화를 하는 듯 보였는데, 이는 암산에 대한 인지 과정인 그의 언어 활동과는 꽤 독립적이었다. 비네는 19세기 말 무렵 정립된 부분기억 이론에 근거하여 이나우디가 수에 대한 탁월한 기억 능력을 지니고 있는 것으로 해석하였다. 한 가지 흥미로운 점은 이나우디의 성격이 아스퍼거(Asperger) 증후군을 지닌 신동에 대한 기술 내용과 흡사하다고 비네가 기술하고 있는 점이다(Binet, 1894c).

비네는 탁월한 수행에서 보이는 두 가지 주요 파라미터로 인지 조작의 복잡성과 신속성에 주목하였다. 복합교수에 대한 즉각적인 반응은 영재성의 한 지표다. 이나우디는 36에 2435를 더하는 문제를 마치 1에 2를 더하는 문제를 풀 듯 빠르게 계산하였다(Binet & Henneguy, 1892). 이나우디의 수행을 평가하기 위해 비네는 수 기억 범위를 측정하였는데, 평범한 사람들은 평균 7개의 수를 반복할 수 있는 데 반해 이나우디는 24개의 수를 반복할 수 있었다. 게다가 그는 상당 시간 동안 대량의 수 목록에 대한 기억을 유지할 수 있었다. 하루의 마지막 즈음에, 이나우디는 그가 일찍이 했던 것과 마찬가지로, 대략 24개의 수를 초과하지 않는 일련의 수 목록을, 많게는 400개의 대량의 수 목록을 반복할 수 있었다(Binet, 1894c).

그러나 이나우디가 지닌 능력 중 가장 중요한 점은 양적인 면에서의 수행이 아니라 그가 사용한 전략에서의 질적인 차이다. 『두 가지 세상에 대한 고찰(Revue des Deux Mondes)』에서 비네는 다음과 같이 언급하였다. 이나우디가 고전적인 암산법을 터득하긴 했으나, 개인만이 지닌 특유의 암산법을 사용하였다. 일반적으로, 그는 다양한 조작법을 사용하였고, '시행착오'를 통해 부분적인 조작법을 찾아냈다. 브로카(1880)는 이러한 조작법을 사전에서 단어를 인출해 내는 방법에 비유하였다. 달리 말하면, 이나우디는 장기 기억에 있는 정보를 끌어내어 사용하는 듯하였다. 게다가 숫자들을 기억하기 위해 시각 기억을 사용하는 다른 암산 전문가들과 비교하여 볼 때, 이나우디는 숫자들을 조용히 반복할 때 오로지 후두의 움직임과 시각 기억에만 의존하여 숫자들을 부호화하고 기억하였다. 이러한 복합성은 그의 탁월한 기억 수행에 적합한 듯 보였다. 비네의 경우, 이것은 단순히 19세기의 상식적인 믿음, 즉 최면을 통한 기억 증진의 사례는 아니었다.

비네는 이나우디가 다른 면에서도 탁월한 능력을 보이고 있음을 관찰하였다. 그가 지닌 능력은 탁월할 뿐만 아니라 평균 수준의 수행을 훨씬 더 뛰어넘는 꽤 탁월한 수준이었다. 이나우디는 반응 시간과 숫자들을 파지하는 데 도움이 되는 주의 집중 능력뿐만 아니라 지각 면에서도 매우 뛰어난 역량을 지니고 있었다(Binet, 1894c).

비네는 또한 몇 가지 요인을 통해 가우스(Gauss), 암페어(Ampere), 몽두(Mondeux), 만자멜레(Mangiamele)와 같은 탁월한 수학자들이 지닌 능력을 비교하여 설명하려고 시도하였다. 그는 유년기의 가난한 생활, 비문해, 충동성, 강박증, 셈하기를 향한 열정 혹은 계산 분야에서의 조기 성숙과 같은 그들의 삶에서의 유사성을 관찰하였다.

몇몇 탁월한 수학자들은 과학 분야에서의 암페어 혹은 통계학 분야에서의 가우스와 같은 영역 면에서 보다 포괄적으로 잠재력을 사용하였다. 결국, 비네는 이나우디와 비교될 만한 또 다른 암산 전문가인 다미앙디(Damiaodi)에 대해 연구하였는데, 다미앙디는 숫자에 대한 시각 기억을 사용하는 듯 보였다(Binet, 1894c).

비네는 또한 다른 분야에서 탁월한 기억력을 지니고 있는 개인들에 대한 연구를 통해 재능 있는 사람들의 탁월성을 관찰하였다. 특히 그는 체스보드를 보지도 않고 게임을 하는 체스 선수들의 수행을 관찰하였다(Binet, 1893b). 그는 널리 알려진 체스 전문가를 인터뷰하여, 특히 계산 분야에서 체스 게임과 수학 간에 강력한 유사점과 차이점이 있음을 알아냈다. 체스 선수들의 영재성은 11세경에 나타나는 데 반해, 수학계산 전문가의 능력은 4세경에 나타난다. 체스 게임에서 사람들이 실제로 체스보드를 보지도 않고 여러 개의 체스 게임을 동시에 할 때, 탁월한 기억력이 관찰된다. 비네는 단지 몇 명의 체스 선수만이 6~10개의 게임을 동시에 하면서 기억력을 유지할 수 있음을 알아냈다. 전문적인 체스 선수들을 관찰한 비네는 기억이 지능에 좌우되는 정도가 얼마나 되는지에 대해 의문을 갖게 되었다(Binet, 1893b, 1894c).

탁월한 계산 전문가들과 체스 게임 전문가들 모두의 기억 능력에 대해 비네가 내린 중요한 결론 중 하나는 훈련과 경험의 중요성이었다. 탁월한 체스 선수는 타고나는 것이라는 그의 제언에도 불구하고, 그는 일상적인 기억력 훈련이 재생 수행(recall performance)의 발달 그리고/혹은 유지를 촉진해 주고 있음을 관찰하였다(Binet, 1893b). 그러므로 계산 전문가가 며칠 동안 연습을 멈춘다면 수행 수준이 감소될 것으로 예상된다. 이러한 분석을 통해 비네는 어떤 인지 능력은 훈련될 수 있으며, 어떤 지적인 장애(difficulties)는 기술과 관련된 것이라는 가설을 도출하게 되었다.

성인기에서 유년기에 이르기까지

성인의 탁월한 능력과 기억을 연구한 후에, 비네와 그의 동료 앙리(Henri; Binet, 1894a; Binet & Henri, 1895a, 1895b)는 1894년에 기본적으로 부호화(prehension, 터득)와 암기(보존) 기능과 관련한 아이들의 기억 능력에 대해 집중적으로 연구하기 시작하였다. 부호화의 경우, 그는 단기 기억을 시험하기 위해 오늘날에도 여전히 사용되고 있는 한 방법을 사용하였다. 아이들이 일련의 숫자 목록을 학습하여 몇 초 후에 그 목록을 회상해야 하는 영국의 제이콥(Jacob)의 실험을 토대로, 비네(1894a)는 아이들의 연령에 따라 숫자 회상 평균이 나아지는지를 조사하였다(⟨표 3-1⟩).

⟨표 3-1⟩ 연령집단별 숫자회상 평균치

아동 연령	8	10	12	14	16	18
숫자 회상 평균치	6.6	6.8	7.4	7.3	8.0	8.6

이러한 정상적 접근 방법은 그로 하여금 기억력이 일찍이 발달된 아이들을 관찰할 수 있게 해 주었다. 그는 "나는 특이한 기억 능력을 보이는 아이들을 때때로 관찰하였는데, 그들이 단지 열 살 혹은 열두 살이었음에도 불구하고, 성인과 마찬가지로 여덟 자리 혹은 아홉 자리 숫자들을 반복하였다."라고 말했다(Binet, 1894a, pp. 443-444). 이 아이들의 교사와 인터뷰한 후에, 비네는 이 아이들에게 특별한 코칭이 제공되지 않았음을 결론 내리고 교육 프로그램을 통해 교사가 아이들의 수 기억을 개발시키는 데 도움을 주지 않았음을 제언하였다. 그리고 난 후 비네(1894a)는 이러한 기억력 검사가 학생들의 전반적인 지능 수준의 지표임을 제안하였다. 숫자 외우기 측정은 비네와 시몽이 개발한 미래 지능척도의 일부분이 되었다.

1900년에 비네는 엘리트로 불리는 지능이 탁월하게 뛰어난 아이들에 대해 관심을 가졌다. 이 기간 동안에 비네는 머리 측정과 아이들의 지능 수준 간의 연관성에 대한 가설을 검증하는 데 주력하였다. 일련의 연구(Binet, 1901a, 1901b, 1901c, 1901d)를 통해, 비네는 평범한 아이들을 대상으로 이러한 관련성을 분석한 다음에, 뒤이어 엘리트 아이들을 대상으로 분석하여, 이를 지능이 낮은 아이들과 비교하였다. 이러한 방식으로, 그는 연구 대상과 대비되는 집단들의 실험 전략을 만들어 내는 데 기여하였다.

그는 본질적으로 연구 대상 집단을 형성하는 데 있어 교사 판단에 의존하였는데, 이는 연구 대상에 포함된 아이들이 교사들에 의해 판별되었기 때문이다. 한 연구에서, 그는 10명의 엘리트 아이와 16명의 뒤처지는 아이를 연구하였는데, 이들의 머리 크기를 정상적인 점수를 받은 50명의 아이와 비교하였다. 비네는 유의미한 결과를 도출해 냈다. 즉, 매우 탁월한 지능을 지닌 아이들은 지름이 평균 3~5밀리미터 컸으며, 둘레가 1센티미터 큰 것으로 나타났다. 그러나 뒤처지는 아이들은 엘리트 아이들에 비해 머리 측정 결과가 더 큰 것으로 나타났다. 비네는 또한 영재아이들이 머리 둘레가 더 크다고 결론 내린 마티에카(Matiegka, 1902)의 두부 계측학 연구를 고찰하였다. 이렇듯 결론을 내리기 어려운 이유는 비네(1910)의 지능 측정에서 신체계측 자료가 고려되지 못했기 때문이라 할 수 있다. 이와 대조적으로, 그는 매우 탁월한 사고 기능에 관심을 갖고 표준화된 방식으로 평가될 수 있도록 하는 과정들이 내포된 과제를 만들었다.

지능 측정

앞에서 언급한 바와 같이, 비네는 두 딸이 태어난 후(1885년에 마들렌느, 1887년에 알리스)에 아동심리학에 더욱 특별히 관심을 두었다. 그의 딸들은 『지능에 대한 실험연구(The Experimental Study of Intelligence)』에서 비네의 연구 대상이 되었는데, 후에 '마르게리트'와 '아르망드'라는 이름으로 알려졌다. 1890년대와 1900년대에 비네가 연구하는 시기 동안에는 심리학 분야의 기초 연구는 오늘날과 마찬가지로 응용심리학과 다르지 않았으며, 비네는 혼합적인 시각을 채택하였다.

지능, 학업 문제 그리고 고능력 연구 분야에 비네가 기여한 두 가지는 과학적인 실험심리학 연구 제안과 학교에서 학생들의 잠재성 개발을 위한 심리측정 도구 사용이다. 1898년에, 그는 전형적인 초등 연구를 위한 실험심리학의 중요성을 설명하였는데, 이는 지능에 대한 체계적인 고찰을 가능하게 해 주기 때문이다(Binet, 1898). 비네는 아동의 지적 자원 혹은 유형에 따라 차별화된 교육학이 제안되어야 한다고 제안하였다. 비네는 "우리는 모두 동일한 도식에 근거한 지능을 갖고 있지 않으며, 다양한 종류의 지능이 존재하고, 특정 개인에게 부합되는 것이 다른 개인에 부합되는 것은 아니다. 이는 상식이며 진리다."라고 말하였다(Binet, 1898, p. 462). 이에 비네는 이를 실험심리학, 보다 구체적으로 말하자면 '개인 심리학'(Binet & Henri, 1896)이라 일컫는데, 이는 일종의 능력을 규명하여 이를 개발시키는 방법을 찾을 수 있도록 도움을 제공해 주어야 한다. 그의 과거 연구에 기초하여, 비네(1898)는 세 가지 유형의 능력 혹은 정신―문해 정신, 과학 정신, 예술 정신―을 제안하였다. 비네의 개념 설명에서, 문해 정신은 언어 능력과 관련이 있으며, 과학 정신은 분석 및 추론 능력과 연관이 있고, 전통적인 학교에서는 확실히 덜 가르치는 예술 정신은 미(아름다움)에 대한 느낌과 감각과 관련이 있다. 개인의 능력 혹은 정신의 유형을 결정하기 위해 비네가 제안한 한 가지 과제는 사물을 기술하는 표준화된 과제다. 타당화를 위해, 사물 기술 과제(object description task)는 다양한 대상으로 구성된 여러 개 문항으로 반복되어야 한다.

비네가 제시한 예들 중 하나는 두 가지 유형의 학생들에게 주어진 담배에 대한 기술인데, 이는 〈표 3-2〉에 제시되어 있다. 이는 두 가지 정신(spirits)을 대조한 것으로 확실히 근거가 있다.

〈표 3-2〉 개인이 제시한 두 가지 유형의 담배에 대한 기술

학생 관찰에 의한 기술(16세)	문해 학생에 의한 기술(21세)
하얀 종이로 말린 길고 가느다란 원통형의 물체인 담배가 각 측면에서 나오며, 담배 부스러기가 탁자에 떨어진다.	이것은 담배다. 가늘고, 길며, 통통하고, 약간 주름이 잡혀 있다. 담배 그 자체인가? 담배는 무례한 어떤 것을 불러일으키는 기억을 떠오르게 하는가? 탁자 위에 홀로 놓인 담배가 나에게 뒷마당 구석에서 담배 피는 나쁜 학생을 생각나게 한다. ……

비네(1898)는 다양한 지능 혹은 정신을 기초로 아동에게 제공되어야 하는 교육에 관한 연구를 계속해서 수행하였다. 사실상, 그는 ① 모든 능력은 전반적으로 개발되어야 하며, ② 만일 능력이 천성적으로 뛰어나면, 잠재성이 최대 한도로 개발되어야 한다고 믿었다. 교육 체제 내에서 실험 및 개인 지향적인 심리학자들의 관심은 소르본 대학 교육과학부의 학부장인 페르디낭 뷔송(Ferdinand Buisson)이 설립한 아동심리

연구모임인 아동심리학회(Société Libre Pour L'étude Psychologique de L'enfant)에서 1899년에 비네 학파에 의해 나타났다.

1901년에 비네는 실험심리학의 잠재적인 역할과 교육학에서의 심리측정학을 옹호하는 논문을 발간하였다. 1년 후에, 비네는 주로 교사, 학생 및 전국 교육 체제의 직원들로 구성된 자유연합의 회장이 되었다. 자유연합의 구성원들은 특히 네 가지 테마, 즉 아동의 신체 발달, 심리 발달, 교육 방법 및 지능 측정에 초점을 두었다. 비네의 출현과 함께, 연구 방법으로는 실험 방법론과 설문지와 같은 조사 기법이 주를 이루었다. 1903년에 비네는 '비정상적이고 안정적이지 못한 아동들을 위한 대책 연구' (Vial & Hugon, 1998) 위원회의 의장이 되었다. 그 당시 프랑스 정부에서는 의무교육을 도입하여, 전형적인 교육 체제 내에서 자신의 위치를 찾지 못하는 아이들을 위한 해결 방안을 강구하였다. 비네는 이러한 아이들을 먼저 규명해 내기를 원하였으며, 다음과 같이 말했다.

> 교육 이전에, 우리는 학교에서 혼란을 겪는 아이들 속에서 비정상적인 아이들을 인식하고 구분해 낼 수 있어야 한다. 어떻게, 어떠한 과정을 거쳐 이들을 인식할 수 있는가? 여기서 사용할 수 있는 과정들은 다수 있다. 의학적인 절차, 심리적인 과정 및 교육적 절차가 있을 수 있다. 정상 학생들과 비교하여 이러한 학생들을 가르칠 수준이 평가될 필요가 있다(Binet, 1905a, p. 653).

이듬해에 비네는 심리학이 각각의 아이의 잠재성을 개발시키는 데 있어 얼마나 유용한 학문인지에 대해 계속해서 설명하였다. 순수과학과 응용과학에 대한 일반적인 고찰을 다룬 『순수·응용과학 일반학술지(Revue Générale des Sciences Pures et Appliquées)』에서, 비네(1905b)는 각각의 아이의 성격에 맞는 교육을 채택하기 위해 학생들의 능력에 대한 유형론(typology)을 학교가 설명해 주어야 한다고 다시 주장하였다.

개인차의 관점으로, 비네는 파리의 노동자 계층이 거주하는 지역의 라 그랑주 오벨(La Grange aux Belles) 초등학교에서의 실험교육 실험실을 개발하였다. 그 학교는 빅토르 바니(Victor Vaney)가 운영하였는데, 그는 아동의 심리 연구를 위한 자유연합의 회원이었다. 바니는 각각의 아이가 학년말에 도달해야 할 성취 수준을 규명하는 지식척도(knowledge scale)를 개발하였다. 그 당시에, 비네는 지능척도(intelligence scale)를 개발하고 있었다. 바니와 비네는 같은 철학을 지니고 있었다. 즉, 아동은 좋거나 나쁘거나 혹은 중간 수준으로 규정되지 말아야 한다는 것이다. 대신, 측정 도구는 사회경제적 수준과 연령이 비슷한 수준의 아이들의 평균 수행과 해당아이를 비교해야 한다. 비네와 바니에 의하면, 아이가 또래들과 비교하여 평균 수준인지, 뒤처지는지 혹은 앞서 나가고 있는지 여부에 대해 의문을 가져야 한다는 것이다. 바니의 영향을 받아, 비네는 지능을 바니가 학문적 학습에서 다뤘던 것에 응용하였다. 사실상, 비네-시몽 척도는 바니의 연구와 아동의 심리 연구를 위한 자유연합이 제기한 교육학적 특수성을 설명하는 데에 채택되었다.

이러한 맥락에서, 비네는 또한 교육학에 적용되는 실험심리학을 개발하기 위해 노력하였다. 그는 이러한 접근법을 과학적 교육학이라 칭하고, 1905년에 발간된 연구물에서 과학과 연구를 설명하였다. 그는 미국과 독일과 마찬가지로 프랑스와 다른 국가에서 나타난 결과들이 아동의 지적 능력 발달을 연구하기 위한 방법론을 제시하는 데 도움이 된다고 제안하였다. 국제적으로, 비네의 가장 영향력 있는 연구는 지능척도를 제작한 것인데, 이는 학교에서 특수학급에 비정상적인 아동들을 받아들이는 데 있어 지침을 제시하기 위해 만들어졌다(Binet & Simon, 1907).

비네-시몽 지능척도

1904년 10월, 교육부에서는 지진아 교육을 담당할 브루주아 위원회(Commission Bourgeois)를 설치하였다. 비네는 일반학교에서 학업이 불가능한 아이들을 찾아서 특수학급을 만들 계획으로 교육부 장관이 기획한 이 위원회의 일원으로 초대받았다(Vial & Hugon, 1998). 취약한 아동에 대한 책임 있는 결정과 사회 정의를 위한 이러한 요구는 비네가 수행한 이전의 연구 결과의 결실로 보이며, 이는 비네로 하여금 연구에 박차를 가하도록 해 주었다.

20세기의 다른 과학자들과 달리, 비네는 지능 이론을 구성하는 것이 그의 주요 목표는 아니었다. 그는 지능을 표출하는 행동 측정과 판별에 더욱 초점을 두었다. 이러한 사고방식과 심리학에 대한 그의 지각이 비네로 하여금 더욱 관심을 갖게 하였는데, 이는 개인차 연구로부터 배울 수 있었던 것이었다. 이미 진술한 바와 같이, 비네의 초기 관심사는 정상적인 성인과 이나우디와 같은 특출한 사고를 하는 개인들이었다. 그 당시에는 지능과 관련한 측정은 주로 감각 지각을 토대로 하였다. 첫 번째 단계는 상황, 문제 혹은 질문에 대한 이해와 관련한 것이다. 두 번째 단계는 해결 방안이나 해답을 찾거나 혹은 문제를 해결하기 위한 창의성 과제에서의 적용과 관련한 것이다. 세 번째 단계는 조절 기제와 증명 과정과 관련한 것이다(Binet, 1909).

이러한 매우 현대적인 시각은 지능 측정을 위해 만들어진 최초의 도구와 부합되지 못했다. 1896년에 비네와 앙리는 지능의 특성에 대한 보다 나은 이해를 제공해 주진 못했지만 정밀한 측정을 가능하게 하는 간단한 과정을 측정하는 것으로 지능 측정을 대체하는 것에 대한 논문을 출간하였다. 그들은 물론 방법론상의 문제가 복잡하긴 했지만, 탁월한 인지적 과정이 개인차와 능력에 대한 보다 나은 측정이라고 생각하였다. 현대 지능 측정에 대한 비판적 고찰 이후에, 비네와 앙리는 유용한 지능검사가 어떻게 구성되는지에 대해 기술하였다. 검사는 시행하는 데 1시간 30분을 초과해서는 안 되며, 아이가 흥미를 유지할 수 있도록 다양한 연습 문제로 구성되어야 하며, 짧아야 하며, 실험실 혹은 특별히 설치가 된 교실에 이용할 수 있는 자료가 구비되지 않고서도 쉽게 시행할 수 있어야 한다. 비네와 앙리는 또한 조사해야 할 10개의 과정을 나열하였는데, 이는 기억, 심상, 상상, 주의 집중, 이해, 제안 가능성, 심미적 감정, 도덕적 감정, 근육 세기, 운동 및 시각 기술이다. 1896년 논문에서, 비네와 앙리는 1905년에 발간된 지능척도(the Metric Scale)의 기초를 제시하였다(Huteau & Lautrey, 1999).

비네-시몽 측정척도(The Binet-Simon Metric Scale of Intelligence, Binet & Simon, 1905)는 오늘날 측정 분야에서 여전히 사용되고 있는 과학적 준거와 관련된 첫 번째 지능검사로 간주된다. 검사 그 자체와 더불어 비네는 검사(metric scale)를 실시할 때 긍정적이고 중립적이어야 하는 심리학자의 태도의 중요성을 강조한다. 비네는 아동들과 상황 간 비교를 허용하는 표준화 검사 시행과 아이의 주의 집중 관련 문제 혹은 불안감으로 인한 실패를 규명하기 위해 조건을 명확히 하였다. 지능검사 실시에서의 이러한 임상적 민감성은 지능 측정에서의 새로운 접근을 제시하였다. 비네-시몽 측정 척도의 하위 검사들은 인위적인 실험실 상황에서의 관찰보다는 가정이나 학교와 같은 실제 사회 상황에서의 아동 발달에 대한 관찰에 기반을 두고 있다.

지능척도는 다양한 영역과 분야에서 비네가 이루어 낸 연구 성과였다[예: 그의 가족, 정신병원에서의 시몽과 공동 연구, 바니와 같은 학교 부장(school directors)과 평교사들과의 협업, 기억과 같은 성인의 인지 기능 분야와 관련한 그의 이전 연구]. 한 가지 중요한 발단은 비네의 두 딸 마들렌느와 알리스의 생일이었다. 수년 후 장 피아제(Jean Piaget)의 가족에서처럼, 일상생활이 가정에서의 실험실이 되었다. 1890년에 비네는 그의 딸들에 대한 관찰을 기반으로 길이와 숫자에 대한 아동의 지각과 관련한 세 개의 연구를 발간하였지만(Binet, 1890b, 1890c, 1890d), 그의 가족을 기반으로 한 그의 주된 연구는 그의 두 딸을 '마르게리트'와 '아르망드'라고 명명한 『지능에 대한 실험 연구』(Binet, 1903)다.

지능척도의 첫 번째 버전은 1905년에 발간되었으며, 아이들이 각각의 하위검사에서 성공해야 할 연령 기반의 30개의 짧은 하위검사가 포함되어 있다. 정상아를 구분 짓는 것이 비네와 시몽의 목표는 아니었다. 교육부가 요청한 바와 같이, 그들은 정상적인 학교 교육에서 혜택을 받을 수 없는 아이들만을 규명하기 위해 기획하였다. 비네는 페레-보클뤼스(Perray-Vaucluse) 정신병원에서 비정상적인 아동들을 연구하고 있었던 테오도어 시몽(Théodore Simon)과 협업하였다.

비네와 시몽은 후에 정신연령으로 변환된 정신 수준에서 수행을 채점하였다. 정신 연령은 현재 연령의 아동들의 평균 수행과 비교한 해당 아동의 수행을 기반으로 한다. 8세 아이가 7세 혹은 8세 아이들이 정확하게 답하는 문항은 틀렸지만, 6세 아이가 정확하게 답하는 문제를 풀었다면, 그 아이는 6세 아이의 정신 수준을 지니고 있는 것으로 판별될 것이다. 비네와 시몽은 발달 속도가 아동의 지능을 측정하는 가장 좋은 준거가 된다는 아이디어에 주목하였다.

지능척도의 두 번째 버전은 수많은 문항이 삭제되거나 혹은 수정되어(초기 버전의 문항들 중 30% 이하만 남았음) 1908년에 발간되었다. 개정판의 주된 변화는 정상아들의 수행에서 구별해 내는 것이다. 이 버전에는 명확한 지시 사항들과 함께 수용 가능한 답과 틀린 답들의 예제 그리고 규준을 만들기 위해 사회경제적 수준이 낮은 가정의 아동과 사용된 샘플의 특성과 연관된 정보들이 포함되어 있다.

〈표 3-3〉에 비네와 시몽이 좋은 지능 측정으로 간주한 문항들과 참조 연령이 제시

〈표 3-3〉 연령별 지능 측정

3세	코, 눈, 입을 보여 준다; 숫자 2개를 반복한다; 6음절 문장을 반복한다; 자신의 성을 안다.
4세	자신의 성별을 구분한다; 열쇠, 칼, 동전을 말한다; 숫자 3개를 반복한다; 2개의 선을 비교한다.
5세	무게가 다른 2개의 상자를 비교한다; 정사각형을 베낀다; 10음절 문장을 반복한다; 4개의 동전을 센다; 퍼즐조각 2개를 해결한다.
6세	16음절 문장을 반복한다; 2개의 미적 감각이 뛰어난 그림을 비교한다; 간단한 사물을 규정한다.
7세	그림에서 빠진 부분을 찾아낸다; 10개 손가락으로 숫자를 센다; 삼각형과 마름모를 베낀다; 숫자 5개를 반복한다; 그림을 묘사한다; 13개 동전을 센다; 4개의 다른 동전을 말한다.
8세	신문기사를 읽고 2개 아이디어를 기억한다; 동전 9개를 센다; 4개의 색깔을 말한다; 20부터 0까지 거꾸로 센다; 2개의 사물을 기억해서 비교한다; 받아쓰기를 한다.
9세	날짜를 말한다(일, 월, 연도); 일주일의 요일을 열거한다; 정의를 내린다; 뉴스 기사를 읽은 후에 여섯 가지를 계속해서 기억한다.
10세	달(개월)을 열거한다; 9개 동전을 규명한다; 2문장에 3개의 단어를 배치한다; 지능 문제 3개에 답한다; 지능 문제 5개에 답한다.
11세	의미가 없는 터무니없는 문장을 비판한다; 1개 문장에 3개의 단어를 배치한다; 3분 이내에 60개 이상의 단어를 찾아낸다; 추상적인 정의를 내린다; 단어를 순서대로 나열한다.
12세	7개 숫자를 반복한다; 3개의 압운(라임)을 찾아낸다; 26개 음절로 된 한 개 문장을 반복한다; 인쇄물을 해석한다.
13세	오려낸다; 삼각형으로 오려낸다.

되어 있다.

세 번째 버전은 1911년에 발간되었다. 저자들(Binet & Simon, 1911)은 각 연령별로 5개 문항을 제시하였으며, 연령이 많은 아이들에게도 이 지능척도를 채택하였는데, 사회경제적인 배경이 중·상위인 아이들에게도 이 규준이 적용되었다.

지능척도는 학교에서 교사들이 사용할 수 있도록 계획되었다. 1911년에 비네는 교사가 지능척도를 사용하는 데 도움을 주기 위해 설계된 논문을 발간하였으며, 이 척도를 처음으로 사용하는 교사들을 개인적으로 교육하였다. 비네는 1911년 54세의 나이에 급작스럽게 사망하였다. 그는 일찍 사망함으로써 고다르가 미국 이민자들을 대상으로 적용한 것과 스턴(Stern)의 IQ 점수에 대해 학습하지 못하게 됐다(Goddard, 1908; Gould, 1996).

비네의 다른 특이 사항들

다른 많은 이와 마찬가지로, 알프레드 비네는 몇몇 과학적 흥미와 관련된 취미를 지니고 있었지만 다른 면에서 표출하였다. 비네는 배우들과 작가들의 창의성에 관심이 많아서였는지는 모르겠지만, 그랑 기뇰 극장을 좋아했다.

1897년 파리에서 설립된 그랑 기뇰 극장에서는 대중으로 하여금 매우 충격적인 장면과 살인을 연상하게 하는 유혈과 폭력이 난무하는 드라마와 공포물이 상영되었다. 그랑 기뇰 극장은 궁극적으로 1963년에 문을 닫게 하는 데 빌미를 제공한 공포영화의 시초가 된 곳이다. 19세기 말 무렵 파리에서 사람들은 매우 매력적인 이 극장에 가는 것을 좋아했다. 오늘날, 프랑스인들은 과장되고 우스꽝스러운 행동을 묘사하기 위해 "이것이 바로 그랑 기뇰이다."라는 문구를 사용한다.

앙드레 드 라 투르, 콤 드 로르드(André de la Tour, Comte de Lorde, 1869~1942)는 그랑 기뇰 극장에서 가장 유명한 드라마 작가들 중 한 사람이다. 프랑스 국립 도서관의 기록 보관 담당자였던 그는 앙드레 드 로르드의 이름으로 그랑 기뇰 극장에서 상영할 150편의 드라마를 집필하였다. 앙드레 드 로르드와 알프레드 비네의 중요한 공통점은 이들 모두 내과 의사인 아버지 밑에서 성장하였으며, 그랑 기뇰에 대한 그들의 아버지의 관심으로부터 영향을 받았을 것이란 점이다.

그의 유년 시절에, 비네는 그랑 기뇰 극장과 배우들에 매료되었다. 그는 특히 배우들의 정신 상태에 대해 관심을 보였다. 그는 배우가 연기하는 동안 어떻게 다른 사람이 될 수 있는지 그리고 연기하는 동안 배우의 마음속에 어떤 일이 일어나는지에 대해 궁금해했다. 1897년도에 비네는 『심리학 연보(L'Année Psychologique)』에 이 문제에 대해 글을 게재하였는데, 그는 배우들이 정신적으로 문제가 있는 사람들과 공통점을 지니고 있는 것으로 결론지었다. 비네의 시각에서 볼 때, 배우들은 다른 사람들의 성격을 차용하거나 이에 홀리는 양상을 거듭하지만, 정신병을 지니고 있는 사람들과 대조적으로 무대 밖에서는 다시 자신의 본연의 성격으로 되돌아온다.

비네는 또한 드라마 작가들의 창의적인 통찰력을 이해하고, 이에 대해 규명하려고 노력하였다. 그는 작가들이 책이나 드라마에서 표현된 이야기 속에서 한 아이디어가 어떻게 조직화되어 전개되고 변형되는지에 대해 관심을 가졌다. 비네의 접근 방법은 세 가지 측면에 초점을 두었다. 첫째, 비네는 창의적인 인물들의 신체적인 특성(두상의 지름, 무게, 운동 능력, 건강 등)을 기술하였다. 둘째, 그는 일대기(부모의 특성, 학교 교육, 최초로 극적인 작품을 만든 나이, 가족의 지원, 처음으로 성황리에 공연을 마친 날짜)에도 관심을 보였다. 셋째, 비네는 작업 과정과 환경에 초점을 둔 질문을 가졌다. 티치너(Titchener)의 질문지에 근거한 그의 조사 과정에서(Binet, 1901e), 비네는 작가의 작업 환경(당신은 글을 쓸 때, 주변에 소리가 나는 것 혹은 소리가 없는 것 중 어느 것을 선호합니까?), 사회적인 변수(당신은 혼자서 작업하는 것 혹은 다른 사람과 작업하는 것 중 어느 것을 선호합니까?), 생리적인 정보(당신은 어느 시간대에 집필하는 것을 선호합니까?)에 관한 질문을 가졌다. 비네는 또한 작가들이 사용하는 기술 방법(한 장면을 집필하는 동안, 당신은 그 인물이 마치 당신의 눈앞에 보이고 들리는 것처럼 느낍니까?)과 같은 질적 연구 절차에 상당한 관심을 보였다. 불행하게도, 1998년에 아그네스 피에롱(Agnès Pierron)이 수집한 『심리드라마 연구(Etudes de Psychologie Dramatique)』에서 언급된 바와 같이, 비네는 작가들과 배우들을 조사하는 과정에서 과학적인 방법으로 창의적인 과정을 이해하는 데 성공하지 못했다.

비네의 연구에서 이 부분은 과학적으로 성공하진 못했지만, 그랑 기뇰에서의 왕성한 드라마 작가로 활동한 앙드레 드 로르드와의 만남은 그의 생애에서 중요한 진전이었다. 앙드레 드 로르드는 정신병에 초점을 둔 그의 드라마를 위해 과학 전문가가 필요하였으며, 비네는 그랑 기뇰 극장에 대한 애정을 지니고 있었다. 그들의 협업은 1905년에 시작되었다. 가르생 마루(Garcin-Marrou, 2011)에 의하면 그들은 13편의 드라마를 공동 집필하였는데, 이들 중 몇 편은 미간행 상태로 남아 있다. 단지 3편만이 비네가 사망하기 전에 무대에 상영되었으며, 대부분의 작품은 피에롱(1995)에 게재되었다. 그랑 기뇰 극장의 전성기 동안에 의학을 다룬 주제가 상당히 유행하였는데, 정신의학을 포함한 의학 작품이 성행하였다. 그 당시, 연극은 대중에게 정보의 원천과 보호를 제공해 주었다. 비네와 드 로르드가 집필한 모든 드라마에서, 핵심 주제는 정신의학자들로 지칭된 이른바 정신병 의사들은 유능하지 못하다는 것이다. 정신병에 대한 신체적인 표출과 살인자들 혹은 외과 의사의 행위에 대한 실제 표상이 그들의 대본에 강조되었으며, 그랑 기뇰 극장의 규정에 맞춰서 상영되었다.

그들이 처음으로 극장에서 상영한 드라마는 〈망상 혹은 두 개의 힘(L'obsession ou Les Deux Forces)〉이었다. 주인공인 장 데마레(Jean Desmarest)는 살인할 생각에 빠져 있는 그의 매제를 어떻게 해야 할지에 대한 자문을 구하기 위해 아주 유명한 정신과 의사를 만나러 간다. 정신과 의사는 가족을 보호하기 위해 그를 감금시키는 것이 유일한 방법이라고 말한다. 정신과 의사의 의견을 듣고 매우 놀란 장 데마레는 정신적인 위기를 겪고 그의 아들을 살해한다. 이 드라마의 제2부에서는 청중에게 진실이 드러난다. 장 데마레는 정신과 의사에게 거짓말을 하였으며, 그 자신의 문제로 찾아오게 된 것이었다. 작가들은 정신과 의사가 환자를 진료하는 동안 환자의 성격장애를 발견해내지 못할 수 있었음을 강조한다. 그리하여, 어떤 정신질환은 보이지 않으며 불쑥 위험하게 나타날 수 있다는 사실을 제시하면서, 정신과 의사들의 무능력함이 부각되었다.

1908년에, 앙드레 드 로르드는 〈살페트리에르 병원의 임상강의(Une Leçon à la Salpétrière)〉라는 드라마를 단독으로 집필하였다. 분명히, 이 드라마에 대해 비네가 영감을 받고 연구하였지만 공저자는 아니었으며, 드 로르드가 비네에게 바친 유일한 것이었다.

그 주제는 그가 파리에 위치한 살페트리에르(Salpêtrière) 병원의 장 마틴 샤르코 (Jean-Martin Charcot)와 같이 히스테리와 체면에 대한 연구를 했을 때, 비네 생애의 한 부분으로부터 영감을 받은 것이었다. 샤르코는 그 당시 여전히 매우 유명했으며 지그문드 프로이트(Sigmund Freud)를 포함한 많은 저명한 정신과 의사들과 신경학자들 이 샤르코의 가르침을 받았다. 그 드라마에서, '마르부아(Marbois)'라는 이름의 의사가 등장하지만, 청중은 그를 샤르코로 인식할 것이다. 그 드라마는 관중을 공포에 빠뜨리게 할 만큼의 광기를 흉내 내는 배우들의 극단적인 행동을 기초로 한다.

비네와 공동 집필하여 그의 생전에 공연된 마지막 연극이 〈끔찍한 실험(L'horrible Experience)〉이었다. 다시, 그의 드라마에서 중심 인물은 내과 의사다. 이 드라마에서 내과 의사는 교통사고로 사망한 그의 딸을 다시 살리려고 노력하는데, 그가 실험하는 동안 사망한 그의 딸이 다시 살아난다. 모든 연극은 동일한 주제를 공유하는데 의사, 특히 정신과 의사가 무능하며 때로는 치료받아야 할 정신병을 지닌 사람들보다 더욱 위험할 수 있다는 것이다.

비네는 정신과 의사들에 대한 적대감을 가지고 있었으며, 극장가에 그들을 표출시킴으로써 앙갚음을 하려는 듯 보였다. 비네와 시몽이 1905년에 발간한 이 척도는 학령기의 비정상 아동을 규명해 내는 역할에서 정신과 의사들을 부분적으로 배제하는 데 목적을 두었다. 비네는 정신과 의사들이 학교에서 비정상적인 학생들을 규명하기 위한 신뢰할 만한 방법을 지니고 있지 않다는 것을 보여 줌으로써, 정신과 의사의 무능력함을 드러내길 원하였다. 1905년에 비네가 브루주아 위원회로부터 요청을 받아 지능척도를 발간했을 때, 그는 심리학이 과학적인 방법으로 제시될 수 있음을 보여 주길 희망하였다.

비네 이후

1911년 10월에 비네는 대뇌 마비로 사망하여 파리에 소재한 몽파르나스 묘지에 안

장됐다. 비네의 사망 이후, 소르본의 생리심리학 실험실은 앙리 피에롱(Henri Piéron)
이 운영하였다. 피에롱은 비네와 함께 심리학을 공부하였지만 비네의 족적을 따르지
는 않았다. 피에롱은 지능이 점수로 측정될 수 있다는 아이디어를 수용하지 않았다.
주로 직업상의 문제에 대해 연구하면서, 피에롱은 각각의 능력이 서로 꽤 독립적인
것으로 간주하면서 특수 능력에 대한 측정을 선호하였다. 그는 교육적인 문제에 대해
서는 관심이 없었으며, 라 그랑주 오 벨 실험실을 방치하였다. 오늘날, 가장 중요한 프
랑스의 심리학과 중 하나는 앙리 피에롱 센터로 명명되었는데, 이는 피에롱이 최초로
프랑스어로 심리학 학사 학위를 받은 소르본 대학에서 그가 관여했기 때문이다. 심리
학과 교육학 분야에서의 그의 위대한 공헌에도 불구하고, 그 센터 내의 단 한 개의 계
단식 강의실조차도 알프레드 비네의 이름을 따서 명명되진 않았다.

　비네가 사망한 후에, 테오도어 시몽은 비네-시몽 척도 1911년도 판을 최종 판으로
만들기로 결심하였다. 이로써 이 측정 도구에 대한 과학적인 개선이 더 이상 가능하
지 못하게 되었다. 불행하게도, 그의 멘토인 비네가 남긴 업적에 대한 남다른 존경심
으로 인해 프랑스에서 지능척도는 열외로 밀려나게 되었다.

　1926년에 보니(Bonnis)라는 심리학자는 비네-시몽 지능척도를 사용하여 낮은 지능
수준을 보이는 아동의 발달 프로파일을 개발하였다. 1949년에 르네 자조(René Zazzo)
는 3세에서 12세에 해당하는 550명의 학생으로 구성된 샘플에 근거한 새로운 규준을
개발하였다. 그의 연구 결과, 자조는 25년 이후에 플린(Flynn) 효과라는 용어로 밝혀
진 현상을 토대로 지능척도가 10세 이상의 아동을 변별해 내는 데 더 이상 유용하지
못함을 밝혀냈다. 1966년에 자조는 새로운 지능척도(New Metric Scale of Intelligence:
NEMI)를 발간하였는데, 이는 프랑스에서 비네의 연구물의 연속선상으로 간주되었
다. 해외에서는 1908년판 지능척도를 최초로 적용하였는데, 이는 1909년에 고더드
(Goddard)가 제작한 것이었다. 그러나 가장 잘 알려진 번안판은 1916년에 발간된 스
탠퍼드-비네 척도인데, 이는 아동은 물론 성인들을 대상으로 개발된 것이다(Cognet,
2011). 지능 측정에 대한 비네의 비전은 단지 양적인 측면만은 아니었으며, 그는 또한
각각의 아이의 개별성을 통한 심리측정 설명의 중요성을 강조하였다. 이러한 매우
근대적인 아이디어는 여전히 대다수의 심리학자의 현장에서 중요하게 다루어지고

있다.

20세기 프랑스 심리학자들이 인지검사 사용을 전반적으로 거부하고 정신지체아들을 규명해 낼 목적으로 도구를 개발하는 비네를 비판하긴 했어도, 알프레드 비네의 기억은 여전히 프랑스 심리학에 생생하게 남아 있다.

이런 위대한 학자의 연구물의 설계와 목적을 외면함으로써 그에 대한 잘못된 해석이 나오게 되었다. 다행히도 비네-시몽 학회의 끊임없는 연구, 비네 관련 기록물, 그리고 그의 연구 성과를 기술한 주요 출판물은 그의 이미지와 실험심리학과 교육학 그리고 영재교육의 기반이 된 기초 개념과 같은 개인차 심리학에 대한 그의 결정적인 기여와 명성을 재조명하는 데 도움이 되었다.

참고문헌

Beaunis, H., & Binet, A. (1892). Recherches expérimentales sur deux cas d'audition colorée. [Experimental work on two cases of colored audition.] *Revue Philosophique de la France et de l'Étranger, 33,* 448-461.

Binet, A. (1883). Le raisonnement dans les perceptions. [Reasoning in perceptions.] *Revue Philosophique de la France et de l'Etranger, 15,* 406-432.

Binet, A. (1886). *La psychologie du raisonnement.* Paris, France: Alcan.

Binet, A. (1890a). *On double consciousness.* Chicago, IL: Open Court.

Binet, A. (1890b/1969). Studies on movements in some young children (F. K. Zetland & C. Ellis, Trans.). In R. H. Pollack & M. J. Brenner (Eds.), *The experimental psychology of Alfred Binet* (pp. 156-167). New York, NY: Springer.

Binet, A. (1890c/1969). The perception of lengths and numbers in some small children (F. K. Zetland & C. Ellis, Trans.). In R. H. Pollack & M. J. Brenner (Eds.), *The experimental psychology of Alfred Binet* (pp. 79-92). New York, NY: Springer.

Binet, A. (1890d/1969). Children's perceptions (F. K. Zetland & C. Ellis, Trans.). In R. H. Pollack & M. J. Brenner (Eds.), *The experimental psychology of Alfred Binet* (pp. 93-126). New York, NY: Springer.

Binet, A. (1892a/1896). *Alterations of personality* (H. G. Baldwin, Trans.). New York, NY: Appleton.

Binet, A. (1892b). The latest arithmetical prodigy. *Popular Science Monthly, 42*, 60-70.

Binet, A. (1893a). Notes complémentaires sur M. Jacques Inaudi. [Additional Notes about Jacques Inaudi.] *Revue Philosophique de la Frnace et de l'Etranger, 35*, 106-112.

Binet, A. (1893b/1966). Mnemonic virtuosity: A study of chess players (M. L. Simmel & S. B. Baron, Trans.). *Genetic Psychology Monographs, 74*, 127-162.

Binet, A. (1894a). La mémoire de l'enfant et celle de l'adulte. *Revue des Revues, 11*, 441-447.

Binet, A. (1894b). *Contribution à l'étude du système nerveux sous-intestinal des insectes.* [Contribution to the study of the sub-intestinal nervous system of insects, thesis of the Sorbonne.] Paris, France: Alcan.

Binet, A. (1894c). *Psychologie des grands calculateurs et joueurs d'échecs.* [Psychology of the great calculators and chess players.] Paris, Francis: Hachette.

Binet, A. (1897). Réflexions sur le paradoxe de Diderot. [Reflections on Diderot's Paradox.] *L'Année Psychologique, 3*, 279-295.

Binet, A. (1898). La question des études classiques d'après la psychologie expérimentale. [Academic studies in Experimental Psychology.] *Revue des Revues, 26*, 461-469.

Binet, A. (1901a). Etudes préliminaires de céphalométrie sur 59 enfants d'intelligence inégale choisis dans les écoles primaires de Paris (travaux de l'année 1900). [Preliminary cephalometry research on 59 children with uneven intelligence from primary school children of Paris (work of 1900).] *L'Année Psychologique, 7*, 369-374.

Binet, A. (1901b). Recherches complémentaires de céphalométrie sur 100 enfants d'intelligence inégale choisis dans les écoles primaires du département de Seine-et-Marne (travaux de l'année 1900). [Further cephalometry researchs on 100 children with uneven intelligence from primary school children of Seine et Marne (work of 1900).] *L'Année Psychologique, 7*, 375-402.

Binet, A. (1901c). Recherches de céphalométrie sur 26 enfants d'élite et enfants arriérés des écoles primaires de Seine-et-Marne (travaux de l'année 1900). [Cephalometry research on 26 gifted children and retarded children from primary school children of Seine et Marne (work of 1900).] *L'Année Psychologique, 7*, 403-411.

Binet, A. (1901d). Recherches de céphalométrie sur des enfants d'élite et arriérés des écoles primaires de Paris (travaux de l'année 1900). [Cephalometry research on gifted children and retarded children from primary school children of Paris (work of 1900).] *L'Année*

Psychologique, 7, 412–429.

Binet, A. (1901e). E. B. Titchener, Psychologie expérimentale. Manuel pratique de laboratoire. [Experimental psychology. Practical laboratory manual.] *L'Année Psychologique, 8*, 573–576.

Binet, A. (1902). Nouvelles recherches de céphalométrie. [New cephalometric research.] *L'Année Psychologique, 8*, 341–344.

Binet, A. (1903). *L'étude expérimentale de l'intelligence* [The experimental study of intelligence.] Paris, France: Schleicher.

Binet, A. (1905a). Note sur les nouvelles méthodes de mesure de M. Vaney. [Notes about Vaney's new measurements methods.] *Bulletin de la Société Libre pour l'Étude Psychologique de l'Enfant, 5*(23), 653.

Binet, A. (1905b). Un laboratoire de pédagogie normale. [A laboratory of normal pedagogy.] *Revue Gé né rale des Sciences Pures et Appliquées, 16*(24), 1069.

Binet, A. (1909). *Les idées modernes chez les enfants.* [Modern ideas in children.] Paris, France: Flammarion.

Binet, A. (1910). Les signes physiques de l'intelligence chez les enfants. [Physical signs of intelligence in children.] *L'Année Psychologique, 16*, 1–30.

Binet, A., & Henneguy, F. (1892). Observations et expériences sur le calculateur J. Inaudi. [Observations and experiments on the calculator J. Inaudi.] *Revue Philosophique de la France et de l'Etranger, 34*, 204–220.

Binet, A., & Henri, V. (1895a). La mémoire des mots. [Words memory.] *L'Année Psychologique, 1*, 1–23.

Binet, A., & Henri, V. (1895b). La mémoire des phrases. [Sentences memory.] *L'Année Psychologique, 1*, 24–59.

Binet, A., & Henri, V. (1896). La psychologie individuelle. [Individual psychology.] *L'Année Psychologique, 2*, 411–465.

Binet, A., & Simon, T. (1905/1916). New methods for the diagnosis of the intellectual level of subnormals (E. S. Kite, Trans.). In *The development of intelligence in children.* Vineland, NJ: Publications of the Training School at Vineland.

Binet, A., & Simon, T. (1908/1916). The development of intelligence in children (E. S. Kite, Trans.). In *The development of intelligence in children.* Vineland, NJ: Publications of the Training School at Vineland.

Binet, A., & Simon, T. (1911/1912). *A method of measuring the development of the intelligence of young children* (C. H. Town, Trans.). Chicago, IL: Medical Book Co.

Binet, A., & Simon, T. (1907). *Les enfants anormaux.* [Abnormal children.] Paris: Colin.

Broca, P. (1880). Sur un enfant illettré doué de la faculté de faire mentalement des calculs très compliqués. [An illiterate child endowed with the faculty to make mentally very complicated calculations.] *Bulletins de la Société d'Anthropologie de Paris, 3,* 244–249.

Cognet, G. (2011). Les trois vies du Binet–Simon: Binet–Simon, Nemi, Nemi-2. [The three lives of the Binet–Simon: Bient–Simon, Nemi, Nemi-2.] In Andrieu et al. (Ed.) *Le centenaire de la Mort d'Alfred Binet* (pp. 165–180). Nancy, France: Société Binet–Simon Editions.

Fancher, R. E. (1985). *The intelligence men.* New York, NY: Norton.

Fancher, R. E. (1997). Alfred Binet, general psychologist. In G. A. Kimble & M. Wertheimer (Eds.), *Portraits of pioneers in psychology* (pp. 67–83). Washington, DC: American Psychological Association.

Garcin-Marrou, F. (2011). André de Lorde et Alfred Binet: Quand le théâtre du Grand–Guignol passionne les scientifiques. [Andre de Lorde and Alfred Binet: When *Grand–Guignol* theater fascinated scientists.] In Andrieu et al. (Ed.) *Le centenaire de la Mort d'Alfred Binet* (pp. 193–204). Nancy, Frances: Société Binet–Simon Editions.

Goddard, H. (1908). The Binet and Simon tests of intellectual capacity. *Training School Bulletin, 5, 10,* 3–9.

Goddard, H. (1910). A measuring scale for intelligence. *Training School Bulletin, 6, 11,* 146–155.

Gould, S. J. (1996). *The mismeasure of man.* New York, NY: W. W. Norton.

Huteau, M., & Lautrey, J. (1999). *Evaluer l'intelligence: Psychométrie cognitive.* [Measuring intelligence: Cognitive psychometrics.] Paris: PUF.

Jacobs, J. (1887). Experiments on prehension. *Mind, 12,* 75–79.

Matiegka, H. (1902). Uber das Hirngewicht, die Schädelkapacität, das Kopfform, sowie deren Beziahungen zur psychischen Tätigkeit des Menschen. *Sitzungsberitchte d. K; Bönmisch. Gesell. D Wissensch. in Prag.*

Nicolas, S., & Levine, Z. (2012). Beyond intelligence testing: Remembering Alfred Binet after a century. *European Psychologist, 17,* in press.

Nicolas, S., & Sanitioso, R. B. (2011). Alfred Binet (1857–1911): A biographical sketch. *Psychology & History / Psychologie & Histoire, 12,* 1–20.

Nicolas, S., & Sanitioso, R. B. (2012). Alfred Binet and experimental psychology at the

Sorbonne laboratory. *History of Psychology*, in press.

Nicolas, S., Segui, J., & Ferrand, L. (2000). *L'Année Psychologique:* History of the founding of a centenarian journal. *History of Psychology, 3*, 44-61.

Pierron, A. (1995). *Le Grand-Guignol: Le théâtre des peurs de la Belle Epoque.* [The *Grand-Guignol:* The theater of The *Belle Epoque* fears.] Paris, France: Robert Laffont.

Pierron, A. (1998). *Etudes de psychologie dramatique.* [Studies of dramatic psychology.] Paris: Slatkine.

Siegler, R. S. (1992). The other Binet. *Developmental Psychology, 28*, 179-190.

Vial, M., & Hugon, M. A. (1998). *La commission Bourgeois (1904-1905).* [Bourgeois' commission.] Paris, France: CTNERHI.

Wolf, T. H. (1973). *Alfred Binet.* Chicago, IL: University of Chicago Press.

윌리엄 에드워드 버거트 두 보이스와 재능 있는 10프로(1868~1963)

Frank C. Worrell

20세기 초반 아프리카계 미국인 역사와 영재교육에 관심을 가진 사람들은 윌리엄 에드워드 버거트 두 보이스(William Edward Burghardt Du Bois)를 기억할 것이다. 그는 영재교육 분야에 역사적 발자취를 남겼다. 그리고 2000년에 실시된 한 여론 조사에서 아프리카계 미국인 중에 정치와 과학에 기여한 지도자를 선정한 결과, 마틴 루터 킹 목사 2세(Martin Luther King Jr.) 다음으로 위대한 인물로 뽑혔다(Smith, 2003, p. 121). 그는 일생 동안 작가, 편집장, 수필가, 역사가, 언론인, 지도자, 강연자, 학자, 사회학자, 정치인, 교사 등 여러 직함으로 불리었는데(Altman, 1997; Gates, 2007a; Smith, 2003), 매우 예외적인 인물임에 틀림없다. 이 책에 실린 내용은 대부분 '재능 있는 10프로(talented tenth)'라는 그의 개념에 근거하고 있지만(Du Bois, 1902/2002, 1903b/2003), 그의 교육 경력은 오늘날 영재교육과 연관해서 많은 업적을 남겼다.

다재다능한 활동에 덧붙여, 그의 공헌은 학자로서 위대한 저술을 남긴 것인데, 두 보이스를 기리는 두 개의 전자 기록물을 찾아볼 수 있다. 하나는 매사추세츠 대학 도서관에서 볼 수 있고(http://www.library.umass.edu/spcoll/dubois/?page_id=861), 다른 하나는 http://www.webdubois.org에서 찾아볼 수 있다. 매사추세츠 대학 기록물 보관 홈페이지 경우, 두 가지 주제 아래에 몇몇 생생한 자료를 찾아볼 수 있다(Digital Projects와 About Du Bois). 첫 주제 내에는 두 보이스의 전시물 및 저술을 링크시켜 놓았는데, 여기에는 '사회 및 인종편견에 대한 정의를 새롭고도 더욱 진보적 과정으로 구현' 하기 위해서 1905년 그가 창립한 나이아가라 사회운동(Niagara Movement) 단체와 연결되어 있다. 두 번째 주제 아래에는 그의 저작물과 마이크로필름뿐만 아니라 전기 기록물 등을 볼 수 있게 해 두었다. webdubois.org 기록물은 두 보이스의 학생이었던 정치과학자 로버트 W. 윌리엄스(Robert W. Williams)가 관리·운영하고 있고, 기록물은 윌리엄스 교수의 해설이 더해진 두 보이스의 업적물을 많이 담고 있다. 이 두 가지 기록물은 실증적인 자료를 많이 포함하고 있고 이 장을 저술하는 데 가장 중요한 참고물이 되었다.

이 장에서는 먼저 그의 교육과정, 가족, 그가 성장했던 당시 사회적 배경, 교육적 성취를 개관하고자 한다. 다음에 재능 있는 10프로에 대한 그의 사상을 소개한다. 두 보이스를 소개하는 나의 목적은 영재교육 및 뛰어난 업적(예: Colangelo, Assouline, & Gross, 2004; Gladwell, 2008; Subotnik, Olszewski-Kubilius, & Worrell, 2011; Syed, 2010; Wai, Lubinski, Benbow, & Steiger, 2010)에 관해 동시대에서도 숙고해 보아야 할 그의 교육적 관점과 사적인 교육 경력을 알리고자 한 것이다(Aptheker, 2001; Provenzo, 2002; Sundquist, 1996; Zuckerman, 2004).

약 력

가족

두 보이스는 1868년 2월 23일 보스턴과 뉴욕 중간쯤에 있는 매사추세츠 주 소도시 그레이트 베링턴에서 태어났다. 어머니 메리 실비나 버거트와 아버지 알프레드 두 보이스 사이에 독자였다(Gates & Oliver, 2007). 두 보이스가 태어난 후에 어머니와 함께 고향에서 수 킬로미터 떨어진 남부 에그리먼트 평야에 살고 있는 외조부 농장에서 지냈다. 두 보이스의 직계가족은 "매우 검은 피부를 가진 조부 오델로 버거트"(Du Bois, 1940/2007, p. 5), 조모 샐리, 어머니, 그의 어머니와 사촌 존 버거트 간에서 태어난 형 이델버트로 구성되어 있었다. 1872년에 조부가 돌아가신 다음에 그는 어머니와 함께 다시 태어난 곳으로 이주하였다.

두 보이스(1968, 1940/2007)가 떠올린 어린 시절이 그렇게 불행하지는 않았지만, 가족 내 갈등을 일으키는 문제들이 있었다. 부모님이 결혼한 다음에 두 보이스에게 중요한 사건이 생겼는데, 자신의 이복형제와 부모님의 결혼 생활에 대해서 다음과 같은 진술을 하였다. "할아버지와 아버지 세대를 거치면서 딱 한 명의 합법적이지 못한 아이가 있었음을 알게 되었다."(Du Bois, 1940/2007, p. 6). 그럼에도 그는 편모에 의해서 양육되었다. 그가 태어난 다음에, 아버지는 "자신의 가정을 꾸리기 위하여 떠나 버렸다"(Du Bois, 1968, p. 72). 몇 달 후에 아버지가 전갈을 보내왔지만, 어머니는 다시 아버지와 함께 살지 않았는데, 어머니는 친정 가족과 자신이 잘 아는 지역을 떠나기 주저했기 때문일 수도 있다.

또한 어머니 가족들은 아버지를 좋아하지 않았고, 딸이 아버지와 함께 사는 것을 반대하였던 것 같다. 두 보이스는 자서전에서 다음과 같이 기술하였다.

> 1867년 나의 아버지가 그레이트 베링턴 시에 왔을 때, 흑인인 외할아버지 가족은 그를 좋아하지 않았다. 아버지는 백인이면서 훌륭한 외모를 갖추었다. 외할아버지 가족들이 알기로는 아버지는 재산도 없었고 직업도 없었다. 그리고 그들은 뉴욕에서 두 보이스 가족을 들어 보지도 못했다. 그 무렵 갑자기 도주성 결혼이긴 하지만 합법적으로 보증된 결혼, 즉 아버지 알프레드 두 보이스와 어머니 메리 버거트가 결혼했다는 소식이 버크셔 지역 신문에 보도되었고, 부모님은 제퍼슨 매킨리의 집에서 살게 되었다. 그곳에서 외할아버지 가족의 공개적인 반대에도 불구하고 내가 태어나기 전까지 1~2년 정도 함께 살았다. ⋯⋯ 외할아버지 가족은 아버지를 여전히 의심쩍은 마음으로 지켜보았으며, 아버지는 가족으로 포용되지 못했다.

…… 그 후 어머니는 그레이트 베링턴에 결코 가지 않았고, 아버지는 그곳으로 다시 돌아오지 않았다. 그가 편지를 썼을지라도, 편지들은 배달되지 못했다. 나는 아버지를 보지 못했으며, 언제 어디서 돌아가셨는지도 알지 못한다(Du Bois, 1968, pp. 72-73).

아들의 출생 시점에 벌어진 사건들은 두 보이스의 어머니에게 많은 부담으로 다가왔다. 두 보이스(1968)는 어머니가 형이 출생한 이후로 '침묵'과 '억압'으로 지냈으며, 어머니의 불행은 혼전 관계를 한 사촌과의 결혼을 허락하지 않은 일 때문이었다고 회상하였다. 두 보이스는 자신이 어떻게 이런 사실을 알게 되었는지 밝히지 않았지만, "가족 중에 아무도 이런 일에 대해 말하지 않았다."라고 언급하였다(Du Bois, 1968, p. 65).

어머니는 아버지에게 가지 않고 같이 살지 못한다는, 즉 아들의 양육에 불리한 결정이 내려진 다음에 우울증에 빠졌다.

어머니는 아버지에 대해서 거의 언급하지 않았다. 어머니는 가족들의 비판에 침묵으로 일관했다. 나도 아버지에 대해서 물어본 기억이 없었다. 왜 그렇게 했는지 확신할 수 없지만, 나는 본능적으로 이런 일들이 어머니 마음을 너무 아프게 하는 것이어서 언급하면 안 된다고 생각했다(Du Bois, 1968, p. 73).

1879년, 두 보이스가 11세 때, 어머니는 중풍으로 쓰러졌고, 왼쪽 신체가 부분 마비되었다―"왼쪽 다리를 절게 되었고, 왼손은 약해졌다."(Du Bois, 1968, p. 74)―하지만 어머니는 계속 일을 하였다. 16세 때인 1884년 가을에 어머니가 운명하셨다. 두 보이스는 그레이트 베링턴의 이모 집에 계속 살았는데, 1885년 가을 대학에 입학할 때까지 빌딩 공사 현장에서 노동자들의 근무 시간을 기록하는 일을 하면서 "하루 1달러라는 말도 안 되는 임금"을 받았다(Du Bois, 1940/2007, p. 10).

그는 어머니의 죽음에 대해서 복잡한 감정을 느꼈다.

어머니는 인생 내내 걱정하면서 살았기 때문에, 마침내 평화스러운 어머니의 모습을 보고서 기쁨 같은 것을 느꼈다. …… 이제 어머니를 떠나 내 삶을 살 수 있다는 생각에 죄책감도 느꼈다. 비록 내가 대학 진학을 한다고 해도 어머니를 떠날 수 없다는 것을 깨달았다. …… 이제 나는 자유롭고 방해받지도 않으며, 동시에 꿈꿔 왔던 혼자의 시간을 가졌다(Du Bois, 1968, p. 102).

이러한 환경에도 불구하고, 두 보이스의 아동기 시절에 대한 기억은 대체로 긍정적이다. 집은 가난했지만 궁핍했다는 기억은 없었다고 하였다. 항상 먹을 음식과 입을 옷이 있었다. 실제로 12세 때부터 개인 방이 있었는데, 그 시절에는 그것이 매우 드문 일이었다는 것을 깨닫지 못했다고 말하였다.

사회적 맥락

두 보이스에게 그레이트 베링턴은 그 당시 인종차별이나 흑인에 대한 극단적 편견으로부터 그를 보호해 줄 수 있는 우호적인 지역 공동체 분위기였다. 『여명: 인종적 개념에 대한 자서전적 수필(Dusk of Dawn: An Essay Toward an Autobiography of a Race Concept)』이란 작품에서, 두 보이스는 "그레이트 베링턴은 물리적으로나 사회적으로 뉴잉글랜드의 청교도보다는 허드슨의 네덜란드 영역에 속하면서 동쪽의 보스턴보다는 남쪽의 뉴욕으로 더 자주 또 쉽게 갈 수 있다."라고 기술하였으며 (1940/2007, p. 4), 그 도시는 아름답고도 한적하다고 하였다. 언덕, 강, 호수, 농원, 동굴 등이 있었고, 이 모든 것은 마을 아이들의 소중한 자산이라고 하였다(Du Bois, 1940/2007, p. 7). 그 도시에 두 개의 호텔과 은행 한 곳이 있었지만, 부유한 사람은 거의 없었으며, 주로 상인, 무역상, 네덜란드 및 영국계 농부들이 살았다. 부유한 자와 가난한 자 간에 격차는 심하지 않았고, 극도의 빈민자도 없었던 마을이었다. "몇몇 상속받은 부자들이 있었지만 대단한 정도는 아니었고, 게으른 부자도 없었고, 대단한 지역도 아니었다"(Du Bois, 1968, p. 78). 그 결과, "유색인종 구분은 있었지만 절대적인 차별은 없었다"(Du Bois, 1940/2007, p. 5).

두 보이스가 추정하기로는 그레이트 베링턴에 5,000명 정도가 살았는데, 대략 1% 좀 안 되는 25~50명 정도의 아프리카계 미국인이 살았고, 대부분 흑인 가족은 그 지역에 오랫동안 살았으며, 백인 가정들도 서로 알고 지냈다. 아동기를 보내면서 인종차별을 거의 받아 보지 않았고, 오히려 아일랜드인에 대한 차별이 자신에 대한 것보다 심했다고 언급하였다. 단체활동을 주저하는 자신의 성향 때문에 어린 시절에 차별을 당하지 않은 것으로 회상하였다. 그는 여러 영역에 걸친 재능(즉, 탐구심, 이야기하기, 게임 계획력, 지적 활동 등)으로 지도자가 되었고, 여러 곳에서 자주 초빙받는 인물이 되었다.

두 보이스가 아동기 때, 인종과 가난 또는 인종과 지능 간에 연관성을 배우지 않은 것이 중요한 요소였다.

> 분명하지는 않지만, 어린 시절에 내가 본 대부분의 유색인종(나의 친척을 포함해서)은 부유한 백인보다 더 가난함을 깨달았다. 초라한 집에서 살았고, 자신의 가게를 갖지 못하였다. 내가 알고 지낸 흑인 친인척들은 아무도 하층 미국인이나 아일랜드인들처럼 가난하지 않았고, 술에 취하거나 게으르지 않았다. 그 당시 나는 가난 또는 무지함을 인종색과 연관 짓지 않았지만, 기회가 부족하다고는 생각했으며, 또는 절약 정신의 부족이 아쉬웠는데, 절약 정신은 19세기와 뉴잉글랜드의 엄격한 철학이기도 하였다(Du Bois, 1968, p. 75).

두 보이스는 사촌 및 다른 친인척들의 차별 경험을 들었지만, 그 자신이 학창 시절에 유일한 흑인이었던 학교에서 가장 뛰어난 학업 수행을 보였기 때문에 차별 경험을 흑인과 연결시키지 않았다. 그는 그레이트 베링턴에 살고 있는 모든 학생의 집에 들어가 봤고, 그 집은 컸으며, 매우 현대적이고, 다양한 세간이 있었지만, 본질적으로 집은 차이가 없었다고 회상하였다. 호텔에 숙소를 정하고 여름 휴가를 온 아이들은 멋진 옷을 입었지만 놀이를 하기에는 적절하지 않은 옷들을 입고, 또 너무 나약해 보였으며, "자신과 본질적으로 다르다고 느끼지는 않았다"(Du Bois, 1968, p. 77).

초등 시절과 중등교육

그레이트 베링턴의 분위기는 초급 및 고급 교육을 받기에 매우 유리하였다. 그의 가족은 대를 이어서 학교 교육을 받아 왔으며, 가족 대부분이 쓰고 읽을 수 있었다. 더구나 정규학교 교육에 출석해야 한다는 생각이 양육 환경에서 강조되었고, 자신도 "거의 결석 또는 지각을 하지 않은 것"으로 회상하였다(Du Bois, 1968, p. 77). 그레이트 베링턴은 좋은 교사들과 좋은 학교가 있었고, 무단 결석을 제재하는 법률도 있었다. 그래서 지역 공동체 구성원들이 학교 출석을 당연시하였고, 두 보이스의 경우 어머니가 열성적이었다.

> 그 당시, 삶의 비결과 흑인 차별을 약화시키는 것은 우수한 학업 성적과 성취에 있었다. 나의 친인척들이 어린 시절에 변변찮은 일을 하기 위해서 학교를 그만두지 않았다면, 그들은 아마 백인과 동등하게 성장했을 것이다. 이 점에 관해서는 어머니가 매우 단호하였다. 피부색 때문에 차별을 느낀 적은 없었고 단지 능력과 성실함이 문제였다(Du Bois, 1968, p. 75).

두 보이스는 6세부터 학업을 시작하였고, 16세가 되던 1884년 그레이트 베링턴에서 고등학교를 졸업할 때까지 같은 분위기에서 초등교육, 문법교육, 고등교육을 연속적으로 마쳤다.

어린 시절의 교육은 전통적이었다. 초등교육은 오전 9시부터 4시까지, 일 년에 10개월 주 5일 수업을 하였고, 교사는 백인 여성들이었다. 학교에서 읽기, 쓰기, 수학 등을 배우고, 철자법, 문법, 역사, 지리학도 공부하였다(Du Bois, 1940/2007, 1968). 그는 예외적인 학생이었는데, 그의 타고난 능력과 규칙적인 등교 때문이라고 생각했으며, 탁월한 학업 성취로 월반도 하고, 무시를 극복하게 되었다. 그는 자신의 능력이 불균형적이어서, 학습은 꽤 쉬웠지만 미술과 몇몇 운동은 미숙했기에 매우 열심히 해야만 했다고 회상하였다.

그의 학문 성향은 어린 시절 한 사건에 대한 추억에서 분명하게 드러난다. 예를 들어, 그레이트 베링턴 지역 역사를 정리하는 사람에게 감명을 받아서 그 도시에 있는 서점과 서점 주인인 조니 모건에 대해서 좋은 기억을 가졌다. 그는 서점에 자주 방문했고, 모건 씨는 책, 잡지, 신문 등을 보도록 허락하였다. 두 보이스는 도서관처럼 집에 책이 쌓여 있는 경험을 하였고, 고교 2학년 때 처음으로 그 서점에서 영국 역사 전집 5권을 구매하였다. "그 책들을 할부로 구매했는데, 그 시절에는 매우 특이한 방법이었다."(Du Bois, 1968, p. 87). 하지만 서점 주인인 모건 씨가 그렇게 하도록 허락해 주었다. 고교 시절에 교내 소식지인 『하울러(Howler)』의 공동편집장으로 활동했으며, 그 소식지는 몇 개의 문제들만 다루었다. 그렇지만 그는 모건 씨의 후원으로 지역 신문인 스프링필드 리퍼블리컨(Springfield Republican)의 지역 통신원으로 활동했다. "이 신문은 매사추세츠 서부 지역에서 가장 영향력 있고 많은 구독자가 있었다."(Du Bois, 1968, p. 88).

그레이트 베링턴 고등학교의 교장 프랭크 호스머 역시 두 보이스의 교육 경험에 기여하였다. 그 당시 아프리카계 미국인이 할 수 있었던 직업은 한계가 있었고 많은 교육은 필요 없는 것이었다. 그래서 대학 진학 자체가 예외적인 것이었고 심지어 부적절하다고 여겼다. 그럼에도 불구하고, 호스머는 두 보이스에게 대학 진학반에서 수업하도록 시켰다. 그 학급은 수학(대수학과 기하학) 및 고전언어(라틴어와 그리스어)를 가르쳤다. 두 보이스는 만일 그 학급에서 '흑인의 처지'에 맞는 농업과학이나 그런 과목들을 포함했더라면 교장선생님의 충고를 기꺼이 따랐을 것이라고 스스로 평하였다(1940/2007, p. 7). 교재 값이 비싸서 어머니와 가족들이 감당하기 힘들었는데 또래 친구의 어머니인 방앗간 주인의 사모님이 구입해 주었다. 대학을 준비하는 한 학생으로서, 그는 "나는 하층계급이 아닌 상류계급에 던져졌으며, 여러 측면에서 보호받았다."라고 말했다(Du Bois, 1940/2007, p. 8).

고교 시절, 두 보이스는 뉴베드퍼드에 살고 있는 친할아버지 집으로 초대받았다. 그레이트 베링턴을 벗어나서 뉴베드퍼드로 여행하고 돌아왔는데, 그 가운데 하트퍼드, 프로비던스, 애머스트, 마사스 바인야드, 스프링필드, 올버니 지역을 방문했는데, 그곳에서 처음으로 전기 가로등을 보았다. 그의 뛰어난 지적 능력에도 불구하고 그냥 평범한 사내아이로 시간을 보내고 있었다고 해야 할 것이다. 점심시간에 또래들

의 싸움에 가담했던 일을 설명했어야 했고, 또 친구들과 값비싼 포도를 훔쳐서 소년
원 같은 곳에 갈 위험에 처하기도 했다. 그는 고교 시절에 다양한 일을 하였다. 1884
년 13개 고교학급 졸업식에서 그는 유일한 아프리카계 미국인이었다. 그의 어머니는
그런 아들을 보는 것이 매우 자랑스러웠지만 1년이 채 못 되어 돌아가셨고, 아들이
대학에 진학하는 것을 보지 못하였다.

고등 전문교육

두 보이스의 거주 지역이나 지적 능력으로 볼 때, 당연히 그는 하버드 대학에 가기
를 원했다. 이제 막 성인기에 접어든 청년으로서 1800년대에 미국에서 흑인이면서도
가난에 처한 현실이 그에게 엄청난 영향을 끼쳤다. "나는 한 푼도 없는 고아였으며,
대학교육의 재정적 부담을 조금이라도 맡아 줄 친척도 없었다."(Du Bois, 1968, p. 102).
실제로 고교 동창생은 모두 백인이었고, 누구도 대학에 갈 계획을 세우지 않았다. 그
는 두 가지 이유로 하버드 대학에 갈 수 없었다. 첫째, 입학에 필요한 재정을 증명할
수 없었고, 그레이트 베링턴 고등학교의 교과과정 증명서가 하버드 대학의 입학 요
건을 충족시킬 수 없었다. 그럼에도 불구하고 대학교육에 대한 그의 포부를 "내 미래
에 대하여 분명한 지지를 해 준 그레이트 베링턴의 백인 어른 세 명"이 지원해 주었
다(Du Bois, 1968, p. 102). 그들은 고등학교 교장선생님, 일요학교 총괄책임자인 지역
사립학교 교장선생님, 그리고 조합장인 학급 친구의 아버지였다. 1년 동안 일을 한
다음에, 1866년 테네시 주 내슈빌에 설립된 유서 깊은 흑인대학인 피스크(Fisk) 대학
에 입학하였다. 피스크에서 학비는 장학금, 즉 매사추세츠 및 코네티컷에 있는 4개의
교회와 조합장인 친구 아버지의 지원으로 해결되었다. 1885년 가을에 하버드 대학에
들어가지는 못했지만, 피스크 대학에 입학해서 3년 만에 학위를 받았다.

대학에서도 두 보이스는 여전히 우수한 학업 수행을 보였다. 17세에 대학 2학년으
로 들어갔을 때, 몇 년 더 나이 들어 신입생으로 들어온 친구들도 그를 예외적인 학생
으로 인정할 정도로 매우 뛰어났다. 피스크 대학 신문인 피스코 헤럴드(Fisk Herald)를
편집하고, 모차르트 협회와 음악 활동도 하고, 재학 중 자율 활동을 가능한 한 많이

하였으며, 이런 활동을 좋아했지만 한계도 알게 되었다. "피스크는 좋은 대학이고, 나도 그 대학을 좋아했다. 하지만 너무 작았고, 시설, 실험실, 도서 등이 부족하였다. 그곳은 종합대학이 아니었다. 나는 더 크고 전공 교과과정이 가장 좋은 대학을 원했다."(Du Bois, 1968, pp. 123-124).

그러나 피스크 대학은 미국 내 인종차별에 대한 교육에 많은 기여를 하였고, 두 보이스의 이후 삶에 중요한 무대가 되어 주었다.

> 잘못된 것은 나도 주변 사람들도 나 자신을 좋아했지만, 능력과 포부를 가진 수천 명이 미국 사회의 일부가 될 수 없도록 거부당했다. ······ 그다음에 나의 관심은 그 당시 전 세계에 확산되고 있는 합리적 민주화의 물결 속에서, 미국도 특히 미국 남부 지역에서 흑인을 받아들이고 인정하게 할 수 있는가 하는 문제였다. ······ [더구나] 대학생활 내내 폭력이 행해졌고, 공포 경험이 반복되었다. 1885~1894년 동안, 미국에서 1,700명의 흑인이 죽임을 당했으며, 각 사건들은 나의 영혼에 상처를 남겼다(Du Bois, 1940/2007, pp. 14-15).

피스크 대학 재학 시절에 흑인에 대한 분리정책, 차별, 짐 크로우 법(미국의 몇몇 주에서 제정된 흑인 차별 법률), 인종 갈등 등을 목격하고 경험하였다. "뉴잉글랜드 주에서는 결코 이해할 수 없는 폭력을 처음으로 겪게 되었다."(Du Bois, 1940/2007, p. 15).

그럼에도 불구하고 피스크 대학에 다니면서도 두 보이스는 하버드 대학에 가고 싶은 꿈을 포기하지 않았다. 1888년 학부 졸업을 한 후에 하버드 입학을 허락받았지만, 대학원생이 아닌 학부 3학년으로 재입학하였다. 하버드 대학 입학은 무엇보다도 운이 좋아서 허락받았다고 했다. 하버드 대학도 학생 구성원의 다양성을 추구하고 있었고, 아프리카계 미국인에게 장학금을 지급하였다. 그 대학에서도 두 보이스는 계속 발전하였다. 글쓰기 과제에서 처음 낙제점을 받았고['E'(낙제점)에서 학기말에 'C'로 향상시켰다], 이를 통해서 "문체는 내용에 따라 변화하지만······ 문어체처럼 딱딱한 내용이 미숙한 문법이나 비논리적인 문장보다 더 깊은 의미를 전달한다."라고 생각하게 되었다(Du Bois, 1960/2002, p. 42). 그는 1890년에 학부를 우등생으로 졸업하면서, 5명의 졸업생 연사 중에 한 명으로 선정되었다.

어떤 교수가 그에 대하여 "학생들 중에 별이고······ 여러 방면으로 뛰어난 학자이며, 케임브리지에 온 모든 흑인 중에 최고였다."라고 평하였으며, 뉴욕의 포터 주교는 "분명한 영역, 높은 목적의식, 단호한 의지를 가진다면 여기에 역사적인 시합이 벌어지고 있다."라고 적었다(Du Bois, 1968, p. 147). 두 보이스는 하버드 대학원에 지원하였고 장학금을 받았으며, 1891년에 석사학위를 마쳤다. 석사 논문을 마치면서 미국역사협회(American Historical Society) 회원으로 선출되었고, 뉴욕 인디펜던트(New York Independent)에 기고된 가장 우수한 세 개 논평 가운데 한 개로 인정받았다(Du Bois, 1960/2002, p. 45). 그는 베를린 대학에서 계속 연구하기 위해 몇 번의 서신을 보내서 연구비를 받았는데, 그 당시 "뛰어난 학자가 되려는 미국인은 독일에서 공부하기를 희망했다"(Du Bois, 1960/2002, p. 45). 1895년, 그는 하버드에서 철학박사 학위를 받은 첫 번째 아프리카계 미국인이 되었다(Gates & Oliver, 2007). 그의 학위논문 제목 '1638년에서 1870년 사이 미합중국의 아프리카인 노예무역 억제'가 하버드의 기념비적 논문 목록으로 처음 출간되었다(1896)(http://www.library.umass.edu/spcoll/duboisopedia/doku.php?id=about:harvard_university).

박사 논문을 완성하기 1년 전인 1894년에 유럽에서 돌아오면서, 두 보이스(1968)는 직업을 얻는 데 어려움을 겪었고, 어느 곳에서 어떤 일이라도 하고 싶다는 청원 편지를 작성하였다.

> '어느 어느 대학 총장님: 나는 27세 흑인이고, 매사추세츠 공립고등학교, 내슈빌의 피스크 대학과 하버드 대학에서 문학사와 문학석사 학위를 취득하였습니다. 내년에 대학에서 가르치기를 원합니다. 귀 대학에 마땅한 자리가 있는지요.' ······ 너무 많은 편지를 적었기 때문에 어디에 서류를 냈는지 기억도 못했다. 몇 달이 지나갔고 회신은 늦게 왔다 — 정중한 유감 표시, 일반적인 거부 통보, 확실하지 않은 희망을 담은 한두 줄의 답신······ 그리고 아직도 하버드 석사를 가진 유색인이 빵과 버터를 구할 수 있는 직업을 기대하는 것이 지나친 희망인가라고 독백하였다(Du Bois, 1968, p. 185).

피스크 대학, 햄튼 연구소(Hampton Institute), 하워드 대학, 투스키지 연구소 (Tuskegee Institute)에 보낸 편지도 신규 채용이 없어서 아무런 소득이 없었다. 그의 학문적 성취에도 불구하고, 두 보이스는 "백인이 없는 기관에 편지를 쓰면서 그곳에 자리가 없다는 것을 알고 있다고 적었다"(Du Bois, 1968, p. 184). 마침내 몇 군데서 제안을 받았고, 오하이오 주에 있는 윌버포스(Wilberforce) 대학의 고전학과 주임교수로서 연봉 800달러로 시작하였다.

박사 후의 여정

두 보이스는 20세기 가장 잘 알려진 공공의 쟁점에 대한 뛰어난 지략가 중의 한 명이 되었다. 그는 윌버포스 대학(1884~1896), 펜실베이니아 대학(1896~1897), 애틀랜타 대학(1897~1910, 1934~1944)에서 여러 직위를 맡았고, 그의 전 생애에 걸쳐서 잘 알려진 몇 권의 수필집과 저서를 출간했으며, 수많은 연설을 하였다. 2003년 그의 가장 잘 알려진 업적인 『흑인의 정신(The Souls of Black Folk)』 출간 100주년 축하행사가 있었다. 여러 가지 짧은 작품들도 다양한 방식으로 출간되었다(예: Aptheker, 1973; Foner, 1970; Lewis, 1995; Provenzo, 2002; Sundquist, 1996; Zuckerman, 2004). 그중 일부는 그의 전기보관소에서 디지털 자료로 볼 수 있으며(http://www.library.umass.edu/spcoll/dubois/?page_id=863), 그의 모든 업적물은 1968년 자서전 부록편에서 찾을 수 있다. 프로벤조(Provenzo)의 저작 목록(2002)에도 두 보이스에 관해서 쓴 몇 권의 책이 수록되어 있다.

유색인종과 인종차별에 대한 저항

미국 남부에 살 때 흑인에 대한 차별을 처음 충격적으로 목격하였지만, 그는 유럽에서 공부한 후에 미국으로 돌아오면서 차별을 몸소 체험하였다. "독일에서의 학생시절에, 나는 성을 지어서 그곳에서 사는 공상을 했다. 나는 꿈을 꾸었고, 사랑을 했고, 자유롭게 배회했고, 노래했다. 2년이 지난 후에 나는 갑자기 '깜둥이'를 경멸하는 미국으로 다시 떨어지게 되었다."(Du Bois, 1968, p. 183). 박사 학위를 마친 후, 두 보이스는 미국에서 통합이 가능할 것이라는 이념을 갖고 길고 긴 시민 각성의 길을 시작하였다. 이런 여정의 대부분은 피부색이 개인의 학문적 능력이나 연구 경력보다 더 중요한 문제라는 깨달음 때문이다.

펜실베이니아 대학에서, 하버드 박사인 두 보이스는 '보조 강사'로 1년 일하면서, 자신의 이름이나 학생 면담 날짜 등은 "대학교육 스케줄에 올리지 못했다"(Du Bois, 1940/2007, p. 30). 학생들과의 만남이나 교수나 강사들과의 만남도 허용되지 않았다. 그럼에도 불구하고 '필라델피아 흑인(The Philadelphia Negro)'이란 연구 주제에 참여하는 동안, 그는 체계적인 연구가 미국의 사회적 병인 인종차별을 해결할 수 있을 것이고, 학문의 장점이 인종차별을 이긴다고 믿었다.

> 내 마음 속에서 흑인 문제는 체계적으로 연구하고 이성적으로 이해해야 할 연구거리였다. 세상 사람들이 인종에 대해 편견을 갖는 것은 그것에 대해 모르기 때문이다. 악의 근원은 무지함에서 온다. 그것의 해결책은 과학적 연구에 근거한 사실들이다. 어떤 어려움이 있더라도 나는 공동으로 또는 단독으로 체계적인 연구를 할 것이다. 백인들은 말한다. 분명한 사실을 왜 연구하는가? 흑인들은 말한다. 우리들이 해부되어야 할 동물인가? 밝혀지지 않은 흑인들이 그런 처지에 처해지지 않았는가? 나는 대리인을 시키지 않고 그것을 직접 연구하였다. 조사원도 보내지 않았다. 내가 직접 찾아갔다. 5,000명을 직접 방문하고 대화를 나누었다(Du Bois, 1968, p. 197).

두 보이스의 단독 노력이 '필라델피아 흑인'이라고 명명된 과학적 연구를 만들어 냈다. "거의 1,000페이지에 달하는 엄청난 책[필라델피아 대학 출간]이 60여년의 비판을 견디어 냈다."(Du Bois, 1968, pp. 197-198).

펜실베이니아 대학에서 그해는 적어도 두 가지 중요한 점에서 좌표가 되었다. 첫째, 두 보이스는 '필라델피아 흑인'은 대학에서 분명한 업적이 될 것이라고 기대했지만, 결코 실현되지 않았고, "자신보다 학문적 업적이 낮은 백인 동료는 펜실베이니아와 시카고에서 정교수가 되는 것"을 지켜보아야 했다(Du Bois, 1968, p. 199). 둘째, 연구 주제를 완수하면서 두 보이스는 "적어도 내 삶에서 하고 싶은 연구가 무엇이고, 어떻게 그것을 할 것인가에 대한 것을 깨달았다"(Du Bois, 1968, p. 198). 이후 그는 아프리카계 미국인 문제를 연구하는 데 인생을 바쳤다. 그는 또 유명 대학인 하버드, 컬럼비아, 펜실베이니아 대학의 교수들을 설득하여 자신이 연구의 기초를 닦은 '필라델피아 흑인' 아프리카계 미국인 문제를 체계적으로 계속 연구해 보자고 할 수 없음을 깨달았다. 그래서 자신의 남은 삶을 바쳐서 아프리카계 미국인과 그의 후손들에 대한 연구 및 변호를 하기로 결심하였다.

1897년, 두 보이스는 미국흑인학술협회의 창립자 중의 한 명으로서 아프리카계 미국인의 학문적 성취에 도움을 주었다. 1900년에는 런던에서 개최된 1차 범아프리칸 회의에 참석하였고, 이후 1901, 1921, 1923, 1927, 1945년에는 회의의 핵심 역할을 하였다(Gates & Oliver, 2007). 1905년, 나이아가라 운동을 함께 시작하였는데 이 모임의 활동 방향은 다음과 같다.

> 인종 탄압과 조지 워싱턴의 회유에 대항하여, 언론과 출판의 즉각적인 자유, 완전한 투표권, '단순히 인종과 색깔에 근거한 모든 신분제도의 폐지', '실제적이고 현실적인 신념을 담은 인류애 원칙의 인정', 그리고 노동의 신성함 등을 요구한다(Niagara Movement, n.d., "The Niagara Movement emerged," para. 1).

두 보이스는 1910년 재정 부족 및 내부 알력으로 해체될 때까지 이 모임의 사무총장을 역임하였다. 1909년, 나이아가라 운동의 마지막 회의를 개최하고서, 그는 국가흑인위원회(National Negro Committee)에 가입하였는데, 이는 후에 흑인지위 향상 국가위원회(National Association for the Advancement of Colored People: NAACP)로 명칭이 바뀌었다. 1910년에 그는 그 위원회의 출판 및 연구 책임자가 되었는데 흑인으로서는 유일한 실행위원이었다(Gates & Oliver, 2007). 1923년에 리베리아 대통령 취임식에 미국 대표로 참석하였고, 1945년 유엔의 첫 번째 회의에서 NAACP 대표단 역할을 하였다. 이런 그의 많은 공헌이 두 보이스 삶의 기록물에 남아 있다(Gates & Oliver, 2007; http://www.library.umass.edu/spcoll/dubois/?page_id=860).

논 쟁

통합을 향한 두 보이스의 꿈이 희미해짐에 따라서, 미국 사회 체계에 대한 그의 환멸감도 커져만 갔다. 그는 1911년에 사회주의 정당에 가입했지만, 1912년에 탈퇴했다. 1934년, NAACP 직도 사임하고 자발적 차별을 지지하는 몇 가지 서적을 편집 출판하면서 통합을 비판하였다. 또한 1936년 소련 연방과 중국을 포함해 몇 개국을 방문하였다. 1946년 두 보이스는 유엔에 미국의 인종차별을 반대하는 호소문을 담은 일련의 글을 편집하였다. 유엔에서 소련은 그 제안을 지지하였지만 미국은 반대하였다. 1950년에는 평화정보위원회, 즉 '국제 평화운동과 핵무기 추방을 목표로 하는 조직'의 장으로 선출되었다(Gates & Oliver, 2007, p. 176). 이 조직은 미국 법무부에 의해 강제 해산되었으며, 두 보이스와 몇몇 이전 임원은 1951년 2월에 외국 대리인에 의해 기소되었다.

> 나는 미국에서 소위 '논쟁을 일으키는 사람'으로 불리며 살고 있다. …… 나는 사람들은 자신이 소망하는 바에 따라 사회주의자, 공산주의자, 기타 사상가가 될 수 있다고 주장했고, 신념 때문에 처벌하고 차별하는 것은 바로 야만이라고 주장하였다(Du Bois가 E. S. Pankhurst에게 보낸 서신, 1955. 5. 4.).

그 후 진행된 재판에서 두 보이스는 무죄를 선고받았지만, 정부는 그의 여권을 압수하여 더 이상 국제적 활동을 못하게 묶어 놓았다. 1955년 폴란드와 인도네시아 방문을 위해 여권을 요청했지만 거절당했고, 1956년 중국 방문, 1957년 가나 방문도 거절당했다. 하지만 인종차별에 대한 비판을 계속하였고, 1956년 앨라배마 주 몽고메리 시에서 시작된 마틴 루터 킹 목사 2세의 버스 타기 거부운동에 지지를 보냈다.

1958년, 대법원 판결로 여권을 되찾았지만, 미국에서 그의 마지막 10년은 불행으로 가득 찼다. 그 시절 반공산주의적 열광 속에서 공산주의자들이 그의 변호 비용을 지원하고 또 개인 각각의 권리는 공산주의자처럼 인정되어야 한다는 입장의 연설은 도움이 되지 않았다(Du Bois, 1968). 그는 국가 요주의 인물로 감시받아서 가장 뛰어나고 탁월한 재능인 소통의 기회를 박탈당했다.

> 우리들이 소련 외교관, 그의 아내와 딸, 그리고 폴 로비슨을 대접할 때, 브루클린의 모든 자치구가 소련 외교관의 '출입 금지'를 선언하였다. 나의 원고와 셜리 그레이엄의 원고조차도 유명한 공산주의 서적 출판사로부터 출판 거절을 당했다. 흑인 신문들은 내 글을 게재하지 못하도록 주의를 받았고, 대학은 강연 초청도 중단하였으며, 미국의 모든 흑인이 적어도 이름으로나마 나를 알게 되었고, 식사 대접이나 격려 모임도 항상 서둘러 마치게 되었다. 교회 및 흑인 회의에서도 나의 과거 또는 현재 위치를 언급하기 꺼렸다(Du Bois, 1968, p. 394).

실제로 심지어 사회정의 및 평등에 기여한 것으로 유명한 캘리포니아 대학조차 두 보이스가 강연하는 것을 허락하지 않았다. "이것은 비통한 경험이었고, 나는 폭풍 앞에 휘어졌다. 그러나 나는 무너지지 않았다. 나는 계속 내가 있어야 할 때와 있어야 할 장소에서 연설하고 글을 쓰고 있었다." (Du Bois, 1968, p. 394).

정부는 그를 요주의 인물로 낙인찍고 더욱 더 심한 이유를 갖다 붙였다. 그는 스스로 공산주의자라고 생각한 적이 없었다. 1926년 소련을 방문한 후에, 두 보이스(1968)는 미국 공산주의 정당의 공약은 아프리카계 미국인에게는 쓸모없는 것이라고 논평하였다. 심지어 1934년 애틀랜타 대학 대학원에서 공산주의 과목을 가르칠 때에도, "나는 정당의 선전 문구를 생각해 본 적이 없다. 나는 공산주의 정당의 회원도 아니고 가입한 적도 없다. 하지만 교육과정으로 가르치지 않는 것은 세계사의 큰 조류를 무시하는 것이라고 확신하였다." (Du Bois, 1968, p. 308). 그러나 이후에 그는 미국 공산당에 가입한 후에 1961년 가나로 이주하였다. 1963년에 가나 시민권을 받았으며, 95세가 되던 그해 8월에 가나에서 세상을 떠났다. 이러한 결정들이 그에 대한 미국의 이상한 명예훼손에 의한 것인지 아닌지는 알 수 없다.

그가 가나 시민권을 받기까지 두 보이스가 분명 미국인 애국자였다는 것은 중요한 점이다. 아프리카 사람들에게 관심이 많았지만, 아프리카계 미국인을 위한 그의 관심은 개인적 차원이었고 미국이 함께 살아가기 위해 표방해야 할 이상이라고 생각했다. 그는 아프리카계 미국인에 대한 차별이 미국의 가치를 훼손시키는 것이라고 판단했다.

> 나는 미국을 알고 있다. 나의 국가이고 내 조상들의 땅이다. 여전히 굉장한 가능성을 가진 땅이다. 고귀한 정신이 살아 있고 너그러운 사람들이 살고 있다. 하지만 생득권을 팔고 있다. 미국의 장대한 운명을 저버리고 있다(Du Bois, 1968, p. 419).

두 보이스는 스스로를 아프리카인이 아닌 아프리카계 미국인으로 생각했다. 1958년 11월, 병으로 출장을 갈 수 없을 때, 그의 아내 셜리 그레이엄이 아크라에서 개최된 범 아프리카인 회의에서 두 보이스의 연설문을 대독하였다. 그는 "그녀는 그 회의에서 연설이 허락된 유일한 비아프리카인이었다."라고 논평하였다(Du Bois, 1968, p. 402). 마침내 그는 미국 정부에 의한 불쾌한 처우를 협상하면서 아프리카계 미국인에 대한 처우를 향상시켰다. "인종차별 선이 무너지기 시작했다. 흑인들은 이전에 경험하지 못했던 인정을 획득해 나갔다. 한 인간의 희생으로 이러한 작은 보답이 온 것은 아닌가?"(Du Bois, 1968, p. 395).

논평

많은 논쟁에도 불구하고 그의 헌신은 다양하게 드러나고 있다. 체코 프라하에 있는 카렐 대학, 아틀랜타 대학, 하워드 대학, 동베를린에 있는 훔볼트 대학, 모건 주립대학, 가나 대학, 윌버포스 대학에서 명예박사 학위를 수여받았다(Aptheker, 1968; Du Bois, 1968; Gates & Oliver, 2007). 1953년에 세계 평화협의회(World Peace Council)의 국제 평화상을 수상했고, 1959년에는 노벨평화상에 비교되는 소련 연방의 레닌 평화상을 수상하였다. 1957년 논쟁이 한참일 때, 뉴욕 공립도서관은 두 보이스 흉상을 세웠고, 미국 우정국은 1992년과 1998년 두 보이스 기념우표를 발행하였다(Gates & Oliver, 2007).

영재교육에 대한 두 보이스의 공헌

재능 있는 10프로

1903년 그의 업적 중에 가장 잘 알려진 두 작품을 출간하였다. 하나는 책으로서 『흑인의 정신』이고, 다른 하나는 아래 문장으로 시작하는 수필이다.

> 흑인도 다른 인종처럼 특출한 재능을 길러 주어야 한다. 그렇게 하려면 흑인에 대한 교육 문제는 먼저 재능 있는 10프로를 해결해야 한다. 흑인 중에 최상층을 발전시킴으로써 그들이 흑인 및 다른 인종들의 타락과 최악의 죽음으로부터 그들을 구제할 수 있다(Du Bois, 1903b/2003, p. 33).

모어하우스(Morehouse, 1896)가 처음 언급한 재능 있는 10프로라는 개념은 아마도 두 보이스가 영재교육에 기여를 하게 된 계기를 만들어 준 것이고, 그의 글 곳곳에서 이런 주제를 다루었다. 영재교육에서 재능 있는 10프로라는 개념은 몇 가지 직접적인 유추를 불러일으킨다. 예를 들면, 재능 있는 10프로는 현재 대부분의 주에서 그런 것처럼 상위 2~3%에 속하는 영재교육 대상자를 찾아내는 과정과 연결된 개념일 수도 있다. 이런 생각은 텍사스 주에서 구현하고 있는 '상위 10% 계획'에 영향을 미쳤고(House Bill 588, 1997), 1997년 이후 텍사스 주 소재 고등학교 졸업자 상위 10%는 주립대학 중에 한 곳에 진학하도록 조치하였다. 2007년 텍사스 주 의회는 주립대학으로 진학한 상위 10% 학생 중에 저소득층 자녀들에게 장학금을 지급하도록 하였다.

두 보이스의 재능 있는 10프로라는 개념은 영재교육을 받을 필요가 있는 소수인종이나 저소득층 학생들에 대해 학교별 또는 교육청별 기준을 활용하도록 한 로먼 (Lohman, 2005)의 권고와 연결되어 있다. 로먼이 지적한 것처럼, 각 학교는 국가 규준을 거의 적용하지 못하고, 국가 규준과 지방학교 규준 간에 불일치는 소수인종이나 저소득층 자녀가 다니는 학교의 경우에 크게 나타나며, 영재학생 비율도 가장 낮다. 로먼에 따르면, 이런 환경에서 노력하는 학생들은 잠재력을 극대화할 수 있으며, 실제 영재성을 갖고 있지만 능력을 완성하지 못한 영재교육 대상자로 적합하다. 그러나 영재교육에 대한 두 보이스의 기여는 선발 비율의 논의 문제보다 더욱 심대하다. 그의 많은 사상이 교육 분야에 영향을 끼치고 있다.

영재성 요소들

나의 연구 경력에 관심을 가진 사람들은 내가 영재성을 구성하는 요소에 관해 많은 시간을 할애하였음을 알 것이다(예: Erwin & Worrell, 2012; Subotnik et al., 2011; Worrell, 2003, 2010b; Worrell & Erwin, 2011). 그리고 영재성은 많은 측면, 즉 능력, 노력, 기회, 우연, 효과적 교육, 실질적 성취, 기타 요소 등을 포함한다고 생각한다 (Worrell, 2010a, 2012). 이러한 영재 요소에 대한 두 보이스의 관점은 나의 그것보다 몇십 년을 앞서 있다.

능력 두 보이스는 개인의 능력 차이와 각 능력이 성취로 연결되는 역할에도 개인차가 있음을 인정하였다. 그는 이미 고교 시절에 이런 생각들을 했는데, "어떤 여고생이 수학을 나보다 잘했다. 그 여고생은 놀라운 속도로 많은 숫자를 계산해 냈지만, 글쓰기나 역사에 대한 이해력은 내가 더 좋았다."(Du Bois, 1968, p. 84). '재능 있는 10프로'에 대한 개념에서 말한 것처럼, 이런 깨달음 후의 삶에서 개인 간 차이가 있다는 개념을 깊이 인정하고, 그는 피스크, 하버드, 베를린에서도 개인차를 많이 언급하였다. 피스크에서 만난 한 동료에 대해 그는 "미국인의 평균으로 보면 무시할 만한 가냘픈 흑인"이지만 그 소년의 "청명한 테너 목소리는 뛰어난 아름다움을 지녔다."라고 기술하였다(Du Bois, 1968, p. 123).

노력   능력에 대한 두 보이스의 관점은 전적으로 타고난 영재성을 의미하지 않았다. 능력을 꽃피우기 위해서 노력 또는 과제 몰입의 중요성을 강조하였다(Subotnik et al., 2011; Syed, 2010). 두 보이스는 어린 시기부터 뛰어나기 위해서 열심히 노력했고, 피스크, 하버드, 베를린, 박사학위 이후의 직업 내내 이러한 근면성을 몸에 익혔다. 학창 시절에 공부를 잘 하였지만 하버드에 들어갈 때까지 그의 노력은 또 하나의 동력인 인종차별을 겪게 만들었다. 그의 말에 따르면, 피스크는 하버드를 위해 그를 준비시킨 곳인데, 만약 그가 그레이트 베링턴에서 곧바로 하버드에 진학했더라면 백인 사회에 포함되기 위해서 기웃거렸을 것이다.

> 그 시절 하버드를 향한 나의 태도를 명확하게 하기 위해서, 나는 단순히 태어나서 하버드에 간 것이 아니라, 내가 받아들여야 할 상황, 즉 차별적 신분제도의 대상임을 깨달음으로써 흑인으로서 하버드에 가겠다고 결심했음을 기억해야만 한다. 그러나 신분제도 속에서 나의 길을 찾기 위해서 노력하고, '성급한' 결정을 내리지 않았다. 우주의 의미에 대한 이해를 확장하기 위한 시간이었다(Du Bois, 1960/2002, p. 33).

학교 안에서나 밖에서나 그가 열심히 노력하였음에 주목해야 한다. 그는 고교 시절에는 어머니를 돕기 위해서 일을 했고, 여러 대학을 다닐 때는 학기 중이나 방학 중에 자신을 부양하기 위해서 일했다. 두 보이스는 또한 아프리카계 흑인은 고된 노동자들이라고 믿었다. 그는 흑인에 대해 다음과 같이 기술하였다.

> 미국에서 가장 문맹률이 높은 집단; 그들의 문맹은 2백 년 동안 강제적인 상황에 기인하고, 그들의 문맹률을 낮추기 위해서 동시대에 전 세계에 살고 있는 어떤 집단보다 그 스스로 및 동료들이 노력해야 하는 집단이다(Du Bois가 W. J. Cooper에게 보낸 서신, 1929. 12. 1.).

기회와 우연   재능을 꽃피우기 위해서는 기회와 우연이 또한 중요한 요소다

(Subotnik et al., 2011). 두 보이스의 경우, 어린 시절 나쁜 사회적 분위기로부터 보호받는 마을에 살았고, 오늘날에도 아프리카계 미국인에게 매우 드문 공부에 전념할 수 있는 기회와 지지가 제공되었다. 두 보이스에게 제공된 기회들은 매우 많았다. 고등학교 졸업, 대학 예비반 수업을 들을 기회, 그의 책값을 지불하는 방법, 피스크, 하버드, 베를린에서 받은 장학금. 그는 또한 자신이 받았던 기회들을 모든 아프리카계 미국인들도 받을 수 있어야 한다고 생각했다. "보통의 학업을 하는 유색 아동들도 보통 백인 아동들처럼 동일한 학업 과정을 제공해야만 한다."(Du Bois가 B. Douglas에게 보낸 서신, 1926. 3. 17.).

그러나 제공된 기회를 받아들일 수 있어야 한다. 두 보이스는 제공된 모든 기회를 잡았고, 기회를 찾으려고 노력했고, 불확실한 미래의 기회를 만들어 갔다. 그는 자신이 하버드에 들어간 것은 어느 정도 우연으로 결정되었다고 회상했다. 하버드는 교육의 다양성을 꾀하려는 목적으로 장학금을 준 것이다. 그는 장학금 신청을 시도했고, 대학원이 아닌 학부 3학년으로 입학해야 한다는 사실에도 불구하고 하버드로 갔다.

두 보이스는 또한 전 미국 대통령 루터퍼드 B. 헤이즈가 앞장서 설립한 슬레이터(Slater) 기금의 장학금을 신청하였다. 헤이즈는 보스턴 헤럴드(Boston Herald) 지에 다음과 같은 글을 실었다. "이 기금은 '공부에 특별한 적성'을 가진 것으로 인정되는 유색인이 첨단공부를 하기 위해 유럽으로 갈 경우에 장학금으로 줄 것이다."(Du Bois, 1968, p. 151). 하버드에서 석사를 마치면서 그는 이 장학금을 신청했고, 그 신문 보도는 오보이고 장학금이 고갈되었다고 전해들었다. 그는 헤이즈와 슬레이터 기금의 이사들에게 편지 보내는 캠페인을 시작했고, 그의 은사들에게도 부탁드렸다. 두 보이스는 "헤이즈에게 추천서가 쏟아졌을 것이다. 슬레이터 기금은 항복했고, 나는 1년간 해외에서 공부할 수 있는 750달러의 장학금을 받았다."라고 회상하였다(Du Bois, 1968, p. 153).

효율적인 가르침　뛰어난 학생을 길러 내는 데에는 효율적인 교사가 중요한데, 두 보이스는 이런 기회를 많이 가졌다. 그는 그레이트 베링턴이 좋은 선생님들이 있는 좋은 학교였고, 그가 피스크와 하버드에 갔을 때 그런 사실을 더욱 깨달았다고 말했다. 두 보이스는 좋은 선생님들과 교육 지원 사이에서 뛰어난 학생이 되었는데, 하버드의 교수들은 뛰어난 것이 아니라 잘 알려진 사람들이라고 논평하였다. 그는 또한 그가 존경한 교수들을 찾아냈다. 자서전에서 두 보이스는 중요한 과목인 글쓰기에서 F학점을 받았던 사건을 중요하게 다루었다. 그는 자신이 존경했던 "윌리엄 제임스(William James), 조시아 로이스(Josiah Royce), 젊은 조지 산타야나(George Santayana) 교수의 날카로운 분석"을 극찬하였다(Du Bois, 1968, p. 148). 윌리엄 제임스는 자신이 철학에서 사회과학으로 방향을 돌리는 데 영향을 준 사람이고, 두 보이스는 우월하든 뒤처지든 각자의 재능에 따라서 개인들을 가르치는 능력을 갖추게 되었다. 소스니악(Sosniak, 1985)이 기술한 것처럼, 두 보이스는 그레이트 베링턴에서 공부에 몰입하는 것을 배웠고, 피스크에서 가르치는 기술을 배웠고, 하버드에서 개인에게 맞추는 교육을 배웠다—두 보이스의 학업 경험이 이 세 가지 교육의 기반을 제공했다. "대학에서 받은 훈련이 없었다면 어떤 글쓰기도 상상할 수 없었음이 분명하다."(Du Bois가 O. E. Ferguson에게 보낸 서신, 1929. 1. 22.).

성 취　　그는 자신의 성취에 감사했다. 앞서 언급한 것처럼, 학창 시절 내내 심지어 자신과 비교해서 앞섰을 때에도 학급 동료의 성공을 축하해 주었다. 예를 들어, 하버드에서 열린 웅변대회에서 2등을 수상하고, 1등인 클레먼트 모건(Clement Morgan)의 재능을 높이 평가하고 인정하였다. 1년 후에 모건이 아프리카계 미국인으로서는 하버드 대학 최초로 학급 대표연설자로 뽑혔을 때 축하해 주었고, 각자의 장점에 따라 평가받지 못함에 대해서 절망하였다. 그리고 하버드에서조차 "학급대표 시인, 학급대표 연설가, 기타 졸업식 행사에 개인 능력이 아닌 가계의 혈통에 따라서 선출된다."라고 불평하였다.(Du Bois, 1968, p. 140).

소수인종의 영재교육

지난 세기 첫 몇 년간 '재능 있는 10프로'라는 개념이 대중화되었지만, 오늘날에도 이는 여전히 중요한 개념이다. 특출한 소수인종 학생과 학자가 있었지만, 비율 면에서 아프리카계 미국인, 라틴계 미국인, 아메리카 인디언 등은 여전히 영재 및 재능 교육 프로그램의 혜택을 적게 받고 있다. 우수성의 격차만큼이나 역사적인 성취 업적의 격차가 있다고 플러커, 버로우즈와 송(Plucker, Burroughs, & Song, 2010)이 강조하였다. 국가 교육성취도 평가 자료를 보면, 아프리카계 미국인 및 라틴계 미국인의 3% 미만이 4학년과 8학년 때 읽기 또는 수학 고급반에서 학습하고 있다고 연구자들은 지적하였다. 그래서 두 보이스가 주장한 지 백 년이 더 지났지만, 여전히 재능 있는 10프로는 혜택받지 못하고 있고, 이것은 곧 세계에서 가장 부유하다고 생각되는 국가에서 공교육의 중요한 실패를 의미하는 것이다(Subotnik et al., 2011; Worrell, Olszewski-Kubilius, & Subotnik, 2012).

두 보이스는 모든 사람에게 기회를 제공해야 한다고 믿었다. 그는 "1876년까지 거슬러 올라가서 미국 흑인이 교육을 받을 수 있는가 없는가에 대한 의문은 더 이상 논쟁이 되어서는 안 된다. 모든 문제는 단지 하나의 기회일 뿐이다."라고 주장하였다(Du Bois, 1935, p. 589). 한편으로는 인종차별 때문에 기회가 부족하다고 주장했지만, 그의 글 속에는 학생들에게 과제 몰입과 능동적인 참여를 똑같이 강하게 주장하고 있다. 애틀랜타 대학에서 가르치는 동안, 그는 세 명의 미식축구 선수들에게 사회학 학점을 F 처리하였는데, 그 이유는 "그 학생들은 수업에 딱 2번 출석했고 암기하지도 않고 리포트도 내지 않았기 때문이다"(Du Bois가 J. P. Whittaker에게 보낸 서신, 1940. 10. 12.). 그리고 대학원생들이 스스로 학습할 수 있게 되었을 때는 그들을 가르치는 것은 그의 일이 아니라고 주장했다. 더구나 아프리카계 미국인을 가르치지 않기 위한 핑계로 흑인의 학습 유형에 관한 선입견적 관념에 실망했다. "유색 아동은 특정 연령 시점에 백인 아동과는 다르게 발달한다는 주장은 일부 사람이 자신들의 편견을 무마하기 위해 사용하는 터무니없는 거짓말이다."(Du Bois가 M.A. Caldwell에게 보낸 서신, 1919. 5. 22.).

결 론

결론을 내리면서, 나는 두 보이스가 살아온 전반적인 사회 분위기를 간략히 알아보는 것이 중요하다고 생각한다. 그는 노예해방령이 공표된 지 5년 후 그리고 남북전쟁이 끝난 지 3년 후에 태어났다. 자유와 평등에 관한 선행 조치들과 그레이트 베링턴에서의 성장 환경에서 볼 때, 두 보이스는 자신과 흑인들에게 최고 수준의 교육과 성취를 고무시켰다. "미국 흑인들의 리더십을 훈련시키는 데 어느 것도 완벽하고 훌륭하다고 할 수 없다."(Du Bois, 1968, p. 124). 그러나 어른이 되면서 환멸을 더 크게 느끼고, 인종차별과 편견을 보면서 아프리카계 미국인의 꿈과 희망이 짓밟혔다. 실제로 정부에 의한 박해 사건의 정점인 브라운 대학 교육위원회 소송 사건에서 경악을 금치 못했고(1951년 외국 대리인이 진행한 재판 사건)[공립학교에서 흑인 차별을 금지하는 연방대법원 판결 사건을 의미함-역주], 여러 분야에서 그 결정을 역행하는 사건들에 대해서는 이제 놀라지도 않게 되었다.

두 보이스는 매우 특출한 학생이었다. 그의 능력과 노력을 더하여, 그는 월반뿐만 아니라 특별한 기회의 이점을 잡았고 혜택을 받았다. 영재학습자(재능 있는 10프로)는 영재교육—그의 관점에서 볼 때 인문학 대학교육—을 받아야 한다는 그의 믿음과 그의 삶은 오늘날 여러 영재교육 개념에 중요한 촉발자가 되었다. 그의 꿈이 아직 완전히 실현되지는 않았지만(Du Bois, 1924/2009, 1903a/2009; Zuckerman, 2004), 나는 두 보이스가 국가에 보낸, 아직도 유색인종이 두각을 나타내는 것을 보기가 어렵다는 다음의 시적인 문장으로 마무리하는 것이 적합할 것이라고 생각한다.

나는 셰익스피어와 함께 앉아 있으며 그는 굴하지 않는다. 차별의 선을 넘어서 나는 발자크, 뒤마와 팔을 맞잡고 걸어가며, 그곳에서 웃고 있는 남성과 환영하는 여성들이 매끈한 연회장으로 활주해 들어간다. 강한 다리로 버티는 지구와 별들의 아름다운 장식 사이를 오가는 밤의 동굴로부터, 아리스토텔레스와 아우렐리우스, 그리고 내가 원하는 어떤 영혼을 불러내고 있으며, 그들은 비난도 없고 생색도 내지 않고 온 정성으로 다가온다. 진실과 결혼했지만, 아직도 장막 위에서 살고 있다. 오! 왕과 같은 미국이여, 이것이 당신들이 우리를 자격 없다고 생각하는 그런 인생인가요? 이것이 당신들이 조지아의 칙칙한 붉은 흉물로 변화시키기를 원하는 삶인가요? 블레셋과 아말렉의 영토 사이에 있는 언약의 산 피스가에서 약속의 땅을 찾는 것이 그렇게 두렵습니까?(Bu Bois, 1902/2002, pp. 62-63).

참고문헌

Altman, S. (1997). *The encyclopedia of African-American heritage.* New York, NY: Facts on File.

Aptheker, H. (1968). A calendar of the public life of W. E. B. Du Bois. In *The autobiography of W. E. B. Du Bois: A soliloquy on viewing my life from the last decade of its first century* (pp. 438-440). New York, NY: International Publishers.

Aptheker, H. (Ed.). (2001). *The education of Black people: Ten critiques, 1906-1960.* New York, NY: Monthly Review Press.

Colangelo, N., Assouline, S. G., & Gross, M. U. M. (Eds.). (2004). *The Templeton National Report on Acceleration: Vols. 1-2. A nation deceived: How schools hold back America's brightest students.* West Conshohocken, PA: John Templeton Foundation.

Du Bois, W. E. B. (1902/2002). Of the training of Black men. In E. F. Provenzo, Jr. (Ed.), *Du Bois on education* (pp. 51-63). Walnut Creek, CA: Altamira Press.

Du Bois, W. E. B. (1903a/2009). *The souls of Black folk.* Lexington, KY: Maestro Reprints.

Du Bois, W. E. B. (1903b/2003). The talented tenth. In *The Negro problem* (Centennial ed., pp. 31-75). Amherst, NY: Humanity Books.

Du Bois, W. E. B. (1919, May 22). [Letter to Maggie A. Caldwell.] In M. Weinberg (Ed.), *The world of W. E. B. Du Bois: A quotation sourcebook* (1992, p. 67). Westport, CT: Greenwood Press.

Du Bois, W. E. B. (1924/2009). *The gift of Black folk: The Negroes in the making of America.* Garden City Park, NY: Square One.

Du Bois, W. E. B. (1926, March 17). [Letter to Benjamin Douglas.] In M. Weinberg (Ed.), *The world of W. E. B. Du Bois: A quotation sourcebook* (1992, p. 56). Westport, CT: Greenwood Press.

Du Bois, W. E. B. (1929, January 22). [Letter to Oscar E. Ferguson.] In M. Weinberg (Ed.), *The world of W. E. B. Du Bois: A quotation sourcebook* (1992, p. 56). Westport, CT: Greenwood Press.

Du Bois, W. E. B. (1929, December 18). [Letter to William J. Cooper.] In M. Weinberg (Ed.), *The world of W. E. B. Du Bois: A quotation sourcebook* (1992, p. 57). Westport, CT: Greenwood Press.

Du Bois, W. E. B. (1935). *Black reconstruction: An essay toward the history of the part which Black folk played in the attempt to reconstruct democracy in America, 1860–1880.* New York, NY: Harcourt, Brace.

Du Bois, W. E. B. (1940/2007). *Dusk of dawn: An essay toward an autobiography of a race concept.* New York, NY: Oxford University Press.

Du Bois, W. E. B. (1940, October 12). [Letter to John P. Whittaker.] In M. Weinberg (Ed.), *The world of W. E. B. Du Bois: A quotation sourcebook* (1992, p. 53). Westport, CT: Greenwood Press.

Du Bois, W. E. B. (1955, May 4). [Letter to E. Sylvia Pankhurst.] In M. Weinberg (Ed.), *The world of W. E. B. Du Bois: A quotation sourcebook* (1992, p. 13). Westport, CT: Greenwood Press.

Du Bois, W. E. B. (1960/2002). A Negro student at Harvard at the end of the nineteenth century. In E. F. Provenzo, Jr. (Ed.), *Du Bois on education* (pp. 31–48). Walnut Creek, CA: Altamira Press.

Du Bois, W. E. B. (1968). *The autobiography of W. E. B. Du Bois: A soliloquy on viewing my life from the last decade of its first century.* New York, NY: International Publishers.

Erwin, J. O., & Worrell, F. C. (2012). Assessment practices and the underrepresentation of minority students in gifted and talented education. *Journal of Psychoeducational Assessment, 30,* 74–87. doi:10.1177/0734282911428197

Foner, P. S. (Ed.). (1970). *W. E. B. Du Bois speaks: Speeches and addresses 1890-1919.* New York, NY: Pathfinder.

Gates, H. L., Jr. (2007a). The Black letters on the sign: W. E. B. Dubois and the canon. In H. L. Gates, Jr. (Series Ed.), *Dusk of dawn: An essay toward an autobiography of a race concept* (pp. xi–xxiv). New York, NY: Oxford University Press.

Gates, H. L., Jr., & Oliver, T. H. (2007b). William Edward Burghardt Du Bois: A chronology. In H. L. Gates, Jr. (Series Ed.), *Dusk of dawn: An essay toward an autobiography of a race concept* (pp. 171–177). New York, NY: Oxford University Press.

Gladwell, M. (2008). *Outliers: The story of success.* New York, NY: Little, Brown.

House Bill 588, Tex. Educ. Code Ann. § 51.803. West, 1997.

Lewis, D. L. (Ed.). (1995). *W. E. B. Du Bois: A reader.* New York, NY: Holt.

Lohman, D. F. (2005). An aptitude perspective on talent: Implications for identification of academically gifted minority students. *Journal for the Education of the Gifted, 28,* 333–360.

Morehouse, H. L. (1896, June). The talented tenth. *The American Missionary, 50,* 182–183 Retrieved from http://www.gutenberg.org/files/19890/19890-h/19890-h.html#toc15

Niagara Movement. (n.d.). (Du Bois Central, Special Collections and University Archives, W. E. B. Du Bois Library, University of Massachusetts, Amherst). Retrieved from http://www.library.umass.edu/spcoll/dubois/?page_id=12

Plucker, J. A., Burroughs, N., Song, R. (2010). *Mind the (other) gap: The growing excellence gap in K-12 education.* Bloomington, IN: Center for Evaluation and Education Policy.

Provenzo, E. F., Jr. (Ed.). (2002). *Du Bois on education.* Walnut Creek, CA: Altamira Press.

Smith, R. C. (2003). *Encyclopedia of African-American politics.* New York, NY: Facts on File.

Sosniak, L. A. (1985). Phases of learning. In B. J. Bloom (Ed.), *Developing talent in young people* (pp. 409–538). New York, NY: Ballantine.

Subotnik, R. F., Olszewski-Kubilius, P., & Worrell, F. C. (2011). Rethinking giftedness and gifted education: A proposed direction forward based on psychological science. *Psychological Science in the Public Interest, 12,* 3–54. doi:10.1177/1529100611418056

Sundquist, E. J. (Ed.). (1996). *The Oxford W. E. B. Du Bois reader.* New York, NY: Oxford University Press.

Syed, M. (2010). *Bounce: Mozart, Federer, Picasso, Beckham, and the science of success.* New York, NY: HarperCollins Publishers.

VanVecten, C. (n.d.). *Du Bois: A concise biography* (Du Bois Central, Special Collections and University Archives, W. E. B. Du Bois Library, University of Massachusetts, Amherst). Retrieved from http://www.library.umass.edu/spcoll/dubois/?page_id=861

Wai, J., Lubinski, D., Benbow, C. P., & Steiger, J. H. (2010). Accomplishment in science, technology, engineering, and mathematics (STEM) and its relation to STEM educational dose: A 25-year longitudinal study. *Journal of Educational Psychology, 102,* 860-871. doi:10.1037/a0019454

Weinberg, M. (Ed.). (1992). *The world of W. E. B. Du Bois: A quotation sourcebook.* Westport, CT: Greenwood Press.

Worrell, F. C. (2003). Why are there so few African Americans in gifted programs? In C. C. Yeakey & R. D. Henderson (Eds.), *Surmounting the odds: Education, opportunity, and society in the new millennium* (pp. 423-454). Greenwich, CT: Information Age, Inc.

Worrell, F. C. (2009). What does gifted mean? Personal and social identity perspectives on giftedness in adolescence. In F. D. Horowitz, R. F. Subotnik, & D. J. Matthews (Eds.), *The development of giftedness and talent across the lifespan* (pp. 131-152). Washington, DC: American Psychological Association.

Worrell, F. C. (2010a, August). *Giftedness: Endowment, context, timing, development, or performance? Does it matter?* American Psychological Foundation's Esther Katz Rosen Lecture on Gifted Children and Adolescents presented at the annual convention of the American Psychological Association, San Diego, CA.

Worrell, F. C. (2010b). Psychosocial stressors in the development of gifted learners with atypical profiles. In J. L. VanTassel-Baska (Ed.), *Patterns and profiles of promising learners from poverty* (pp. 33-58). Waco, TX: Prufrock Press.

Worrell, F. C. (2012, March). *Giftedness is a multidimensional construct.* Keynote address at the 38th annual conference of the North Carolina Association for the Gifted and Talented, Winston-Salem, NC.

Worrell, F. C., & Erwin, J. O. (2011). Best practices in identifying students for gifted and talented education (GATE) programs. *Journal of Applied School Psychology, 27,* 319-340. doi:10.1080/15377903.2011.615817

Worrell, F. C., Olszewski-Kubilius, P., & Subotnik, R. F. (2012). Important issues, some rhetoric, and a few straw men: A response to comments on "Rethinking Giftedness and Gifted Education." *Gifted Child Quarterly, 56,* 224-231. doi:10.1177/0016986212456080

Zuckerman, P. (Ed.). (2004). *The social theory of W. E. B. Du Bois.* Thousand Oaks, CA: Sage.

위대한 연구자

Jennifer L. Jolly

　루이스 터먼(Lewis Terman), 리타 홀링워스(Leta Hollingworth) 그리고 캐서린 콕스 마일즈(Catharine Cox Miles)는 프랜시스 골턴(Francis Galton)의 연구를 기초로 하였고 알프레드 비네(Alfred Binet)의 연구를 확장하였으며 체사레-롬브로소(Cesare Lombroso)의 연구는 반박하면서 향후 거의 100년 동안 기반이 되고 확장될 영재교육 영역의 장을 마련하는 연구들을 시작하였다. 이들의 연구 목적은 강조점과 의의에서 달랐다. 터먼은 영재의 특성, 정의, 판별, 그리고 이것이 미래 성공 예측과 어떻게 관계되는지에 집중하였다. 홀링워스의 목적은 영재의 특성과 교육에 두었다. 콕스 마일즈 또한 영재 특성을 설명하였는데 역사학의 방법을 채택하되 심리학의 원리와 이론에 적용함으로써 매우 독특하긴 했지만 동시대 연구자들보다 더 과학적이지는 못했다. 이들의 연구의 위대함은 연구의 혁신성, 자료의 양과 범위 확장을 통한 영재 이해에 있다. 이들의 연구는 21세기까지도 지속되는 이론적·실증적 활동의 싹을 만들었다.

빌헬름 분트(Wilhelm Wundt)에 의해 1879년에 형성된 경험 기반 학문인 현대 심리학은 20세기 초(Lagemann, 2000)부터 명성과 수용을 얻어 왔다. 예를 들어, 터먼의 연구에 기초하여 제1차 세계대전의 신병 모집 시 대규모 지능검사를 실시한 것은 연구자나 대중에게 심리검사의 유용성을 공고히 하였다. 심리학의 "영향력 있는 기술"(Lagemann, 2000, p. 71)은 1920년대에 기하급수적으로 증가하였고 현재까지도 교육 현장에서 뚜렷하게 남아있다. 심리학자로서 터먼, 홀링워스 및 콕스 마일즈는 영재아동과 그들의 교육적 요구에 대한 이해를 넓히기 위해 각자의 영역에서 과학과 여러 도구를 사용하였다. 이러한 것에는 연구 방법, 통계 분석, 심리적 · 교육적 검사 등이 있다(Asher, 2003).

가장 유명한 인물인 루이스 터먼은 스탠퍼드 대학에서는 멀리 떨어진 인디애나 농장에서 삶을 시작했다. 14명의 자녀 중 막내인 터먼은 단조로운 농장 생활보다 더 자극적인 삶을 모색하였다. 터먼은 교사직에 들어가려는 목표를 세웠고 그의 선생님과 가족은 그가 공부를 계속하게 격려하였다. 그리하여 그는 클라크 대학교에 들어가 심리학 최초의 박사 학위를 취득한 미국인인 스탠리 홀(Stanley Hall)을 만났다(Lagemann, 2000). 1,500명의 영재학생에 대한 터먼의 종단 연구는 『천재에 대한 유전연구(*Genetic Studies of Genius*)』 5권으로 정리되어 오늘날까지도 가장 오래 연구된 종단 연구로 남아 있다. 대부분의 연구 중단은 대상이 사망할 때 발생하여 2000년 이후에는 약 200명 정도의 터먼인(Termites) 만이 생존해 있다(Leslie, 2000). 터먼의 연구 조교들은 연구 대상을 찾기 위해 캘리포니아를 샅샅이 조사하였다. 터먼의 엄청난 공헌에도 불구하고, 그는 존경과 비판을 함께 받았다. 이 분야의 기초가 되는 방대한 자료를 수집한 반면 그는 소수민족과 가난한 배경을 가진 사람들과 관련해 당시 풍미했던 유전론과 우생학을 지지하여 이 집단들이 덜 지적이며 영재성을 가지지 못한다고 믿었다. 현대 학자들은 그의 믿음과 실천에 관련하여 공과 실을 계속 논의하고 있다.

리타 홀링워스는 네브래스카의 매우 어려운 가정에서 자랐는데 학대하는 계모로부터 벗어나 연구를 통해 위안을 얻었다. 네브래스카의 대학에 진학한 그녀는 교직 분야를 선택했고 결국 대학 동료인 해리 홀링워스와 결혼을 했다. 그녀는 남편의 뒤를 따라 결국 교육대학에서 박사 학위를 취득했다. 터먼과 달리 홀링워스는 동부의 자연적 교육 환경 속에서 영재아동들을 가르쳤다. 터먼의 연구에서는 그의 대학원생들이 아동들과 대부분의 상호작용을 하지만, 홀링워스는 PS 165와 스파이어(Speyer) 학교에 특수학급을 설치하여 그녀의 교실을 실험실로 사용했다. 그녀의 연구도 종단적으로 연구 대상을 성인기까지 추적하였다. 비록 그녀는 영재아동에 대한 인식에서 터먼과 다르지만, 영재아동이 다른 아이들보다 더 부적응적이지 않다는 터먼의 연구 결과에 동의하였고 롬브로소가 영재아동이 병약하고 정신적으로 불안정하다고 주장한 것에는 반박했다. 하지만 그녀는 IQ가 180 이상인 매우 영재인 아동은 독특한 정서적 요구를 가지고 태어난다는 것을 발견했다. 1939년인 56세의 나이에 찾아온 그녀의 이른 죽음은, 이러한 연구가 지속되는 것을 막았다. 홀링워스의 업적도 동시대의 많은 심리학자와 마찬가지로 우생학과의 연관성으로 인해 비판을 받는다. 그녀는 영재를 둔 부모에게 유전적 특성을 더 많은 아동에게 물려주기 위해 자녀를 더 가질 필요성이 있음을 독려하는 논문을 썼다. 또한 현시대의 학자들은 그녀의 연구 의의와 신념 및 그 신념이 연구에 미친 영향 등을 평가할 필요가 있다.

이 장의 마지막 사람인 캐서린 콕스 마일즈는 캘리포니아에서 태어났고 자라났다. 스탠퍼드 대학의 수학교수인 그녀의 아버지로 인해 앞의 두 사람과는 매우 다른 환경에서 자랐다. 그녀의 스탠퍼드 박사과정 입학은 터먼의 종단 연구 시작과 일치하였다. 터먼은 캐서린을 연구원으로 고용하였고 그녀의 지도교수로 역임했다. 원래 그녀의 학위논문인 301명의 천재에 대한 역사 측정적 연구는 『천재에 대한 유전연구』의 제2권이 되었다. 비록 콕스 마일즈의 영재교육에 대한 공헌은 이 연구를 정점으로 하여 점차 약해졌지만 그녀는 예일 대학에서 남편인 월터와 함께 학문을 계속하였다.

이 책에서 홀링워스와 콕스 마일즈를 등장시킨 것은 사회적으로 이례적인 것인데 이는 그들의 업적을 높이 샀기 때문이다. 1920년대에는 오직 62명의 여성만이 심리학 분야에서 박사 학위를 가지고 있었고 이 분야에 종사하는 남자의 수가 여자의 수보다 약 3배 많았으며 이들 중 대부분의 여성은 학계 밖에서 직업을 찾아야 했다는 것을 감안하면 더욱 위대하다. 캐서린이나 리타는 모두 그들이 하는 일을 이해해 주고 주부는 그들에겐 어울리지 않는다는 것을 알고 있는 심리학자와 결혼하였다.

　이들 위대한 연구자들은 그들 신념의 일부에 결함이 있다 하더라도 영재교육이 성장하고 인정받는 연구 분야로 발전할 수 있는 기반을 만들었다. 영재에 대한 연구의 씨앗을 뿌린 골턴, 비네, 롬브로소의 업적과 함께 터먼, 콕스 마일즈와 홀링워스는 대규모 실증 자료를 제공하여 후속 연구자들이 계속 발굴, 확장할 수 있도록 하였다.

참고문헌

Asher, J. W. (2003). The rise to prominence: Educational psychology 1920-1960. In B. J. Zimmerman & D. H. Schunk (Eds.), *Educational psychology: A century of contributions* (pp. 189-206). Mahwah, NJ: Lawrence Erlbaum.

Jolly, J. L. (2010). Florence E. Goodenough: Portrait of a psychologist. *Roeper Review, 32,* 98-105.

Lagemann, E. C. (2000). *An elusive science.* Chicago, IL: University of Chicago Press.

Leslie, M. (2000). *The vexing legacy of Lewis Terman.* Retrieved from http://alumni. stanford.edu/get/page/magazine/article/?article_id=40678

루이스 터먼
잘못 알려진 전설(1877~1956)

Daniel L. Winkler & Jennifer L. Jolly

　루이스 터먼(Lewis Terman)이 자신의 자서전에서 이야기한 바와 같이, 1880년대 후반 어느 저녁에 제임스와 마사 터먼의 집에 책 외판원이 들렀다. 터먼가는 약 200권의 책이 있는 서재와 글을 읽을 수 있는 꽤 많은 아이를 둔 교양 있는 농민이었다. 일반적으로 그들은 외판원의 제안을 받아들였다. 외판원이 책의 개요 및 설명을 제공하며 책 소개를 하던 중, 결국 골상학에 관한 책에 도달했다. 골상학은 두개골 모양을 분석하여 사람의 행동이나 생각에 대해 예언하는 것이다. 어떤 두개골 유형은 범죄를, 다른 유형은 자선을 예측하는 것이다. 판촉의 정점에 이르렀을 때, 외판원은 골상학의 원리를 설명하기 위해 터먼가의 어린 자녀인 루이스의 두개골을 측정하였다. 소년의 머리를 자세히 살펴본 외판원은 루이스가 위인이 될 운명이라고 예언하였는데, 비록 골상학은 미신이었지만 이 외판원의 예언은 정확했다. 루이스 터먼은 역사상 가장 저명하고 영향력 있는 교육심리학자로 자라났다(Terman, 1930).

전원에서의 어린 시절

터먼은 인디애나 주의 시골에서 태어나 자랐다. 루이스의 부모 모두 농업이 가업이었고 아버지 제임스는 제한된 교육을 받은 내향적인 사람으로 젊은 시절의 대부분을 농장에서 일을 하며 보냈다. 20세에 그는 존슨 카운티의 유지인 윌리엄 커싱어의 농장에서 일을 시작했다. 이 지역은 인디애나 주의 인디애나폴리스에서 17마일 떨어진 곳이었다. 농장에서 일 년 일을 한 후, 제임스는 가족들로부터 인정을 받았고, 결국 커싱어가에서 가장 활발한 딸 중 하나인 마사와 결혼을 했다. 커싱어 씨는 그들 부부에게 약간의 땅을 주었고, 그들은 자신들의 농장과 가정을 꾸리기 시작했다.

마사와 제임스는 총 14명의 자녀를 두었는데, 그중 11명만이 성인까지 살아남았다 (Seagoe, 1975). 아이들의 대부분은 남북전쟁 전후에 출생하였다. 대부분은 여자였다. 터먼 부부는 자녀들을 진심으로 사랑했고 그들을 위한 삶을 보냈다. 제임스는 농장 일을 했고 마사는 집안일을 했다. 1877년 1월 15일, 결혼 22년째에 마사는 적갈색의 머리와 10파운드 몸무게를 가진 아기인 루이스를 낳았다. 그는 12년 만에 낳은 남자아이로 2세를 넘겨 생존한 첫 아들이었다. 자녀 많은 가정이 그러하듯 나이 든 자녀는 어린 형제를 돌보게 되었는데 루이스는 대부분 한 누나가 돌보았다. 전하는 바에 따르면, 3세에 그는 그 누나가 데이트를 시작하여 자신을 혼자 남겨 두었을 때 질투를 했다(Seagoe, 1975).

이러한 작은 에피소드를 제외하고, 터먼은 신체적으로 그리고 정신적으로 건강한 유년기를 보냈다고 한다(1930). 그는 유아기에 일반적인 질병을 앓았고 성홍열과 결핵 같은 심각한 질병에는 걸리지 않았는데, 이러한 질병은 그의 손위 형제 몇 명의 생명을 앗아가기도 했다. 터먼의 집은 아이들이 게임을 하거나 공부를 하고, 존슨 카운티의 주민들과 교제를 하는 행복한 곳이었다. 루이스 또한 지역의 소년들과 놀았는데, 작은 키 때문에 가끔 괴롭힘의 피해자가 되었다. 그의 빨간 머리는 그를 특별히 더 매혹적인 표적으로 만들었다. 아마 이것이 터먼이 왜 많은 시간을 혼자서 놀았던 것으로 기억하는지에 대한 이유가 될 것이다.

그는 5세 반 때, 전 학년이 한 반에서 공부하는 학교에 입학하였고, 그의 교육복지가 크게 향상되었다. 그의 부모와 형제가 얼마나 집중적으로 그를 교육했는지는 알수 없지만, 시고(Seagoe)에 따르면, 그는 학교를 시작하자마자 10세 수준으로 읽을 수있었다(1975). 작은 학교였기 때문에 선생님들은 곧 그의 예외성을 인정했다. 그들은루이스를 3학년으로 진급시켰고 곧 훨씬 더 도전적인 학급으로 진급시켰다. 그 진급은 루이스에게 부정적인 영향은 없는 것으로 보였고, 그는 거의 모든 과목을 공부하는 것을 좋아하였다. 12세 때 그는 이 학교의 8학년과 마지막 학년을 마쳤으며 가족농장에서 쟁기일을 돕기 위해 졸업했다. 이러한 노동은 터먼을 실망시켰고, 그는 정규교육을 더 받고 싶어 하였다. 그래서 그는 형이 다니는 학교에 다니기 시작했다.

그 형인 존은 대학에 다녔고 교사가 되었다. 루이스는 존을 이상형으로 삼은 것 같다. 그는 존의 교육 수준, 지적 능력, 그리고 결국 헛되이 모방하려다가 실패한 바이올린 연주 능력을 부러워했다(Seagoe, 1975). 루이스는 존의 학교에 등록했는데 거기서 저명한 생물학자이며 유전학자가 된 아서 반타(Arthur Banta)를 만났다(1930). 반타는 루이스가 그의 자서전에서 이름을 거론했던 첫 번째 어린 시절 친구이다. 민턴(Minton, 1988)은 터먼의 전기에서 이 둘이 서로 매우 좋아했다고 기록하고 있다. 루이스는 이러한 사회생활과 함께 19세기 초에 교사를 양성하기 위해 설립된 사범학교로진학하기 위한 공부를 준비했다(Seagoe, 1975). 터먼의 목표는 학교 수학을 더 하기 위한 충분한 돈을 벌기 위하여 선생님이 되는 것이었다. 공부를 계속함으로써 루이스는"같은 지역, 같은 일상적 일을 하는 것, 아무런 발전이 없는 것"에서 궁극적으로 떠나좀 더 지적이고 좀 더 흥미로운 것을 향해 나아갈 수 있었다(Terman, 1930, p. 302).

새로운 시작: 대학, 가족, 폐결핵

15세가 되었을 때, 루이스는 댄빌에 있는 중앙 사범대학(Central Normal College)에입학하려고 준비했으나 등록금이 부족했다(Terman, 1930). 터먼 집안의 말을 파는 것이 실패하자 자금 문제는 더욱 힘들게 되었다. 고맙게도, 존이 그의 남동생을 위해 돈을 지원해 주었다(Seagoe, 1975). 루이스는 1892년부터 1898년 사이에 산발적으로 댄빌에서 공부를 했다. 그는 고전, 교육학, 과학 분야의 3개 학위를 얻었다. 그는 루크, 루소, 다윈 및 듀이를 포함한 다양한 사상가를 소개해 준 뛰어난 선생님들을 만났다. 이러한 지적 기회는 터먼의 호기심을 채웠고 플라톤, 아리스토텔레스 그리고 흄을 포함한 다른 사상가들에 대해 읽어 보도록 그를 자극했다.

학교에 다닐 때 터먼은 기숙사에서 학우들과 지내면서 작살낚시, 토끼사냥, 자전거 타기 및 담소 등을 하며 시간을 보냈다. 학생이었던 그는 또한 교사로서도 일을 했다. 한동안 그는 고등학교 교장이 되기도 하였다. 또한 그는 댄빌에서 공립학교 교사인 18세 안나 민턴과 연애를 시작했다. 4년 후 루이스와 안나는 결혼했고 첫아이 프레드릭을 낳았다. 첫아이의 행동은 터먼으로 하여금 대학원에서 심리학을 공부하도록 확신을 주었다(Terman, 1930). 그러나 이 학문적 및 개인적 발전 기회에도 불구하고 터먼의 삶은 역경으로 점철되었다.

1900년 아들을 출산한 지 넉 달 뒤, 그는 심각한 폐결핵에 시달렸고 몇 주 동안 누워 있었다. 폐결핵은 발병 시나 발병 후 수년간 잠복할 수 있는 세균성 질병이다(WHO, 2011). 결핵은 생명을 위협하는 발열과 체중 감소와 같은 심각한 증상을 일으킨다. 터먼이 경험한 것처럼 심각한 호흡기 합병증의 원인이 되며 폐로 확산될 수 있다(Tuberculosis, n.d.).

터먼은 이전에도 피를 토해 내는 것과 같은 몇 가지 결핵 증상을 보였으나 두 번째 출혈은 완전히 다른 문제였다. 결핵은 터먼의 가족에게 일반적인 것이었으며 심지어 누나가 22세가 되었을 때 그녀의 목숨을 빼앗아 갔다(Seagoe, 1975). 터먼은 몇 주 동안 침대에 누워 있었다. 그의 발열과 통증이 줄어들었을 때 걷기, 신체 모니터링, 휴식의 엄격한 요법으로 회복하기 시작했다.

1901년 봄, 이 요법은 터먼의 건강을 크게 호전시켰고, 그는 연구를 계속하기 위해 인디애나 대학에 진학할 것을 계획했다(Minton, 1988). 시고(1975)에 따르면 터먼은 1,200불을 대출하여 2년간 그의 가족을 지원하고 교육과정에 등록할 수 있었다. 그는 리더십의 심리학에 관해 석사 논문을 완성했다. 처음에 그는 늘어나는 가족을 지원하고, 빚을 갚고, 앞으로 박사과정을 밟고자 저축하기 위해 교장으로 일할 것을 계획했다. 그러나 그의 가족과 스승들은 한결같이 학업을 계속하라고 강조했고, 또 다른 1,200불의 대출이 마련되었다. 그는 이후에 "기대 촉망한 젊은 심리학자를 위한 미국 내 메카"로 기록된 클라크 대학의 박사과정에 입학했다(Terman, 1930, p. 313).

대학원과 취업

터먼은 클라크 대학이 매우 격식에 얽매이지 않는 작은 학교라고 생각했다. 이 학교에는 관료주의가 거의 없었고 학생들의 수도 적었으며 공식적인 평가 또한 훨씬 적었다(Terman, 1930). 그러나 이러한 것은 학교 규모의 문제였지 질의 문제가 아니었다. 학생들은 서로 교류하고 토론하였으며 가끔은 교수진에게 도전하기도 했다. 터먼이 클라크 대학에 다니는 동안 함께 다닌 학생들 중에는 에드워드 콘라디(Edward Conradi), 에드먼드 휴이(E. B. Huey), 프레드 쿨먼(Fred Kuhlmann), 그리고 아널드 게젤(Arnold Gesell)이 있었다. 클라크 대학의 총장인 스탠리 홀(G. Stanley Hall)은 또한 터먼의 멘토 역할을 해 주었다. 홀은 미국의 선구적인 심리학자로 윌리엄 제임스(William James) 밑에서 공부했고 미국 심리학회의 초대회장이 되었다(Terman, 1930). 터먼의 동료 학생들이나 멘토들은 그가 사랑했던 생동감 있고 활발한 분위기를 만드는 데 일조했다.

개인 연구에서 터먼은 측정과 지능에 관한 손다이크(Thorndike)와 스피어먼(Spearman)의 연구를 읽기 시작했다. 그는 또한 「영재와 저능아: 7명의 영재와 7명의 저능 남아의 지적 과정 연구」라는 박사 논문을 쓰기 시작했다. 터먼은 초기에 홀로부터 논문 주제에 관해 격렬하게 비판받았으며 "멘토로서 그를 버리고 샌퍼드를 선택할지에 대한 심각한 정신적 고민"을 경험했다(Terman, 1930, p. 311). 존경받는 심리학자인 에드먼드 샌퍼드(Edmund Sanford)는 존스홉킨스 대학의 홀 밑에서 공부했고 홀과 함께 클라크 대학으로 옮겼다. 터먼은 결국 홀의 지지를 받게 되었고 "그(홀)는 나에게 축하와 수량법의 준정확성에 의해 잘못 인도되는 위험에 대한 몇 가지 충고를 해 주었다."라고 했다(Terman, 1930, p. 311).

터먼은 개인적으로 주제를 골랐고, 검사를 만들어 냈으며, 결과를 기록했다. 그는 24명의 소년을 측정하기 위해 8종의 심리측정용 도구를 사용했다. 이 과정은 5개월간 하루에 6시간씩 걸렸다. 결과는 유전이 사람의 지능 수준에 주된 영향을 끼친다는 터먼의 생각을 확신시켜 주었다. 그의 박사학위 구두발표는 그가 성 토마스에 관한 한 질문에 답하지 못한 것을 인정한 후의 5분간의 침묵을 포함하여 4시간 동안 지속되었다(Seagoe, 1975). 그러나 결국 터먼은 박사학위의 명예로운 타이틀을 받게 되었지만 동시에 '실직'이라는 불명예 타이틀을 얻었다.

그래서 터먼은 일을 찾았다. 그는 가족 부양과 그의 학업 과정의 빚을 갚기 위해 일자리가 절실하게 필요했다. 터먼은 또한 클라크 대학에서의 첫해 동안 세 번째 호흡기 출혈을 경험함에 따라 그의 건강도 고려해야만 했다(Terman, 1930). 그 시련은 심각하지는 않았지만 정서적으로는 두려움을 주었다. 터먼은 점점 그의 상태를 걱정하게 되었고 때때로 한밤중에 깨서 "몇 년간 그를 무섭게 따라다닌 악몽 같은 유령인 조기 사망"에 대한 두려움에 떨었다(Seagoe, 1975, p. 239). 마침, 터먼은 그의 건강에 좋은 건조한 기후인 캘리포니아 남부에서 교장직인 새로운 직업을 제안받게 되었다.

그럼에도 불구하고 그의 폐결핵은 그렇게 쉽게 호전되지 않았고, 교장인 터먼은 몇 분간이나 지속되는 심각한 출혈을 겪었다(Minton, 1988). 그 이후에 터먼은 출혈 후 치료법으로 돌아갔고 점차 치료되었다. 건강이 호전됨에 따라 터먼은 점차 그의 관리직 일에 만족하지 못하게 되었다. 그는 친구에게 "마음이 없는 일에 종사하며 사는" 것이 어렵다고 말하는 편지를 썼다(Minton, 1988, p. 322). 운이 좋게도 루이스는 곧 UCLA로 바뀐 로스앤젤레스 사범학교(Los Angeles Normal School)에 교수직을 받아들였다. 캘리포니아에서 터먼은 "그가 연구에 관심이 있었다는 것을 잊으려 하며 여유롭게" 살았다(Terman, 1930, p. 322).

1910년 스탠퍼드 대학 교육학과에서 터먼에게 교수직을 제안해 왔다. 터먼은 19년 된 이 대학의 자리를 기쁘게 받아들였다. 스탠퍼드 대학은 전 미 상원의원과 캘리포니아 주지사였던 릴랜드 스탠퍼드(Leland Stanford)와 그의 아내가 장티푸스로 죽은 그들의 외동아이를 기리며 1881년에 세운 학교다(Stanford University, n.d.). 터먼과 가족은 이 새로운 교육 지역에 잘 맞았다. 그는 친절하고 사려 깊다고 평가되었다. 터먼의 제일 친한 친구는 제시 스피어스(Jesse Spears) 교수였고 그들의 가족은 가끔 함께 저녁 식사를 하고 즐겼다. 터먼은 스탠퍼드 대학에서 굉장히 안락함을 느껴, 캠퍼스 안 1.3에이커의 땅에 2층집을 지었다.

언제나 안경을 쓰고, 일할 때 베이지색이나 회색 양복을 자주 입는 터먼은 이제 직업적으로 안정되게 되었다. 그는 일주일에 8시간만 가르치고 그 외 남는 시간에는 대학의 위생과 정신검사에 대한 연구에 몰두했다. 그의 이러한 정신 측정에 관한 연구 때문에 육군에서 그를 초대해 제1차 세계대전을 위한 인지검사를 개발하는 것을 돕도록 했다(Kelves, 1968). 육군은 신병의 능력을 확인할 효율적인 방법이 필요했고, 집단 지능검사를 고안할 심리학자들을 모집했다. 터먼은 가이 휘플(Guy Whipple), 헨리 고다드(Henry Goddard) 그리고 로버트 여키스(Robert Yerkes)를 포함한 유사한 관심을 가진 심리학자들과 함께 일하는 것을 즐겼고, 그 경험은 아무도 그의 연구에 관심이 없으리라는 걱정을 누그러뜨려 주었다. 그 경험은 또한 지능이 정확히 측정될 수 있는 것이라는 믿음을 강화시켜 주었다.

생산적인 경력, 파괴적인 은퇴

전쟁이 끝난 후, 터먼은 스탠퍼드 대학으로 돌아갔다. 1922년에 그는 심리학과로 전보해 학과장이 되었다. 그는 1942년에 은퇴할 때까지 20년간 그곳에 남아 있었다. 이 기간 동안 루이스는 그의 대표작인 『천재에 대한 유전연구(Genetic Studies of Genius)』를 포함해 영재들에 관한 그의 연구 중 가장 중요한 부분을 완성해 나갔다. 이 『천재에 대한 유전연구』는 사회과학에서 가장 오래되고 지속적인 종단 연구였다 (Leslie, 2000). 그 프로젝트는 대략 1,500명의 영재아동에 관한 종단적인 연구였다. 연구 과정 동안, 터먼은 그의 참가자들에게 깊은 애정을 갖게 되었고 일상적으로 그들을 '터먼인(Termites)'이라고 부르며 그들의 성취에 대한 자랑을 했다(1926). 그는 그들 중 어려운 이들을 도왔는데, 조언이나 돈을 주거나 심지어 몇몇에게는 스탠퍼드 대학의 입학 허가에 도움을 주었다.

영재를 향한 터먼의 호의는 모두를 포함한 것은 아니었다. 그는 그의 연구가 일부 소수민족들과 여자들이 다른 집단에 비해 열등함을 증명했다고 생각했다. "영재아를 가장 많이 출산하는 민족은 북유럽과 서유럽인 그리고 유대인이다. 가장 적게 출산하는 집단은 지중해인, 멕시코인, 흑인이다."(Terman, 1924, p. 363) 터먼이 소수민족 중에서 주목할 터먼인들을 언급했지만 그들을 보편적이기보다 예외로 여겼다. 터먼은 이 집단 차이는 본질적으로 유전이며 학교가 이 집단에게 도움을 많이 줄 수 있는 것은 아니라고 생각했다. 이 입장은 오늘날 폭넓게 받아들여지지는 않으며 어떤 이(Gould, 1981)는 터먼의 관점이 소수계층 집단을 위한 개선된 교육 프로그램들을 타당화하는 것을 더 어렵게 만들었다고 비판했다.

그의 삶을 계속하면서, 터먼은 영재아동의 연구, 측정, 그리고 친구, 과거 대학원생과의 교류를 계속했다. 그는 은퇴했을 때, 내슈빌의 조인트(Joint) 대학도서관에 그의 방대한 서적을 기부하였고 그의 종단 연구를 계속하기 위해 새로운 사무실로 이사하였다. 터먼은 그의 자녀의 성장을 지켜보았다. 프레드는 스탠퍼드 대학 학장이 된 영재과학자였고, 그의 딸인 헬렌은 교사 겸 주부가 되었다. 프레드는 과학자인 윌리엄 쇼클리(William Shockley)와 함께 실리콘밸리, 캘리포니아 기술센터(Silicon Valley, California technology center)를 설립하는 데 도움을 주었다(Keating, 2009).

불행하게도, 터먼의 은퇴는 비극적이었다. 1942년에 터먼은 침대에서 담배를 피우다 잠이 들었고 집에 화재가 나게 되었다(Minton, 1988). 그 집은 심각한 피해를 입었지만 루이스만큼 심각한 정도는 아니었다. 그는 등, 오른쪽 다리, 그리고 오른쪽 팔에 2도 화상을 입게 되었다. 그 손상은 매우 심각했으며 터먼은 수차례 피부이식 수술을 받아야 했고 일 년 이상 걷지 못했다. 그가 마침내 집으로 돌아왔을 때, 심한 관절염과 다른 질병들이 일상의 활동을 고통스럽게 만들었다. 애너는 그녀의 낙천적이던 남편이 더 시무룩해지고 좌절하였다고 말했다. 1946년에, 그는 백내장 수술과 엉덩이 골절이라는 추가적인 어려움을 경험했다. 터먼은 『천재에 대한 유전연구: 중년기의 영재집단(Genetic Studies of Genius: The Gifted Group at Mid-Life)』제5판(1959)을 쓰는 것을 도우며, 간헐적으로 연구로 돌아왔다. 이것이 영재교육에 대한 그의 마지막 주요 공헌이었다.

터먼의 연구와 이 장

이 장은 루이스 터먼의 전기에 공정성을 주는 시도였다. 어쨌든 터먼의 생의 주요한 부분은 영재학생들을 위한 연구였다. 터먼의 가장 중요한 기여는 다음에 자세하게 제시되어 있는데, 그의 종단 연구를 포함하며, 천재 교육에 대한 그의 영향, 그리고 지능과 사회적 능력 간의 관계에 대한 그의 이론 등이다. 그러나 터먼의 IQ검사에 대한 연구, 개척적인 종단 연구와 같은 다른 기여들은 생략되었다. 이런 생략들은 불행하지만 이 장에서는 오직 이 만큼의 공간만이 제공되었다. 이 생략된 주제들에 대한 관심이 있는 독자는 채프먼(Chapman)의 『분류기기로서의 학교: 루이스 터먼, 응용심리학과 지능검사운동 1890-1930(Schools as Sorters: Applied Psychology, and the Intelligence Testing Movement, 1890-1930)』(1988)을 참조하면 된다.

터먼, 영재교육의 아버지

수량화에 몰두한 사람이 영재교육에 수량화할 수 없이 큰 기여를 만들어 낸 것은 아이러니하다. 그렇지만 터먼은 정확하게 그걸 해냈다. 그의 영향은 연구자, 의사 그리고 학생들에게 대대로 전해졌다. 이런 업적에도 불구하고, 많은 이가 그를 비난하는 데 급급해했다. 그의 지능에 관한 견해, 우생학 운동, 성차별주의와 인종차별에 대한 관여는 모두 증거로 제출되었다. 그리고 이러한 비평에는 타당성이 있어 현대 학자들이 터먼의 학문적 기여와 개인적 믿음에 대한 가치에 의문을 갖는 근거를 주고 있다. 그러나 분명히 터먼의 대표업적인 종단 연구는 영재교육 기초의 중요한 주춧돌이었고 여전히 그러하다. 이 연구는 그를 이 분야의 선구자로 확립하였고 그에게 '영재교육의 아버지'라는 타이틀까지 얻게 해 주었다.

어떤 이들은 골턴이 영재교육의 아버지라고 주장하며 이것에 대해 논쟁할 수 있다(이 책의 Van Tassel-Baska의 장 참조). 이것은 공정한 관점이다. 우리는 골턴이 영재교육의 아버지가 아닌 영재교육의 할아버지쯤 된다고 본다. 골턴은 기초를 만들었고 터먼은 그 위에 집을 지었다.

골턴의 기여는 터먼이나 그의 동료 선구자들에게서 잊히지 않았다. 터먼과 리타 홀링워스(Leta Hollingworth, 아마도 영재교육의 어머니?)는 반복적으로 골턴을 공식적인 영재성 연구를 위한 기폭제로 인용하곤 했다(Jolly, 2004). 터먼 역시 골턴의 신동 같은 재능과 천재성에 대해 극찬하는 논문을 쓰기도 했다(Terman, 1917).

하지만 터먼의 매우 총명한 사람들, 특히 아동들에 대한 접근은 골턴이나 다른 선행 연구자들과는 매우 달랐다고 볼 수 있다. 터먼은 내용 측면에서뿐만 아니라 방법 측면에서도 혁신적이었다. 그는 영재 연구에 심리학의 새로운 과학 방법을 적용한 최초의 사람 중 하나였다. 그의 방법론은 효율성을 강조했는데 정신건강 검사와 측정의 관찰을 통해 달성할 수 있는 것이었다. 교육자들은 학생들에게 적절한 학교 선택을 제공하는 데 그의 결과를 사용할 수 있었다.

이러한 연구의 또 다른 결과는 터먼으로 하여금 영재들에 관한 신화와 미신을 떨쳐 버리게 했다. 19세기와 20세기 초에 많은 이는 영재를 이상한 사람으로 여겼다. 이들에게 영재는 부자연스럽게 병약하고 약한 사람이며 정신적으로 불안정한 사람들이었다. 많은 이가 천재성을 축복이라기보다는 저주와 같이 생각했고 이것은 양성할 가치가 있기보다는 이상하여 주목할 가치가 있었다(Terman, 1915).

체사레 롬브로소(Cesare Lombroso)의 연구는 영재아동들에 대한 이러한 신화적 관점의 대표적인 예다. 롬브로소의 『천재(The Man of Genius)』를 보면 '천재와 정신병(Genius and Insanity)'이라는 장에서 정신적 질환이 있는 천재 집단에 대해 초점을 맞추고 있다. 롬브로소는 아이작 뉴턴, 장 자크 루소, 아르투르 쇼펜하우어, 로베르트 슈만을 예로 들고 있다. 롬브로소는 천재성과 신경증 간의 연관성을 제시했고 그 생각은 일반 대중과 교육자들 사이에 지지층을 만들어 냈다(Hollingsworth, 1926; Lombroso, 1901; Terman, 1922). 궁극적으로, 이러한 믿음은 영재아동들이 반사회적이고 균형 잡혀 있지 않으며, 신경증에 걸려 있다고 특징짓도록 했다.

터먼은 롬브로소의 연구와 결론을 혐오했다(Cox, 1926; Terman, 1922, 1924, 1925). 그는 롬브로소의 연구 방법론이 편견에 의존적이고 일화 중심적인 아마추어 같은 과정이며, 기정 이론을 입증할 예외적인 사례를 구한 것이라고 생각했다(Terman, 1922, p. 310). 롬브로소는 이러한 선택적 사례가 천재성과 정신병이 관계가 있다는 것을 증명한다고 주장했다. 터먼은 그가 편견에 부합되는 사례를 골랐고 그의 이론을 지지하지 않는 예들을 무시했다고 주장했다(Cox, 1926). 기본적으로, 롬브로소는 그가 이미 가지고 있던 생각을 입증할 만한 자료만을 찾았을 뿐이라는 것이다.

터먼은 이러한 비표준적 방법과 연구 결과는 영재아동의 교육을 방해한다고 생각했다.

> 영재아동의 교육적 진보를 막은 또 다른 것은 지적 능력이 병적이고, 총명한 아이들이 일찍 죽는 경향이 있고, 미치게 되고, 청년기 이후 우둔해진다는 롬브로소와 다른 이들로부터 통용된 미신이었다. 이러한 미신은 대중의 생각에 매우 깊게 고착되었고, 저명한 교육자들조차 높은 지능을 가진 아이들은 빈혈증이고, 신경질적이며, 우쭐대며, 괴짜이면서 반사회적인, 같이 놀기 어려운 이방인이라고 가정하게 되었다(1924, p. 360).

터먼은 이러한 유해한 믿음에 대항하여 연구했다. 그는 지성에 관한 미신을 철폐하고 지성이 신경증이나 안 좋은 건강과는 관련이 없다는 것을 보여 주고 싶어 했으며, 그 영재아동들이 호기심의 대상이 아니라 존중받을 만하다는 것을 증명하고 싶어 했다. 이것을 위해 그는 1,500여 명의 영재아동의 종단 연구를 수행하게 된 것이다.

천재에 대한 유전연구

1910년 부임 직후, 터먼은 영재아동들에 대한 사례 연구들을 여러 번 했다. 주정부 재단은 터먼이 1,000명 넘게 확장해 연구할 수 있도록 2만 달러를 지원했다. 연구지원서에서 터먼은 방법론을 약술했다. 이는 피험자의 추가를 포함해 각각에게 두 가지 지능검사 실시, 4~5개 과목 영역의 수행 자료 수집, 자료 수집 방법의 개정 그리고 10년 이상 피험자를 추적하는 것을 포함했다(Terman, 1930).

이 연구의 기본 목적은 지적으로 영재인 아동이 평균적인 아동들과 어느 정도 다른지 결정하는 것이었다. 터먼은 차이가 나타날 수 있는 다양한 영역을 연구했다. 영재아동들의 ① 신체적 자질, ② 유전적 특성, ③ 학업, 운동, 취미에서의 우수한 능력, ④ 우수한 능력을 확인하는 검사, 그리고 ⑤ 사회·정서적 문제를 연구했다(무명의 특파원, 1921). 1922년, 주정부 재단은 추가적으로 신체 계측, 의료, 심리적 자료를 수집할 수 있도록 추가로 1만 4,000달러를 수여했다. 스탠퍼드 대학은 지원금의 대응 자금을 지원했다(Terman, 1925).

1924년에 이르러 터먼은 600~800명의 여러 통제집단 아동과 1,000명의 원목표를 초과하여 1,400명의 영재아동을 모집했다. 터먼의 연구조교[이들 중 플로렌스 구디너프(Florence Goodenough), 캐서린 콕스(Catherine Cox)와 같은 몇 명은 주목할 만한 경력을 가지게 되었다]들은 매우 우수한 영재를 찾기 위해 캘리포니아의 공립학교를 샅샅이 뒤졌다. 처음에는 잠재적인 참가자를 평가하기 위해 교사의 추천서와 시험 점수를 사용했다. 최종 확인된 피험자들은 140 이상의 IQ를 지니고, 스탠퍼드 대학 근처의 연안지역에 거주했다(Terman, 1925).

1927년, 지방정부 재단은 두 가지 목표를 달성하기 위해 터먼에게 추가로 1만 800달러를 수여했다. 그 목표는 ① 첫 번째 회기의 자료 수집에서 얻어진 결론 재확인, ② 영재청소년의 보다 총체적인 표집을 제시하기 위해 추가적인 피험자 자료 얻기였다. 터먼은 이 목표와 추가적인 연구 문제를 해결하기 위해 지능검사를 사용했다. ① 시간이 지남에 따라 지능은 얼마나 안정적인가?, ② 시간이 지남에 따라 지능에서 극단적으로 긍정적이거나 부정적인 변화가 발생하는가?, ③ 처음 두 질문에 관해서 성차는 무엇인가?(Burks, Jensen, & Terman, 1930)

터먼이 수집한 비교할 수 없는 정보의 양은 그로 하여금 교육개혁을 시작하는 데 도움이 될 영재에 대한 과학적 청사진을 그리는 데 도움이 되었다. 이 청사진은 영재와 일반 아동의 차이점을 강조했다. 또한 그것은 보다 실증적이어서 영재에 대한 오해(즉, 약한, 병약한, 매력 없는, 어색한)를 종료할 수 있도록 도왔다.

그의 영재의 초상화는 주로 스코틀랜드와 유대인의 조상을 둔 백인 아동을 포함하고 있었다. 캘리포니아의 멕시코인, 아프리카계 미국인, 이탈리아인, 일본인, 포르투 갈인 등은 터먼의 피험자로 거의 표집되지 않았다(Terman, 1925). 영재아동들의 아버 지의 대부분은 전문적인 직업을 가지고 있었으며 반숙련 또는 비숙련 직업은 거의 없었다. 터먼은 성인기 성취와 아동기 영재성 간에 높은 상관을 밝혔으며 이는 그로 하여금 "[개인차는] 환경의 영향보다는 원래의 자질에 달려 있다."라는 결론을 이끌어 내게 했다(Terman, 1925, p. 66).

가족은 중류에서 중상류층이었다. 연구조교들은 생활용품, 청결, 크기, 부모 수준, 부모의 감독에 따라 피험자의 가정환경을 평가했다. 아주 부유하거나 가난한 가족은 거의 없었다. 평균 부모는 고등학교를 졸업했고, 25%는 적어도 한 명은 대학을 졸업 하였다. 평균적으로, 이들의 부모는 평균 성인의 두 배의 교육을 받았다(Terman, 1925).

터먼은 인구통계학적, 가정환경, 사회경제적 지위 자료 이상을 수집했다. 그는 영 재아이들이 병약했다는 주장을 막기 위해 의료 데이터를 수집했다. 이 작업을 수행 하기 위해 그는 영재아동에 대한 의료 정보를 수집할 것을 의사인 무어(Moore)와 브 론슨(Bronson)에게 요청했다. 두 의사는 영재들은 일반 또래 아동보다 더 건강하다고 결론지었다(Terman, 1925). 무어는 다음과 같이 진술했다.

> ……집단으로 연구했을 때 아동의 신체 건강과 정신 능력 간에는 직접적인 상관관 계가 존재한다. 나는 영재 집단의 신체적인 우수함은 평균적으로 높은 영양 상태와 우수한 신체, 정신적 안정성으로 나타난다고 생각한다(Terman, 1925, p. 251에서 인용).

이러한 결과들은 터먼의 종단 연구의 세 번째 소장이었던 앨버트 하스토프(Albert Hastorf)가 "터먼은 총명한 사람들이 정상적인 사람이라는 사실을 확립했다."라고 언 급하게 만들었다(Leslie, 2000, para. 24).

터먼은 이 아동들이 청소년기, 성년기를 지나 중년이 될 때까지 계속 연구하고 보 고했다. 터먼은 "이러한 아동에 대한 연구와 이후 경력 그리고 성숙해지기까지의 관찰은 우수한 능력이 영구적인지 혹은 일시적인지를 밝힐 수 있는 유용한 방법일 것으로" 기대했다(Correspondent, 1921, p. 694). 총 5권으로 이루어진 『천재에 대한 유전연구』는 신체건강, 정신건강, 교육, 직업/지위, 월급 수준, 정치적/사회적 태도, 결혼상태, 자녀의 영역별로 5년에서 10년마다 모은 세밀한 자료들을 제공한다.

이전에 언급했던 대로, 이 연구는 오랫동안 지속되어 오면서 『천재에 대한 유전연구』의 시리즈를 계속 만들어 냈다. 이 자료들은 터먼의 뒤를 계승하는 연구자들에게도 유용한 것으로 밝혀졌다. 몇몇 연구자는 아이의 IQ가 얼마나 높아야 성인이 되었을 때의 성공을 예측할 수 있는지 분석하는 데 터먼 연구를 사용하였고(Cronbach, 1996), 어떤 연구자들은 월반이 터먼인들(Termites)의 교육적이고 개인적인 삶에 얼마나 영향을 주는지 연구하였으며(Cronbach, 1996), 다른 연구자들은 초점을 바꿔서 터먼인들 대신 실제 연구자에 초점을 두어 여성 조교들의 삶과 경력을 살펴보았다(Rogers, 1991; 이 책의 Robinson과 Simonton의 장 참조). 터먼의 종단 연구는 유명 대중 언론에도 언급되었으며 말콤 글래드웰(Malcolm Gladwell)의 베스트셀러 『아웃라이어(Outliers)』(2008)에서도 유명하게 논의된다.

효율성과 IQ

심리측정(psychometrics)에 대한 터먼의 연구는 경력 초기 때 그의 박사학위 논문 「영재와 저능아: 7명의 영재와 7명의 저능 남아의 지적 과정 연구」(1906)에서부터 시작되었다. 그 당시 심리학자들은 개인차의 범위를 완전히 이해하고 있지 않았다(Terman, 1906). 10년 이내에 터먼은 지능검사에 대한 그의 관심을 확고히 할 뿐만 아니라 지능을 정책 담당자와 일반 대중들이 이해할 수 있는 간결한 수치로 제공할 수 있었다.

그 시간 이후로 그의 스탠퍼드-비네 지능검사 개발과 영재아에 대한 종단 연구는 서로 떼어 낼 수 없는 관계를 가지게 된다. 종단 연구를 위한 영재의 확인과 판별은 스탠퍼드-비네 검사의 신뢰도와 타당도를 제공해 주었으며, "지능검사 분야에서의 그의 초기 연구에 대한 논리적인 결과물"이었다(Terman & Oden, 1947, p. ix). 이러한 IQ 중심적인 영재의 정의는 영재아동의 진단 방법으로 지속되어 왔다. 터먼은 IQ, 특히 매우 우수한 수준의 IQ는 이후의 삶에서 높은 성취를 예측할 수 있다고 믿었다(Terman & Oden, 1947).

IQ는 필수불가결하다. IQ는 교육자와 부모에게 아동의 교육과 미래 경력의 궤도를 설립하게 만들기 때문에 "아동에게 IQ만큼 중요한 것은 없다"(Terman, 1920, p. 30). 터먼은 "지능 발달에 대한 지식은 교육에 있어 매우 커다란 실용성을 지니게 된다."라고 믿었다(Terman, 1921, p. 325). 획기적인 종단 연구를 시작하기 이전부터 터먼은 총명한 아이들은 "학교에 상관없이" 종종 성공한다고 결론을 내렸다(1915, p. 536). "일생 동안 최대 이하 효율성의 습관" 대신 학교에서 적절한 제공이 주어졌을 때 성공을 위한 가능성이 기하급수적으로 증가할 수 있다(Terman, 1915, p. 536).

터먼은 진보계수(progress quotient: P.Q.)를 고안했다. 이 측정치는 아이의 잠재적인 학업 능력을 실제 학업 능력과 비교한다. 그의 예측에 의하면 9세의 영재아는 3학년 지체되었으며, 12세에는 이 지체가 4학년으로 늘어났다. 정신연령으로 계산하면, 1학년은 같은 신체연령대별로 비교했을 때에는 2.8년의 차이가 났고, 5학년의 경우에는 이 차이가 거의 5년으로 늘어났다(Terman, 1925).

터먼은 실질적 교육 방법에 대해서는 거의 언급하지 않았다. 그는 스탠퍼드-비네 검사를 교육적 효율성을 위한 도구로 예견했고, 검사 결과는 교육 방법을 알아내는 데 사용될 것이라고 예견했다. 그의 연구는 영재아의 특수한 요구에 맞춰 지도해야 한다고 주장하며 교육에 많은 정보를 주었다(Terman, 1939). 이러한 개선된 교육 방법은 흔히 사용되던 학년월반에 더해졌다. 터먼은 학년월반이 효과적이지만 유일한 선택 방법은 아니어야 한다고 생각하였다. 평균 2년 정도의 학년월반에도 불구하고 여전히 많은 영재아는 '저진급'되었으며 그들의 잠재성에 도달하지 못하게 하였다(Terman, 1915, 1919).

터먼은 현대의 자립교실과 유사한 '기회교실(opportunity class)'을 추천하였다(Terman, 1924). 룰루 스테드먼(Lulu Stedman)은 로스앤젤레스의 주립사범학교(State Normal School)에서 1918년에 기회교실을 처음 설립하였다(Stedman, 1919, 1924). 홀링워스는 저서 『영재교육(Gifted Education)』 중 그녀의 '조직과 교육과정' 장의 기초로 스테드먼의 글을 인용하였다(Jolly, 2004). 터먼은 그녀의 책 『영재아동의 교육(Education of Gifted Children)』의 편집자였다. 유사한 연령대와 성취도를 가진 학생들이 이 교실을 채웠다. 교과과정은 심화되었으며 빠르게 진행되었다. 이는 영재아에게 높은 자극과 경쟁의식을 불러일으켰다.

만약 별도의 기회교실을 구성하기에는 너무 적은 영재아만 있다면, 교사는 한 교실 내에서 기회교실을 구성할 수 있다. 이는 현대의 집단 구성과 유사하다. 터먼은 "이 아이들이 같은 교사에게서 지도를 받더라도 다른 진도와 질적으로도 다른 공부를 하기 때문에 분리된 반처럼 있을 수 있다."라고 생각하였다(Terman, 1919, p. 266).

현대 영재교육에 끼친 터먼의 영향

영재아동에 대한 터먼의 연구는 선구적이었다. 불행히도 선구자들은 종종 길을 잃기 쉬운, 미지의 영역을 연구하곤 한다. 그들은 스스로 인지하지 못하면서, 잘못된 안내와 이론을 끊임없이 만들어 낸다. 가끔은 이러한 잘못이 오랫동안 드러나지 않다가 많은 발전이 있은 후에 밝혀진다.

터먼을 거세게 비판하는 현대 연구자들은 거의 100년가량 진행된 연구 및 지식을 얻을 수 있게 되었다. 터먼의 이론 중 정당한 비판으로부터 자유로운 것은 거의 없다. 터먼 스스로도 그의 연구에 문제가 있다는 것을 인식하였다. 그는 자신의 종단 연구가 "상당히 미성숙한 학문의 새로운 영역"에서 이뤄졌다고 인정하였다(Terman & Oden, 1947, p. 373). 이는 그와 그의 연구원들이 실수를 하게 만들었고, 전체 연구에 있어서 "많은 결함"을 지니게 되는 원인이 되었다(Terman & Oden, 1947, p. 373). 그러나 당시 알려진 정보와 방법론을 고려하면 터먼은 제한점을 뛰어넘는 성공을 이루었다.

현대 연구자들이 터먼에게 하는 구체적인 비평들은 지능을 설명하는 데 유전적 요소에 대한 과도한 의존, 사회경제적 수준, 민족 및 기타 변수들을 실험적으로 통제하지 못한 점, 지능을 정확히 양화할 수 있다는 신념, 그리고 영재성에 대한 지능 중심의 편협한 정의에 대한 신념이다(Davis & Rimm, 2004; Feldhusen, 2003; Robinson & Clinkenbeard, 1998). 그의 대표 연구의 제목, 즉 천재에 대한 유전연구도 실제 그는 천재들을 연구한 것이 아니라 잠재적인 천재들을 연구하였기에 잘못되었다고 비판받았다. 그리고 이러한 잠재적 천재들의 대부분은 성년기 때 명성을 얻지 못했다 (Keating, 1991).

터먼 연구의 이러한 결점들에도 불구하고 영재교육에 남긴 그의 업적은 지울 수 없다. 그의 종단 연구는 영재아동들과 이들이 필요로 하는 교육에 크나큰 관심을 가지게 만들었다(Crosby & Hastorf, 2000). 그의 IQ에 집중한 영재성의 정의는 1970년에 말랜드 보고서(Marland Report)를 통해 연방정부의 영재성 정의가 포괄적인 행동과 특징을 포함할 때까지 사용되었다. 터먼은 영재아동들을 위한 심화와 촉진을 지지하였으며, 이들에게 보편교육과 질적으로 다른 교육이 필요하다고 주장하였다. 이러한 교육 방식은 미국 전역에 걸쳐 많은 영재교실에 반영되었다(Jolly, 2004). 이것들이 없었으면 영재아동의 교육은 존재하지 못했을 것이다.

결론: 참된 위대함

루이스 터먼이 1956년에 사망했을 때, 추도문은 "영재아에 대한 지식 중 루이스 터먼에 의해 밝혀지지 않은 내용이 거의 없다."라고 강조하였다(Sears, Farnsworth, McNemar, & Wallin, 1957, p. 2). 비록 현대 연구들이 터먼의 주장에 대해 논쟁을 펼쳐 왔지만, 표준화 검사에 대한 그의 연구는 현대에서도 보편적으로 사용된다. 영재아들에 대한 그의 연구, 특히 '천재에 대한 유전연구'는 연구자들이 일상적으로 인용하곤 한다. 더 중요하게도 루이스는 그의 삶 초기부터 종종 있었던 심각한 건강 문제를 극복한 매우 끈기 있고 지적이며 용감한 사람이었다. 결핵과 종종 완성하지 못한 연구들에도 불구하고, 그는 자신과 가족들의 더 나은 미래를 위해 항상 열심히 연구했다. 그 결과 20세기의 가장 영향력 있는 교육심리학자 중 한 명이 되었을 뿐만 아니라 대학원생들과 연구 대상자들을 지지하며 도와주었고, 그의 동료들과 원만한 연구를 하였으며, 그의 가족들도 사랑하였다. 이러한 행복한 사회생활과 가족과의 삶은 아마도 책 외판원이 예측한 위대함은 아니었을 것이다. 어차피 관상학은 정확한 과학은 아니다.

터먼의 기록보관소

터먼의 논문들은 스탠퍼드 대학의 특별소장부(Department of Special Collections)와 대학 자료실(University Archives)에 보관되어 있다. 1910년부터 1959년까지의 평생에 걸친 그의 업적이 37피트에 이른다. 이 장의 두 번째 저자는 원자료에 접근하기 위해 이 보관소를 두 번 방문하였으며 터먼 연구에 대해 더 잘 이해할 수 있게 되었다. 그의 자료에는 터먼과 수많은 그의 대학원생들 및 전 세계에 널리 퍼져 있는 심리학, 교육학, 영재교육학계 인사와의 교신 내용이 포함되어 있다. 또한 이것들은 각 10년마다 사회적 맥락도 반영한다. 자료실에서 발견된 이 자료는 방대한 터먼의 출판된 연구논문 모음을 보완하며 인간 터먼과 그의 연구에 대해 보다 총체적인 그림을 그려주고 있다.

참고문헌

Asher, J. W. (2003). The rise to prominence: Educational psychology. In B. J. Zimmerman & D. H. Schunk (Eds.), *Educational psychology: A century of contributions* (pp. 189–205). Mahwah, NJ: Lawrence Erlbaum.

Burks, B. S., Jensen, D. W., & Terman, L. M. (1930). *Genetic studies of genius: Volume III. The promise of youth.* Stanford, CA: Stanford University Press.

Chapman, P. D. (1988). *Schools as sorters: Lewis M. Terman, applied psychology, and the intelligence testing movement, 1890–1930.* New York, NY: New York University Press.

Correspondent. (1921). The study of gifted children. *School and Society, 13*, 694-695.

Cox, C. M. (1926). *Genetic studies of genius: Volume* II. *The early mental traits of three hundred geniuses.* Stanford, CA: Stanford University Press.

Cronbach, L. J. (1996). Acceleration among the Terman males: Correlates in midlife and after. In C. Benbow & D. Lubinski (Eds.), *Intellectual talent* (pp. 179-191). Baltimore, MD: Johns Hopkins University Press.

Crosby, J. R., & Hastorf, A. H. (2000). Lewis Terman: Scientist of mental measurement and product of his time. In G. A. Kimble & M. Wertheimer (Eds.), *Portraits of pioneers in psychology, Vol. 4* (pp. 131-148). Washington, DC: American Psychological Association.

Davis, G. A., & Rimm, S. A. (2004). *Education of the gifted and talented* (5th ed.). Boston, MA: Allyn & Bacon.

Feldhusen, J. F. (2003). Lewis M. Terman: A pioneer in the development of ability tests. In B. J. Zimmerman & D. H. Schunk (Eds.), *Educational psychology: A century of contributions* (pp. 155-170). Mahwah, NJ: Lawrence Erlbaum.

Gladwell, M. (2008). *Outliers: The story of success.* New York, NY: Little, Brown.

Gould, S. J. (1981). *The mismeasure of man.* London, UK: Penguin.

Hollingworth, L. S. (1926). *Gifted children: Their nature and nurture.* New York, NY: Macmillan.

Jolly, J. L. (2004). *A conceptual history of gifted education: 1910-1940.* (Unpublished doctoral dissertation). Waco, TX: Baylor University.

Jolly, J. L. (2008). A paradoxical point of view: Lewis M. Terman. *Gifted Child Today, 31*(2), 36-37.

Keating, D. P. (2009). Developmental science and giftedness: An integrated life-span frame-work. In F. D. Horowitz, R. F. Subotnik, & D. J. Matthews (Eds.), *The development of giftedness and talent across the life span.* Washington, DC: American Psychological Association.

Kelves, D. (1968). Testing the army's intelligence: Psychologists and the military in World War I . *Journal of American History, 55*, 565-581.

Leslie, M. (2000). The vexing legacy of Lewis Terman. *Stanford Magazine.* Retrieved from http://www.stanfordalumni.org/news/magazine/2000/julaug/articles/terman.html

Lombroso, C. (1901). *The man of genius.* New York, NY: Scribner.

Minton, H. L. (1988). *Lewis M. Terman: Pioneer in psychological testing.* New York, NY: New York University Press.

Robinson, A., & Clinkenbeard, P. R. (1998). Giftedness: An exceptionality examined. *Annual Review of Psychology, 49*, 117-139.

Rogers, K. (1991). The lifelong productivity of the female researchers in Terman's genetic studies of genius longitudinal study. *Gifted Child Quarterly, 43*, 150-169.

Seagoe, M. V. (1975). *Terman and the gifted.* Los Altos, CA: William Kaufmann.

Sears, R. R., Farnsworth, P. R., McNemar, Q., & Wallin, P. (1957). *Memorial resolution: Lewis Madison Terman (1877-1956).* Retrieved from http://histsoc.stanford.edu/pdfmem/TermanL.pdf

Simonton, D. K. (1994). *Greatness: Who makes history and why.* New York, NY: Guilford.

Stanford University [n.d.]. *History of Stanford.* Retrieved from http://www.stanford.edu/about/history

Stedman, L. M. (1919). An experiment in educational democracy. *Sierra Educational News, 15*, 515-518.

Stedman, L. M. (1924). *Education of gifted children.* Yonker-on-Hudson, NY: World Book Company.

Terman, L. M. (1906). Genius and stupidity. *Pedagogical Seminary, 13*, 307-373.

Terman, L. M. (1915). The mental hygiene of exceptional children. *Pedagogical Seminary, 22*, 529-537.

Terman, L. M. (1917). The intelligence quotient of Francis Galton in childhood. *American Journal of Psychology, 28*, 209-215.

Terman, L. M. (1919). *The intelligence of school children.* Boston, MA: Houghton Mifflin.

Terman, L. M. (1920). The use of intelligence tests in the grading of school children. *Journal of Educational Research, 1*, 20-32.

Terman, L. M. (1921). The mental growth and the IQ. *The Journal of Educational Psychology, 12*, 325-341.

Terman, L. M. (1922). A new approach to the study of genius. *Psychological Review, 29*, 310-318.

Terman, L. M. (1924). The conservation of talent. *School and Society, 19*, 359-364.

Terman, L. M. (1925). *Genetic studies of genius: Volume 1.* Palo Alto, CA: Stanford University Press.

Terman, L. M. (1930). Autobiography of Lewis M. Terman. In C. Murchison (Ed.), *History of psychology in autobiography: Vol. 2* (pp. 297-331). Worcester, MA: Clark University Press.

Terman, L. M. (1939). The gifted student and his academic environment. *School and Society,* *49,* 65-73.

Terman, L. M., & Oden, M. H. (1947). *Genetic studies of genius, Volume IV. The gifted child grows up.* Stanford, CA: Stanford University Press.

Terman, L. M., & Oden, M. H. (1959). *Genetic studies of genius, Volume V. The gifted group at mid-life.* Stanford, CA: Stanford University Press.

Tuberculosis [n.d]. Retrieved from http://www.nhs.uk/Conditions/Tuberculosis/Pages/ Symptoms.aspx

WHO. (2011). Tuberculosis. Retrieved from http://www.who.int/mediacentre/factsheets/ fs104/en/index.html

리타 스테터 홀링워스
학교에서의 삶(1886∼1939)

Holly Hertberg-Davis

서 론

"우리 함께 반드시 진실을 말합시다. 만일 우리가 현 상태 그대로 진실을 말하
길 원치 않는다면, 말하고 싶은 그런 것으로 진실을 만들어 봅시다."
   – 리타 스테터 홀링워스, 1908(Hollingworth, 1943, p. 66에서 인용)

리타 스테터 홀링워스(Leta Stetter Hollingworth)는 "타당한 증거로 설득력 있는 주장"
(Hollingworth, 1943, p. 157), "냉정한 사실에 근거한 결정과 의견들"(Gates, 1940, p. 10),
"명료하고 분석적인 일들을 통해 보인 그녀의 지적 능력"(Borland, 1990, p. 163) 등 여
러 가지로 기억되고 알려진 여성으로, 그녀의 삶은 그 자체로 시 한 편이었다. 그녀의
시는 많은 것을 담고 있는데, '외로운 소나무(Lone Pine)'는 그녀가 14세 때 쓴 시로 지
방 신문에 실렸다. 이 시를 통해 작가의 조숙성과 사고의 깊이를 드러내고 있고, 그녀

의 힘들고 외로운 어린 시절에 대한 분명한 통찰을 제공하고 있으며, 이후에는 그녀의 지적으로 매우 총명한 아동들에 관한 공부와 양육에 대한 열정에 매여 있음을 알 수 있었다. 마치 시에 나온 외로운 소나무처럼 그녀는 종종 그러한 열정을 가져야만 하는 것으로 느끼고 인식하고 있었다.

언덕 위 꼭대기에 높이 서 있는
외로운 소나무야,
거센 폭풍이 다툼 속에서 만나는 그곳에서
밤과 폭풍우와 어둠을 뚫고
외로운 인생처럼 서 있네.

바람과 비로 늙고
두들겨 맞고 상처 입고 불구가 되어
골짜기에 쓰러진 소나무는
폭풍과 추위로부터 피난처가 되었네.

조용히 불평도 하지 않고
단지 슬픈 바람만이 신음하고
부러지고 매맞은 가지를 통해
혼자서 인생을 이야기하네.

그리고 외로운 소나무는 참고 서 있네.
거친 바람이 다툼을 일으키는 그곳에서
두들겨맞고 상처 입고 불구가 되어
부러진 외로운 인생처럼.

바람이 가지 사이로 신음하고
형제를 넘어 높이 들어 올린

혼자서 폭풍을 참고 견뎌야만 하는
영혼을 또다시 이야기하네.

– 홀링워스(Hollingworth, 1940a, p. 7)

그녀는 매우 짧은 생애 동안 내내 시를 썼다. 그녀는 네브래스카 대학에서 1906년
도 졸업생 중의 학년 대표 시인이었다. '언제나 그리고 영원한 장미가 죽다' 라는 그
녀의 시는 졸업식에서도 낭독되었다(Hollingworth, 1943, p. 41). 그녀는 청년 시절뿐만
아니라 결혼 이후에도 시를 썼는데, 남편인 해리 홀링워스는 그녀의 시를 모두 한 권
에 모아서 "리타 스테터 홀링워스의 성격과 통찰을 가장 소중히 여긴 친구들에게 주
기 위해 개인적으로 출판" 했다(Hollingworth, 1940b, p. vii).

그녀가 죽은 후 해리는 그녀의 시를 출판하고 대중 강연을 하는 과정에서 남편인
자신에게 보낸 그녀의 편지를 모두 없애 버렸고, 그녀의 글들도 많은 부분 배부해 버
려서 거의 분실되었다(Klein, 2002). 그는 그녀의 생애에 대한 그의 자서전에서 개인적
인 일들을 논하지 않기로 선택하였다. "이야기의 반은 우리 둘만의 비밀로 남겨둘 것
입니다."(Hollingworth, 1943, p. 158) 그로 인해 리타의 시는 그녀의 사생활과 상상력
에 대한 현재의 통찰을 일부 제공해 주고 있으며, 또한 그녀의 학술적인 글에서 보인
논리적인 어조와는 냉혹하게 놀랄 만큼 대비되는 미와 감정에 고도로 맞추어진 여성
의 풍부한 자화상을 창조해 내고 있다.

리타의 삶을 쓰러지지 않게 지탱해 준 것은 바로 시였다. 그녀의 마지막 날들에, 결
국 생을 마감하리라는 것을 알고 병마와 싸우면서, 그녀는 어린 시절처럼 시로 위안
을 삼았다. 그녀의 남편은 다음과 같이 썼다.

> 그녀의 마지막 해에, 그녀가 종종 저녁에 시를 읽으면서 보통 때보다 더 많이 한
> 가한 때를 보내는 것을 관찰할 수 있었다. 그녀는 종종 책에 표시를 해 두었는데, 마
> 지막 비극의 날 이후에는 이러한 그녀의 행위를 기억하고 그 책들을 조사하였다. 시
> 의 일부는 밝은 빨간색으로 동그라미가 쳐져 있었다.(Hollingworth, 1943, p. 151)

그녀가 동그라미 표시를 해 둔 시들 중 하나인 사라 티즈데일(Sara Teasdale)의 '아름답고 자랑스러운 바다'는 그녀의 장례식에서 낭독되었다. 이 시는 리타가 쓴 시의 외로운 소나무를 생각나게 하는데, 여전히 혼자이지만 이제는 더 이상 외롭지 않은, 나이와 시간을 가지고 변화된 끝없는 영원한 바다가 떠오른다.

> 개의치 않는 영원하고도 아름답고 자랑스러운 바다야
> 너는 혼자서 천둥소리를 내며 행복하게 웃는구나,
> 너는 자신을 접어
> 떠다니는 해초나 모래, 바위 위에서 공평하게
> 춤을 추고 있구나.
>
> 너는 우리가 죽음을 극복할 수 있다고 믿게 만드는구나,
> 너는 너 자신을 위해 한 순간
> 쭉 뻗은 은빛 파도처럼 우리를 태워 버리게 만드는구나,
> 아직은 아니지만 이제는 깨지려고 하는구나.
>
> — 티즈데일(Teasdale, 1926, p. 4)

어린 시절에 쓴 시와 그녀의 장례식에서 낭독된 시, 이 두 시는 대조되어 리타의 삶을 적절하게 비유하고 있다. 치유의, 승리의, '깨어진, 외로운 삶'으로부터 변화된 여정, '침묵'하고는 있지만 '밤과 폭풍과 어둠을 헤치고' 그리고 '파도의 쭉 뻗은 은빛 파도'처럼 '천둥소리를 내며 행복하게 웃으며' '아름답고 자랑스러운 바다'로 여전히 서 있다.

신데렐라 이야기

리타의 남편인 해리 홀링워스는 그녀가 죽은 후 4년에 걸쳐 자서전을 썼다. 그의

자서전에 기록되어 있는 것처럼, 리타의 출생지는 황폐한 장소였다. "어느 방향으로
도 모래 언덕이 수마일 뻗어 있었다. 그곳에는 나무가 없었고 오로지 몇 개의 미루나
무만이 개천을 따라 서 있었다. 북쪽으로는 블랙 힐즈(검은 언덕이라고 불리는 산악지
대-역주)와 배드 랜즈(네브래스카 주 북서부의 황무지-역주)가 있었고, 남쪽으로는 네브
래스카 주의 거대하고 거의 인적이 없는 넓게 펼쳐진 곳, 말하자면 사막이 있었다."
(Hollingworth, 1943, p. 1) 이렇게 네브래스카 주의 개척 소도시인 채드런 근처 외롭고
황량한 장소에 있는 외조부모 농가의 대피호에서 그녀는 1886년 5월 26일에 태어났
다(Hollingworth, 1937). 리타의 부모님인 존("가족과 친구들에게는 조니로 알려진") G.
스테터와 마거릿("매기") 엘리너 댄리는 전혀 어울리지 않는 부부였다. 어머니는 부
드럽고 세련됐지만, 아버지는 난폭하고 거칠었다(Hollingworth, 1943, p. 13).

거의 모든 자료에서 보면, 아버지는 "수다스럽고 우호적이며, 사교적이며 즐거움
이 가득한 생활을 하는 사람"이었다(Hollingworth, 1943, p. 11). 반면에 『서부 네브래
스카의 역사와 사람들(History of Western Nebraska and its People)』(1921)의 작가인
그랜트 슘웨이(Grant Shumway)는 리타의 아버지인 조니를 개인적으로 알던 사람으로
그에 대해 이렇게 썼다. "조니 스테터에게 좋은 시가 담배 1개를 주고 넬슨에게는 반
개를 주어라. 그리하면 조니는 몇 시간 동안 너를 즐겁게 해 줄 것이다."(p. 556) 그러
나 조니는 또한 무책임하고 흥분을 잘 하고, 상습적으로 목적 없이 살았다. 그는 종종
오랜 시간 동안 가족을 방치했고, 리타의 어머니가 임신 막달이었을 때에도 그리고
리타가 출생한 지 8일째가 될 때까지도 신생아인 딸을 보러 나타나지도 않았다
(Hollingworth, 1943). 그녀의 아버지는 리타가 사망할 때까지도 방황하는 정신의 소유
자로서 그녀에게는 큰 걱정거리였다.

그러나 그녀에게 다행스럽게도, 그녀의 어머니인 매기는 훨씬 더 안정적이고 견실
한 부모로서 리타의 어린 시절 동안 그녀를 애지중지하였다. 어머니는 "작고 빨간 가
죽 장정의 공책, 가장자리가 금박으로 제본이 잘 되어 있는 책"에 리타의 첫 1년 생활
을 기록하였다(Hollingworth, 1943, p. 15). 마치 어린 아기인 리타 자신이 쓴 것처럼
1인칭으로 생생하게 쓰여 있었다. 그리고 그것을 쓰는 여성에게 정말로 자신이 사랑
하는 아기의 네 번째 생일을 진심으로 축하함을 보지 못한다는 사실이 너무도 가슴

아픈 일이었다. 이 멋진 아기 책은 리타의 어머니의 삶의 남아 있는 기록 중 하나이며, 리타의 시처럼 여성인 매기의 모습을 확실하게 보여 주고 있다. 매기의 가볍고 유머러스하면서도 고상한 글과 그녀를 둘러싼 대피호의 거친 잔디 울타리 간의 대조는 어려운 상황에서도 최선을 다하는 사랑스러운 고도의 지적 여성을 날카롭게 주목하도록 하였으며, 리타가 가진 글에 대한 재능 자원과 그녀의 회복 탄력성을 넌지시 풍기도록 하였다. 어려움 앞에서의 이러한 빠른 두뇌 회전은 참으로 가족 특성인 것 같다. 리타의 삼촌인 윌리엄 댄리는 댄리의 농가에서 몇 년간 글을 썼다. "나의 농가에서 아버지와 어머니, 매기, 리타, 그리고 워런과 함께 아직도 살고 있다. 나는 지독한 추위와 함께 20마리의 소와 7마리의 말과 2마리의 돼지 그리고 1마리의 개를 데리고 채드런 낙농장을 달리곤 한다."(Danley, 1888, p. 1)

리타가 어머니와 함께 지낸 시간은 매우 짧았다. 리타의 어머니가 출산 합병증으로 1890년 2월 9일에 사망하였는데, 그때 리타의 나이는 3세였고, 여동생 루스는 2세, 그리고 막내 여동생인 마거릿은 태어난 지 만 하루가 지난 신생아였다. 그 이후 9년 동안 세 자매는 외조부모인 댄리 밑에서 자랐다. 처음에는 네브래스카 도스 카운티에서, 그다음에는 콜로라도에서 함께 살았는데, 이 시기 동안 아버지는 아주 간헐적으로 방문하였다(Klein, 2002). 리타는 6세부터 10세까지 통나무로 된 방 한 칸짜리 학교 사택(校舍)에 다녔다. 그녀는 수년 동안 그곳에서 지내면서 그곳이 모든 점에서 매우 훌륭했다고 기억했다. "우리는 작은 교실(총 학생 수가 12명)에 있었으며, 모든 자연이 다 실험실이었고 개별 학습 지도를 받았다."(Hollingworth, 1937, p. 33)

먼지가 많은 개척 소도시에 있는 작은 소녀 리타는 미래의 저명함의 전조가 되는 고매한 야망을 품었다. 1924년 3월 16일 그녀의 삼촌인 윌리엄 댄리는 리타에게 편지를 썼다. "나는 의도적으로 글을 써 오곤 하였는데, 그 책에 대해 너에게 고맙다는 말을 하고 싶구나. 그것은 확실히 흥미로웠고, 나는 네가 약 3피트 정도 컸을 때 화이트 강가에서 집필에 관하여 이야기를 하곤 했던 일을 뚜렷이 기억한다."(Hollingworth, 1943, p. 27에서 인용) 그녀 주위로 거친 대초원이 끝없이 뻗어 있으며, 자그마한 아이가 강가에 서서 작가가 되고자 단단히 결심하고 작가가 되는 꿈을 꾸고 있는 그림을 떠올릴 수 있다. 화재로 인해 그녀의 어린 사촌 2명이 사망하고 가족의 농가를 잃어버린 것을 포함하여 리타가 조부모랑 살던 시절은 확실히 고난의 시절이었지만, 리타는 항상 따뜻하고 너그러운 댄리 가족을 기억하였으며, 그녀가 삼촌에게 약속한 그녀가 쓴 총 8권의 책 중의 한 권을 그들을 잊지 않고 그들에게 헌정하였다.

그러나 조부모님의 따뜻한 보살핌 속에서 지낸 9년은 1898년에 갑작스럽게 끝났다. 리타와 여동생들은 네브래스카의 발렌타인으로 이사하여 아버지와 새어머니인 패니 벌링 스테터와 살게 되었다. 아버지와 새어머니와 함께한 그녀들의 삶은 마치 신데렐라 이야기를 읽는 것 같았다. 새어머니는 아버지의 딸들과 아버지의 식구들을 바로 그리고 격렬하게 싫어하였다. 그리고 식구들에게 정서적 학대와 신체적 학대를 계속해 왔으며(Hollingworth, 1943), 새어머니는 함께 산 수년 동안 그들을 마치 하인 부리듯이 대하였다. 1908년 1월 7일 리타는 해리에게 편지를 보내면서 새어머니에 대해 떠올리며 글을 썼다.

> 우리 딸들은 학교에 있지 않은 시간에는 매분마다 일을 했다. 매일 아침 5시에 기상해서 등교하기 전까지 우리가 할 수 있는 일은 다 했다. 토요일에는 힘든 마루 청소를 하였고, 일요일에는 빵을 구웠다. 세탁과 다리미질은 실제로 우리가 한 일 중 아주 일부분에 불과하였다(Hollingworth, 1943, p. 28).

리타의 초기 생활에서 겪은 외상과 결핍에도 불구하고, 혹은 일부는 그것 때문에라도, 리타는 성공한 학생이었다. 그녀는 매일 학교에 갔고 자신이 살고 있는 생활에서 벗어나기 위해 디킨스 가족들처럼 일했다고 훗날 남편에게 보낸 편지에 썼다(Hollingworth, 1943, p. 31). 그녀의 노력은 결실을 맺었는데, 그녀는 16세 생일 바로 2일 전인 1902년 5월 23일에 다른 7명의 학생과 더불어 발렌타인 고등학교를 졸업하였다.

그녀는 그해 가을에 집에서 200마일 떨어진 네브래스카 대학에 입학하였다. 그녀는 새로운 환경에 있으면서 많은 활동에서 책임을 지는 위치에서 여러 지적인 활동과 사회적인 활동에 활기차게 몰입하는 자신을 발견하였다. 예측하건대, 대학에서 리타의 일차적인 관심은 글쓰기였다. 그녀의 주 전공은 영어였으며, 데일리 네브래스칸(Daily Nebraskan)의 문학 편집장이었고, 더 솜브레로(The Sombrero)에서는 부편집장을, 그리고 더 시니어 북(The Senior Book)에서는 조편집장을 맡았다. 또한 그녀는 학년 대표 시인으로 뽑혔다(Hollingworth, 1943). 1906년 6월 14일에, 리타는 문학 학사 학위와 주립 교사 자격증을 받고 네브래스카 대학을 졸업하였다(Hollingworth, 1943).

그녀의 힘든 생활환경과 그 당시 시골에서의 극도로 낮은 대학 재원율과 심지어 더 낮은 대학 졸업률을 고려해 볼 때, 리타가 대학을 다니고 졸업한 것은 정말 감탄할 만한 일이다. 그러나 여성들이 고등교육에서 전적으로 배제되던 시기에 그녀가 뒤이어 33년 동안 이뤄낸 것—박사 학위, 컬럼비아에서의 정교수직에 오름, 그녀를 "자애로운 어머니"로 여전히 신뢰하는 전 교육 분야의 토대가 된 연구와 글(Stanley, 1978), 네브래스카 명예의 전당에 2012년에 후보자로 추천받은 경력(Nebraska Hall of Fame Commission, 2012. 11. 16)—은 놀라움 그 자체였다.

출 발

그녀가 대학을 졸업하기 한 달 전, 리타는 네브래스카 드윗에 있는 고등학교의 교감으로 일하기로 계약하였다(Hollingworth, 1943). 그녀의 업무에는 45분짜리 영어, 라틴어, 독일어, 역사, 생리학, 시민론 그리고 식물학 수업을 매일 가르치는 일과 더불어 수리와 청소 업무까지도 포함되어 있었다(Hollingworth, 1943). 그녀는 "준비가 안 된" 학생들이 따분해한다는 것을 알게 되었고, 그들은 그녀가 준비한 교재 외의 것을 가르치는 것을 싫어하였다(Hollingworth, 1943, p. 56). 리타는 자신의 계약을 명예롭게 여겼지만, 그해 말에 그녀는 네브래스카 맥쿡에 있는 좀 더 진보적인 고등학교에서 영어와 독일어만 가르치는 더 높은 연봉 자리를 수락하였다. 리타는 해리에게 2개의 지역을 비교한 내용의 편지를 썼다. "드윗은 희망이 없이 정지되고 끝난 곳이지만, 맥쿡은 모든 면에서 젊고, 활기차고, 청소년다운, 성장하는, 역동적인 곳이다. 간단히 말해서, 나는 여기를 좋아한다."[해리에게 보낸 편지, 1907. 9. 16](Hollingworth, 1943, p. 57)

맥쿡에서의 젊은 교사 시절에 쓴 리타의 편지는 예리한 관찰력을 보여 주고 있는데, 이 점이 그녀가 이후의 경력에서 좋은 대우를 받게 한 요인이 되었다. 심지어 나른한 오후 도서관에서 독서하는 것조차도 그녀는 주변 사람들의 행동을 조심스럽게 관찰하고 우아한 소설가가 되어 그것을 기록할 기회를 가졌다.

> 내가 글을 쓸 때면, 오후의 태양이 높이 나 있는 서쪽 창문을 통해 내리쬐고 책상 위로 긴 빛을 드리운다. 그 방의 다른 쪽에서는 초록색 차양모자를 쓴 동료들이 전등을 켜기 시작한다. 탁자 너머로는 갈색의 긴 베일 안에 있는 액세서리가 신입생의 매끄러운 이마 위에서 시시덕거리고 있다. 탁자에 앉은 소녀들은 소금 간을 한 땅콩 한 봉지를 몰래 던지고 있다[1908년 1월 17일 편지](Hollingworth, 1943, p. 67에서 인용).

리타는 1년 반 동안 맥쿡에서 행복하게 지냈다. 그곳에서의 교사 생활 2년째 중반에 그녀는 사임하고 뉴욕 시로 떠났다. 새해 전날에 그곳에서 다른 지역에서와 마찬가지로 1909년을 맞이하면서, 리타와 해리는 결혼을 하였다. 여러 면에서 두 사람은 서로 잘 어울렸다. 두 사람 모두 매우 어린 나이에 어머니를 여의었다. 해리는 16개월 때 그리고 리타는 3세 때였고, 두 사람의 가족 모두 가난으로 고생하였다(Hollingworth, 1943). 둘 다 매우 지적이었고 열심히 일하는 사람이었다. 그들의 이후의 직업에 대한 관심 분야가 완벽하게 딱 들어맞았다. 해리는 1940년 회고록에서 썼듯이, "컬럼비아에서 지낸 시절" "우리 두 사람의 삶은 매우 밀접하게 통합되어 인간 본성의 나약함이 가능성을 만들어 주었다"(Barton, 2011에서 인용).

두 사람의 확실한 양립성에도 불구하고, 리타에게는 그들의 초기 결혼 시절이 힘들었다. 그녀는 교사 경력을 이어 갈 희망을 갖고 뉴욕으로 건너왔지만, 직장을 지원하면서 뉴욕 시 공립학교에서는 결혼한 여성을 교사로 채용하지 않음을 알게 되었다(Hollingworth, 1943). 직업이 없이 그녀는 가정에서 가사일로 바쁘게 보냈지만, 그러한 일은 리타에게는 잘 맞지 않았다(Benjamin, 1990). 1915년에 뉴욕 타임즈(New York Times)에 실린 리타의 일과 생활을 그린 기사는 설명하고 있다.

사회와 픽션 작가의 수용된 법 테두리 안에서, 이제 리타는 완벽하게 행복했어야만 했다. 그녀는 사랑을 했고, 아늑한 작은 집도 있고, 경력을 발전시켜 나가도록 도와줄 남편도 있었다. 그러나 그녀는 행복하지 않았다. 그녀는 바닥을 쓸고 먼지를 닦고 식사를 준비하고 쓰레기를 버리고 회전식 식품대 위에 있으면서, 남편이 자기 취향대로 심리학을 가르치게 되었다는 생각만으로는 이 현대 여성을 행복하게 만드는 데 충분치 않았다. 그저 그녀는 우울했다(Dorr, 1915. 9. 19, p. 15).

그녀는 지루함을 달래면서 가정주부로서 기여한다고 느끼기 위해 몇 편의 짧은 글을 쓰고 출판을 시도하였다. 그러나 제출한 것들은 거절당했다(Hollingworth, 1943). 그녀는 가끔 대학원 과정으로 문학 과목을 수강하였지만, 그것이 만족을 주진 못했다. 그녀는 풀타임으로 공부를 하기 위해 장학금과 연구비를 신청하였지만, 그것도 거절당했다. "한동안 그녀는 뚜렷한 이유도 없이 느닷없이 울음을 터뜨리곤 하였다." (Hollingworth, 1943, p. 73)

그러나 전문적으로 참담한 5년의 기간이 리타에게는 실망스럽고 만족스럽지 못했지만, 그녀의 초기 교사 경력에서 유래된 교육과 사회적 부적응에 대한 관심을 발달시킨 것은 바로 이 기간 동안이었다(Hollingworth, 1943). 결국은 그녀에게 영재교육에서의 기념비적인 업적을 남기도록 한 바로 그 관심이었다. 그녀와 해리가 그녀의 대학원 공부를 뒷받침할 형편이 되었을 때, 그녀는 문학을 뒤로하고 대신에 교육학과 사회학에 초점을 두기로 결정하였다. 한동안 그녀는 기다렸다.

재출발

마침내 1911년에 코카콜라 병에서 리타의 잠복기의 끝이 왔다. 그 당시엔 코카콜라 회사가 1906년에 제정된 순식량 약품조례(Pure Food and Drug Act)를 어겨서 연방정부로부터 소송을 당한 상태에 있었다. 주장은 이랬다. 카페인이 해로운데, 코카콜라는 아이들에게 판매되고 있었던 것이다(Benjamin, 2009a). 카페인의 효과에 관한 이

전 연구의 대부분은 그동안 동물을 대상으로 이루어졌다. 즉, 코카콜라 회사는 시판을 진행하기 전에 인간에게 미치는 카페인의 효과에 관한 연구와 바라건대 제품에 대한 긍정적인 결과가 필요했음을 깨달았다. 코카콜라 회사는 해리 홀링워스의 멘토인 제임스 맥킨 카텔(James McKeen Cattell) 교수에게 이 연구를 수행해 달라고 처음으로 접촉하였지만, 그는 비윤리적이라며 현장에서 사양하였다(Benjamin, 2009b). 여러 다른 연구자도 같은 이유로 거절하였다. 그러나 홀링워스 부부의 재정적인 필요가 윤리적인 고려보다 더 컸기에, 해리는 그 프로젝트를 수행하기로 동의하였고, 연구를 진행하기 위해 바로 리타를 고용하였다(Benjamin, 2009b). 이러한 역할로, 그녀는 카페인 효과에 관한 직접적인 3개의 독립된 그렇지만 복잡한 연구를 도왔다. 홀링워스 부부의 연구 팀은 40일 동안 7만 6,000개의 측정 결과를 모았고, 인간에게 미치는 카페인의 효과는 특히 위가 가득 찬 상태에서 섭취했을 땐 거의 미미하였음을 발견하였다(Benjamin, 1990; Hollingworth, 1912). 결국 이 기회는 리타의 연구 경력을 론칭하고 과학 단체에게 가치 있는 정보를 제공했을 뿐만 아니라 재정이 어려웠던 부부에게 리타가 컬럼비아 대학원에 풀타임 학생으로 진학할 수 있을 정도로 충분한 돈을 벌게 해 주었다(Benjamin, 2009b). 그리고 이제 해리는 돈 때문보다는 연구를 맡을 좀 더 고상하고 정당한 근거를 갖고 단행논문을 연구하게 되었다. "지식에 유용한 공헌을 할 수 있는 기회를 거절하는 것은 단지 편견의 의혹이 두려워 과학적 의무감을 회피하는 것 밖에는 되지 않는다."(Hollingworth, 1912, p. iv)

그 이후 이어지는 리타의 경력의 연대표를 빠르게 살펴보기만 하여도 그녀의 이른 결혼 후의 잠복기 동안 잃어버린 시간을 리타가 얼마나 빠르게 만회했는지 알 수 있었다. 그녀는 1911-1912학년 동안 대학원 공부를 시작하였고 1913년 6월에 문학석사(M.A)와 교육학 석사(M.Ed) 두 가지를 모두 취득하였다(Hollingworth, 1943). 그녀는 박사 학위 공부를 계속하였으며, 동시에 공공 복지부에서 파트타임 일도 하였다(Teachers College Public Relations Office, 1975). 해리에 의하면, 그곳에서 리타가 일을 철저히 하고 깊은 인상을 주어서 그녀가 맡고 있던 자리의 원래 고용인이 안식년을 끝내고 다시 돌아오자, 다른 자리를 만들어서 리타가 일을 계속 할 수 있도록 해 주었다(Hollingworth, 1943). 경쟁이 심한 시험에서 심리학자들 사이에 제일 높은 점수를 얻자, 리타는 1914년에 대민 서비스(Civil Service)에서 심리학자로서 첫 번째 자리에 임명되었다. 그녀는 1년 동안 이 자리에 있었으며, '지능검사'를 쭉 실시해 왔다. 그러고 나서 1916년에 벨뷰(Bellevue) 병원에 있는 정신병질 서비스(Psychopathic Service) 부서로 옮겼다(Teachers College Public Relations Office, 1975).

그녀는 자문 심리학자로서 뛰어난 명성을 빠르게 쌓았으며, 클리닉 밖에 상담실을 차리고 아동과 성인들을 상담했다(Hollingworth, 1943). 그녀의 남편은, "나는 그녀가 친밀한 심리학자 자문가로서 일생 동안 적어도 4, 5천 명 정도 고통받는 사람들을 다루어 왔다고 추정한다"라고 전했다(Hollingworth, 1943, p. 77). 그녀는 컨설팅 일에서뿐만 아니라 임상 장면에서도 수요가 많은 성공한 사람이었다. 1916년 벨뷰 병원에 심리학 실험실이 세워졌을 때, 리타를 초빙하여 이것을 담당하도록 하였으며, 리타는 사범대학 교육심리학 전임강사로서 교수직을 수락했다(Teachers College Public Relations Office, 1975). 그녀는 1919년에 조교수가 되었고, 1922년에는 부교수로 승진하였다. 그녀는 1939년 사망할 때까지 23년 동안 교수로 재직하였다(Teachers College Administration, 1940).

리타는 박사 학위 공부와 급속도로 성장하는 경력만으로는 마치 충분히 바쁘지 않은 것처럼, 박사 학위를 받기 이전인 1916년에 벌써 6개의 과학 논문을 출판하였다. 그녀의 논문은 주로 가변성 이론(variability theory, 여자보다 남자가 지능에서 훨씬 더 큰 가변성을 보인다는 대중적인 이론)과 기능적 주기 현상(functional periodicity, 여성들이 생리 중에는 무력화된다는 개념)이라는 아이디어를 반박하는 데에 초점을 두고 있었다. 기능성 주기 현상은 그녀의 박사 학위 논문의 주제가 되었고, 1916년 5월 13일에 성공적으로 논문이 통과되었다(Hollingworth, 1943).

이후의 경력에서도 리타는 여성심리학에 계속 관심을 보였지만(Miller, 1990), 그녀가 연구와 글에서 이 주제에 초점을 둔 것은 주로 1912~1916년 사이 대학원 학생으로 있을 때였다. 사범대학 교수직 임명은 그녀로 하여금 연구 의제의 초점을 특수 아동심리학으로 전환하도록 이끌었는데, 처음에는 보통 이하의 아동의 심리학이었으나 결국에는 대단히 총명한 아동의 심리학으로 바뀌었다. 이러한 전환은 단순하게 특수한 한 청년에게 지능검사를 한 번 실시한 일로 시작되었다(Hollingworth, 1942).

컬럼비아에서 신규 전임강사로서, 리타는 주로 100 이하의 IQ를 지닌 학생에게 초점을 두고 특수아동 과목을 가르쳤다. 그러나 그녀의 학생들에게 검사 조건에서 높은 지능을 가진 아동이 제공하는 대조군의 자료를 얻는 것이 중요하다는 것을 느꼈다. 그리고 그것을 입증하기 위해 학생들에게 매우 지적으로 뛰어난 아동을 추천하도록 요청하였다(Kearney, 1990). 그들은 여덟 살짜리 남자아이를 추천하였으며, 리타는 그를 'E'라고 불렀다. 30명의 청중이 E를 위압적으로 응시함에도 불구하고, 그는 검사를 받았으며, "그의 정신연령은 15세 7개월로, 산출하면 IQ 187임을 발견하였다."(Hollingworth, 1926, p. 237) 훗날 리타는 E가 가진 뇌의 효율성에 매료되었음을 언급하면서 E가 그녀에게 끼친 충격을 회상하였다.

> 나는 그 당시에는 지적으로 매우 뛰어난 아동에 관한 전문적인 지식을 가지고 있지 않았다. 나는 수천 명의 무능한 사람을 검사했다. 수천 명의 멍청하고 바보 같은 정신력과는 대조되는 그의 정신이 명료하고 완전하게 작동함을 지각하였다. 나는 그때 관찰한 것을 잊을 수가 없었다(Hollingworth, 1942, p. xii).

그 외에 다른 11명의 IQ 180이 넘는 아동들을 연구하면서, 리타는 E의 가족과 개인력을 철저히 조사하였고, 거의 25년 동안 그의 진보에서 보인 아주 작은 세부적인 것 하나라도 추적하고 기록하였다. E의 가족력의 극히 작은 세부 사항에 대한 그녀의 진술과 그의 발달에 대한 세심한 평가[예를 들어, 그녀는 "8개월 때에 E의 첫 이가 났다—바깥 앞니."라고 언급하였다(Hollingworth, 1942, p. 137)]는 그녀가 영재학생에 관한 연구를 수행하는 데에 얼마나 공을 들였는지 알 수 있었다. 확실히, 리타는 지적으로 매우 우수한 아동의 모든 면—생물학적, 지적, 신체적, 정서적—에 매료되어 있었으며, 그들을 모두 그리고 각각 세심하게 연구하고 기록하길 원했다.

강렬한 아름다운 광경

그녀의 첫 번째 논문인 「성차에 따른 정신박약의 빈도(The Frequency of Amentia as Related to Sex)」가 출판된 1913년부터 그녀의 『IQ 180 이상의 아동들(Children of IQ Over 180)』이라는 책이 사후에 남편에 의해 편집되고 출판된 1942년까지, 리타는 8권의 책과 70편이 넘는 논문과 책의 장들을 저술하였다. 1922년까지 리타의 연구는 주로 성차와 여성 문제(8개 논문, 1권의 책) 그리고 정신장애를 가진 사람들(4개 논문, 1권의 책)에 관한 것이었다. 1922년 이후, 리타의 초점은 주로 평균 상 이상의 IQ를 지닌 아동들로 옮겨졌다. 영재교육 분야에 끼친 리타의 공헌을 분석해 보니 많은 부분이 고도의 지적 아동들의 신체적 그리고 정서적 특성들을 탐구하는 데에 도움을 준 것들이었다. 그녀는 실로 영재학생들에 관한 심지어 매우 작은 세부적인 것까지도 이해하려고 관심을 두었다. 또한 건강하지도 않고 신체적으로도 덜 발달한다는 영재학생에 관한 편견을 거부하는 새롭게 떠오르는 연구에 경험적인 실제 증거를 추가하였다. "측정 결과에 의하면, 하나의 집단으로서 고도의 지적 아동들은 키가 크고, 튼튼하고, 강하고, 건강하고, 외모도 준수하여 이러한 모든 면에서 아동의 보편성을 뛰어넘음이 충분히 입증되고 있다."(Hollingworth, 1942, p. 256)

게다가 그녀는 거의 연구가 안 된 최고도의 IQ를 지닌 대상에 관한 엄청난 양의 정보를 제공하였다. 그 정보는 그들의 비범한 성취 용량뿐만 아니라 지적으로 비슷한 또래가 아닌 단지 같은 연령 또래로만 계속 둘러싸인 결과로 인해 생기는 사회적 곤란에 대한 탐구도 보여 주고 있었다. "IQ 160 이상의 아동들의 대부분은 다른 아동들과 거의 어울리지 않는다. 왜냐하면 거의 극복하기 어려울 정도로 사회적 접촉이 곤란하기 때문이다."(Hollingworth, 1942, p. 302) 그녀는 이러한 아동들을 그들보다는 덜 비범하지만 여전히 고도의 지적 능력을 지닌 또래들과 함께 분리된 학급에 배치할 것을 권했다. 분리된 학급은 그들이 자신과 비슷한 지적 수준의 학생들과 함께 그들만의 앞선 속도로 배울 수 있는 장소가 된다(Hollingworth, 1942).

영재교육 분야에서의 리타의 글은 "영재아동 평정에 있어서 해링-비네(Herring-

Binet)의 체계적 오류"(Hollingworth, 1930c)와 "영재아동을 위한 놀이 친구"(Hollingworth, 1930b)라는 매우 다양한 주제들을 탐구하였다. 그녀는 대중적인 여성 잡지뿐만 아니라 가장 높이 평가받는 상호 심사 심리학 저널에도 자신의 글을 출판하였다. 그녀의 한결같은 새로운 연구와 아이디어의 흐름 그리고 넓은 층의 대중들과 공유하는 능력은 학업적 영재아동의 욕구와 본성 및 그들에게 가장 잘 맞는 종류의 학습 경험을 이해하는 이 분야의 기초를 다지도록 도와주었다.

그러나 리타의 출판 프로필 역사는 단지 이 분야에 끼친 그녀 이야기의 한 부분밖에는 말해 주고 있지 못하다. 그녀가 실제 교실 및 학교 현장에서 실제 아이들과 함께 가까이서 세심하게 그리고 애정을 담아 행한 일들이 그녀를 그 시대와 또한 우리의 시대에 있는 많은 다른 연구자와 구별되도록 하고 있다. 리타의 인생과 업적에 헌정한 『로퍼 리뷰(Roeper Review)』 특별호의 게스트 편집위원 글에서, 해리 파소(Harry Passow)는 리타를 다음과 같이 묘사하고 있다.

> ······ [그녀는] 영재아 교육과 연구에 있어서 선구자이며, 단지 상아탑 연구자가 아니라 실제로 기능하고 있는 교실과 학교라는 자연 환경에서 연구와 발달을 개척한 교육자다. 그 시대에는 실험실 연구가 지배적이었음을 고려할 때, 그녀가 쓴 뉴욕 시에 있는 학교를 위한 프로그램 제안서와 연간 보고서는 특히 흥미롭다(1990, p. 135).

연구자로서 리타의 업적은 교육자로서 그녀의 업적과 밀접하게 결합되어 있다. 그녀는 자신이 제기한 의문에 대한 과학적인 답을 얻거나 그녀의 연구 의제를 촉진하기 위함만이 아니라 이러한 연구 대상 아동들의 삶에서의 실질적인 차이를 파악하기 위해 고도의 지적 학생들을 연구했다. 그녀는 영재학생들이 매력적임을 발견하였다. "똑똑한 정신이 작동하는 것은 그녀에게는 강렬한 아름다운 광경이었다."(Hollingworth, 1943, p. 119) 『IQ 180 이상의 아동들』이라는 책 소개에서 해리 홀링워스는 다음과 같이 썼다.

> ······ [리타는] 이러한 사례들과 친해졌으며 그리고 직접 알았다. 자문하고, 도와
> 주고, 지속적으로 관찰하고, 그리고 자주 검사하고 측정하면서, 아동 개인과 그들
> 의 문제에 개인적인 관심을 가지고 그들 중 일부를 20년 정도 오랫동안 추적하였
> 다(Hollingworth, 1942, p. iv).

그녀의 학생들에 대한 개인적 지식은 리타에게 터먼의 연구가 밝혀내지 못한 영재
의 정서적인 삶의 미묘한 차이(뉘앙스)에 대한 통찰을 가져다주었다.

리타는 측정에 관해 매우 잘 알고 또한 깊이 관심을 갖고 있는 한 사람으로서["나
는 검사하는 것을 좋아한다."가 리타의 가족의 모토라고 주장했다(Hollingworth, 1940b, p.
35)], 놀랄 정도로 그녀는 연구 과정에서 개개인이 중요하다는 생각을 강하게 갖고 있
었다. 페이건(Fagan, 1990)이 언급하였듯이, 리타는 집단검사 사용이 증가하고 또한
"연구자가 아동과 완전히 분리되어 있으면서 아동들을 대상으로 보조자가 연구의
실무를 담당하는 것"에 크게 실망하였다(p. 160). 리타는 "아동 전체가 부재 중에는
연구될 수 없으며 또한 아동의 일부분도 연구될 수 없다."고 썼다(Fagan, 1990, p. 160
에서 인용).

리타가 '천재' 사례를 연구하고 사례와 관련한 글을 쓴 연구의 대부분은 자연 환
경에서 그리고 PS 165 교실에서, 그리고 이후에는 스파이어 학교(Speyer School)에서
행한 것이다. 영재학습자를 위한 그녀의 첫 번째 실험 학급은 뉴욕 시의 PS 165 내에
배치된 영재아동에 관한 3년짜리 연구였다. 리타와 사범대학과 PS 165의 동료들이
창안한 이 학급은 25명 미만의 학생을 3년 동안 함께 지내도록 하였다. 그리고 정상
학급 학생들에게 제공한 전 교육과정을 이 아이들에게는 반년 동안 다루게 하고 나
머지 반년은 심화 활동에 참여하도록 고안하였다. 리타의 남편에 의하면, 이 실험의
목표는 다음과 같다.

> 아동들을 가능한 여러 면에서, 일반적으로 명석한 아이들이란 어떤 종류의 창조
> 물인지, 어디에서 왔고 어디로 가는지 알기 위해 연구하는 것이었다. 두 번째 목표
> 는 교육과정, 프로젝트 및 교수 · 학습 방법을 실험하는 것이었다(Hollingworth,

1943, p. 116-117).

50명의 고도 지적 학생들이 PS 165에 참여하기 위해 선발되었고 2개의 학급으로 분리되었다. 한 학급은 최고도의 IQ(중앙값 165)를 지닌 25명의 학생으로 구성되었고, 다른 학급은 고도의 IQ(중앙값 146)를 지닌 25명의 학생으로 구성되었다(Klein, 2002). 이 학급에 3년 동안 지속해서 남아 있는 학생들은 50명 중에 40명이었다. 40명의 아동에 대한 광범위한 자료가 수집되었는데, 고도의 지적 학생들의 신체적인 특징에서부터 사회적 적응에까지 이르는 주제를 다룬 논문이 30개 이상이나 나왔다. 연구 결과는 또한 영재학생들은 일반 또래 학생들이 속진을 하지 않고 교육과정을 습득하는 데 걸리는 시간의 반 정도만으로도 같은 교육과정을 잘 학습하였다는 증거를 제공하였다(Gray & Hollingworth, 1931).

리타와 동료들은 3년의 연구 기간이 끝난 이후에도 이 학생들 중 많은 학생과 계속 접촉을 유지해 왔다. PS 165 학생들에 대해, 리타는 다음과 같이 말했다.

> 우리는 고등학교에 다니는 그들을 지켜보았다. 그리고 우리가 본 것에 매료되어 그들이 대학을 다닐 때에도 계속 지켜보았다. 이들 56명의 젊은이는 대학을 졸업하였고, 우리는 그들을 고정적으로 관찰하였고, 나의 인생의 나머지 기간 동안 나는 그들만 관찰하였다(Hollingworth, 1943, p. 126).

그러나 리타가 막 정착을 하고 영재아동들이 성인으로 성장한 틀에 초점을 맞추자, 사범대학장인 폴 모트(Paul Mort) 박사가 리타에게 특수아동을 위한 학교를 시작해 보자고 제안해 왔다. 그녀는 처음에는 동료에게 다음과 같이 공공연히 반은 농담 조로 말하면서 그 아이디어에 대해 망설였다.

> 그때의 준거 틀은 성인을 대상으로 하는 편안한 연구로 나의 나머지 날들을 보내기로 모든 것이 만반의 준비가 다 되어 있었다. 나의 계획은 더 이상 아동과 청소년의 행동을 보이지 않는 56명의 이 매력적인 성인들과 함께 앞으로 여러 해를 쭉 가

는 것이었다. 나를 비난할 수 있을까?(Hollingworth, 1943, p. 127-128)

그러나 곧 리타는 그 프로젝트에 대한 열정을 갖게 되었다. 그녀는 모트 박사에게 그의 제안을 들은 이후 얼마 되지도 않은 시점에 "15년의 기도에 예기치 못한 응답인 것 같다."라고 편지를 썼다(Klein, 2002, p. 139에서 인용).

스파이어 학교는 1936년 2월에 문을 열었는데, 스펙트럼의 양극단에 있는 특수학습자를 위한 특수학급 9개를 함께 운영하였다. 학습지체 학생을 위한 학급이 7개, 그리고 영재학생을 위한 학급이 2개였다. 리타는 일명 '터먼 클래스(Terman Class)'라고 불리는 영재학급의 교육 자문가로 근무하였다(Hollingworth, 1943). 그 학교는 특수학습자를 동질 집단으로 묶어 교육하는 5년짜리 실험으로 인해 혹평을 받았다.

다행스럽게도, 리타는 PS 165에서 영재학습자에게 맞는 적합한 학습을 광범위하게 경험했기에, 그녀와 동료들 그리고 그녀의 학생들은 거기서 제공받은 교육과정의 구성 단위의 기초를 더 발전시키고, 현장 실험을 하고 궁극적으로는 스파이어 학교를 통해 출판을 하였다. 초등 나이의 영재학생들이 무엇을 그리고 어떻게 배워야 하는가에 관한 리타의 믿음은 그녀가 스파이어 학교와 함께 일하기 시작한 시기에 확고하게 형성되었다.

일상의 진화

리타는 영재아동들과의 경험을 통해 그리고 아마도 그녀 자신이 받은 교육을 통해 표준 학교 조항들이 그들에게는 적합하지 않음을 알게 되었다. "할 것이 별로 없는 상황에서, 이 아동들이 지속적인 노력의 힘이나 과제에 대한 존중함 혹은 꾸준한 학습 습관들을 어떻게 발전시킬 수 있을까?"(Hollingworth, 1942, p. 299) 그녀는 인생 초기의 학업적인 도전감의 결여는 인생의 결정적인 기술을 발달시키는 데 실패로 이어질 수 있고, 따라서 영재학생들에게는 그들의 앞선 학업 능력에 상응하는 적절한 학습 경험을 제공하는 것이 중대하다고 주장했다.

리타가 영재학생들을 위한 적합한 교육 경험을 발달시키는 일을 하고 있을 그 당시에는 영재학생 교육의 주요 접근으로는 속진이 일차적으로 널리 사용되고 있었다(Benbow, 1990; Harris, 1990). 리타는 속진 혹은 빠른 진도가 나이의 차이가 뚜렷하지 않은 12세 이상의 학생들에게는 적합하지만, (그보다 어린 연령의 아동들에게는) 매우 힘든 위치에다 어린 아동들을 넣어 놓는 것이라고 믿었다. "여덟 살짜리 아동이 열두 살짜리 학년에 있는 것은 사회적인 또한 신체적인 요소와는 맞지 않는 것이다. 비록 그들은 지적인 일은 잘 할 수 있겠지만." (Hollingworth, 1926, p. 298) 게다가 리타는 초등과 중등 학교 사이의 긴밀한 연계성이 있지 않는 한 초등 단계의 학생들에게 속진 교육 과정을 제시하는 것은 단지 극도의 학업적 고통을 지연시키는 것뿐이라고 믿었다. "매우 뛰어난 영재아동들은 9세 혹은 10세 때에 고등학교에서 가르치는 공부 과목을 충분히 배울 수 있다. 그러나 그렇게 하는 것이 무슨 이득이 있는지에 대해 발견한 것이 있는가?" (Hollingworth, 1926, p. 312)

속진 대신에, 리타는 빠른 진도가 영재학생들을 위한 수용으로 전적으로 구성될 수 있는 12세까지는 빠른 진도와 분리교육(혹은 특별 기회 학급)을 결합할 것을 추천하였다(Hollingworth, 1926). 이러한 특별 기회 학급 내에서, 리타는 가장 결정적으로 "주도성과 독창성"을 계발하는 데에 초점을 둔 심화 교육과정을 옹호하였다(Hollingworth, 1942, p. 290). 효율적으로 독창적인 사고자와 창조자가 되기 위해서, 리타는 학생들이 "바로 앞서서 일어난 일의 과정을 아는 건전하고 포괄적인 지식"이 필요하다고 믿었다(Hollingworth, 1942, p. 291).

리타는 영재학생들을 위한 독특하고 도전이 되고 지적으로 흥미 있는 교육과정을 제공할 필요성에 관한 믿음을 가지고 일련의 계발과 현장 실험을 코디하였다. 그녀는 스파이어 학교에서 이것들을 심화 구성 단위(enrichment units)라고 불렀다. 이러한 구성 단위의 전개를 계발할 방법에 관한 비전을 가지고 그녀는 학습자 중심의 교육철학에 관해 많은 것을 보여 주고 있다. 그녀는 학습 동기자로서의 학생과 탐구의 중요성을 강조한 사람이었다. "출판 형태로 나온 핸드북들은 교사가 지도한 학생들이 스스로 한 실제 작업을 보여 줄 것이다. 교사들은 교수 자료들을 발견하거나 모으지도 않았다. 아동들이 이 일들을 직접 다 했다." (Hollingworth, 1942, pp. 292-293)

결국, 리타는 스파이어 학교에서 '일상의 진화(The Evolution of Common Things)' '전기(Biography)' '불어와 불문학' 그리고 '영양학' 이라는 4개의 심화 구성 단위 범주를 계발하기로 계획하였다. 이것은 스파이어 학교 학급에서의 현장 실험과 5년 계발 계획과 유사하게 만들어졌다(Hollingworth, 1942). 안타깝게도, 리타는 그녀의 비전이 완전히 현실화되는 것을 보지 못하였다. 그녀는 연구 기간이 끝나기 일 년 전에 사망하였다. 그러나 14개의 '일상의 진화' 구성 단위는 완성되어 뉴욕 시 교육부에 의해 출판되었으며(Klein, 2002), 뉴욕 시의 다른 지역 교사들에게 제공하였고, 남아프리카와 불가리아 같은 멀리 떨어진 나라의 교사들에게도 자기 학급에서 사용할 수 있도록 샘플 구성 단위를 함께 제공해 주었다(Hollingworth, 1943). 이 구성 단위들 그리고 거기에 담긴 교육과정 원칙들은 오늘날까지 남아 있어서 학생들의 삶과 학업적 열정과 관련한 것에 강조를 하고 있다(Borland, 1990; Silverman, 1989).

리타는 자신이 한 실험의 장기 효과를 보지 못하고 사망하였지만, PS 165와 스파이어 학교와 함께 한 그녀의 업적은 사후에도 그녀의 학생들에게 영향을 계속 끼쳤다. 1985년에, 태넌바움(Tannenbaum)과 해리스(Harris)는 리타의 지도하에 스파이어 학교에 다녔던 학생들에 관한 추수 연구를 수행하였다. 64명의 전직 학생이 건강, 가족, 교육, 직업/전문직, 취미나 여가 활동, 성취, 달성에 관한 질문지에 응답하였다. 전반적으로 조사된 그룹은 비교적 성공적이고 성취감을 느끼는 성인의 삶을 즐기는 것으로 보였다(Harris, 1990).

연구에서 특히 발견된 흥미로운 점은 많은 학생이 스파이어 학교가 문을 닫은 이후 30년 동안에도 쭉 서로 접촉을 해 왔다는 사실이었다(Harris, 1990). 이 사실은 영재 학생의 사회적 고립에 관해 계속 관심을 가진 리타에게 의심할 여지없이 큰 기쁨을 안겨다 주었다. 비슷하게, 화이트와 렌줄리(White & Renzulli, 1987)는 스파이어 학교의 터먼 클래스에 다닌 원래의 90명 중 28명을 대상으로 한 추수 연구에서 비슷한 능력을 지닌 또래들과 우정을 형성할 기회가 그들에게는 특히 중요한 점이었음을 발견하였다. 이 연구에 참여한 학생들 중 한 명은 스파이어 학교를 "내가 충분히 행운아로 살아온 유일한 고국이었다."라고 묘사하였다(White, 1990, p. 223).

리타가 남긴 유산의 양면성

27년간의 연구원 생활 동안, 리타는 그녀의 연구를 지원할 연구비를 하나도 받지 못했다. 그녀는 연구비 지원을 신청하였지만 어떤 이유에서인지—그녀가 여성이라는 점, 관심 가진 연구 주제—거듭 거절당했다. PS 165와 스파이어 학교로부터 얻은 핵심 학생이 연구 풀(pool)로서 그녀에게 오히려 더욱더 중대한 요인이 되었다. 그녀가 학교에서 행한 교육과정 연구와 더불어, 그녀의 영재학생 인력 풀에 대한 그녀의 연구에는 영재와 비영재 학생 간의 비지적 특질에 관한 비교 연구를 포함하여 여러 가지가 있었다. 그녀는 영재학생의 얼굴의 매력에 관한 비교 연구(Hollingworth, 1935), 영재와 비영재 학생 간의 두드리기 속도 비교 연구(Hollingworth & Monahan, 1926), 영재학생들과 **평균** 또래 아이들의 점프 능력, 턱걸이 능력 그리고 악력 비교(Monahan & Hollingworth, 1927), 그리고 영재학생의 키 우월성이 아동기에서 성인까지 계속 유지되는지의 여부(Hollingworth, 1930a) 등을 조사하였다. 그녀는 이런 측정 결과에서 거의 모두 영재학생들이 좀 더 우세하다고 발견하였다. 그리고 마골린(Margolin, 1994)이 언급하였듯이 영재들이 동등하거나 혹은 열등하다고 하는 경우에는, 리타는 다음과 같이 설명하였다.

> 이러한 명백한 대등함의 일부는 영재아동의 우세함의 다른 차원을 나타낸다. 예를 들어, 제자리멀리뛰기에서 영재아동이 보통 아동과 같다는 사실은 그들의 '신경근육 에너지의 우수함'을 나타내는 증거가 된다(Hollingworth, 1926, p. 25). 왜냐하면 영재들은 비영재 또래들에 비해 7파운드가 더 나가는 몸무게를 가지고 이러한 체육 활동에서 경쟁해야 하기 때문이다(Margolin, 1994, p. 18).

"지적 영재들은 체격이 작고 허약하고 평균보다도 작다는 일반적인 미신"(Hollingworth, 1930a, p. 346)이 틀렸음을 입증하려는 리타의 완고한 결정론과 사과도 없이 자신의 결과를 출판하고 토론한 것에 대해, 당대의 사람들뿐만 아니라 좀 더 최근의 학자들도 비판을 하였다. 특별히 관심을 끈 점은 지능과 사회경제적 수준이 서로 연결되어 있다는 리타의 믿음이었는데, 이러한 믿음을 바탕으로 그녀는 우생학 운동(Eugenics Movement)을 공개적으로 지지하였다.

우선 첫 번째로, 영재로 검사받은 아이들과 학교에서 공부를 최고로 잘하는 학생들의 부모는 주로 높은 소득자들이다. 소득의 반대 극단 쪽에 있는 가난한 극빈자들도 실제로 지능을 테스트했는데, 극빈자들은 집단으로 보면 매우 바보들이며, 정신 능력이 평균보다 더 높은 사람들은 거의 없다. 의심을 넘어서 이러한 사실을 입증하기 위한 과학적 연구의 참고문헌들은 많이 존재한다. 지나가는 말로 언급하자면, 우리는 그들 자녀들의 낮은 지적 상태로부터 추론해 볼 필요도 없다(Hollingworth, 1926, pp. 354-355).

리타는 『영재아동: 유전과 양육(Gifted Children: Their Nature and Nurture)』이라는 그녀의 책에서 우생학 운동을 논하였으며, 자손 번식의 **적합함**에 근거한 인구 조절이라는 기본적인 믿음을 수용하고는 있지만, 궁극적으로는 비현실적이어서 그것을 묵살하고 있다. 왜냐하면 "인류의 대다수에게 인종 소멸을 법으로 제정하도록 기대할 수는 없기 때문이다"(Hollingworth, 1926, p. 199). 그녀는 다음과 같이 썼다.

합리적인 수단을 가지고 과잉 인구로부터 지구를 보호한다는 제안 및 대책 과정에서 바보들이나 범죄자들 그리고 정신적으로, 신체적으로 그리고 도덕적으로 결핍된 자들의 자손 번식을 억제시키는 것이 궁극적으로는 고통을 감소시키는 것이라는 제안은 매우 지적이며 이타적인 소수만이 이해할 것이다. 자식을 낳지 못하게 하여 소멸시키려는 고도의 우생학 사고를 가진 사람들은 대다수가 종종 메시지를 파악할 수 없거나 혹은 파악하였다고 하더라도 그러한 조건에 응할 마음이 없는 사람들이다(Hollingworth, 1926, p. 199).

리타의 견해는 그녀의 동료인 윌리엄 허드 킬패트릭(William Heard Kilpatrick)을 당혹

스럽게 만들었는데, 그는 1934-1935년과 1935-1936년 학기에 교육학 과목을 리타와 함께 팀으로 가르친 덕망 있는 사범대학 교수였다(Kilpatrick, 1935). 그는 그녀의 강의실에서의 수행을 두고 "홀링워스 부인은 자기 사람들에게 향한 비관적이고 운명론적인 공격에 열광하였다."라고 자신의 일기에 언급하였다(Kilpatrick, 1935, p. 51). 또한 그녀는 기회가 있을 때마다 자신의 견해를 공유하도록 예견할 수는 있지만 비과학적인 강요를 하였다고 언급하였다. "그녀는 심리학이나 과학에 '사실'을 잘못 요청하는 몇 가지 강박을 가지고 있다. 그래서 어떤 단서들이 주어질 때마다 자동적으로 확신을 제시한다. 내가 전혀 관찰하지 못한 좀 더 비과학적인 마음이었다."(Kilpatrick, 1935, p. 179)

킬패트릭의 말이 사실인지 혹은 동료 강사와의 철학적인 차이에 단순히 좌절한 교수가 뿜어낸 말인지는 파악하기 어렵다. 그러나 리타는 지능검사가 측정하는 지능의 유전성과 높은 지능을 소유한 사람들의 우월성에 관한 자신의 믿음에는 흔들림이 없었고 강경한 것은 사실인 것처럼 보인다. 그녀의 글과 연설 원고는 한결같이 이 주제에만 초점을 두고 있음을 보여 주는 반면에, 킬패트릭의 일생에서의 업적은 교육에서의 민주주의 원칙 법률 제정에 중점을 두고 있었다(Saphar, 1964). 그녀의 견해에 의문을 품은 사람이 사범대학에서 킬패트릭만은 아니었다. 그는 자신의 일기에 다음과 같이 기록하였다.

> 홀링워스 부인은 자신을 매우 위험에 빠뜨리고 자신의 위치를 조롱거리로 만들고 있다. 그녀가 그 지위에 올랐을 때 학생들은 천부적인 재능이 부족했기 때문에 반란을 일으키지 않았다고 모두 다 그녀를 비웃었다(Kilpatrick, 1934, p. 276).

그녀의 죽음 이후, 뉴욕 타임즈 북 리뷰(New York Times Book Review)에서는 "사람들의 수용 여부를 떠나, [리타는] 사실을 말하는 데 운명을 건 개척자 그룹"에 속한 사람으로 기억되었다(Hollingworth, 1943, p. 157에서 인용). 그러나 킬패트릭이 주장한 대로 리타가 **비과학적인 마음**을 소유했는지는 좀 더 논란의 여지가 있다. 그녀는 여러 다른 학술적인 성과를 내었는데, 리타의 이름이 박사 학위 취득 이후 5년 동안 『미국 과학 인명 사전(American Men of Science)』에 열거되었고(Cattell & Brimhall,

1921), 8편의 책의 저자이며, 80편 이상의 논문을 출간하고, 여러 학술적인 연설에 초빙되었다. 또한 그녀의 사후에는 컬럼비아 대학 총장이 "[그녀는] 매력적인 학자이며 이 분야에서 위대한 결과와 중요성을 남긴 지도자"로 언급하였다(Hollingworth, 1943, p. 157). 컬럼비아에서 그녀의 지도하에 일을 한 칼 로저스(Carl Rogers)는 그녀를 "민감하고 실용적인 사람"이라고 불렀다(Kirschenbaum & Henderson, 1989, p. 7). "책을 통해 본 것 말고 그녀를 만나기 전 오랜 수년 동안에, 나는 그녀를 영웅시 하다시피 했다." (Hollingworth, 1943, p. 156)

그럼에도 불구하고, 우생학 운동에 대한 리타의 지지는 그녀의 업적과 영재교육 분야의 설립에 계속해서 그림자를 드리웠다. 영재교육 분야가 홀링워스가 계급적 편견과 인종차별적 믿음을 가진 사람임에도 불구하고 그녀를 여전히 양육의 어머니로 기리고 있다는 사실에 여러 현대 학자는 경악을 금치 못했고 도저히 믿기지 않음을 지적하였다(예: Margolin, 1994; Martin, 2010; Osgood, 2010; Selden, 2000; Winfield, 2007). 사실, 문학 분야 어디서든지 지능의 사회적이고 인종적인 근원에 관한 리타의 믿음에 대해 많은 솔직한 평론이나 심지어 인정조차 발견하기는 어렵다. 리타의 일생과 업적에 초점을 두고 헌정한 『로퍼 리뷰』의 특별호에서(1990), 오직 볼랜드(Borland, 1990, p. 163)만이 리타의 우생학에 관한 고려에 대해 대강 말하고 있을 뿐이다. 사실 그 권의 편집 사설 서문에서, 초빙 편집장인 린다 크리거 실버먼(Linda Krieger Silverman)은 다음과 같이 썼다.

> 우리가 전반적으로 리타 홀링워스에 대해 기여자로서뿐만 아니라 한 개인으로서도 이상적인 그림을 제시하는 것 같다면, 그 이유는 우리가 만난 리타에 관한 글이나 개인적인 경험 그리고 모든 편지에서 그녀에 대한 칭찬밖에는 다른 것이 없었기 때문일 것이다(Silverman, 1990, p. 134).

실제로 거의 모든 전기나 헌정사 혹은 현존하는 대화 글에서 그려진 리타의 초상화는 매우 감탄스러워, 제임스 볼랜드로 하여금 1990년에 다음과 같은 글을 쓰게 만들었다. "나온 초상화가 화가 날 정도로 고결한 성자 중 한 사람으로 그려져 있어서,

나는 홀링워스가 우리와 같은 사람이었음을 나타내는 표식을 놓치고 있다."(pp. 162-163) 특별히 주목할 만한 예외가 하나 있는데, 루드니츠키(Rudnitski, 1996)는 리타의 모순되는 유산이 오늘날 그 분야를 계속 괴롭히는 불일치에 어떻게 기여했는지를 조사했다. "영재 프로그램 대상 학생들의 판별에 있어서 객관적인 평가 패러다임 경향성은 교육과정에서의 매우 민주적인 패러다임과 동일한 프로그램에서의 교수법과 맥락을 같이했다."(p. 1)

확실히 리타는 주목할 만한 사람이고, 다작을 한 사람이며, 대부분의 평가로 볼 때, 깊이 호감이 가는 도덕적인 사람이었다. 그러나 그녀가 산 시대의 맥락과 대중적인 시각을 고려하더라도, 그녀는 미국 내에서 다양한 사회적 그리고 인종적 계층의 상대적인 가치와 지능의 본질에 대해 많은 사람에게 매우 강경하고 부당한 견해를 지녔던 것이다. 그리고 지능의 유전적 천성과 소유자의 자연적 우월성 및 당연한 응당성에 관한 이러한 가정들은 모두 다 리타의 글과 연구 결과물들, 우리가 반복적으로 그리고 대부분 우리 분야에 기초를 제공하는 것으로 확실히 주장하는 글과 연구 결과물들의 기저를 이루고 있다.

그렇다면 우리는 한 분야에서 이렇게 서로 다른 리타의 두 면을 어떻게 조화롭게 할 수 있을까? 고도의 지적 아동의 학업적이고 사회적인 욕구를 규정하고 관심을 끌도록 도움을 준 리타, 그리고 "극빈자들은 매우 바보 같은 집단이다."라고 믿으며 그와 같은 글을 쓴 리타. 우리는 리타의 사고 일부를 그녀가 살아온 시대에 기인한 것으로 볼 수 있지만, 그러나 우리는 또한 그녀가 지능의 유연성에 대한 강한 믿음을 갖고 있던 윌리엄 허드 킬패트릭과 존 듀이(John Dewey)를 포함한 많은 사상가와 가깝게 지냈음을 인정해야만 한다(Dewey, 1909, 1929; Kilpatrick, 1918). 또한 1940년 카네기 재단 회장 보고서(Carnegie Corporation Report of the President)가 "교육과 심리학의 다양한 분야에서의 뛰어난 업적과 재기의 경력"이라고 쓴 것처럼(Hollingworth, 1943, p. 154에서 인용), 우리는 리타 자신이 가난, 유년 시절의 외상과 학대, 성차별이라는 많은 장애물을 극복하고 성장한 사실을 주의해 볼 수 있다. 그래서 그녀는 다른 사고자들이 그랬던 것보다는 "재능 발달에서 환경적인 요인의 영향에 대해 덜 동정심을 갖게 되어" 왔을 것이다(A. Robinson, 개인적 대화, 2012. 4. 30). 우리는 또한 그녀가 영재아동

의 역경이라고 여겼던 것에 대한 리타의 열정이 그들의 원인을 옹호하는 데에 지나
치게 경계하도록 만들었고, 그 결과 아마 지나치게 귀에 거슬릴 정도로 그녀는 과학
적인 수단을 통해 영재아동의 장점과 사회에 끼치는 가치에 대한 생물학적인 토대를
증명하였던 것 같다. 그리고 계속된 문명의 존재는 이러한 특별한 아동의 계발된 재
능에 의존한다고 리타가 강경하게 믿는 동안, 그들 편에서 수행해 온 지칠 줄 모르는
연구는 사회를 개선하고자 하는 욕망보다는 좀 더 개개인 아동의 복지를 위한 관심
에서 비롯되었음을 그녀의 행동이 나타내 주고 있다. 그녀는 이 아동들을 측정하고
연구한 것만이 아니라 그들에게 깊이 마음을 쓰고 그들을 돌보았다. 그녀는 그들을 가
르쳤고, 상담했고, 그녀가 사망할 때까지 그들 중 많은 사람과 계속 접촉하며 지냈으
며, 필요할 때에는 그들에게 재정적인 지원도 아끼지 않았고, 그들이 성인으로서 진
로를 찾도록 도와주었다.

이러한 이유들 중 어느 하나라도 홀링워스의 견해를 설명하는 데 도움이 될 수는 있
겠지만(변명하는 것이 아니라), 우리는 그들을 하나의 분야로 인정하고 논의하는 것이
중요한 것 같다. 우리의 침묵은 동의의 표시로 너무 자주 사용해 왔으며(예: Margolin,
1994; Osgood, 2010 참조), 우리가 인정한다고 해서 그 분야의 초기, 그리고 다작의 공헌
자로서 홀링워스의 유산을 손상시킬 필요까지는 없다.

영재교육에서 리타의 업적에 동등할 만한 가치를 가진 가장 놀랄 만한 점은 그녀가
어떻게 철저하게 그리고 냉혹하게 그녀에게 중요한 그런 생각과 의문을 추구했는가
하는 점이다. 아동 E의 마음이 '깨끗하고 흠없이 작용하는' 것에 초기에 충격을 받고,
리타는 그녀의 나머지 일생을 아동 E와 같은 학생들의 마음과 지적 용량뿐만 아니라
신체적이고 정서적인 특성까지도 학생 한 명 한 명을 탐구하는 데에 헌신하기로 하고
추진해 나갔다. 그녀가 이러한 특성들에 대해 편안해지자, 그녀는 PS 165에서 그리고
이후에는 스파이어 학교 교실 환경과 교수·학습적 접근에서 이러한 특성들을 키우
고 지지할 수 있게 창조하기 시작하였다. 교실 내에서 그녀는 철저한 학습 경험을 창
조하려고 하였다. 그것은 아동이 직접 참여하고 아동에게 도전이 되는 학습 경험으
로, 그것들을 현장 검증하고, 영향력에 관한 자료를 수집하고, 다른 교사들이 사용할
수 있게 출판하였다. 그녀는 영재아동의 특성에 관하여 단순히 보고하는 것만으로는

만족하지 않았다. 그녀는 이러한 학생들을 위한 적절한 교육에서의 빈 공백을 감지하였으며(빈 공백이 그들 삶에 아주 깊은 영향력을 끼쳤다고 믿었다), 빈 공백을 채우기 위해 끊임없이 일했다. 그녀는 그녀의 인생 후반부를 고도의 지적 아동에 관한 신화와 맞서 싸우는 데에 사용하였다. 그녀가 믿기로 이 신화는 그들이 자신의 잠재력을 최대로 실현시키는 데에 방해가 되는 것들로, 그들은 자기 혼자서 성공해야 한다는 것, 신체적으로 열등하다는 것, 나이가 들면서 평범한 사람으로 후퇴한다는 것이다 (Jolly, 2007).

만일 리타의 일생과 업적이 리타에 관해 무엇인가를 말해 준다면, 그것은 바로 그녀가 전사라는 점이고 또한 단호하게 독립적이라는 점이다. 이 두 가지 특질은 그녀가 비밀리에 암과 싸우고 있을 때인 그녀의 마지막 10년 동안 그녀가 짊어지고 가야만 했던 것이다. 심지어 그녀는 남편에게까지도 암 투병에 대해 숨기고 있었다. 리타가 43세였던 1929년에 의사는 그녀에게 위에 종양이 있음을 알려 주었다. 그녀는 가족에게 악성종양이 아니라고 말했으며, 그때 이후부터는 "그녀와 가장 가까운 사람들의 간청에도 불구하고" 보다 상세한 의학 검사를 받기를 거부하였다(Hollingworth, 1943, p. 149). 10년 뒤에 그녀가 수술할 수도 없고 치료가 불가능한 복부암으로 전이되어 사망한 후에, 그녀가 마지막으로 병원에 있는 동안 그녀를 진료한 의사들은 그녀가 종양이 악성이었음을 '처음부터' 알고 있었다고 남편에게 말했다. "처음부터 알고 있었지만, 연속된 수술로 결국은 기껏해야 단지 마지막을 지연시키는 운명인 환자의 인생을 견디며 사는 대신에 그녀는 마지막까지 곧장 행진해 나가기로 선택하였고, 그리고 쓰러졌다."(Hollingworth, 1943, p. 150) 30년 동안 아내이자 동반자였던 리타의 죽음에 남편이 망연자실해 있었지만, 그는 그녀가 용감한 얼굴을 하고 '마지막까지 곧장 행진해 나가는' 것이 그녀의 사실적인 성격 특성이었다고 믿었다.

지난 10년 동안 그녀는 생애의 개인적이고 전문적인 목표들 중 많은 것이 결실을 맺는 것을 볼 수 있었다. 그녀는 오랫동안 꿈꿔 왔던 영재아동을 위한 학교를 시작할 수 있었다. 그녀는 남편과 함께 모교인 네브래스카 대학에서 명예 법학박사 학위를 수여받았다. 홀리워이라고 불리는 뉴욕의 허드슨 골짜기에 있는 숲 속에 참으로 아름다운 집을 얻었다. 그리고 컬럼비아 대학의 전임교수가 되었다. 10년 중에서 후반부 동안, 그녀는 관심을 집으로 전환하기 시작하였다(뉴욕에 있는 그녀의 현재 집이 아닌 네브래스카에 있는 그녀의 원래의 집으로). 마치 열정적으로 직선으로 갔던 그녀의 인생 궤도를 원이 되도록 구부리려는 시도처럼.

1937년 12월 3일자 『네브래스카 주 저널(Nebraska State Journal)』에 실린 동창회 초대장에서 그녀는 다음과 같이 글을 썼다. "언젠가 나는 네브래스카로 돌아갈 것이다. 나는 그곳에서 태어났고, 그곳에서 자랐고, 그곳에서 교육받았다. 나는 그곳에서 영원한 긴 잠을 잘 것이다."(Hollingworth, 1942, p. 3에서 인용) 그녀의 학문적인 관심도 또한 집을 향해 전환하였다. 그리고 초원에서 지내던 그녀의 어린 시절로 되돌아가 우아한 아치를 만들고 있었다. 그 이후의 기간 동안, 그녀가 관심을 갖고 시간을 보냈던 것은 "아마도 잘 이해되지는 않겠지만, 아마도 가난으로 인해 장애를 가진 고도의 지적 젊은이"에 대한 것이었다(Hollingworth, 1942, p. 144). 자기 자신이 어려움을 겪었기에 "그녀는 '우수한 사람은 자기 스스로를 돌볼 수 있다'는 슬로건에 담긴 오류를 너무도 잘 알고 있었다"(Hollingworth, 1942, p. 144).

리타 스테터 홀링워스는 1939년 11월 17일에 사망하였다. 그러나 많은 것들을 남겨 놓았다. 지적 영재아동에 대한 더 깊고 더 공감적인 이해, 생산적으로 잘 연결된 연구와 서비스가 꼭 들어맞을 수 있는 모델, 화려하게 이성적이고 명료하게 규정된 영재학생을 위한 교육과정 원리, 그리고 마지막이지만 결코 최소가 아닌, 그녀의 계속된 지원으로 더 나은 삶을 살아가는 수많은 사람들의 삶. 리타의 인생에 대한 긴밀한 논의는 그녀가 20세에 자기 인생을 어떻게 무엇을 위해 살기를 희망하는지, 그리고 자신의 죽음 앞에서 자기 인생을 어떻게 되돌아보기를 희망하는지를 기술한 그녀 자신의 말보다 그 이상으로 더 잘할 수는 없을 것이다.

나는 사람들이 나의 인생에 심취하도록 하기 위해 위의 모든 것을 감당할 수 있다고 생각한다. 즉, 내가 사람들에게 주어야 하는 만큼 줄 수 있기 위해. 나는 잔디나 주전자나 모자에 심취하는 것처럼 사람들은 한 사람의 인생에 기꺼이 그리고 열심히 심취해 있다고 믿는다. 나는 죽음을 맞이하는 이 세상의 끝에서 거짓말을 할 만큼 인생을 끔찍하게 만들고 있다. 그리고 빛나는 주전자나 '좋은 투자' 혹은 약

병들이 줄지어 있는 것들만 돌아본다. 그런데 '건강'에 대한 관심은 텅 비어 있다. 그것을 생각할 때면 나의 마음은 가라앉는다. 그것들은 나에게는 너무도 불쌍하게 헛된 것 같이 여겨지지만, 그러나 또다시 인생에 의해 심취되는 인생을 생각하면 좀 더 편안함을 느낀다. 그래서 우리 모두가 각자 가진 것을 어딘가에 주어야 하기 때문에 나는 내가 가진 것을 인류에게 기꺼이 줄 것이다(Stetter, 1906, p. 39).

참고문헌

Barton, L. R. (23 November, 2011). Road tripping with the Hollingworths. Retrieved from http://centerhistorypsychology.wordpress.com/2011/11/23/road-tripping-with-the-hollingworths/

Benbow, C. P. (1990). Leta Stetter Hollingworth: A pilgrim in research in her time and ours. *Roeper Review, 12,* 210-215.

Benjamin, L. T. (1990). Leta Stetter Hollingworth: Psychologist, educator, feminist. *Roeper Review, 12*(3), 145-151.

Benjamin, L. T. (2009a). Coca-Cola—Brain tonic or poison? *American Psychological Association's Monitor on Psychology, 40,* 20-21.

Benjamin, L. T. (2009b). Pop psychology: The man who saved Coca-Cola. *American Psychological Association's Monitor on Psychology, 40,* 18.

Benjamin, L. T., Jr., Rogers, A. M., & Rosenbaum, A. (1991). Coca-Cola, caffeine, and mental deficiency: Harry Hollingworth and the Chattanooga trial of 1911. *Journal of the History of the Behavioral Sciences, 27,* 42-55.

Borland, J. H. (1990). Leta Hollingworth's contributions to the psychology and education of the gifted. *Roeper Review, 12,* 162-166.

Cattell, J. M., & Brimhall, D. F. (Eds.). (1921). *American men of science: A biographical directory.* Lancaster, PA: The Science Press.

Danley, W. A. [Feb 1, 1888]. Diary entry. William Arthur Danley Papers, 1856-1975. Nebraska State Historical Society, Lincoln, NE. Retrieved from http://www.nebraskahistory.org/exhibits/saving_memories/diary_danley.htm

Dewey, J. (1909). *How we think.* Lexington, MA: D. C. Heath.

Dewey, J. (1929). *Experience and nature.* New York, NY: Dover.

Dorr, R. C. (September 19, 1915). Is woman biologically barred from success? *New York Times.* Retrieved from http://query.nytimes.com/men/archive-free/pdf?res=F10F1EFF3F5512738FDDA00994D1405B858DF1D3

Fagan, T. K. (1990). Contributions of Leta Hollingworth to school psychology. *Roeper Review, 12,* 157–161.

Gates, A. I. (1940). Obituary, Leta Stetter Hollingworth. *Science, 91,* 9–11.

Gray, H., & Hollingworth, L. S. (1931). The achievement of gifted children enrolled and not enrolled in special opportunity classes. *Journal of Educational Research, 24,* 255–261.

Harris, C. R. (1990). The Hollingworth longitudinal study: Follow-up, findings, and implications. *Roeper Review, 12*(3), 216–222.

Hollingworth, H. L. (1912). *The influence of caffein on mental and motor efficiency.* New York, NY: The Science Press.

Hollingworth, H. L. (1943). *Leta Stetter Hollingworth: A biography.* Lincoln, NE: University of Nebraska Press.

Hollingworth, L. S. (1926). *Gifted children: Their nature and nurture.* New York, NY: Macmillan.

Hollingworth, L. S. (1930a). Do intellectually gifted children grow toward mediocrity in stature? *The Pedagogical Seminary and Journal of Genetic Psychology, 37,* 345–360.

Hollingworth, L. S. (1930b). Playmates for the gifted child. *Child Study, 8,* 103–104.

Hollingworth, L. S. (1930c). The systematic error of Herring-Binet in rating gifted children. *Journal of Educational Psychology, 21,* 1–11.

Hollingworth, L. S. (1935). The comparative beauty of the faces of highly intelligent adolescents. *The Pedagogical Seminary and Journal of Genetic Psychology, 47,* 268–281.

Hollingworth, L. S. (1937). Autobiographical sketch of Leta Hollingworth. In N. de Rocheville (Ed.), *Women of achievement.* New York, NY: Press Bureau Publishers.

Hollingworth, L. S. (1940a). Lone pine. In *Prairie years: Verse by Leta Stetter Hollingworth.* New York, NY: Columbia University Press.

Hollingworth, L. S. (1940b). *Prairie years: Verse by Leta Stetter Hollingworth.* New York, NY: Columbia University Press.

Hollingworth, L. S. (1940c). *Public addresses.* Lancaster, PA: Science Press.

Hollingworth, L. S. (1942). *Children above 180 IQ, Stanford-Binet: Origin and development*. Yonkers-on-Hudson, NY: World Book.

Hollingworth, L. S., & Monahan, J. E. (1926). Tapping rate of children who test above 135 I.Q. (Stanford-Binet). *Journal of Educational Psychology, 17*, 505-518.

Jolly, J. (2007). The research legacy of Leta S. Hollingworth. *Gifted Child Today, 30*(3), 57-64.

Kearney, K. (1990). Leta Hollingworth's unfinished legacy: Children above 180 IQ. *Roeper Review, 12*, 181-188.

Kilpatrick, W. H. (1918). "The Project Method": Child-centeredness in progressive education. *Teachers College Record, 19*, 319-335.

Kilpatrick, W. H. (1934). *The William Heard Kilpatrick Diaries: Vol. 30*. The William Heard Kilpatrick Collection. Gottesman Library Archive, Columbia University.

Kilpatrick, W. H. (1935). *The William Heard Kilpatrick Diaries: Vol. 31*. The William Heard Kilpatrick Collection. Gottesman Library Archive, Columbia University.

Kirschenbaum, H., & Henderson, V. L. (1989). *The Carl Rogers Reader*. New York, NY: Houghton Mifflin.

Klein, A. G. (2002). *A forgotten voice: A biography of Leta Stetter Hollingworth*. Scottsdale, AZ: Great Potential Press.

Margolin, L. (1994). *Goodness personified: The emergence of gifted children*. New York, NY: Aldine deGruyter.

Martin, J. L. (2010). Great is our sin: Pseudoscientific justification for oppression in American education. In M. A. Paludi (Ed.), *Feminism and women's rights worldwide: Vol. 1*. Santa Barbara, CA: ABC-CLIO.

Miller, R. (1990). Leta Stetter Hollingworth: Pioneer woman of psychology. *Reoper Review, 12*, 142-145.

Monahan, J. E., & Hollingworth, L. S. (1927). Neuro-muscular capacity of children who test above 135 I.Q. (Stanford-Binet). *Journal of Educational Psychology, 18*, 88-96.

Nebraska Hall of Fame Commission. (2012). Minutes from the Nebraska Hall of Fame Commission Meeting on Thursday, November 16, 2012. Retrieved from http://nebraskahistory.org/admin/hall_of_fame/Minutes-11-16-12.pdf

Osgood, R. (2010). Education in the name of "improvement": The influence of eugenic thought and practice in Indiana's public schools, 1900-1930. *Indiana Magazine of History*. Retrieved Aug 6, 2012 from: http://www.historycooperative.org/cgi-bin/justtop.cgi?act=justtop&url=http://www.historycooperative.org/journals/imh/106.3/osgood.html

Passow, A. H. (1990). Leta Stetter Hollingworth: A real original: Guest editorial. *Roeper Review, 12,* 134-136.

Rudnitski, R. A. (1996). Leta Stetter Hollingworth and the Speyer School, 1935-1940: Historical roots of the contradictions in Progressive education for gifted children. *Education and Culture: The Journal of the John Dewey Society, 8*(2), 1-7.

Saphar, A. W. (1964). *Memo to editors about the coming death of William Heard Kilpatrick.* The William Heard Kilpatrick Collection, Gottesman Library Archive, Columbia University.

Selden, S. (2000). Eugenics and the social construction of merit, race, and disability. *Journal of Curriculum Studies, 32,* 235-252.

Shumway, G. L. (1921). *History of Western Nebraska and its people.* Lincoln, NE: Western Publishing & Engraving.

Silverman, L. K. (1989). It all began with Leta Hollingworth: The story of giftedness in women. *Journal for the Education of the Gifted, 12,* 86-98.

Silverman, L. K. (1990). Leta S. Hollingworth. [Special issue]. *Roeper Review, 12*(3).

Stanley, J. C. (1978). Concern for intellectually talented youths: How it originated and fluctuated. In R. E. Clasen & B. Robinson (Eds.), *Simple gifts.* Madison, WI: University of Wisconsin Extension.

Stetter, L. A. (1906, August 19). Letter. In *Prairie years: Verse by Leta Stetter.* New York, NY: Columbia University Press.

Teachers College Administration. (1940). *Hollingworth, Leta S.* Card Index: Academic and Administrative, Columbia University.

Teachers College Public Relations Office. (1975). *Leta Hollingworth Faculty File.* Gottesman Library Archives, Columbia University.

Teasdale, S. (1926). Beautiful, proud sea. In *Dark of the Moon.* New York, NY: Macmillan.

White, W. L. (1990). Interviews with child I, child J, and child L. *Roeper Review, 12,* 222-227.

White, W. L., & Renzulli, J. S. (1987). A forty year follow-up of students who attended Leta Hollingworth's school for gifted students. *Roeper Review, 10,* 89-94.

Winfield, A. G. (2007). *Eugenics and education in America: Institutionalized racism and the implications of history, ideology, and memory.* New York, NY: Peter Lang.

캐서린 모리스 콕스 마일즈와
다른 이들의 삶(1890~1984)

Ann Robinson & Dean Keith Simonton

　다큐멘터리 연구자들은 심리학 역사센터 기록보관소에서 가족영화 영상을 찾을 수 있을 것이다. 겨울날을 배경으로 하여 웃고 있는 캐서린 콕스 마일즈(Catharine Cox Miles)는 나무 뒤에서 뛰어나오며 그녀의 남편 월터로 보이는 아마추어 영화 촬영자에게 눈덩이를 던진다(W. R. Miles, n.d.). 중년으로 보이는 캐서린은 겨울 날씨에 걸맞게 모자를 쓰고 있다. 같은 나무 뒤에서 달려드는 그녀의 어린 아들 역시 월터를 겨냥하며 렌즈를 향해 눈 뭉치를 던진다. 영상 클립은 1분이 채 되지 않으나 그녀에 대해 꽤 많은 것을 보여 준다.

캐서린 모리스 콕스: 약력과 평가를 겸하여

캐서린 모리스 콕스(Catharine Morris Cox, 결혼 전 명의) 마일즈(Miles, 결혼 후 명의)는 영재교육 분야에서 터먼(Terman)의 『천재에 대한 유전연구(Genetic Studies of Genius)』의 두 번째 논문 저자로 가장 널리 알려져 있다. 터먼 연구와 관련된 몇몇 여성 연구자 중의 한 명(Rogers, 1999)이기도 한 캐서린은 어린 시절과 청소년기의 지능지수가 성인이 된 후 이루어 낸 업적을 예견할 수 있었는지 확인하기 위해 1450년부터 1850년 사이 태어난 300명 이상의 저명한 역사적 인물 연구에 착수했다. 그녀의 박사 학위 논문에 실린 이 연구를 수행하기 위해 캐서린과 그녀의 연구 팀은 『300명 영재의 유년기 정신 특징(The Early Mental Traits of Three Hundred Geniuses)』의 두 번째 논문에 등장하는 301명 인물의 신상 자료를 3,000개 이상 분석하였다(Sears, 1986).

캐서린은 스탠퍼드 대학교에서 1912년에 독어독문학 학사를, 1913년에는 석사를 취득하였고, 영어와 독일어로 신상의 기본 자료를 분석하였다. 그러나 『유년기 정신 특징(Early Mental Traits)』의 참고문헌을 보면 다른 유럽 언어, 특히 프랑스어로 분석한 자료가 나오는데 그 작업은 그녀 혼자서 해낼 수 없었다(E. Jones, 개인적 대화, 2013. 3. 5). 그녀는 신뢰도를 요하는 자료 분석 작업에서 다른 연구자들의 도움과 루이스 터먼(Lewis M. Terman)의 지도를 받았지만, 842페이지에 달하는 '두 번째 논문'의 유일한 제작자였다. 사실 이 논문은 『천재에 대한 유전연구』를 이루는 다섯 논문 중에서 터먼이 저자 혹은 공저자로 등재되지 않은 유일한 논문이다.

각각의 수치가 기록된 그녀의 꼼꼼한 타자 노트는 스탠퍼드 대학에 위치한 그린(Green) 도서관의 '터먼 기록보관소'에 보관되어 있으며, 그녀의 박사 연구 프로젝트에 필기된 문서는 심리학 역사 센터가 위치한 애크런(Akron) 대학 캠퍼스에 보관된 '월터 R.과 캐서린 콕스 마일즈 소장품 목록'에서 찾아볼 수 있다. 마일즈 부부는 서류를 잘 보관해 두었기에 메모, 사진, 신상 분석에서 수집된 지능지수의 수기 계산과 실험 시간에 쓴 노트뿐만 아니라 그녀가 임상심리학자로서 일했던 시기 동안의 상담 사례, 프로그램, 보고서 및 작업 초안 등 그녀의 소장품 목록은 다양하다. 펜실베이니아 주에 위치한 해버퍼드(Haverford) 대학에 있는 안나 S. 콕스 브린턴(Anna S. Cox Brinton)가의 논문(Collection Number 1228), 하워드와 안나 브린턴(Howard and Anna Brinton)의 논문(Collection Number 1189) 외에도 이 명백한 서류들은 그녀의 인생을 구성하는 데 기반을 형성했다. 또한 그녀의 수많은 간행물은 그녀가 심리학 분야에 기여한 공헌 분석을 위한 기반이 되었다.

인도주의적 봉사와 서적 간행, 진료소에서의 삶

캐서린은 1890년 5월 20일 퀘이커 가정에서 태어났다. 어머니 리디아 쉬플리 빈과 아버지 찰스 엘우드 콕스는 찰스가 스탠퍼드 대학의 수학 교수와 프로비던트 뮤추얼 라이프(Provident Mutual Life)사의 대표이사로 근무했던 캘리포니아 주의 새너제이에 서 거주하였다(Brinton, 1913-1932, HC.Col, 1228, Box 8, Folder 2). 그녀에게는 애너 쉬 플리 콕스(결혼 후 성이 브린턴으로 바뀜)이라는 언니가 한 명 있었고, 성인이 되기 전 사망한 형제가 한 명 더 있었다(Sweitzer-Lamme, 2012). 해버퍼드 도서관의 퀘이커 소 장품 목록과 심리학 역사 센터 내 기록보관실 두 곳에서 발견할 수 있는 콕스 자매가 주고받은 수많은 편지로 미루어 볼 때 두 사람은 사이가 무척 가까웠을 것이다. 캐서 린은 박사과정 말기에 『300명 영재의 유년기 정신 특징』이라는 책의 서문에 있는 '감사의 말'에 애너의 이름을 넣었다(Cox, 1926). 제1차 세계대전 후 애너와 캐서린 두 자매는 퀘이커 교도들의 '인도주의 활동'의 일환인 봉사활동에 적극적으로 참여 하여 애너는 폴란드에서, 캐서린은 독일에서 활동하였다. 1919년과 1920년, 캐서린 은 베를린에서 미국 퀘이커 봉사위원회의 책임자로서 주변 지역의 아동들에게 식량 공급을 담당했다(Brinton 1919-1920, HC. Col. 1228, Box 22). 한 가슴 아픈 사진을 보면 캐서린이 더러운 흙을 신발에 묻힌 채 듬성듬성 앉아 있는 몇몇 아이에게 둘러싸여 있는 모습이 보인다. 근처 커다란 금속 깡통이 굶주린 독일 아이들을 돌보기 위한 식 량 구호소 중 하나라는 것을 보여 주고 있고, 그녀는 장난감 고양이 인형을 들고 있는 한 작은 아이를 껴안아 주고 있다(W. R. Miles & C. C. Miles, ca. 1919-1920, Box V57, Folder, CCM). 그녀는 독일에서의 봉사활동 덕분에 미국으로 돌아가서도 퍼시픽 (Pacific) 대학에서 독일어를 가르쳤고 그 대학에서 정교수직에 올랐다.

스탠퍼드에 자리 잡다

캐서린은 자신의 경력을 쌓기 위해 1920년 퍼시픽 대학을 떠나 스탠퍼드 대학에 독일어 교수직을 유지하면서 심리학박사 학위 이수를 시작하였다. 그러나 시어스(Sears, 1986)에 따르면, 그녀는 당시 막 시작되고 있었던 터먼의 '종단 연구 논문 프로젝트' 참가를 허락받을 수 없었기에 유명인들의 신상 분석을 통한 후향성 연구를 수행하였고, 이는 후에 터먼 연구의 '두 번째 논문'이 된다. 박사 학위를 수료하고 나서 단기간 동안 신시내티에 위치한 재향군인 업무와 관련된 정신병원에서 심리학자 역할을 맡았으나, 학계에 입문하기 위해 이내 스탠퍼드 대학으로 돌아오게 되었다.

1927년, 캐서린은 '터먼-마일즈 남성성-여성성 검사(Terman-Miles Masulinity-Femininity Test)'의 구성을 이끌어 낸 프로젝트에 루이스 터먼에 의해 연구원으로 고용되었다. 같은 해, 그녀는 스탠퍼드에서 같이 터먼의 심리학 실험에 참여하게 된 월터 마일즈를 만나 결혼하였다. 월터 또한 퀘이커 교도였고, 그가 캐서린과 결혼할 무렵에는 토머스, 카레타, 마조리라는 세 명의 10대 자녀가 있었으며 이는 그의 첫 번째 부인이 사망한 지 2년이 채 지나기 전이었다. 캐서린과 월터 사이에는 애너 마일즈(결혼 후 성이 존스로 바뀜)라는 딸이 있었고, 찰스 엘우드라는 아들도 있었지만 태어날 때 사망하였다(Hergarty, 2012; Jones, 1984, Box M1199.26, Folder 11). 임상 실험 업무와 교직에서 상근직으로 동시에 일하는 동안, 캐서린은 남아있는 마일즈의 네 자녀를 기르면서 2층짜리 쥐 미로에 관한 연구(W. R. Miles, 1927)로 잘 알려진 남편과 함께 음주 측정도, 군용 비행기 파일럿들을 위한 야간 시계 보안경에 관한 연구(W.R. Miles, 1943), 그리고 1929년부터 1933년까지 스탠퍼드 후기 성숙도 연구의 일환으로 개인의 노화 능력 감소에 관한 연구를 지원하고 협력하여 논문을 발표하였다(C. C. Miles & W. R. Miles, 1932; W. R. Miles, 1967).

동쪽을 향해

1932년, 캐서린과 월터는 스탠퍼드 대학을 떠나 예일 대학으로 옮겼다. 그리고 그녀는 예일 대학교 의대 정신의학과 심리학 임상교수가 되었다(W. R. Miles & C. C. Miles, ca. 1932, Box M1104). 캐서린은 예일 대학에서 보낸 시간 동안 임상 실험으로

항상 바쁘게 지냈다. 1952년, 예일 대학에서 은퇴하기 1년 전에 찍은 캐서린의 사진
은 그녀의 사무실에서 일벌레같이 책상 앞에 앉아 있는 모습이다. 그 사진에서도 그
녀는 가죽 재질의 책상 기록부 위에 놓인 논문 더미에 집중하고 있다. 책과 서류철 및
서류더미는 그녀를 둘러싸고 있었지만, 깔끔하게 정리되어 선반에 쌓여 있다. 깔끔
하게 정리된 책상 위에 올려진 것들 중 그녀의 시선을 뺏을 만한 유일한 것은 가족 사
진 정도다. 이곳은 그녀의 연구와 연관된 생산적인 전문가의 손때 묻은 사무실인 것
이다. 두 개의 나무 책상과 의자 외에도 책상 측면에 덮개를 씌운 의자가 놓여 있다.
이 의자는 캐서린이 편하게 앉아서 글을 읽기 위해 사용하는 것으로 보인다(W. R.
Miles & C. C. Miles, BOX V57, Folder CCM). 시어스(Sears, 1986)는 그녀의 사망 기사에서
캐서린이 예일 대학 정신의학과와 심리학과의 유일한 여성 정교수라고 언급하였다.
1930년대와 1940년대에 걸친 그녀의 임용은 상당한 성과였다(Jones, 1984).

　1953년 캐서린과 월터가 예일 대학에서 은퇴한 후, 월터는 이스탄불에서 실험심리
학 교수로 이스탄불 대학에서 강의하며 3년을 지냈다. 캐서린도 이스탄불에서 응용
심리학 교수 자리를 제안받았지만 거절하였다(W. R. Miles & C. C. Miles, 1953). 월터가
코네티컷 주 뉴런던에 있는 해군 잠수함 기지의 과학 책임자가 되면서 마일즈 부부
는 미국 동부 해안으로 돌아오게 되었고 거기서 8년을 근무하였다(Goodwin, 2003).
월터는 1978년에 93세를 일기로 사망하였고(Miller, 1980), 캐서린은 10년도 채 안 되
어, 1984년 10월 11일 메릴랜드 주 샌디 스프링스에 위치한 프렌즈(Friends) 양로원에
서 94세를 일기로 사망하였다(Sears, 1986). 머리가 하얗게 센 백발 학자 부부가 손을
잡고 햇볕 잘 드는 정원 마당의 여름에 핀 꽃들 앞에서 찍은 사진을 남겼다. 캐서린은
그 사진에서 소박한 면 소재의 옷을 입고 있으며, 월터는 양복과 넥타이를 차려입고
매무새를 단정히 했다. 캐서린은 월터를 바라보고 있었으며 월터의 시선도 그녀가
그의 시선을 알아보지 못하도록 비스듬히 바라보고 있었다(W. R. Miles & C. C. Miles,
BOX V57, Folder CCM).

영재 연구에 대한 기여

초기의 정신 특징: 대표작

그녀가 결혼 후 갖게 된 캐서린 콕스 마일즈라는 이름으로도 긴 이력을 지니고 있지만, 그녀의 처녀 시절 이름인 캐서린 모리스 콕스로 1926년에 출간한 저술은 영재 연구뿐 아니라 심리 과학에 있어서 그녀의 연구 중 가장 중요한 것으로 평가받고 있다. 앞서 언급했듯이, 이 저술은 사실상 그녀의 박사 학위 논문이었다. 『천재에 대한 유전연구』의 두 번째 논문으로 포함되어 있었지만, 다른 다섯 논문과 직접적인 연관은 없었다. 첫 번째 논문과 세 번째 논문부터 다섯 번째 논문까지는 전부 그 유명한 흰개미에 대한 것들이었다. 1,500명이 넘는 아동을 대상으로 한 이 연구에서 연구 참가자들은 '스탠퍼드-비네 지능척도'에서 매우 높은 점수(대부분의 지능지수가 140 이상)를 보인 아동들로, 연구는 이 아이들이 중년에 이르기까지 계속되었다(터먼은 마지막 논문이 출간되기 전에 사망함). 반면, 캐서린의 연구는 301명의 위대한 발명가와 현대 서양 문명의 지도자들을 대상으로 한 것이었다. 그녀의 대상 표본은 레오나르도 다 빈치, 마르틴 루터, 르네 데카르트, 렘브란트 반 레인, 아이작 뉴턴, 벤자민 프랭클린, 요한 볼프강 폰 괴테, 나폴레옹 보나파르트, 루트비히 반 베토벤, 찰스 다윈, 에이브러햄 링컨과 같은 범상치 않은 유명인들로, 그녀의 연구 방식은 심리 방법을 이용한 시간 경과를 따른 추적 연구보다 역사측정학적 방법을 사용한 후향성 연구였다(Simonton, 1990). 역사 측정학은 "개인 성향의 역사적 사실을 객관적인 방법으로 통계학적 분석을 하는" 것을 지칭하기 위해 이전에 도입된 용어다(Woods, 1909, p. 703). 이 새로운 방법은 영재의 심리학 연구에 특히 유용한 것으로 간주되었다(Woods, 1911, p. 568). 역사측정학은 역사적인 영재를 조사하는 데 있어 유일한 과학적인 접근 방식으로 남아 있다.

두 번째 논문은 첫 번째 논문과 세 번째 논문 사이에 위치한 이질적인 부분으로 보일 수도 있지만, 실제로 이 묶음에서 중요한 위치를 맡고 있다. 실제로 그녀의 연구가 나머지 논문에도 영향을 끼쳤기 때문이다. 1925년 첫 번째 논문이 출간(Terman, 1925)되자 그녀의 스승인 터먼은 매우 야심 찬 의문을 갖게 되었다. '상위 1%의 지능을 가진 것으로 확인된 아동이 성장 후 높은 성과를 내는 어른, 즉 천재가 될 수 있을까?'가 바로 그가 가진 의문이었다. 안타깝게도, 그러한 의문이 시작되었을 때 연구 대상인 아이들은 11세에 불과했기에 이 의문의 답은 아주 오래 기다려야만 찾을 수 있을 것이었다. 실제로 최종 결과는 근 35년이 흐른 뒤에도 도출되지 않았다(Terman & Oden, 1959). 따라서 원래의 의문을 역으로 생각한 캐서린의 역사 측정학적 연구는 어떤 결과가 될지 엿볼 수 있는 맛보기를 제공하였다. 그녀는 영재가 자라서 천재가 되는지 의문을 갖기보다는, 천재라고 알려진 이들이 스탠퍼드-비네 검사를 받았다면 영재로 확인되었을 것인가에 의문을 제기했다. 또한 그녀는 지능의 차이가 천재성의 정도를 예측할 수 있는지의 여부를 알고 싶어 했다.

핵심 질문의 재구성은 해결책보다 문제를 더 많이 제기하는 것으로 보인다. 특히 이미 사망한 지 오래된 이들의 지능지수를 어떻게 알아낼 것인가? 그들의 천재성의 등급을 어떻게 평가할 수 있는가? 첫 번째 의문에 대한 해답은 터먼이 스탠퍼드-비네 검사(Terman, 1916)을 보급한 뒤 1년 후 나온 터먼의 연구(1917)를 기초로 한다. 터먼은 프랜시스 골턴(Francis Galton, 역사 측정학의 선구자)의 엄청난 예찬자이며 골턴의 제자였던 칼 피어슨(Karl Pearson, 피어슨 상관계수의 창조자)보다 몇 년 전에 골턴에 관한 3권짜리 전기를 출간하였다. 비록 피어슨이 이 전기에 남긴 유명한 평가에서는 유년기의 골턴은 학창 시절 특출나게 뛰어나지 않았다고 남겼지만, 골턴이 영재 신동이었음을 알리는 확실한 증거가 되었다(Pearson, 1914). 스턴(Stern, 1912)이 제안한, 정신연령을 연대기적 나이로 나누고 다시 100을 곱하는 식의 지능지수를 정의하는 방법을 이때 터먼이 받아들였기 때문에 그는 골턴이 구체적으로 약 200의 지능지수를 지녔음이 틀림없다고 추론하였다. 이 말은 곧 골턴의 정신연령은 그의 연대기적 나이보다 두 배가 되는 경향이 있었다. 이러한 기본적 정의를 훨씬 더 큰 천재의 표본에 적용하는 것이 캐서린이 내린 결정의 핵심이었다.

이를 위해, 그녀는 제임스 맥킨 카텔(James McKeen Cattell, 1903)이 20년 전에 출간했던 역사 측정학적 연구를 이용하였다. 여러 언어로 된 인명사전과 백과사전에 있는 역사적 인물에 할애된 공간을 바탕으로 카텔은 서구 문명에서 가장 유명한 인물 1,000명을 기록하였다(참조: Whipple, 2004; Murray, 2003도 참조). 캐서린은 명시된 선택 기준을 적용하여 301명의 영재 표본을 낸 후 연구자들로 구성된 팀이 각 연구 대상의 인지 발달을 기록하는 원자료를 수집하도록 했다. 비록 그녀는 이 연구 논문에서 원자료의 초록만을 제공하였지만, 프리드리히 빌헬름 요셉 셸링(Friedrich Wilhelm Joseph Schelling)의 지적 연대기는 예시로 상세히 제공하였다(Dennis & Dennis, 1976 재발간). 이러한 정보를 사용하여 지능 추정 지수를 계산하였다. 눈여겨볼 것은 그녀가 모든 계산을 혼자서 하지 않았고 오히려 그녀의 스승인 터먼과 같은 시기에 그녀의 유명한 인물화 검사(Draw-a-Man Test)를 만들어 낸 플로렌스 구디너프(Florence Goodenough)를 포함한 세 명의 다른 무관한 심사위원을 초빙하였다는 점이다.

캐서린은 네 가지 추정치를 만들어 냈다. 먼저, 그녀는 17세까지의 발달로 계산한 지능지수 1과 17세부터 26세 사이를 기반으로 한 지능지수 2로 구분하였다. 둘째로, 그녀는 두 연령대에서 측정된 두 세트의 신뢰성 계수를 계산했기 때문에 두 연령대의 수정 지능지수를 계산하였는데, 이러한 수정 수치는 원 지능지수보다 약간 더 높은 수치를 보였다. 이러한 301명의 영재는 평균적인 휜개미만큼 똑똑했거나 그보다 더 똑똑했음이 나타났고, 그녀는 한발 더 나아가 지능지수 2의 추정치와 카텔의 유명인 순위(1903) 사이의 피어슨 상관관계를 계산해서 r = .25의 값을 얻었다. 또한 자료의 신뢰성을 위해 이 상관관계도 조정했고 그 결과 r = .16이라는 통계학적으로 유의미한 값을 얻었다. 그녀의 그러한 통계 분석은 그 시대에서 최신 기법이었다.

그러나 캐서린이 1926년 발표한 논문은 역사 측정학적 지능지수의 추정치로 잘 알려져 있지만, 유명인들이 명성을 얻는 데 있어 개인의 성격의 역할에도 큰 관심을 보였다. 그렇기 때문에 그녀는 100명의 영재 하위 표본을 추려 여기서 67가지의 성격적 특징을 (두 명의 독립적 심사위원이) 평가하도록 했다. 그녀는 개인의 성격이 성취 영역에 따라 어떻게 달라지는지를 살필 뿐 아니라 높은 동기부여, 특히 끈기와 의지가 모든 영역에서의 성공에 필수적임을 보여 주었다. 후에 터먼의 연구 대상이었던 영재 아동들이 그들의 유년기 잠재력을 실현시킬 수 없었던 것으로 나타나(Terman & Oden, 1959) 캐서린의 이러한 연구 결과는 암시적인 것이 되었다. 실제로 타고난 영재는 상대적으로 거의 없었다. 많은 부진아에게서 찾아볼 수 없었던 것은 바로 의지와 노력이었다.

유년기 정신 특징: 여파

캐서린의 1926년에 발표된 대표 논문은 프랜시스 골턴이 1869년에 발표한 『유전하는 천재(Hereditary Genius)』 이후 가장 뛰어난 것이자 모든 역사 측정학 연구 중 다섯 손가락 안에 드는 것으로 간주된다(Simonton, 1990). 구글 학술 검색에 따르면 그녀의 논문은 명시적으로 수백 차례 인용되었으며, 다른 논문에서의 다수의 공동 인용문까지 친다면 정확한 수는 천 단위가 넘어갈 것이다. 학자들이 그녀의 지능지수 추정치를 참조할 뿐 아니라 『천재에 대한 유전연구』 전체를 인용하며 터먼(1925~1959)에게 공이 돌아가는 경우도 종종 있다. 그녀의 논문 일부는 또한 선집에도 실렸으며(예: Albert, 1992; Dennis & Dennis, 1976), 그녀의 연구는 원자료의 2차 분석(Simonton, 1976; Simonton & Song, 2009)과 다른 표본의 새로운 평가 척도(Simonton, 1976; Simonton & Song, 2009) 등 지능과 뛰어난 성취도 사이의 관계를 증명하는 후속 작업에 영감을 주고 있다(예: Ball, 2012; Walberg, Rasher, & Hase, 1978; 참조: White, 1931). 그녀의 방식은 비판이 있지만(예: Gould, 1996; Robinson, Andrew, 2010), 그녀의 지능지수 평가는 아주 다른 방법론을 사용하여 확인해 본 결과 그녀의 평가가 크게 틀리지 않았음을 볼 수 있다(Simonton, 2009). 이러한 지능지수 점수의 일부는 인쇄물과 인터넷에서 확산(그녀의 연구물이라는 인용이 없는 경우가 많음)되어 문화적으로 유행하고 있다. 이는 레오나르도, 모차르트, 뉴턴, 데카르트 또는 나폴레옹과 같은 유명인들의 이름과 IQ를 같이 구글에서 검색해 보면 알 수 있다(The IQ of Famous People, n.d.; Wikianswers, n.d.). 지난 번 모차르트로 이렇게 해 보았는데 그때 얻은 수치는 165로 이는 그녀가 신뢰도 보정을 하여 추정한 17세부터 26세까지의 IQ(즉, IQ 2)와 정확히 일치한다.

신상 명세를 묘사하는 다른 연구 프로젝트에 집중하느라 캐서린은 1926년 이후 거의 역사 측정학 연구를 하지 못했다. 그럼에도 불구하고 십여 년이 흘러 그녀는 결혼

후 명의로 「역사적인 영재들의 유년기 신체적, 정신적 건강기록」이라는 논문을 공저하였다(Miles & Wolfe, 1936). 이 연구는 301명의 영재 중 50명만으로 구성된 하위 집단을 포함하지만, 유년기의 신체건강과 정신건강이라는 두 가지의 새로운 척도가 추가됐다. 그녀의 주요 목표는 지적 영재들은 신체 및 정신 건강과 밀접한 연관이 있다고 강하게 믿고 있는 터먼(1925)의 주장과는 반대로 영재들은 신체적으로나 정신적으로 병약하다는 롬브로소(Lombroso, 1895)의 주장을 평가해 보는 것이었다. 마일즈와 울프(Wolfe)는 터먼의 주장에 동의하였다.

사실 1936년의 역사 측정학 연구는 1926년에 발표된 논문과 같은 문화적인 영향을 끼치지 못했다. 표본은 작았고, 실질적인 질문은 제한적이었으며, 통계 분석도 그다지 인상적이지 못했다. 구글 학술 검색(n.d.)에 의하면 이 연구는 10여 차례밖에 인용되지 못했다. 그러나 1936년도 논문에 대한 관심은 다소 예상치 못한 방식으로 부활하였다.

앞서 언급한 바와 같이 콕스의 원자료(1926)는 스탠퍼드 대학의 터먼 기록보관소에 맡겨졌다. 하지만 영재 100명의 성격 특성 67가지에 관한 중요한 데이터가 누락되었다. 이 장의 두 번째 저자는 박사 학위 취득 직후 그가 캐서린의 유명인과 지능, 교육에 대한 자료의 2차적 분석을 발표하면서 해당 자료를 찾아보기 시작하였다(Simonton, 1976). 그녀는 이러한 성격 분석에 관한 분석을 전반적으로 보고하지 않았고, 여타 흥미롭고 실질적인 의문점들이 이러한 자료를 사용하여 해결될 수 있었기 때문에 누락된 정보는 주요 영재들에 대하여 더 많은 것을 학습할 수 있는 엄청난 잠재력을 갖고 있었다.

운 좋게도 30여 년의 헛된 노력 후 이 장의 두 번째 저자는 다행히 마일즈와 콕스 마일즈의 논문을 심도 있게 연구하기 위해 애크런으로 여행 가기 위한 자금을 마련하는 데 성공한 애너 송이라는 대학원생을 만나게 되었다. 애너(현재 송 박사)는 부지런히 1926년도 논문과 조금이라도 연관되어 보이는 모든 논문을 복사해 두었다. 수많은 논문 사이에서 애타게 찾아낸 후에야 우리는 282명의 영재의 신체 및 정신 건강에 대해 점수가 매겨져 있는 것을 찾았다. 이러한 282명의 영재는 『유년기 정신 특징』의 주요 표본을 구성했다(나머지 19명은 유년기 교정 표본을 구성하였다). 지능지수와 달성 척도가 이 집단에서는 이미 존재했기 때문에 새로운 차등 분석을 실시하였다(Simonton & Song, 2009). 여기서 전체 결과를 언급할 필요는 없지만, 한 가지 흥미로운 결과가 있다. 캐서린의 스승이 원했던 것과 다르게 지능지수는 신체건강과 부정적인 상관관계를 보였다. 가장 높은 지능지수를 보인 영재들은 그가 기대했던 만큼의 신체 활동성과 건강을 갖추지 못했다(상세 내용은 Simonton, 2010 참조).

캐서린의 『유년기 정신 특징』에 대한 이야기는 아직 끝나지 않았다. 연구자들을 허탕 치게 만드는 광범위하고 지속적인 기록 문의에도 불구하고 그녀의 누락된 성격 평가는 아직 어디에서도 발견되지 않았다. 그녀와 그녀의 남편은 문서를 작은 종잇조각까지 보관하였는데, 이는 어딘가 잊힌 서류 보관 상자 구석에 각 칸마다 -3에서 3까지 숫자가 쓰여 있는 영재들의 이름에 대한 100행과 성격 특징에 관련된 67열이 넘는 행렬을 가진 파일 철이 숨어 있을지도 모른다. 이러한 보관 자료가 발견된다면 새로운 보조 분석이 이루어질 수 있을 것이고, 본 서술은 계속 이어질 것이다.

현장 조사: 핸드북과 보고서에 대한 캐서린의 공헌

『유년기 정신 특징』뿐만 아니라 캐서린은 영재교육과 직접 관련된 기타 학술논문을 써냈다. 그녀는 예일 의대에서의 바쁜 임상 일정에도 불구하고 1946년과 1954년에 제1쇄와 2쇄가 출간된 레오너드 카마이클(Leonard Carmichael)의 『어린이 심리학 지침서(Manual of Child Psychology)』에서 '영재아들'이라는 긴 장을 집필했다. 1954년에 발간된 카마이클의 지침서 서장에는 "이 분야의 우수하고 다양한 초등학교 교과서들과 심리학의 과학적인 정기 출판물 사이의 격차를 해소하기 위해 진보된 과학 지침서에 대한 필요성을 충족하기 위함"이라고 기록되어 있다(1954, p. v). 카마이클은 초판이 프랑스어로 번역되고 "프랑스 대학의 출판사에서 출판"되어 해외 독자들을 언급하는 것이 적합하도록 되었기에 상당히 만족했다(1954, p. vi). 널리 알려진 인류학자 마거릿 미드(Margaret Mead)는 유년기 아동에 대한 내용을 기고하는 한편, 아널드 게젤(Arnold Gesell)이 유아 행동을 평가하는 등 지침서의 저자와 주제는 다양했다. 다른 카마이클의 논문 내용은 스탠퍼드에서 연구할 시절에 함께 일했던 심리학자들이 썼다. 플로렌스 구디너프와 루이스 터먼 둘 다 기재되어 있으나 캐서린이 집필한 부분에서만 조숙한 아이들 문제를 직접 다루고 있다. 그녀는 연구 습관을 유지하면서 영재에 대한 연구 역사에서 맥락화된 내용을 서술하였다. 80페이지에 이르는 그녀의 기고는 터먼 연구에 대한 참조로부터 시작하지만 역사로 되돌아가 '영재의 과학 발생 이전의 관찰' 이라 부르는 일화를 기록한다(Miles, 1954, p. 987). 그녀는 오늘날의 교과서나, 진보적인 매체들을 보여 주는 뉴스에 잘 등장하는 영재 크리스티안 히인리히 하이네켄(Christian Heinrich Heineken)의 짧은 4년간의 삶을 이야기한다. 독자들이 유년기의 영재성이 결정적인 것으로 가정하지 않도록, 캐서린은 카를 비테(Karl Witte)의 유년기 발달과 길고 행복한 삶을 이야기하는 데 균형을 맞춘다. 이러한 과학 이전의 관찰에서 그녀는 과학적 심리 관찰의 시작을 골턴의 통계적 연구와 드 캉돌(DeCandolle)의 사회적 영향 연구에 두고 정신 측정과 유명인 학습에 카텔의 방식과 비네의 형식을 빌려 함께 가져왔다. "정량적 연구의 근대기"(1954, p. 989)로 옮겨 갈 때, 캐서린은 터먼에 대한 자부심을 다시금 드러내나 홀링워스와 젠킨스, 위티, 그리고 G. M. 휘플(G. M. Whipple)의 연구를 포함시킨다. 그녀의 지적 근본은 1920년대와 1930년대 그리고 1940년대의 정신 평가 운동의 전성기에 있지만 캐서린이 포함시키도록 고른 주제의 대부분은 현대의 관심사로서 계속되어 오고 있다. 영재의 특성 논의에서 그녀는 인종 간의 차이를 직접 다루고, 인종 우월 가설을 반박하기 위해 높은 지능지수를 가진 미국의 흑인 아동들을 찾아내는 연구를 수행한 젠킨스 연구(1936)를 인용한다. 당시 학자들의 예상대로 그녀는 유용한 도구로서의 지능지수에 감사를 드러내나 지적 능력만으로는 성취도에 대한 잠재력으로 변환될 수 없다고 언급하고 있다. '잠재력과 실현' 이라는 제목의 논제에서 캐서린은 다음과 같이 말한다.

지능은 성취도를 얻는 데 중요한 요소이지만 다른 요인들, 어쩌면 수많은 기타 요인 중 한 가지 요소일 뿐으로 나타났다. 성취를 위해서는 각 요소의 존재 여부만큼 각 요소 간의 상호관계도 중요하다. 지금까지 진행해 온 후속 연구를 보면, 유전과 환경이 모두 유리한 경우에 보다 효과적인 성격이 나타나는 것으로 보인다. 충분한 수의 유리한 요소들이 있다면 불리한 요소 하나가 있다고 해서 성취를 저해할 수 없었음이 발견되었다. 마찬가지로, 유리한 요소가 하나 있다고 해서 여러 다양한 영재적 성취에 있어 잠재적 능력의 실현이 보장되지도 않는 것으로 드러났다 (Miles, 1954, p. 1027).

캐서린의 기고는 과학적 재능과 예술적 재능을 인정하고, 잠재적으로 나타나며 지원되어야 하는 영역이 많다는 점을 수긍하게 만든다. 역사적 영재들의 유년기와 청소년기 및 초기 청년기 지능지수 계산에 관한 그녀의 이전 연구를 감안해 보면, 그녀의 언급은 독자들을 놀라게 할 수도 있으나 캐서린은 재능의 다양성과 인간 발달을 전 생애적 관점에서 보는 시각의 중요성 모두를 견지하고 있었다. 매 시대에 전문용어를 가지고 많은 고민을 하며 캐서린이 보낸 연구 활동 시대도 그다지 다를 바 없었다. 그녀는 이전에 아이에게 쓰였던 '천재에 가까운'이나 '천재'라는 단어가 '재능 있는'이라는 단어로 대체되고 있다고 지적하였다(1954, p. 985).

영재교육 문헌에 대한 그녀의 평가는 또한 이 분야에 익숙한 체계적인 방식으로 내려지고 있다. 그녀는 재능 있는 학습자의 요구를 충족시키기 위해 교육 개조의 두 가지 유형을 식별하였다. 아이들 사이에서 학습의 차이는 "발전의 다양한 속도" (1954, p. 1029)와 "교육과정에 농축되는 일부 유연한 방식"(p. 1029)이 필요하다. 기본적으로 캐서린은 영재교육을 위한 핵심 전략은 가속과 농축이라고 설명하였다. 그녀는 XYZ 집단화 모델을 채택하는 것 자체는 반드시 학업 부진아들의 요구도, 고급 학습자들의 요구도 충족시키지 않을 거라는 견해를 보였다. 그녀는 가장 앞서나가는 학습자들의 요구를 충족하려면 특별한 환경이 필요하다고 주장하며 '기회 수업'의 증거는 학생들의 능력이 균일하지 않은 학교에서 집단을 나누는 것은 비민주적이라는 위티의 주장과 다르다고 지적하였다(Miles, 1954, p. 1031). 그녀는 이 기고를 쓸 당시 영재학생의 실험 연구가 그룹화에 우호적이지만 그 수가 너무 작아 결정적이지 못하다고 주장하였다. 그녀는 학생들이 다른 속도로 발달할 수 있고 기회와 자극을 주도록 강화된 교육과정이 있다면 다양한 관리 방식이 효과적일 수 있다는 결론을 도출하였다.

그녀의 간행 활동 경력이 끝으로 치달을 즈음 캐서린 콕스 마일즈(Cox Miles)는 미네소타 대학의 E. 폴 토랜스(E. Paul Torrance)가 주최한 영재에 관한 회의에서 발표한 논문에서 그녀의 수많은 관심 연구 분야를 결합하였다. 그녀는 회의에 참가하고, 후속 연구 간행물의 한 장을 집필하였고, 프로그램 관리자를 맡고 있는 진 로(Jean Lowe) 부인으로부터 받은 서신에 용기를 얻어 1958년 10월 14일에 KUOM이라는 대학 내 방송국을 통해 그녀의 기록지를 방송하였다(W. R. Miles & C. C. Miles, 1958). '재능의 역사와 인생의 요소'라는 제목의 캐서린의 논문은 『유년기 정신 특징』을 간단히 그려 낸 다음 100명의 20세기 미국인의 동일한 연구를 소개하였다. 내용의 대부분을 약력을 따라가서 수집하는 카텔 방식을 사용하여, 캐서린은 『미국 전기 사전』에서 100명의 개인을 선정했다. 그녀의 연구 목적은 "재능의 기원과 성장, 발달에 대해 묻는 다수의 질문을 알아보고자 함"이었다(Miles, 1960, p. 55). 표본은 작곡가 조지 거슈윈, 소설가 이디스 워튼, 그리고 기업가 하비 파이어스톤과 월터 크라이슬러 등 다양한 분야에서 포함되었다. 캐서린은 그녀가 『300명 영재의 유년기 정신 특징』에서 얻었던 통찰을 바탕으로 분석을 내놓았지만 역할 모델, 능력 있는 또래와 함께 일할 수 있는 기회 및 행복한 가정생활이 전 생애에 걸쳐 재능의 개발에 도움이 된다는 것을 증명하는 데 더 많은 부분을 할애했다. 그녀가 내린 결론은 특히 젊은 여성들과 관련이 있었다.

저는 "대학 2학년인 여학생이 대학을 그만두고 결혼할 때, 교육에 들어간 일부 노력이 낭비된다."는 말을 정치인들로부터 들었습니다. 그러나 그런 교육보다도 후에 영재들의 어머니가 될 젊은 여성들에게는 생활과 성격 발달에 대한 생각, 태도 및 문제에 대한 훈련이 더욱 필요합니다. 그리고 아버지들도 시간을 할애하거나 여가를 즐기는 것뿐만 아니라 기술이나 관심사, 추구하는 바, 태도, 모든 효과적인 생활의 기반이 되는 신념을 발전시킬 기법을 공유하는 것을 통해 무언가를 배울 수도 있습니다(1960, p. 64).

결론, 기여도, 영재교육에 있어서 캐서린이 남긴 유산

캐서린의 인생과 일을 살펴봄으로써 무엇을 얻을 수 있는가? 첫째로, 그녀는 그녀의 삶을 실질적으로 다른 사람들의 아이들을 돌보는 데 바쳤다. 젊은 날 독일에서 전쟁 피해 아동을 위한 급식 프로그램을 운영하고, 남편인 월터 마일즈의 엄마 잃은 자녀들도 돌보고, 바쁜 임상 실험 일정에서 실험 대상자들의 부모들과 대화를 할 때에도 캐서린 콕스 마일즈는 타인, 특히 다른 이들의 아이들을 보살폈다. 유명인을 다룬 그녀의 주요 저작 『유년기 정신 특징』에서조차, 캐서린은 권두에 실릴 일러스트로 열 살의 존 밀턴이 주름 장식 고리로 둘러싸여 엄숙한 표정으로 주시하는 이상적인 이미지를 골랐다. 그녀는 아이들의 과거와 현재에 대한 동정심을 품고 있었다.

둘째로, 캐서린은 뛰어난 인물들에 대해 기여하였고 영향을 주었다(Miles, 1937). 그녀는 스스로 역사적 영재들의 일대기를 연구하는 데 몸을 던졌다(Robinson 2009a, 2009b). 또한 그녀는 영재아동 문학에 대해 상당한 리뷰를 기고했는데, 그녀는 임상 학자로서 특이한 사례를 많이 접해 봤으며 연구 과정에는 루이스 터먼과 함께 한 남성성-여성성 척도에 관한 연구의 일부로서 성전환자에 대한 연구 사례를 발표하기도 하였다(Miles, 1942).

마지막으로, 캐서린의 연구는 학문적인 연구와 대중 문화에 영향을 미쳤다. 그녀의 위대하고 섬세한 작업인 『유년기 정신 특징』은 첫 번째 저자에게는 전기 연구를 하게 된 영감의 근원으로서, 그리고 두 번째 저자에게는 콕스 데이터의 분석을 위한 방법론적 통찰력과 풍부한 정보를 제공하는 중요한 역사 측정학적 연구로서 인정받고 있다. 대중 문화적 측면에서 보면 역사적으로 주목할 만한 인물들의 캐서린 콕스 마일즈의 지능지수 추정치는 뉴스 보도와 인터넷 사이트에서 나타나곤 한다. 앞서 언급한 바와 같이 이러한 문화적 유행은 종종 출처가 모호하거나 오인될 수도 있지만 그들은 우리의 상식을 반영하였다. 겸손한 퀘이커 교도로서, 아내이자 어머니이며 세심하고 창의적인 심리학자, 그리고 생산적으로 바쁘게 지내는 예일 대학의 임상학자로서 캐서린 콕스 마일즈는 의심할 여지없이 상당히 놀라운 사람이었다.

참고문헌

Albert, R. S. (Ed.). (1992). *Genius and eminence* (2nd ed.). Oxford, UK: Pergamon Press.

Ball, L. C. (2012). Genius without the "Great Man": New possibilities for the historian of psychology. *History of Psychology, 15*(1), 72-83. Doi: 10.1037/a0023247

Brinton, A. S. C. (1913-1932). *Anna S. Cox Brinton family papers*. HC. Col. 1228. Box 8. Folder 2.Haverford College Quaker and Special Collections, Haverford, PA.

Brinton, A. S. C. (1919-1920). *Anna S. Cox Brinton family papers*. HC. Col. 1228. Box 22. Haverford College Quaker and Special Collections, Haverford, PA.

Carmichael, L. (1954). *Manual of child psychology* (2nd ed.). New York, NY: Wiley.

Cattell, J. M. (1903). A statistical study of eminent men. *Popular Science Monthly, 62*, 359-377.

Cox, C. M. (1926). *Genetic study of genius: The early mental traits of three hundred geniuses, Vol. 2*. Stanford, CA: Stanford University Press.

Dennis, W. W., & Dennis, M. (Eds.). (1976). *The intellectually gifted*. New York, NY: Grune & Stratton.

Goodwin, C. J. (2003). An insider's look at experimental psychology in America: The diaries of Walter Miles. In D. B. Baker (Ed.), *Thick description and fine texture: Studies in the history of psychology* (pp. 57-75). Akron, OH: University of Akron Press.

Google Scholar. [n.d.]. Miles and Wolfe (1936) search. Retrieved from http://scholar.google.com/scholar?hl=en&q=Miles+and+Wolfe+1936&btnG=&as_sdt=1%2C4&as_sdtp=

Google Scholar. [n.d.]. Cox C. (1926) search. Retrieved from http://scholar.google.com/scholar?q=cox+miles%2C+1926&btnG=&hl=en&as_sdt=0%2C4

Gould, S. J. (1996). *The mismeasure of man* (Rev. ed.). New York, NY: Norton.

Hegarty, P. (2012). Getting Miles away from Terman: Did the CRPS fund Catharine Cox Miles's unsilenced psychology of sex? *History of Psychology, 15*(3), 201-208. Doi: 10.1037/a0025725

The IQ of Famous People. [n.d.]. Retrieved from http://www.kids-iq-tests.com/famous-people.html

Jenkins, M. D. (1936). A socio-psychological study of Negro children of superior intelligence. *Journal of Negro Education, 5*(2), 175-190.

Jones, Anna Miles. (1984, December 17). Letter to Chairman of the Department of Psychology, Stanford University. Archives of the History of American Psychology, Box M1199.26, Folder 11. Center for the History of Psychology, University of Akron, Akron, OH.

Lombroso, C. (1895). *The man of genius.* London, UK: Scribner's.

Miles, C. C. (1937). The role of individual differences in social psychology. *Social Forces, 15,* 469–472.

Miles, C. C. (1942). Psychological study of a young adult male pseudohermaphrodite reared as a female. In Q. McNemar & M. Merrill (Eds.), *Studies in Personality, Contributed in Honor of Lewis M.* Terman. New York, NY: McGraw–Hill.

Miles, C. C. (1946). Gifted children. In L. Carmichael (Ed.), *Manual of child psychology* (pp. 886–953). Hoboken, NJ: Wiley. Doi: 10.1037/10756–018

Miles, C. C. (1954). Gifted children. In L. Carmichael (Ed.), *Manual of child psychology* (2nd ed., pp. 984–1063). New York, NY: Wiley.

Miles, C. C. (1960). Crucial factors in the life history of talent. In E.P. Torrance (Ed.), *Talent and education: Present status and future directions* (pp. 51–65). Minneapolis, MN: University of Minnesota Press.

Miles, C. C., & Miles, W. R. (1932). The correlation of intelligence scores and chronological age from early to late maturity. *The American Journal of Psychology, 44,* 44–78.

Miles, C. C., & Wolfe, L. S. (1936). Childhood physical and mental health records of historical geniuses. *Psychological Monographs, 47,* 390–400.

Miles, W. R. [n.d.]. Walter R. and Catharine Cox Miles home video [Videorecording]. Home movies #3 (16mm, shelf 40–2–7; Walter R. and Catharine Cox Miles papers). Center for the History of Psychology, University of Akron, Akron, OH.

Miles, W. R. (1927). The two–story duplicate maze. *Journal of Experimental Psychology, 10,* 365–377.

Miles, W. R. (1943). Red goggles for producing dark adaptation. *Federal Proceedings of American Societies for Experimental Biology, 2,* 109–115.

Miles, W. R. (1967). Walter Miles. In E. G. Boring and G. Lindzey (Eds.), *A history of psychology in autobiography: Vol V. The Century psychology series* (pp. 221–252). East Norwalk, CT: Appleton–Century–Crofts.

Miles, W. R., & Miles, C. C. (n.d.). Walter and Catharine in a flower garden [Photograph]. Photographs of Walter and Catharine Miles. Walter R and Catharine Cox Miles collection, Box V57, Folder CCM. Archives of the History of American Psychology, Center for the History of Psychology, University of Akron, Akron, OH.

Miles, W. R., & Miles, C. C. [ca. 1919-1920]. Catharine surrounded by hungry German children at an American Friends Society Committee feeding site [Photograph]. Photographs of American Friends Society Committee Feeding the Children of Berlin. Walter R. and Catharine Cox Mile collection, Box V57, Folder CCM. Archives of the History of American Psychology. Center for the History of Psychology, University of Akron, Akron, OH.

Miles, W. R., & Miles, C. C. [ca. 1932]. Appointment letter from Yale Medical School. Walter R. and Catharine Cox Miles Collection. Box M1104. Archives of the History of American Psychology, Center for the History of Psychology, University of Akron, Akron, OH.

Miles, W. R., & Miles, C. C. [ca. 1953]. Correspondence. Walter R. and Catharine Cox Miles Collection. Box M1105, Folder 1. Archives of the History of American Psychology, Center for the History of Psychology, University of Akron, Akron, OH.

Miles, W. R., & Miles, C. C. (1958). Letter to Catharine from Jean Lowe. Walter R. and Catharine Cox Miles Collection. Box M1129, Folder 10. Archives of the History of American Psychology, Center for the History of Psychology, University of Akron, Akron, OH.

Miller, N. E. (1980). Walter R. Miles (1885-1978). *American Psychologist, 35,* 595-596. Doi: 10.1037/h0078352

Murray, C. (2003). *Human accomplishment: The pursuit of excellence in the arts and sciences, 800 B.C. to 1950.* New York, NY: HarperCollins.

Pearson, K. (1914). *The life, letters and labours of Francis Galton* (4 vols.). Cambridge, UK: Cambridge University Press.

Robinson, A. [Ann]. (2009a). Biographical methods in gifted education. In B. Kerr (Ed.), *The Encyclopedia on giftedness, creativity, and talent: Vol. 1* (pp. 97-99). Thousand Oaks, CA: Sage.

Robinson, A. [Ann]. (2009b). Biography, eminence, and talent development: The lure of lives. In B. D. MacFarlane & T. Stambaugh (Eds.), *Leading change: The festschrift of Dr. Joyce Van Tassel-Baska* (pp. 457-468). Waco, TX: Prufrock Press.

Robinson, A. [Andrew]. (2010). *Sudden genius—The gradual path to creative breakthroughs.* Oxford, UK: Oxford University Press.

Rogers, K. B. (1999). The lifelong productivity of the female researchers in Terman's Genetic

Studies of Genius longitudinal study. *Gifted Child Quarterly, 43,* 150–169.

Sears, R. R. (1986). Catharine Cox Miles: 1890–1984. *American Journal of Psychology, 99,* 431–433.

Simonton, D. K. (1976). Biographical determinants of achieved eminence: A multivariate approach to the Cox data. *Journal of Personality and Social Psychology, 33,* 218–226.

Simonton, D. K. (1984). Leaders as eponyms: Individual and situational determinants of monarchal eminence. *Journal of Personality, 52,* 1–21.

Simonton, D. K. (1990). Psychology, science, and history: An introduction to historiometry. New Haven, CT: Yale University Press.

Simonton, D. K. (2006). Presidential IQ, openness, intellectual brilliance, and leadership: Estimates and correlations for 42 US chief executives. *Political Psychology, 27,* 511–639.

Simonton, D. K. (2008). Childhood giftedness and adulthood genius: A historiometric analysis of 291 eminent African Americans. *Gifted Child Quarterly, 52,* 243–255.

Simonton, D. K. (2009). The "other IQ": Historiometric assessments of intelligence and related constructs. *Review of General Psychology, 13,* 315–326.

Simonton, D. K. (2010). The curious case of Catharine Cox (Miles): The 1926 dissertation and her Miles–Wolfe (1936) follow-up. *History of Psychology, 13*(2), 205–206. Doi: 10.1037/a0019381b

Simonton, D. K., & Song, A. V. (2009). Eminence, IQ, physical and mental health, and achievement domain: Cox's 282 geniuses revisited. *Psychological Science, 20,* 429–434.

Stern, W. (1912). The psychological methods of intelligence testing (Trans. G. M. Whipple). Baltimore, MD: Warwick & York.

Sweitzer-Lamme, J. (2012). Anna S. Cox Brinton family papers (HC. Coll. 1228): Finding aid (p. 6). Haverford College Quaker and Special Collections, Haverford, PA.

Terman, L. M. (1916). The measurement of intelligence: An explanation of and a complete guide for the use of the Stanford revision and extension of the Binet–Simon intelligence scale. Boston, MA: Houghton Mifflin.

Terman, L. M. (1917). The intelligence quotient of Francis Galton in childhood. *American Journal of Psychology, 28,* 209–215.

Terman, L. M. (1925–1959). *Genetic studies of genius: Vols. 1–5.* Stanford, CA: Stanford

University Press.

Terman, L. M. (1925). *Genetic studies of genius: Mental and physical traits of a thousand gifted children* (Vol. 1). Stanford, CA: Stanford University Press.

Terman, L. M., & Oden, M. H. (1959). *The gifted group at mid-life.* Stanford, CA: Stanford University Press.

Walberg, H. J., Rasher, S. P., & Hase, K. (1978). IQ correlates with high eminence. *Gifted Child Quarterly, 22,* 196-200.

Whipple, E. M. (2004). Eminence revisited. *History of Psychology, 7,* 265-296.

White, R. K. (1931). The versatility of genius. *Journal of Social Psychology, 2,* 460-489.

Wikianswers. [n.d.]. Retrieved from http://wiki.answers.com/Q/What_was_mozart's_IQ

Woods, F. A. (1909, November 19). A new name for a new science. *Science, 30,* 703-704.

Woods, F. A. (1911, Aprill 14). Historiometry as an exact science. *Science, 33,* 568-574.

창의성, 문화 다양성, 위기

Jennifer L. Jolly

폴 위티(Paul Witty), 마틴 젠킨스(Martin Jenkins), 칼 테일러(Cal Taylor), E. 폴 토랜스 (E. Paul Torrance), 카지미어즈 다브로프스키(Karzimierz Dabrowski)는 이들 모두 영재 와 관련되는 행동에 대한 다차원적 묘사와 대단한 설명을 제공함으로써 좀 더 포괄 적이고 확장된 영재성 개념에 기여하였다. 제2차 세계대전은 이들 모두의 삶에 지울 수 없는 흔적을 남겼다. 심리학자로서 그들의 전쟁 참여는 불가피했다. 미국의 4,000 명 심리학자 중 대략 절반 정도가 전쟁 과정에서 어느 정도는 연방정부를 위해 일했 던 것이다(Capshew, 1986). 제1차 세계대전 중 심리학자들의 노력과 기여에 따른 성 공을 바탕으로, 심리학자들은 "이상적 국가에 대한 서비스를 그들이 갖고 있는 과학 적 이념에 쉽게 접목시켰다"(Capshew, 1986, p. 4). 몇몇 사람은 직접적으로 전쟁에 참 여하였는데, 다양한 상황에서의 신입 채용검사를 만들거나 교육 프로그램을 설계하 는 등 자신들의 전문성을 제공하는 노력을 기울였다. 한편, 다브로프스키는 그의 고 향인 폴란드가 독일에 의해 침략당하고 소련에 넘어가는 것을 보았는데, 이때 그는 이 두 나라에 의해 감옥에 수감되어 학대를 당하고 있었다.

전쟁이 끝나고 몇 십 년의 시간은 미국과 영재교육에 대한 미국의 관심에 큰 변화를 가져왔다. 냉전이 한창이던 1958년 국방교육법의 통과는 연방정부가 재능을 가진 젊은이들을 판별하고 교육하는 데 전례 없는 흥미를 갖도록 만들었다. 이 법률은 1920년대와 1930년대에 최초의 선구적 연구들이 루이스 터먼(Lewis Terman)과 리타 홀링워스(Leta Hollingworth)에 의해 실행된 이후로 쇠퇴하고 있던 영재아들에 대한 새로운 관심을 불러일으켰다(Jolly, 2009). 브라운 대 캔자스 주 토피카 교육위 사건(Brown v. the Board of Education of Topeka, Kansas)에 대한 1954년 미국 대법원의 판결은 학교 통합과 다양한 배경 출신 아이들의 능력 범위를 더 넓게 고려하는 출발점이었다(Asher, 2003). 이러한 관심의 활성화는 이후 영재성을 보다 다차원적인 방식으로 간주하거나 다브로프스키의 경우처럼 영재성을 재개념화하는 새로운 연구자 집단을 이끌어 냈다.

폴 위티는 루이스 터먼과 마찬가지로 인디애나 주 출신이다. 그는 컬럼비아 대학교에서 심리학박사 학위를 받았고 그곳에서 리타 홀링워스와 루스 스트랭(Ruth Strang)과 같은 부류의 사람들과 만나게 된다(이 책의 홀링워스와 스트랭의 장 참조). 마침내는 일리노이 주 에번스턴에 있는 노스웨스턴 대학에 자리를 잡았다. 그는 아프리카계 미국 아동의 영재성을 처음으로 연구했던 백인 학자들 중 한 사람으로, 흑인 아동이나 가난한 환경의 아동에게서 영재성은 입증되지 않는다는 터먼의 연구 결과에 이의를 제기하였다. 또한 이때는 단체를 조직하기 시작하는 시대였는데, 위티는 미국영재아동협회의 설립을 돕고자 시카고 지역에 사는 영재아동들을 연구하며 단체 조직에 전적으로 참여하였다. 위티는 또한 마틴 젠킨스의 멘토이자 조언자였는데, 젠킨스는 아프리카계 미국 학자이며 영재교육에 중요한 인물이다(이 책의 위티의 장 참조).

마틴 젠킨스 역시 위티와 같은 고향인 인디애나 주의 테러호트에서 태어나고 자랐다. 젠킨스는 처음에 공학으로 직업을 선택했지만 기회가 거의 없자 교사가 되었고 이어서 더 교육적인 목표를 추구하기 시작했다. 학문관리 분야에서 진로를 찾기 전, 젠킨스는 위티와 함께 미국의 흑인 영재에 대한 연구를 하였고, 이 연구는 그가 노스웨스턴을 떠난 후 미국의 다른 흑인 연구자들과 더불어 확대되었다. 그의 연구는 그 시대의 대다수 다른 연구자들이 눈도 돌리지 않던 흑인 아동들에 대한 재인식에 도움을 주었다.

칼 테일러와 폴 토랜스는 J. P. 길퍼드(J. P. Guilford)가 APA(Americal Psychological Association)의 회장 연설을 하는 동안 앞으로 개시할 행동의 기회를 포착하였다. 그 당시 창의성 연구는 초기 단계였고, 테일러와 토랜스는 이 새로운 연구 분야의 틀을 갖추는 데 선두에 서 있었다. 둘 다 1915년에 태어났고, 아동과 성인의 창의적 재능을 이해하고, 측정하고, 개발하고, 격려하고자 하는 등 이들의 경력은 만나거나 겹쳤다. 각 사람은 창의성 잠재력을 확인하는 데 도움을 주는 도구—테일러의 전기적 검사, U형 검사, 토랜스의 토랜스 창의력 검사—를 개발했다. 또한 이들의 연구는 학교, 회사, 다른 기관에 상당히 실질적으로 응용되었고, 그 결과 창의적 행동과 산출을 증가시키는 매우 실용적인 응용 프로그램이 되었다. 이들의 연구와 응용 덕분에 창의성은 현재 영재성의 정의 중 한 부분이고 영재 판별 과정에서 중요하게 여겨진다.

다브로프스키의 연구는 1972년 말랜드 보고서가 날짜를 늦게 적어서 1979년까지 영재교육 분야에 소개되지 않았다. 그럼에도 불구하고 심리학에서 그의 연구는 그 분야의 설립과 일치하는 1920년대에 등장하고 있다. 그의 연구는 영재아동들의 사회적, 정서적 이슈가 연구자들의 관심을 끌기 시작했던 1980년대에 인기를 얻었다. 다브로프스키 연구는 기존의 영재성 개념에 다른 차원을 추구하기 보다는 영재성의 정서에 초점을 맞추고 지능의 역할을 평가절하함으로 영재성의 재개념화를 나타내고 있다. 그의 긍정적 비통합 이론(theory of Positive Disintegration) 역시 영재아동들의 높아지는 정서적인 이해와 그 다음 행동을 설명하는 데 사용되고 있다.

이 연구자들은 양육, 교육, 그리고 어떤 인생을 살았는지의 측면에서는 서로 다른 배경 출신이었지만 모두가 전문적으로 연구를 수행하였다. 사회와 연구자들이 영재아동들을 어떻게 생각하고 다루어야 하는지에 대한 확장되는 이들의 관심이 개념적인 연계를 만들었다. 이들은 모든 목적과 의미를 위해 존재하는 중단되었던 한 분야를 이어받았고, 한 그룹의 아이들을 더 포함하도록 활성화시켰다. 위티, 젠킨스, 테일러, 토랜스, 다브로프스키는 영재성 개념을 명백하게 하고 풍부하게 하는 부가적인 행동과 특징들을 찾아낸 것이다.

참고문헌

Asher, J. W. (2003). The rise to prominence: Educational psychology 1920-1960. In B. J. Zimmerman & D. H. Schunk (Eds.), *Educational psychology: A century of contributions* (pp. 189-206). Mahwah, NJ: Lawrence Erlbaum.

Capshew, J. H. (1986). *Psychology on the march: American psychologists and World War II (professionalization, United States).* Available from ProQuest and Theses database (AAI8703185).

Jolly, J. L. (2009). A resuscitation of gifted education. *American Educational History Journal, 36*(1), 37-52.

폴 위티
점잖은 학자(1898~1976)

Jennifer L. Jolly & Jennifer H. Robins

　영재교육에 대한 미 중서부에 뿌리내린 전통에 따르면, 폴 위티(Paul Witty)는 각각 인디애나와 네브래스카 출신인 그의 선임자 루이스 터먼(Lewis Terman)과 리타 홀링워스(Leta Hollingworth)와 흡사했다. 폴 위티는 20세기 전환기인 1898년 7월 23일 인디애나 주 테러호트에서 출생하여, 유년기에는 네브래스카에서도 잠시 살았다. 아버지 윌리엄과 어머니 마거릿 사이에서 태어난 막내였다. 폴 위티가 태어날 시기에 아버지는 미전신전화국에서 일했다. 그리고 폴의 형 레이먼드는 폐렴으로 1906년에 사망했다. 어린 시절에 폴은 허드렛일을 하면서 돈을 모아 책을 샀다. 12세쯤에 그는 상당한 책을 소유하였는데, 이 책들로부터 그가 말이나 개, 비행기 등 다양한 흥미를 가졌다는 것을 알 수 있었다(D. C. Heath, 1946; Witty, n.d.). 1916년 위티는 와일리(Wiley) 고등학교를 졸업하고, 인디애나 주립 사범학교(인디애나 주립 사범대학으로도 알려져 있음)에 다니는 동안, 호텔 털러(Tuller)의 지배인으로 일했다. 그곳에서 그의 가족이 살았다. 폴 위티의 청년기에 대한 정보는 제한적이다. 어떻게 봐도, 소년기에 가졌던 다양한 홍미가 "그의 어머니로부터 비롯된 것"이라 말했듯이(D. C. Heath, 1946, p. 6) 그는 어머니로부터 많은 영향을 받았다. 그의 어머니가 커뮤니티 활동에 참여하고 있어, 아동의 보호와 책임에 대한 그녀의 감각이 그의 아들에게 전해졌다. 이것이 아동을 옹호하고 연구하는 그의 연구 경력에 공헌하게 되었다. 그의 어린 시절, 어머니는 몇 번이고 되읽어 주었던 그가 좋아했던 몇 권의 그림책으로 그가 교수(teaching)와 독서에 대단한 홍미를 갖게 하는 영향을 주었다(Witty, n.d., p. 1).

위티가 인디애나 사범대학에 입학하였을 때 그의 관심은 물리, 화학 및 심리학이었다(Gilman, 1972). 그는 바로 이곳에서 프랜시스 골턴(Francis Galton) 경, 윌리엄 제임스(William James), G. 스탠리 홀(G. Stanley Hall), 찰스 다윈(Charles Darwin) 등의 연구를 접하게 된다(D. C. Heath, 1946).

1920년 대학을 졸업한 후, 위티는 의사가 되겠다는 생각에 관심이 끌려, 시카고 대학교에 들어가 예비의학 과목을 수강하면서 러시(Rush) 의과대학에 등록을 하였다. 그러나 생리학과 심리학에 대한 그의 관심은 그로 하여금 컬럼비아 대학교 사범대학 심리학과에 등록하게 만들었다. 이곳에서 그는 존 듀이(John Dewey)나 에드워드 손다이크(Edward Thorndike)와 같은 심리학의 거장들과 같이 일할 기회를 갖게 된다. 그가 가장 매력을 느낀 것은 실용 심리학이었으며, 그것으로 인해 스카보로 컨트리 데이 학교(Scarborough Country Day School)에 첫 번째 학교심리학자 중의 한 사람으로 일하게 되었다. 1924년에는 캔자스 대학에서 일하게 되고 결국에는 심리교육 클리닉(Psycho-Educational Clinic)의 소장이 된다. 이 직책 때문에 그는 영재아동에 대해 공부할 기회를 갖게 되었다. 캔자스에서 6년을 보낸 위티는 노스웨스턴 대학의 교육학 교수로 그리고 심리교육 클리닉 소장으로 일하게 되어, 1966년 그가 퇴직할 때까지 그곳에서 일하게 된다. 제2차 세계대전이 일어나 미군에 징집되어 소령으로 근무하면서 문맹자 군인을 위한 훈련 자료를 개발하는 동안 노스웨스턴 대학에서의 근무가 정지되었다(Gilman, 1972).

위티는 광범위한 홍미와 활동을 하는 사람으로 일관되게 기술되었다. 그는 자신의 연구 분야인 독서와 영재교육 영역에서 가장 잘 알려져 있지만 그 외 분야, 이를테면 정신위생, 동기와 아동 발달 등을 포함한 분야에도 공헌했다. 그는 학자로 그리고 홀륭한 교육자로 알려져 있다(Gilman, 1972). 그의 성격(캐릭터)에 대한 생생한 묘사에서, 가르침과 흥미에 대한 그의 헌신은 다음과 같이 기술되었다.

> 예술로서의 교수(teaching)는 학문적 주제에 부지런히 연구하고 몰두하는 것 이상을 내포한다. 삶의 예술을 익히기만 하면 하나의 예술이 된다. 위티 박사의 친한 벗들과 동료들은 오래전에 그가 삶의 예술을 익혔다고 인식하였다. 그가 수행한 작업의 양에 경이를 금치 못하는 다른 사람들이 그가 참여한 활동을 인용하면서 그가 어떻게 이것을 감당할 수 있었는지 물었을 때, 그의 친구들은 "폴 그 친구는 걱정 말게. 언젠가 그는 연구와 취미를 결합시키는 법을 터득했어. 하루만 뒤를 쫓아다녀 보면 우리가 하는 말이 이해될 것이네"(D.C. Heath, 1946, pp. 12-13).

노스웨스턴 대학에 재직하는 동안, 조언을 구하기 위해 찾는 사람들이 많아 그는 학생이나 동료들과는 오전에 회합하고, 오후는 약속, 회의나 서신으로 바빴으며, 저녁에는 수업과 면담 및 강연을 하는 데 시간을 보냈다(D. C. Heath, 1946). 그는 대부분의 시간을 연구에 썼지만, 인생을 즐기는 데도 할애했다. 친구를 만나고, 수영을 하며, 콘서트나 오페라와 극장을 다녔으며, 시와 독서를 즐겼다. 위티의 학생이며 후에는 공동 연구자였던 월터 바브(Walter Barbe)에 따르면, "위티는 세련되고 교양이 있으며, 음악 감상과 공연 관람을 즐기는 등 모든 점에서 상류계층이었다"(W. Barbe, 개인적 대화, 2012. 12. 4.)." 위티는 결혼을 하거나 아이를 가진 적이 없다. 가족이 있었더라면 함께했을 시간을 모두 연구를 하거나 글을 쓰는 데 그리고 다른 흥미를 추구하는 데 사용했다.

영재교육 분야의 주요한 공헌

1930년대와 1940년대에 폴 위티는 영재교육에서 선두적인 대변인 중 한 사람으로 떠올랐으며(Hildenbrand, 1981), 1940년대와 1950년대에는 그 분야에서 가장 글을 많이 쓰는 필자 중의 한 사람이었다. 독서, 아동에게 미치는 TV의 영향, 창의성을 포함한 다양한 분야의 연구 활동에 관심을 가졌다(Beckstrand, n.d.). 영재교육과 영재아에 대한 그의 관심은 프로그램 옵션과 교육 설비, 영재의 판별과 정의, 아프리카계 미국 영재학생, 영재학생과 과학, 그리고 〈퀴즈 키즈(Quiz Kids)〉(1940~1950년대 라디오에서 시작하여 TV에서도 방영한 인기 프로그램)를 포함한 다양한 분야로 확대되었다. 1950년대 가장 주요한 책 중의 하나인 『영재아동(The Gifted Child)』을 편저한 것 외에도 학술지의 수많은 논문과 저서에 기여했으며 그리고 종단 연구와 사례 연구를 수행하였다. 길먼(Gilman, 1972)은 다음과 같이 언급했다.

> 재능아와 영재아에 대한 위티의 연구는 영특한 학생들에 대한 흔한 오개념을 없애는 데 도움을 주었다. 위티의 영재아 연구 이전에는 영재아가 덜 매력적이고 덜 건강하고 비사회적이라는 잘못된 관념이 있었다. …… 그의 작업의 결과로 많은 정신적 영재학생이 자신들의 완전한 잠재력을 인식하는 데 도움을 받았다(p. 60).

위티의 몇몇 초기 작업은 지능(IQ) 측정을 통한 영재아의 판별에 초점을 두었다. 위티와 그의 동료 리먼(Lehman, 1927, 1928)은 IQ 또는 재능에 지나치게 의존하지 말 것을 경고하였으며, 능력(ability)과 효과적인 능력(effective ability) 사이의 차이를 고려할 때 추진력이나 동기와 같은 다른 요인들이 영향을 줄 수 있다는 데 관심을 두었다.

영재아동

폴 위티가 편저한 『영재아동』(1951a)은 영재아동의 전반적 개관을 제공한 책이었다. 이 책은 미국영재아동협회(AAGC)에 의해 개념화되었으며 그리고 그 시기에 영재에 관한 출판물 중에서 으뜸으로 생각되었다(A. J. Tannenbaum, 개인적 대화, 2010. 2. 19). 터먼(Terman, 1954)이 영재교육 분야에서 "사고와 행위에 대한 최고의 조사연구"(p. 227)라고 말한 바와 같이, '영재아동'은 세계 인명사전 「후즈 후(who's who)」에 등재된 루이스 터먼(Lewis Terman), 멜리타 오든(Melita Oden), 루스 스트랭(Ruth Strang) 등 가장 영향력 있는 필자들을 포함하였다. 그 책을 편집한 것 외에도, 그는 3개의 장— '영재교육에서 진전' '영재아동을 위한 교육제공의 특성과 범위' '영재아동과 영재 청소년의 교육-요약과 권고'—을 저술하였다.

15개의 장으로 구성된 이 책은 교실에 있는 교육자와 학자에게 흥미로운 다양한 주제를 담았다. 1950년까지 영재교육의 발전 과정, 영재학생의 판별, 터먼의 연구, 홀 링워스의 기여, 극단적 영재아, 영재를 위한 교사, 정신위생 그리고 교육 제공에 초점 을 둔 이 책은 영재학생의 교육을 위한 연구와 제언을 공유하는 데 기여했다. 이 책은 많은 정보와 연구를 한 권의 책으로 출판한 첫 번째 편저서였다. 위티(1959a)는 이 책 이 영재학생과 그들의 교육에의 관심을 부활시키는 데 도움을 주었다고 생각했다.

현재 상태와는 다른 연구

그의 경력에서 위티는 영재교육과 영재학생에 대한 연구의 기초를 쌓는 데 많은 기여를 했다. 저서나 학술지에 실린 많은 논문과 장(chapter)에서 그는 자신의 작업을 강조하였다. 영재학생에 대한 터먼의 종단 연구는 1920년대에 시작되어, 시간이 지 나면서 이들 학생에 대한 정보를 제공하였다. 터먼처럼 위티도 종단 연구를 수행하 였다. 1924년에 터먼의 저서 『천재에 대한 유전연구(Genetic Studies of Genius)』는 1,500명의 영재학생 연구에서 얻은 1단계 데이터의 결과를 세상에 알렸듯이, 위티도 미 중서부에 있는 100명의 영재학생을 대상으로 종단 연구를 수행했다. '100명의 영 재아 연구'라는 주제의 연구에서는 IQ 140 이상의 학생들을 조사했다. 위티가 수집 한 데이터는 터먼이나 홀링워스가 수집한 연구, 즉 학교와 부모의 설문, IQ검사와 신체 측정치를 포함한 연구 결과와 유사했다. 위티(1930)는 그의 데이터가 터먼의 것 과 놀라울 정도로 흡사함에 주목했다. 이런 일치에도 불구하고 데이터에 대한 위티 의 해석은 달랐다.

위티는 지능검사로 측정되지 않은 요소들이 성취에 영향을 준다고 가정했다(Witty

& Lehman, 1972). 위티(1930)의 입장에서는 "능력 외에도 유리한 환경에서 성취 욕구가 있어야 한다"(p. 41). 아동기의 높은 IQ의 판별과 성인기의 명성을 연계하는 터먼의 결론은 지지를 얻지 못했다. 하지만 위티는 진정한 천재는 IQ나 재능을 가져야 할 뿐만 아니라 추진력이나 기회도 동반되어야 함을 제시했다(Witty, 1930).

위티와 리먼(1927)은 "재능의 중요성이 지나치게 강조되었으며, 추진력의 중대성은 무시되거나 저평가되었다."고 느꼈다(p. 366). IQ 측정은 추진력의 측정이 아니었으며 추진력에 영향을 주는 요인들을 설명하지 못했다. 위티는 능력은 있지만 성취가 높지 않은 사람과 '무엇인가 할 의지'와 '성취 욕망'을 가진 사람을 구분 짓는 것을 알아내는 데 관심이 있었다. 효과적인 능력을 구성하는 요소가 무엇인지는 여전히 추측에 불과하며, 추진력과 기회를 조사하는 종단 연구가 더 요구된다(Witty & Lehman, 1928).

1940년에 교육 연구를 위한 미국교육연구학회(NSSE)의 39회 연감에 나타난 '50명의 영재학생의 유전 연구'라는 제목의 장에서 그는 부가적인 결론을 발표했다. 위티(1940)는 미 중서부에 있는 50명의 영재학생(26명은 남, 24명은 여)에 대한 종단 연구를 기술하고 있다. 그가 초점을 둔 것은 영재학생의 가족 배경, 신체적 발달, 지능, 교육 성취와 사회적 특성이었다. 96%의 부모가 미국에서 출생했으며, 64%의 아버지는 사업가이며 34%는 전문직이었다. 그리고 절반 정도의 부모가 대학을 졸업했다(Witty, 1940). 영재의 신체 발달은 평균 이상이었기에 당시 팽배했던 영재에 대한 오개념을 바로잡는 자료를 제공하였다. 이 표집에 대한 첫 번째 IQ검사(1924-1925)에서는 평균이 153이며, 범위는 140에서 183 사이였다. 그리고 두 번째 검사(1930-1931)에서는 평균이 136이며, 범위는 121에서 180 사이였다. 세 번째 후속 연구(1933-1934)에서는 모든 학생이 대학에서 상위 5%의 성적을 기록했는데, 이는 영재들이 여전히 우수한 능력을 유지하고 있음을 보여 준다. 교육적 성취에 대해서는 이들 학생이 모든 과목에서 또래 아동의 평균을 넘어섰으며, 통제집단에 비해 우수한 사회적 적응력을 가진 것으로 보였다(Witty, 1940).

아프리카계 미국인 영재의 연구

1930년대와 1940년대의 영재교육에 있어 마틴 젠킨스(Martin Jenkins, 위티로부터 지도를 받았으며 또한 공동 연구자; 예: Jenkins, 1943, 1948)를 포함한 몇몇 연구자처럼, 위티도 아프리카계 미국 영재학생에 대한 연구에 기여했다. 위티와 젠킨스(1934)는 시카고에서 인종분리학교에 다니는 아프리카계 미국 영재학생의 교육적 성취를 탐구하였다. 교사의 지명, 스탠퍼드-비네 지능검사, 뉴 스탠퍼드 성취검사를 사용하여 선발된 이 아동의 교육적 우월성은, 일반 흑인 학생의 학교 성취는 일반적인 백인 학생의 성취보다 낮다고 일관되게 기술되고 있는 관념에 정면으로 배치되는 증거를 제공했다(Witty & Jenkins, 1934). 1943년, 위티와 바이올라 더맨(Viola Theman)은 아프리카계 미국 영재의 교육적 성과에 대한 더맨의 추적 연구 논문을 『교육심리학 저널(Journal of Educational Psychology)』에 게재했다. 더맨의 학위논문 「우수한 지능을 가진 흑인 청년기 학생의 추적연구」는 1942년에 쓰였다. 자신의 학위논문 연구에서 더맨은 젠킨스의 1935년 학위논문에 사용된 103명의 원래 샘플에서 84명을 찾아 연구했다.

1943년 더맨과 위티는 『심리학 저널(Journal of Psychology)』에 「두 흑인 영재의 사례연구와 유전적 기록」이라는 논문을 출간했다. 저자들은 그 당시 사례 연구의 희귀성 때문에 문헌으로 남기고 싶어 했다(Theman & Witty, 1943). 이 논문은 두 사례를 포함하는데, IQ 200인 9세의 여학생 'B'(1935년에 위티와 젠킨스가 처음으로 연구)와 IQ 163인 10세의 남학생 'E'의 연구였다. 각 아동의 전력, 가족 배경, 정신 능력과 교육적 성취에 대한 심도 있는 정보가 제공되었다(Theman & Witty, 1943). B의 부모는 지능 면에서 평균 이상이었으나 이혼을 하였다. 그녀의 어머니는 학업적 기술을 최대로 발휘하고 교육적 기회를 추구하도록 격려했다. B는 많은 여가 시간을 독서로 보냈다(보통 일주일에 7~12시간 그리고 주당 평균 5권의 독서). 그녀는 학급에서 인기는 많았지만 친한 친구는 많지 않았다(Theman & Witty, 1943). 수년이 지난 후 B가 노스웨스턴 대학에서 위티가 주관하는 '남쪽에서 온 흑인 교사'라는 여름 강의를 듣게 되었다. 강의에서 위티는 B의 이야기를 되새겼는데, 그녀는 청소년기의 기대에 부응하지는 못했다고 언급했다. 그는 B가 그 수업에 등록하여 그의 말을 듣고 있는 줄을 몰랐다. 월터 바브가 공교롭게도 B 옆에 앉아서 B가 "나에게 네 아이가 있는데…… 내가 기대한대로 성장하지 못했다는 말이 무슨 의미일까?" 라고 내뱉는 말을 들었다(W. Barbe, 개인적 대화, 2012. 12. 4). 위티는 영재성에는 책임이 따른다고 믿었다.

E는 자신의 능력에서 기대되는 것 이상으로 성취를 이루었으며, 빨리 월반을 하여 8학년이 되었을 때는 고작 10세였다(8학년의 평균 나이보다는 세 살이 적음). 그는 높은 사회경제적 배경의 가족에서 태어났다. 아버지는 변호사이며 어머니는 교사였다. 수학에서 우수하여 16세에 학사학위를 취득했고, 19세의 생일을 두 달 남겨 두고 박사학위를 받았다. E는 사회적으로 잘 적응했으며 친구도 많았다.

쌍둥이 소년의 사례 연구

젠킨스 및 더맨과 공동으로 수행한 사례 연구 외에도, 위티는 시카고 공립학교 아동연구부의 심리학자 앤 쿠머(Ann Coomer)와도 공동 연구를 했다. 1955년 이들은 각각 스탠퍼드-비네 검사에서 IQ 190과 195인 12세 된 두 명의 남자 쌍둥이 영재아에 대한 사례 연구를 출간하였다. 그 쌍둥이에게는 IQ 148의 일곱 살짜리 여동생이 있었는데, 연구자들은 "그녀의 수행력이 결코 두 오빠만큼 뛰어나지는 않았다." 는 것에 주목했다(p. 106). 소년들은 모두 3세에 글을 읽었고 주변의 이목을 끌었던 것으로 기술되었다. 그들은 공립학교에 입학하고서는 일반 아동에 비해 두 배로 빠르게 학년을 마쳤다. 두 쌍둥이는 다양한 관심을 가졌으며, 새로운 관심거리를 발견하며, 가능한 한 많은 독서를 한 것으로 알려졌다. 두 소년은 뛰어난 작가의 소질이 있었으며, 아버지처럼 법조계에 들어가기를 희망했다. 저자들은 다음과 같이 결론을 내렸다.

고무적인 가정에서 안정과 동기뿐만 아니라 비범하게 높은 타고난 정신 능력을 가진 행운의 이들 두 쌍둥이와 같은 소년들은 최고로 가치 있는 국가 재원이다. 이런 아동들은 이들 쌍둥이처럼 조기에 발굴되어, 장차 사회에 최상의 공헌을 할 수 있도록 그들의 잠재력을 개발시킬 수 있게 격려되어야 한다(p. 125).

퀴즈 키즈

〈퀴즈 키즈(Quiz Kids)〉는 1940년대와 1950년대에 유행했던 라디오 프로그램으로, 세이빙 본드를 위해 퀴즈 형식으로 서로 경쟁하는 고등 능력을 가진 아동을 주인공으로 내세웠다. 밥 호프와 빙 크로스비, 또는 인근 대학의 교수들이 퀴즈 프로 진행자로 특별 출연하였다. 1940년 6월 첫 방송을 한 이 프로그램의 시작 단계에서는 시카고 인접 지역 아동의 IQ, 취미, 가족의 생애와 학교 경험에 대한 설문을 통해 아동을 선발했다(Jolly & Bruno, 2010a). 위티는 이 프로그램의 초기 지지자로, 이 프로그램이 재능 있는 청소년에게 자신들의 능력을 드러내고 신장시키는 도전적인 기회와 무대를 제공한다고 생각했다. 〈퀴즈 키즈〉는 이 프로그램을 듣는 수많은 청소년에게 자극을 주었는데, 어떤 교사는 이 프로그램을 숙제로 내주기도 했다(Jolly & Bruno, 2010a). 위티는 공식적인 직함인 〈퀴즈 키즈〉 프로그램의 고문으로 봉사하면서 참석자들에 대한 사례 연구를 통해 "이 프로그램의 적합성을 제공하였다"(W. Barbe, 개인적 대화, 2012. 12. 4.).

그 외의 연구

『아동 이해(Understanding the Child)』의 1948년 4월호에서 위티는 터먼의 연구, 학교의 역할, 연극 활동, 인성 개발, 직업/부부 적응, 대학 진학과 교육과정을 포함한 과거 30년간 진행된 연구를 검토했다. 그는 다음과 같이 주목했다.

> 1920년에서 1940년까지는 특별히 우수한 학생에 대한 인식과 교육적 제공은 거의 시작 단계도 아니었다. 제2차 세계대전 동안에 교육 설비는 대폭 감소하였고, 영재아동을 위한 기회는 불리하게 돌아갔다. 오늘날 공립학교 체계의 가장 큰 결점은 인간 능력과 재능에 대한 인식과 보호의 실패로 보인다. 풍부한 인간 재원, 즉 똑똑한 영재아동 재원을 낭비하지 않기 위해서 우리에게는 보다 잘 준비된 교사가 필요하고, 더 풍족하고 다양한 수업 자료와 일반적으로 개선된 학습 방향이 요구된

다(Witty, 1948, p. 40).

1940년대 말 위티(1949)는 영재교육의 가까운 과거와 최근 현황을 요약했으며, 영재학생을 위한 도전적인 자료와 상황 개선을 요구했다. 뉴욕 타임즈와의 인터뷰에서 위티는 적절한 정도의 속진은 영재학생들에게는 당연한 것이지만 심화 프로그램도 역시 유익할 수 있다고 했다. 왜냐하면 이미 알고 있는 내용의 자료이지만 수업 시간의 낭비를 줄여 주는 데 도움을 주기 때문이다(Eckel, 1950).

같은 해 『영재아동』의 편집을 맡았던 위티는 이 책에 있는 하나의 장과 유사한 글을 썼다(비록 동일한 제목이지만). 위티(1951b)는 『교육행정과 설비』에 실린 글에서 '영재의 교육적 제공의 특성과 규모'를 논의했다. 1952년에는 같은 저널에서 〈퀴즈키즈〉 프로그램에 참석했던 학생들에게 초점을 두었던 또 다른 논문이 나왔다. 이 연구는 (〈퀴즈키즈〉 프로그램을 위한 선발과 참여에서 학생의) 인식 유형과 이들 학생의 발달과 적응의 관계를 알아내려는 것이었다. 1951년에는 이 프로그램에 3번 이상 참여한 학생들에게 교육, 직업, 취미, 결혼과 가족, 인정과 보상, 그리고 이 프로그램 참여를 둘러싼 태도에 초점을 둔 설문을 돌렸다. 총 41개의 회신이 돌아왔다. 회신을 한 사람은 열렬한 독서광들이며 그들은 전기와 자서전뿐만 아니라 소설과 연극도 즐겼다. 위티(1952)는 이 연구에 참여한 사람들이 "평균 이상 또는 영재인 학생에 대한 방치는 지금이 더 심하다. 공립학교는 이런 상황을 바로잡을 기회를 갖는 가장 큰 단일 기관이다."라는 사실에 동의하고 있음을 알았다(p. 271).

러시아의 스푸트니크 발사 4년 전인 1953년, 위티는 예외적인 학생을 다루는 다섯 번째의 저널인 『특수아동(Exceptional Children)』에서 영재아동의 전반적 개관을 제공하였다. 위티는 미국이 가장 훌륭한 재원 중의 하나인 영재아동을 등한시한다고 주장했다. 이들 아동이 사업, 교육, 저널리즘, 노동, 과학 연구와 정부 분야에서 이 나라 미래의 지도자가 된다는 것을 알았다. 일 년 후 기대에 찬 위티(1954)는 지난 8년간의 영재교육에 대한 관심의 부활을 주목했다. 사람들은 정규수업에서 영재학생을 위한 교육적 제공에 더 많은 관심을 두었다. 그는 다양한 프로그램 선택을 논의하고 속진에 초점을 두었다. "과거 30년 동안 속진이나 월반은 영재의 교육적 요구를 충족시키는 바람직한 방법으로 재차 제안되었다. 또다시 그것을 추천하고 옹호한다."(Witty, 1954, p. 228)

1950년대 중반, 위티(Witty & Bloom, 1954, 1955)는 영재학생과 과학에 초점을 둔 논문 두 편 모두를 『특수아동』에 발표했다. 위티와 블룸(Witty & Bloom, 1954)의 논문에서 그들은 "영재학생 또는 빠르게 학습하는 학생에 대한 최근의 관심 부활이 과학에서의 리더십 자극의 강조를 내포한다."는 점을 주목했다(p. 244). 이 논문은 국가 전역의 학교에서 발견되는 많은 과학 프로그램에 초점을 두었다. 1955년 위티와 블룸은 영재를 위한 서비스와 학교에서 각 개인의 잠재력 발달에 부합하는 학생의 요구를 포함한 특수교육에 대한 관심의 증가를 언급하였다. 그들은 위티, 홀링워스, 터먼의 최근 논문 출판이 1925년 이후에 만들어진 권고안의 형태로 최근 관심을 부활시키는 데 도움을 이끌었다는 사실을 언급했다. 그들은 "문제는 영재를 위해 교육적 제공을 하느냐가 아니라 어떻게 하면 최선의 방법으로 제공하는가다."라고 주장했다(Witty & Bloom, 1955, p. 10). 위티는 영재를 포함한 모든 학생의 교육적 요구를 충족시키는 데 초점을 둠으로써 현장에 있는 다른 사람들에게 리더십을 제공하는 데 도움을 주었다.

위티는 또한 『영재아와 재능아의 창의성(Creativity of Gifted and Talented Children)』에 '영재학생과 재능학생의 발견과 교육'이라는 제목으로 하나의 장을 썼다(Witty, Conant, & Strang, 1959). 여기에서 그는 창의성의 개념에 집중했으며, 영재성의 정의가 이렇게 확장될 수 있음을 제안했다. "아마도 영재에 대한 우리의 정의를 확장시켜, 영재를 인간 활동의 가치 기준에서 일관되게 또는 반복적으로 괄목할 만한 수준의 수행을 행하는 자로 간주하는 것이 바람직하다."(Witty, 1959b, p. 10)

학업에서 재능을 가진 아동에 대한 『학교와 사회(School and Society)』의 특별호에서 그는 영재를 위한 다양한 속진과 심화 프로그램의 개관을 제공했다(Witty, 1959a). 그리고 이 기간 동안 영재교육에 대한 관심이 부활했는데도 얼마나 많은 영재가 발견되지 않은 채로 있는지를 주목했다. 그는 또한 "학업 영재학생에 대한 용기를 북돋우는 관심에도 불구하고 사회적 리더십 등과 같은 다양한 영역의 창의성에서 잠재적인 영재학생의 요구를 충족시키는 것은 극소수에 불과하다는 것이 유감스럽다."라고 말했다(Witty, 1959a, p. 167).

위티는 과거 15년 동안 영재교육의 기초 문헌에 지속적으로 공헌했다. 그는 또한 영재교육에서 자신의 관심 분야와 독서를 결합시켰다. 위티는 독서 선택은 영재아동들이 자아정체성이나 자부심과 관련된 문제를 포함해서 개인적 그리고 사회적 문제와 씨름하는 데 도움이 되었음을 제시했다(Witty, 1963). 1967년 제14회 전국영재교육협회의 연례회의에서 '1967년 영재아동'에 대한 강연을 했다. 그곳에서 그는 1951년 『영재아동』이 출판된 이후 이 분야에서 이루어진 진전에 대해 연대별로 나열했다. 그는 영재교육에서 증폭되는 관심과 확장된 영재교육 개념을 강조했다(Witty, 1967). 『영재와 창의적 학생을 위한 독서(Reading for the Gifted and Creative Student)』 책의 한 편집자로서 위티(1971)는 한 장을 썼는데, 그 장에서 영재나 창의적인 학생들을 위해서 교사는 폭넓은 독서 선택을 제공하도록 격려했으며, 또한 이들 학생은 "자신의 책을 준비하고 읽으며 공유해야 함"을 장려했다(Witty, 1971, p. 13).

독서 교양에 대한 공헌

읽기장애의 진단과 치료에 대한 접근에서 나타나는 개인의 차이와 창의성에 대한 그의 작업은 독서 연구에 영향을 주었다. 그는 독서란 생각하는 기업으로 간주했다. 즉, 이는 어휘의 연습, 적당한 눈 동작을 연습하는 데 도움을 주는 장치와 발음연습을 포함하는 보편적으로 수용되는 이질적 것들의 연습 시간이 아니라 성장하는 아동의 총체적이고 종합적인 발달과 밀접한 상황에서 창의적인 지능 사용을 요구하는 생각하는 기업을 말한다(Witty & Kopel, 1936, p. 187).

제2차 세계대전 동안에는 많은 심리학자처럼 그도 자신의 능력을 전쟁에 일조하도록 요구받았다. 독서에 대한 그의 전문성 때문에 군부에서는 문맹, 영어를 구사하지 못하는 사람, 또는 제한적으로 교육을 받은 많은 군인을 위한 독서교육 프로그램을 개발하도록 요청했다(Witty & Goldberg, 1943). 그가 도입한 캐릭터 피터 사병(Private Pete)은 특별훈련부대에 소속된 한 군인으로 많은 다른 군인과 관계를 할 수 있는 활동에 참여했다. 이 훈련을 마친 군인은 4학년 수준의 독서 능력에 이르도록 기대되었다(Witty & Goldberg, 1943). 위티는 성인들이 독서 지도를 받는 동안 관계짓기를 할 수 있는 허구적인 캐릭터를 포함시킨 최초의 사람으로 인식된다.

그의 작업 덕분에, 위티는 독서에서 권위자로 알려졌으며 1949년에는 독서수업개선국제협의회(ICIRI)의 한 멤버로 요청받았으며, 1953~1954년 동안 회장을 맡기도 했다. 위티는 또한 전국부진아지도교사협회(NART)의 위원으로 일했다. 1955년에는 ICIRI와 NART가 국제독서협회(IRA)로 통합되었다(Jerros, 1977). IRA는 최근 회원 7만 명으로 독서 연구에서 가장 앞선 전문 기구로 알려져 있다. 오늘날에도 IRA는 그에게 경의를 표하는 두 개의 상을 수여한다. 폴 위티 우수 문학상과 폴 위티 단편소설상이 있다(Robinson & Clinkenbeard, 2008).

TV 관람이 20세기 중반 미국의 가정에서 가장 주요한 오락으로 대두됨에 따라 그는 그것이 아이에게 미치는 영향에 대한 첫 번째 연구자가 되었다. 교육 프로그램이 여전히 상영되었지만, 위티는 지속적이고 많은 양의 독서를 겸한 질적으로 우수한 교육적 TV 시청은 아동들에게 긍정적인 결과를 가져다준다고 생각했다. 그는 TV가 영구적이고 "심각하게 아동의 학습 방법과 오락을 변화시켰다."고 인정했다(Jolly & Bruno, 2010b, p. 17).

결 론

위티의 논문은 일리노이 에번스턴에 있는 노스웨스턴 대학의 기록보관소에 보관되어 있다. 이 논문들은 한때 폴 위티의 제자였으며, 친구이자 오랜 동료였던 월터 바브 박사가 그 대학에 기증한 것들이다. 파일 안에는 교수 자료, 미군에서 일할 때의 관련 작업들, 서신들, 그리고 연구와 컨설팅 서류가 포함된다. 불행히도 위티의 어린 시절과 개인 생활에 관한 것은 많지 않다. 그 서류함은 세탁소와 약국 영수증, 즉 당뇨약과 그 재고와 같은 것들을 포함한다.

기록보관소에 있는 위티의 유품과 그의 출판물이 보여 주는 것은 그가 영재아의 교육적 요구를 진전시키는 데 헌신한 학자인 동시에 신사라는 것이다. 그는 영재 분야에서 20세기 초반에는 표준적인 믿음에 어긋났던 유색인종의 학생도 높은 지능을 가질 것이라는 매우 진취적인 생각을 한 최초의 연구자 중 한 명이다. 위티는 모든 영재 아동에게 도전적인 교육적 기회를 격려했으며, 그들을 옹호하는 데 능동적이었다.

참고문헌

Beckstrand, P. E. (n.d.). *A profile of Paul A. Witty.* Unpublished manuscript.

D. C. Heath. (1946). *A Heath portrait of Paul Witty: The man who knows children.* Boston, MA: Author.

Eckel, G. (1950, March 21). The gifted pupil held "neglected": Appeal made at convention for a "a special place in special education for the bright." *New York Times*, p. 26.

Gilman, D. A. (1972). Hoosier educators. *Contemporary Education, 44*, 59–60.

Hildenbrand, S. (1981, April). *Democracy's aristocrat: The gifted child in America, 1910–1960.* Paper presented at the annual meeting of the American Educational Research Association, Los Angeles, CA.

Jenkins, M. D. (1943). Case studies of Negro children of Binet IQ 160 and above. *Journal of Negro Education, 12*, 159–166.

Jenkins, M. D. (1948). The upper limit of ability among American Negroes. *Scientific Monthly, 66*, 399–401.

Jerrods, B. W. (1977). *The history of the International Reading Association.* Newark, DE: IRA.

Jolly, J. L., & Bruno, J. (2010a). The public's fascination with prodigious youth. *Gifted Child Today, 32*(2), 61–65.

Jolly, J. L., & Bruno, J. (2010b). Paul A. Witty: A friend of gifted children. *Gifted Child Today, 33*(4), 14–17.

Robinson, A., & Clinkenbeard, P. R. (2008). History of Giftedness: Perspectives from the past presage modern scholarship. In S. I. Pfiffer (Ed.), *Handbook of giftedness in children: Psycho-educational theory, research, and best practices* (pp. 13–31). New York, NY: Springer Science.

Terman, L. M. (1954). The discovery and encouragement of exceptional talent. *American Psychologist, 9*, 221–230.

Theman, V. (1942). *A follow-up study of Negro youth of superior intelligence* (Unpublished doctoral dissertation). Northwestern University, Evanston, IL.

Theman, V., & Witty, P. (1943). Case studies and genetic records of two gifted Negroes. *The Journal of Psychology, 15*, 165–181.

Witty, P. A. (1930). A study of one hundred gifted children. *University of Kansas Bulletin of Education, 2*(7), 3–44.

Witty, P. A. (1940). A genetic study of fifty gifted children. In G. M. Whipple (Ed.), *Intelligence: Its nature and nurture. The thirty-ninth yearbook of the National Society for the Study of Education: Part II* (pp. 401–409). Bloomington, IL: Public School Publishing.

Witty, P. (1948). Thirty years of research upon gifted children. *Understanding the Child, 17*(2), 35–40.

Witty, P. (1949). The gifted child in the secondary school. *NASSP Bulletin, 33*(162), 259–264.

Witty, P. (Ed.). (1951a). *The gifted child.* Boston: D. C. Heath.

Witty, P. (1951b). Nature and extent of educational provisions for the gifted pupil. *Educational Administration and Supervision, 37*, 65–79.

Witty, P. (1952). A study of graduates of the "Quiz Kids" program. *Educational Administration and Supervision, 38*, 257–271.

Witty, P. (1953). What is special about special education? The gifted child. *Exceptional Children, 19*, 255–259.

Witty, P. (1954). Programs and procedures for the education of gifted children. *Journal of Teacher Education, 5*, 225–229.

Witty, P. (1959a). Educational programs for the gifted. *School and Society, 87*, 165–167.

Witty, P. (1959b). Identifying and educating gifted and talented pupils. In P. Witty, J. B. Conant, & R. Strang (Eds.), *Creativity of gifted and talented children* (pp. 1–15). New York, NY: Teachers College, Columbia University.

Witty, P. A. (1963). A balanced reading program for the gifted. *Reading Teacher, 16*, 418–424.

Witty, P. (1967). *The gifted child in 1967.* Paul Witty Papers (1898–1976) (Box 5). Northwestern University Library, Archival and Manuscript Collection, Evanston, IL.

Witty, P. A. (Ed.). (1971). *Reading for the gifted and creative student.* Newark, DE: IRA.

Witty, P. A. (n.d.). *Thoughts on my life*. Unpublished manuscript.

Witty, P. A., & Bloom, S. W. (1954). Science provisions for the gifted. *Exceptional Children, 20*, 244-250, 262.

Witty, P. A., & Bloom, S. W. (1955). Conserving ability in the sciences. *Exceptional Children, 22*, 10-16, 46.

Witty, P., Conant, J. B., & Strang, R. (1959). *Creativity of gifted and talented children*. New York, NY: Teachers College, Columbia University.

Witty, P., & Coomer, A. (1955). A case study of gifted twin boys. *Exceptional Children, 22*, 104-108, 124-125.

Witty, P. A., & Goldberg, S. (1943). The Army's training program for illiterate, non-English speaking, and educationally retarded men. *The Elementary English Review, 20*, 306-311.

Witty, P. A., & Jenkins, M. D. (1934). The educational achievement of a group of gifted Negro children. *Journal of Educational Psychology, 25*, 585-597.

Witty, P. A., & Kopel, D. (1936). Causation and diagnosis of reading disability. *The Journal of Psychology, 2*, 161-191.

Witty, P., & Lehman, H. C. (1927). Drive: A neglected trait in the study of the gifted. *Psychological Review, 34*, 364-376.

Witty, P., & Lehman, H. C. (1928). Ability versus effective ability. *Psychological Review, 35*, 67-86.

Witty, P., & Theman, V. (1943). A follow-up study of educational attainment of gifted Negroes. *Journal of Educational Psychology, 34*, 35-47.

마틴 D. 젠킨스

경청해야 할 목소리(1904~1978)

Joy Lawson Davis

그날 바람이 마침 알맞게 불었다. 주장과 그의 팀은 준비가 되어 있었다. 오늘이 그가 기다려 온 그날이었다. 차분하고 자신감이 넘쳤다. 오늘은 전에 이루지 못했던 무엇인가를 해내고 말 것이다. 그는 기록을 갱신했다. 자신과 확신에 찬 그는 오늘이 마지막 기회라는 것을 알았다. 그는 지역 육상대회의 여러 개인전에 참가했고 준비가 되어 있었다. 자신의 종목 차례가 왔을 때, 그는 목표를 응시하며 출발선을 향했다. 그날 50미터, 100미터, 220미터 경기에서 차례대로 기록을 갱신했다. 그날이 마틴 데이비드 젠킨스의 이름이 역사에 기록되는 첫날이었고 틀림없이 마지막이 아니라고 그는 확신했다.

– 와일리 고등학교(Wiley High School, 1921, p. 76)

행운의 시작

20세기의 전환기에 학자와 정치가는 모두 새로운 아메리카 건설에 씨름하고 있었다. 재건시대(1865~1877)는 끝나고 인종 관계가 국가 차원의 담화꺼리로 전면에 대두되고 있었다. 사회학자와 정치인은 국가의 미래 개발을 결정하는 논쟁적인 토론에서 서로 다투고 있었다. 그런 논쟁 가운데는 흑인종이 지적으로 열등하기에 미국 사회에서 백인 동년배와 동등한 권리와 기회를 가질 자격이 없다는 믿음을 영속시키는 터무니없는 이론이 포함되어 있었다(Thomas, 1982). 소수의 흑인 학자가 이 논쟁에 참여했다. 그들의 몇몇은 열등 인종 이론을 반박하는 데 자발적으로 참여하는 백인 멘토의 지지를 받는 사람들이었다. 그 이론은 피부색과 흑인 혈통에 기초한 개인은 영재아의 속성으로 기술되는 정신적 능력의 한계점에 도달할 수 없다는 것을 전제로 하고 있다.

이같이 넓은 저변을 가진 학자들이 초기 몇몇 출판물에 흑인 학생의 영재성 현상에 대해 기록을 하였다. 이들 초기 학자들의 그룹에서는 하워드 만 본드(Howard Mann Bond)와 릴리언 스틸 프록터(Lillian Steele Proctor)가 있었는데, 이들은 시카고 대학에서 공부를 하였으며, 흑인의 영재성 조사와 관련된 몇몇 초기 연구물을 생산하였다(Bond, 1927; Proctor, 1927).

한편, 마틴 데이비드 젠킨스(Martin David Jenkins)가 1904년에 태어나서 1920년대에는 본드나 프록터와 같은 초기 시민의 권리 활동가 겸 학자로 인식될 수 있는 나이가 된 것은 그에게 행운이었던 것 같다. 마틴은 데이비드와 조세핀 젠킨스 사이에 태어난 독자였다. 그의 아버지는 상당히 뛰어난 엔지니어로서 인디애나 주에서 교량사업권을 따낸 최초의 흑인이었다(*Indianapolis Recorder*, 1941). 세기의 전환기에 흑인 자영업자가 된다는 것은 테러호트에 사는 대다수의 흑인 사회에서는 예외적인 일이다. 데이비드와 그의 부인 조세핀은 대학을 다녔으며, 젠킨스의 가족은 당시 테러호트에서 사는 소수의 흑인 중류사회에 속했다. 그의 아버지는 전미유색인지위향상협회(NAACP)의 지회장을 맡아 초기 지도자로 봉사하였으며, 1967년 그의 사후에는 인디애나 주 NAACP 회장으로 추앙되었다(*Baltimore Afro-American*, 1967). 그와 같은 롤 모델을 갖게 된 아들 마틴은 교양인이 되는 것과 그리고 개인적으로 자신의 이웃과 그의 재능을 나누는 것의 가치를 이해하였다.

흑백분리학교였던 부커 T. 워싱턴(Booker T. Washington) 중학교를 졸업한 마틴은 인종적으로 통합된 테러호트에 있는 와일리(Wiley) 고등학교에 입학하였다. 일찍이 그의 모범적인 성품과 학식은 1919년 당시 시에서 가장 큰 학교였던 와일리 고등학교에 알려졌다. 마틴과 같이 와일리 고등학교에 다니는 흑인은 소수에 불과했으나 그들 중 꽤 많은 학생이 우수했으며 후에 그들이 선택한 분야에서 성공했다(McCormick, 2006).

젊은 학생으로서 마틴은 자신을 특출한 학생으로 키워 냈다. 그가 속해 있던 대부분의 팀원이 백인인 트랙 팀에서 그는 리더십을 통해 자신의 인내와 능력을 드러내었다. 당시 그의 고등학교 연보에는 마틴이 팀 구성원 가운데 세 명의 아프리카계 미국인을 포함한 트랙 팀의 주장으로 그려져 있다(*Wiley High School, Class of 1921 Yearbook*, p. 76). 트랙 팀의 주장으로 그리고 최고의 단거리 선수로서, 그는 3학년 때 세 종목에서 학교 기록을 세웠다. 50야드(5.6초), 100야드(10.2초), 220야드(22.0초). 그는 지역 육상 대회에서 주대회 기록을 앞지르는 성과로 100야드와 220야드에서 우승했다(*Wiley High School, Class of 1921 Yearbook*, p. 76-77).

와일리 고등학교를 졸업한 마틴은 집을 떠나 명성 있는 하워드(Howard) 대학에서 엔지니어링 프로그램에 다니기 위해 워싱턴으로 갔다. 하워드 대학은 가장 오래된 대학 중의 하나이며, 역사적으로 가장 존경받는 흑인 대학(HBCU) 중 하나였다(Jenkins, 1942). 마틴은 4년 후인 1925년에 하워드 대학을 졸업하고 엔지니어링 분야에서 학사를 취득하고, 아버지의 가계 사업을 돕기 위해 테러호트로 돌아왔다. 25세에 마틴은 편데나 엘리자베스 래시와 결혼을 하고 신혼을 테러호트에서 시작하였다(Department of Commerce, 1930). 인디애나 주에 정착하게 된 마틴은 곧 교사를 위한 인디애나 사범학교 대학원에 등록하기로 결정했다. 그의 부인 엘리자베스는 펜실베이니아 피츠버그 출신으로 그녀 또한 인디애나 사범학교 졸업생이었다.

교육과 연구 경력으로의 전환

고등학교 또래 사이에서 리더로서의 경험, 모범적인 운동선수와 학업적 기록을 가진 이 젊은 학자에게 있어 학문적 세계로의 전환은 어렵지 않았다. 2년 만에 마틴은 인디애나 사범학교에서 문학사를 취득하고 교육 전문직에 입문할 준비가 되었다. 그가 또다른 테러호트의 동향인이며, 시카고 대학의 동문인 폴 위티(Paul Witty)의 관심을 끈 것은 인디애나에서 공부한 그때였다. 위티는 심리학을 전공했으며 인디애나를 떠나 시카고에 있는 노스웨스턴 대학 교수가 되었다. 위티의 심리학과 영재교육에서의 경력에는 영재아동의 지원과 옹호를 위해 1946년에 설립된 첫 번째 국가 기구였던 미국영재아동협회(AAGC, 1996)에서 리더가 되는 과정이 포함된다. 위티는 AAGC의 부회장을 맡았으며 이 기구의 첫 번째 출판물인 『영재아동(The Gifted Child)』을 편집하였다(Witty, 1951).

대학원생으로 노스웨스턴 대학에 입학을 하게 된 젠킨스는 자신의 학문을 배양하고 자신의 이상과 연구, 그리고 출판을 제공하게 될 대학을 발견했다. 노스웨스턴 대학은 급성장을 하면서 저명한 연구 대학으로 발전하고 있었다. 감리교 성직자들이 설립하였으며, 개인의 기부금으로 풍족한 재원을 가진 노스웨스턴 대학은 처음부터 다양한 인종과 종교를 가진 학생을 받아들였다.

1931년 젠킨스는 고등교육기관인 버지니아 주립대학(지금은 대학교)에서 첫 번째 교수직을 얻었다. 일 년 후 펜실베이니아 주 체니(Cheney) 주립대학으로 자리를 옮겼으며, 이 기간 동안 시카고 노스웨스턴 대학에서 1933년에 석사 학위를 마쳤다. 석사 학위를 마치자마자 노스웨스턴 대학의 박사 학위 프로그램에 등록하여 위티 교수와 연구를 하였다. 박사학위를 마친 후 젠킨스는 1935년 노스캐롤라이나 농공대학(NCA&T)에 학적 담당 보직교수로 갔다. NCA&T에서 1937년까지 머물다가, 다시 펜실베이니아 체니 주립대학으로 가서 잠시 동안 교무처장을 하게 되었다. 젠킨스의 모든 교수직과 행정직은 HBCU[전통적인 흑인계 대학-역주]에서 수행되었다. 이 시기에는, 비록 젠킨스와 같은 사람이 백인이 득세하는 기관에서 교육을 받았다고 하여도, 아프리카계 미국인 교수가 그런 기관에서 가르칠 기회를 갖는다는 것이 이례적임을 주지하는 것이 중요하다.

1938년, 젠킨스는 하워드 대학교 교육학 정년 교수로 시작하여 1948년까지 재직하였다. 하워드 대학에 있는 동안 젠킨스는 샬럿, 노스캐롤라이나, NAACP에서 학교 인종차별의 불평등 상황을 평가하려는 시도에서 학교를 조사하는 연구 수행을 위임받았다(Jenkins, 1948b). 이 기간 동안 젠킨스는 또한 흑인 학생, 특히 매우 뛰어난 흑인 영재아동의 영재성 연구를 지속했다. 1930년대와 1940년대에 흑인 영재아동에 초점을 둔 연구는 매우 독특한 것이었다.

결정적인 선행 연구의 분석

대학원생으로서 젠킨스는 흑인 아동도 전형적인 지능검사에서 인간 능력의 최대 한계 점수까지 받을 수 있다는 명확한 증거를 찾는 과제에 전념하였다. 그는 이 과제에 열중하게 되었다. 대학원생으로 시작하여, 15년이 넘는 학문 연구에서 젠킨스는 자신의 연구에서 공동 연구를 하게 되는 다른 사람의 선행 연구를 검토하고 자신의 업적을 조심스럽게 출간하는 데 시간을 보냈다. 학계의 흐름과 정치적 관점에 역행하는 작업을 하는 동안, 마틴 D. 젠킨스는 흑인 아동과 청소년의 높은 지능에 관한 소재로 연구한 10편의 작업을 단독으로 발표하였다. 흑인이 백인 아동이나 청소년보다 더 낮은 지능을 갖는다고 믿고 있는 그런 시기에 이와 같은 논문을 발표한 것은 젠킨스의 열성과 집착을 말해 준다.

젠킨스의 상대였던 루이스 터먼(Lewis Terman)은 흔히 영재교육의 아버지로 불리며, 1920년대 초에 높은 지능지수를 가진 많은 표본을 대상으로 영재 개인을 연구하였다(Davis & Rimm, 2003). 터먼은 학생들에게 맥콜 지능척도(McCall Multi-Mental) (집단검사)를 사용하였고, 이후에는 맥콜 척도에서 높은 점수를 받은 학생을 대상으로 설계의 책임을 맡아서 만든 스탠퍼드-비네 지능검사를 사용하였다(Terman, 1925). 터먼의 샘플은 대부분 백인 남학생이었는데, 흑인 학생 한 명을 포함하여 유색인종은 극소수에 불과하였다(Terman, 1925).

터먼이 연구한 영재학생과는 달리, 젠킨스는 자신의 연구를 위해 의도적이고 신중하게 흑인 학생을 찾았다. 터먼의 종단 연구는, 대부분의 샘플이 중산층의 백인 남학생으로 가족이나 사회단체로부터 오랫동안 지원을 받아 온 그런 사회경제적 배경을 가진 인종의 샘플 구성 때문에, 때때로 연구의 공정성을 의심받는다(Kaufman, 2009). 포괄적인 특성을 가진 젠킨스의 논문은 가족사, 발달 지표, 교육적 배치, 학업 성취, 또래 참여, 가족의 문화적 배경, 그리고 가장 중요하게는 우성 인종과 우생학 이론의 시기에 가계 혈통을 포함하였다(Jenkins & Randall, 1948; Witty & Jenkins, 1935).

가계 혈통에 대한 젠킨스의 조사는 그때까지 논의되거나 문서화되지 않았던 독특한 발견을 가능하게 했다. 젠킨스는 피험자의 부모에게 흑인 조상으로부터 물려받은 자녀들의 유전에 대해서 자세하게 물었다. 스탠퍼드-비네 지능검사에서 IQ 200인 소녀 B의 사례에서 그녀의 어머니는 B가 어머니와 아버지 어느 쪽에서도 백인의 피가 섞이지 않았다고 대답했다(Witty & Jenkins, 1935). 이 같은 조사는 백인 피가 섞이지 않은 순수 흑인 영재를 대상으로 한 최초의 문서화 된 연구다. 이는 그 당시 그런 영역에서는 놀랍고, 결정적으로 중요한 발견이다(Kearney & LeBlanc, 1993).

이후 몇 년간 젠킨스는 이런 연구를 지속했는데, 그는 워싱턴 DC, 신시내티, 뉴욕과 북쪽의 여러 시에서 접촉을 통해 학생들을 찾았다. 높은 수준의 유색 영재의 미래에 대한 그의 깊은 관심은 다음 멘트에서 알게 된다.

> 이들 사례는 우리 사회가 뛰어난 흑인 영재에 쳐 놓은 제한에 대해 예리한 초점을 불러일으킨다. 이들 아동은 흑인이 열등하다는 기본적인 전제가 깔린 문화에서 성장하였다. 궁극적으로 그들은 자신들의 삶을 통해서 성취와 동기에 필수적으로 영향을 미치는 교육적, 사회적 그리고 직업적 제한을 경험하게 될 것이다. 물론 광범위한 개인적 차이는 이와 같은 조건에 반응해서 예측되어야 한다(Jenkins, 1943, p. 165).

지능 측정에서 흑백 동등에 대한 젠킨스 연구의 중요성

젠킨스는 흑인 중에도 아주 우수한 지적 능력이 존재한다는 자신의 믿음을 타당화시켜 더 넓은 학문적 공동체에 배포할 증거 자료를 찾는 데 사로잡혀 있었다. 자신의 연구에 필요한 피험자를 구하기 위해 젠킨스는 흑인 영재학생을 찾는 의도적 조사 과정을 도입하였다. 이 과정에서 그는 영재 프로그램과 서비스가 필요한 것으로 확인되는 인종적으로 그리고 문화적으로 다양한 학생의 수를 증가시키기 위해 학자들과 지지자에 의해 오늘날에도 사용되는 전략인 '탤런트 스포팅(talent spotting)'이라는 전례를 만들었다(Briggs, Reis, & Sullivan, 2008). 그에게 가장 중요한 작업은 1934년과 1950년 사이인 16년간에 이루어졌다. 「지능이 우수한 아프리카계 흑인의 사회심리학적 연구」라는 학위논문은 1920년부터 시작하여 지적으로 우수한 흑인을 조사하는 기존 선행 연구에 대한 리뷰였다(Jenkins, 1936). 1934년에서 1950년까지 그의 작업은 흑인 사회에서도 영재성이 존재한다는 것을 보여 주는 데만 초점을 두었다. 그러므로 다른 주장을 하는 학자들의 관점에서는 아무런 이점이 없었다(예: Bruner, 1912; Ferguson, 1916).

젠킨스의 연구는 흑인 아동과 백인 또래의 행위뿐만 아니라 다른 양적 측정치로서 영재의 특성을 비교하는 정보와 증거를 제공하였다(Jenkins, 1948a; Jenkins, 1950; Witty & Jenkins, 1935). 이 같은 학문적 작업들이 문화적으로 다양한 학생들의 지능 영역에서 그 분야의 선례를 만들었다. 그의 대부분의 작업은 『흑인 교육 저널(Journal of Negro Education)』에 발표되었다. 당시 이 저널은 주류 연구의 저널만큼 높이 평가되지는 않았다. 더 광범위한 교육학계에서 주류 학문의 저널에 발표할 기회 또한 젠킨스 연구의 제한된 인식에 공헌하였다.

특출한 흑인 영재 소녀 'B'의 주목할 만한 사례

젠킨스의 연구와 논문 중에서 가장 주목할 만한 것은 스탠퍼드-비네 검사에서 IQ 200을 기록한 9년 4개월 된 시카고 출신의 소녀 'B'의 사례 연구 발표다(Robinson &

Clinkenbeard, 2008; Witty & Jenkins, 1935). 이 논문은 그의 멘토였던 폴 위티와 공동으로 연구한 것이었다. 이 연구는 IQ 180 이상인 높은 지능의 아동에 대해 터먼과 홀링워스가 초기에 발표한 설명에서 "저자들이 아는 바로는 이같이 비범한 수준에서 흑인 아동에 대해 발표된 적이 없었다."는 점을 주목함으로써 시작되었다(Witty & Jenkins, p. 118).

B에 대한 연구는 지능검사의 항목에 대한 피험자의 자세한 반응뿐만 아니라 그 어머니로부터 자세한 설명을 제공하는 기술적 사례 연구였다. 젠킨스의 상세한 보고서에서, 그녀는 빠르게 반응하였으며 풍부한 관련성을 제공하였으나 정작 자신의 수행에 대해서는 마음에 들어 하지 않았다고 기술하고 있다. 이 사례 연구 또한 소녀의 발달사, 학교 성취, 저자가 실시한 다른 도구에서의 수행, 그녀의 관심과 또래, 그리고 가정에서의 생활에 대해 자세한 설명을 제공했다. 교사에게 지능이 가장 우수한 학생과 최고의 학생을 지명하라는 요구에 대해 교사는 B를 지명하지 않았다. 대신 그 교사는 집단 지능검사에서 IQ가 100이며 B보다 네 살 정도 많은 한 소녀를 "가장 지능이 뛰어난" 학생으로 지명했다(Witty & Jenkins, 1935, p. 121).

가족 사항에 대한 조사에서 위티와 젠킨스(1935)는 B 부모의 사회적 지위가 평균 이상이라고 기술했다. B의 어머니는 교사였으며 아버지는 대학에서 강의를 하였던 전기엔지니어였다. 더 확대된 가족사에서도 그들은 비범한 능력을 가졌으며, 전문직과 서비스직에서 종사하는 것으로 기술되었다. 저자들은 "의심할 여지없이 가족 배경은 우수한 유전을 나타낸다."는 점을 주목했다(Witty & Jenkins, p. 123). B의 어머니와의 대화를 통해 B가 일상에서 드러낸 예외적인 행위에 대한 추가 증거를 확보하였다. 그 어머니는 B가 언어 발달의 시작 단계에서부터 풍부한 어휘를 가졌으며 "완전한 문장"으로 자신의 생각을 말로 표현하고, 2세 무렵에는 자장가를 불렀다고 전했다(Witty & Jenkins, p. 122). B는 두 배로 빠르게 학년을 월반하여 연구를 할 당시에는 5학년이었다. 이 사례에서 가장 주목할 부분은 이 아동의 혈통 분석에 대한 저자의 조사였다. 흑인의 피는 높은 지능을 가지는 데 제한적인 요소라는 일부 사람의 주장이 있었다(Terman, 1925). 가계 혈통에 대한 조사에서, 연구자는 "피험자의 어머니가 'B는 순수 흑인 혈통이다. 그리고 양친 모두의 조상에서 백인 조상이 없다'고 보고했다."라고 기술했다(Witty & Jenkins, p. 123).

그는 뛰어난 지능을 가진 순수 혈통의 흑인이었으며 이 연구에서처럼 체계적인 연구를 통해 높은 지능을 가진 다른 흑인 아동을 발견할 수 있다는 증거를 심리측정 역사에서 처음으로 제시했다. 또한, 위티와 젠킨스는 '능력 있는 흑인 아동'을 조사하는 데 사용된 스탠퍼드-비네 지능검사의 장점과 그 중요성에 대한 논의로 이어 간다(Witty & Jenkins, 1935, p. 118). 연구자는 자신들의 원고에서 어떤 집단으로부터 높은 지능을 가진 아동에 대한 차후 판별과 관련하여 이렇게 결론지었다. "이 연구는 사회 질서 속에서 관심을 끌며, 최선의 발달에 필수적인 교육적 경험이 거부되고 인식되지 못한 어떤 학교 집단에서도 영재를 발견할 수 있음을 보여 준다."(Witty & Jenkins, 1935, p. 124)

다른 연구와 그의 출판물, 1948~1950

흑인 아동의 지능검사에서 그의 첫 번째 작업을 발표한 지 거의 15년이 지난 후, 젠킨스는 미 교육부에서 받은 자료를 분석하는 논문을 저술하였다. 이들 자료는 미국의 전 지역에 있는 여러 대학에 다니는 흑인 학생에 대한 상세한 인구 통계를 내포하였다(Jenkins & Randall, 1948). '선택받지 못한 우수한 흑인 대학생의 차별적 특성' 연구는 젠킨스와 랜덜(Randall)에게 지능검사에 측정된 학생의 잠재성, 소득 수준을 포함한 가족 배경, 부모의 직업, 대학 준비에 미치는 지역의 영향을 집중적으로 조사하고 비교하는 기회를 제공했다. 자료 분석의 결과가 제시한 바는 북부 출신의 미국계 흑인이 남부 출신의 동년배보다 고등교육에서 성공할 준비가 더 잘되어 있었다는 것이다. 또한 이 연구 결과에서 주목할 것은 부모가 교육을 받지 못한 '보잘것없는 시작'을 하는 학생조차도 지능검사에서 높은 수행과 고등교육에서 성공할 잠재력을 가졌다는 보고였다(Jenkins & Randall, 1948).

젠킨스는 흑인 사회에서의 영재성 연구를 지속하였고, 흑인 영재학습자와 동등한 백인 영재 간의 차이를 일으키는 흑인 영재청소년의 문제와 요구를 명확히 하는 예언적 원고로서 이런 방향의 연구에서 결론을 지었다(Jenkins, 1950). '지적으로 우수한 흑인 청소년: 문제와 연구' 라는 제목의 마지막 논문에서 젠킨스는 흑인 영재아동의 교육적 기회를 지속적으로 제한하는 여섯 가지의 문제를 구체화했다. 젠킨스가 그 논문에서 언급한 여섯 가지 중 세 가지는 다음과 같다. ① 뛰어난 흑인 학생은 자신의 학구적 요구를 채워 줄 학교에 다닐 가능성이 적다. ② 흑인 학생은 같은 또래의 백인에 비해 우수한 학생으로 판별될 가능성이 낮다. ③ 지적으로 우수한 흑인 학생의 삶에 대한 인종적인 우려는 인종에 갇혀 자신들에게 손실을 끼칠 가능성이 있다.

1950년 논문에서 젠킨스는 "인종은 미국계 흑인에게 있어서 가장 중요한 단일의 요소다."라고 선언했다. 더 자세히 보면, 젠킨스의 글은 그를 우리의 역사에서 가장 심하게 간과되고 내팽개쳐진 학생들의 요구와 관련된 영역의 관점을 변화시킨 영재교육에서의 몇 안 되는 초기 학자로 대두시켰다. 이 논문은 아프리카계 미국 영재 아동과 청소년은 다른 영재에 비해 능력이 떨어진다는 인식을 가진 젠킨스의 시대에 그들이 직면한 심각한 문제들을 매우 분명하게 명시했다. 불행히도 능력이 뛰어난 유색인종은 오늘날에도 여전히 이러한 문제에 직면해 있다.

마틴 D. 젠킨스 대학 총장

젠킨스의 경력 궤도는 그를 결국 고등교육의 행정직으로 이끌었다. 다른 대학에서 교수와 보직교수로 근무한 후 젠킨스는 1948년 메릴랜드 볼티모어에 있는 모건 주립 대학 총장으로 임명되었다(African American Registry, n.d). 1969년에는 모건 대학이 중부국립대학협회에 의해 인문학 모델 대학으로 선정되었으며, 『뉴스위크』 지의 투표로 전국에서 상위 10위권의 아프리카계 미국 대학과 대학교로 뽑혔다(Morgan State University Alumni Association, n.d.). 대학 총장으로서 젠킨스는 또한 자신의 전공 영역에 관련된 주제로 전 세계의 대학과 대학교에서 강연을 했다.

젠킨스 총장은 학생의 성공에 요구되는 재원을 대학이 제공할 수 있도록 현명하게 업무를 수행했다. 제한된 재원 내에서도 젠킨스는 프로그램 제공을 개선하기 위해 외부투자 대행(agencies)과 손을 잡았다. 모건 대학(지금은 대학교) 총장으로서 젠킨스는 흑인 교직원 수를 늘리고, 개설된 강의의 수준을 높이고, 학생에게 새로운 프로그램을 시도하는 초기 목표를 설정했다. 모건 대학에 있는 동안 젠킨스는 체육 시설과 교육적 기준을 개선했다. 이행된 새로운 프로그램으로는 정치교육연구소, 어번 연구소, 그리고 대학원 등이 있다(Morgan State University Alumni Association, n.d.).

그의 재임 초기는 미국 민권운동 직전이었다. 젠킨스가 대학에서 학문적 업적을 위한 기회를 향상시키려는 시도에서는 급진적이었지만, 반면 그는 보수적인 사람이었다. 어느 때 총장으로서 젠킨스는 강한 보수 성향의 신념으로 학생을 보호하려는 태도를 보였다. 1949년 3월, 젠킨스는 국제적으로 잘 알려져 있는 흑인 정치 활동가인 E. B. 두 보이스(E. B. Du Bois) 박사에게 전보를 쳐서 1949년 졸업식 연사로 모신다는 초청장을 발송하였다(Du Bois & Aptheker, 1978, p. 257). 그런데 잠시 후 젠킨스가 보기에 부적절하고 의심스러운 정치 활동에 두 보이스가 연계되어 있다는 보고를 받고는 그 초청을 취소해 버렸다. 두 보이스에게 보낸 전보는 그가 보수적 성향을 나타내며 또한 그의 믿음을 확고히 하는 의지의 표현이다.

[전보]

볼티모어 메릴랜드 MD,

1949년 4월 29일

두 보이스 박사님 귀하

저는 1949년 6월 6일 모건 주립대학의 졸업식 때, 박사님께 연설을 당부 드렸던 초청을 취소하고자 합니다. 학문 영역에서 뛰어난 업적에 대한 존경에서 이 초청이 이루어졌습니다. 박사님은 저명한 최초 흑인 학자 중의 한 분이시며, 수년 동안 선생님은 선생님의 발자취를 따르려는 젊은 흑인 학자의 상징이었으며 영감의 원천이었습니다. 지금 선생님은 경력의 목표점에 도달하고 있으며, 특히 볼티모어 주민의 관점에서 우리 대학의 졸업생에게 개인적으로 선생님을 소개하는 것이 바람직하다고 생각했습니다.

최근 파리에서 열린 세계평화학술대회에 폴 로브슨(Paul Robeson) 씨와 같이 나타난 것은, 특히 그 회의에서 그의 반역적 연설을 비난하지 않은 것은, 이 나라에서 대중의 마음에 선생님을 공산주의 운동가로 연계시키게 합니다. 저는 선생님의 입장에 대한 권리를 부정하지 않습니다. 하지만 제가 느끼기로는, 만약 선생님이 모건 대학에서 연설을 한다면 비록 비정치적인 주제라 할지라도, 우리가 선생님에 대한 일반적 견해에 동조하는 것으로 비칠 것입니다. 사실 우리는 이 문제에 동조하지 않습니다. 로브슨의 견해와 접근은 심각하게 비난받아야 한다고 생각합니다. 이런 조치를 취하지 않을 수 없게 된 것에 대해 매우 유감스럽게 생각합니다.

당신의 진실한 벗

마틴 D. 젠킨스

젠킨스는 두 보이스의 비서로부터 서신을 잘 받았으며 전달될 것이라는 답변을 받았다.

젠킨스의 관점이 항상 수용된 것이 아니지만 그는 자신의 견해를 표현했고, 제1의 도시학습기관을 발전시킬 더 폭넓은 임무를 위해 중요하다고 믿는 프로그램을 추진했다(The Crisis, 1968). 통합된 대학 환경이 통합된 사회에서 성공을 위해 학생들을 더 잘 준비시킬 수 있다는 그의 믿음에 따라, 젠킨스는 또한 능동적으로 흑인 대학의 인종 통합을 개선시켰다(Jenkins, 1952, 1958). 1964년에 젠킨스는 인디애나 주립대학교에서 저명한 졸업생으로 선정되었다. 그의 학식, 국내외의 연설, 그리고 그의 글은 그에게 리베리아 대학교, 델라웨어 주립대학, 하워드 대학교 그리고 존스홉킨스 대학 등에서 명예박사 학위를 받게 했다. 1970년 모건 대학 총장에서 은퇴한 후 그는 미 교육협의회 도시문제 사무국의 책임자를 맡았다(Africa American Registry, n.d).

1978년 그가 서거하기 전까지 젠킨스 생애의 업적은 모건 주립대학교 교정 장례식에 참석한 전국 각지에서 온 흑인 고등교육 커뮤니티에 의해 추도되었다. 하워드 대학의 총장이 한 연사로 나서서는 "젠킨스는 선망의 대상이 되는 기록을 지녔으며 매우 똑똑하였다. 그리고 인종차별 투쟁을 위해서 싸웠다."라고 말했다(*Baltimore Afro American*, 1978, p. 5). 이후 장례식 동안, 모건 주립대학교 총장 앤드류 빌링슬리(Andrew Billingsley)는 젠킨스를 '탁월함을 위해 돌진하는 전사'와 같은 사람으로 기술하면서 "그의 꿈은 최고의 다인종 도시 대학을 만드는 것이다."라고 했다(Baltimore Afro American, 1978, p. 5). 젠킨스의 생애와 업적에 대해 높은 존경을 공명하던 많은 연사가 뒤를 따랐다. 〈표 11-1〉은 젠킨스 박사의 생애와 경력에서 중요한 이정표를 모은 것이다.

〈표 11-1〉 마틴 데이비드 젠킨스 박사의 생애와 전문 분야의 약력

1904	인디애나 주 테러호트에서 9월 1일 데이비드 W. & 조세핀 밀러 젠킨스 사이에서 출생
1921	테러호트의 와일리 고등학교 졸업
1925	워싱턴 DC의 하워드 대학교 엔지니어링에서 학사 취득
1927	펜실베이니아 피츠버그 출신의 엘리자베스 래시와 결혼(그녀도 인디애나 주립대학교를 다녔음)
1931	인디애나 주립대학교에서 교육에서 문학사 취득
1931-32	버지니아 주립대학(지금은 대학교)에서 강사
1933	노스웨스턴 대학에서 석사 학위 취득
1934	아프리카계 미국인으로는 최초로 노스웨스턴 대학교 대학원 장학금 수여
	'흑인 영재아동의 교육적 성취'라는 주제로 (폴 위티 박사와 공저인) 첫 번째 논문 출판
1935	노스웨스턴 대학에서 박사 학위 취득, '흑인아동의 사회-심리적 연구'라는 제목의 학위논문을 1936년에 출판
1935	(폴 위티 박사와 공저인) 「B의 사례: 흑인 영재 소녀」 발표
1935-37	노스캐롤라이나 농공대학 학적과장 및 교수
1937-38	펜실베이니아 주 체니 주립사범대학교 수업처장
1938-48	하워드 대학교 교육학부 교수
1939	「미국 흑인의 정신능력」 출판
1948	메릴랜드 주 볼티모어 모건 주립대학교 정년보장 총장, 1970년 퇴임 때까지 22년 재임
	(코스판스 랜덜 박사와 공저인) 「선택받지 못한 우수한 흑인대학생의 차별적 특성」 출판
	「미국 흑인 능력의 최고한계점」 출판

1950	「지적으로 우수한 흑인 청소년: 문제와 요구」 출판
1955	아이젠하워 대통령의 참전용사 연금 위원회
1964	인디애나 대학으로부터 저명인사 동창상 수여함
1970	미교육협의회 도시문제사무국의 책임자
1974	모건 주립대학교 마틴 데이비드 젠킨스 행동과학센터 설립
1978	73세의 일기로 심장마비 합병증으로 워싱턴 DC에서 사망

맺음말

아프리카계 미국인 학자 마틴 데이비드 젠킨스는 흑인종의 우수한 지적 역량과 고등교육에서 증가하는 흑인 청소년의 출현과 관련된 학문적 작업을 30년 이상 진행하고 출판했다. 흑인 학자가 연구를 하고 논문을 출판하고 백인 학자와 동등하게 신뢰를 받는 그런 분위기가 아닌 시기에 이런 작업을 한 것은 그의 헌신 덕분이다 (Thomas, 1982). 젠킨스의 연구물을 조사했던 학자에 따르면, 이같이 중요한 연구물이 간과된 이유는 출판의 역사나 타당성의 부족 때문이 아니라, 당시 흑인은 정신적으로 열등하다는 인식이 공공연하게 알려져 있는 시기였기에 지적으로 매우 우수한 흑인에 대한 증거를 제시했던 한 흑인 학자의 연구에 대한 일반적 경시 때문이었다 (Kearney & LeBlanc, 1993; Ryan: 1983; Thomas, 1982).

젠킨스 작업에 대한 조사는 영재교육 영역에서 새로운 기준을 설정한 구체적인 분석을 제공한다. 특히 지능검사에서 한계 점수에 도달하는지 알기 위해 흑인 청소년의 잠재력에 초점을 맞춘 그의 연구는 20세기 후반과 그 이후 학자들의 작업에 중요한 선례를 남겼다. 젠킨스의 작업은 또한 흑인 사회 내에서나 사회로부터 영재학습자를 모집하기 위해 사용한 대안적 방법의 예시를 독창적으로 보였으며, 재능 발달에서 흑인 가족과 커뮤니티에 미치는 영향에 대한 통찰력을 제공하였다. 또한 이 연구는 비록 높은 지적 잠재력을 가진 흑인 아동과 청소년일지라도 자신의 사회적 경력에서 기회가 제한되는 주요한 요인으로 '인종'을 꼽았다.

마틴 데이비드 젠킨스의 삶과 작업에 대한 이 같은 간략한 검토는 의심할 여지없이 그의 목소리는 경청되어야 하며 높이 평가되어야 한다는 것을 보여 준다. 우리 분야가 전국의 우수 학습자를 위한 영재교육과 프로그램에서 흑인과 유색인종을 잘 대표하지 못하는 부분을 뿌리 뽑는 지속적인 도전을 선언하는 한, 젠킨스를 그의 동료들과 어깨를 나란히 하는 지도자로 또한 그의 직업이 조사되어야 하는 모범적인 학자로 보고 젠킨스에게 걸맞은 지위가 확보되도록 영재교육의 역사를 다시 쓰는 것이 좋겠다.

참고문헌

African American Registry. (n.d.). *Martin D. Jenkins, educator and more.* Retrieved from http://www.aaregistry.org/historic_events/view/martin-d-jenkins-educator-and-more

American Association for Gifted Children. (1996). *A historical perspective: A chronology of special events.* Retrieved from http://www.aagc.org

Baltimore Afro American. (1978, June 17). Dr. Martin David Jenkins' Services at Morgan, Seventh President of Morgan, 1948-1970. Retrieved from http://news.google.com/newspapers?id=MbpjAAAAIBAJ&sjid=sioMAAAAIBAJ&dq=martin%20david%20jenkins&pg=1790%2C16324457

Baltimore Afro American. (1967, December 5). Photograph. Martin D. Jenkins receiving award for father David Jenkins for service as President of Indiana NAACP. Retrieved from http://news.google.com/newspapers?nid=2205&dat=19671205&id=h581AAAAIBAJ&sjid=9vQFAAAAIBAJ&pg=926,3073510

Bond, H. M. (1927). Some exceptional Negro children. *The Crisis, 34,* 257-259, 278, 280.

Briggs, C. J., Reis, S. M., & Sullivan, E. E. (2008). A national view of promising programs and practices for culturally, linguistically, and ethnically diverse gifted and talented students. *Gifted Child Quarterly, 52,* 131-145.

Bruner, F. G. (1912). The primitive races in America. *Psychological Bulletin, 9,* 380-390.

The Crisis. (1933). *Along the color line: Distinguished graduates.* Retrieved from http://

books.google.com/books?id=_VcEAAAAMBAJ&lpg=PA183&dq=Martin%20David%20Je nkins&pg=PA183#v=onepage&q=Martin%20David%20Jenkins&f=false

The Crisis. (1968). *Jenkins accepts plaque in memory of his father, David Jenkins, former president of Indiana State NAACP.* Retrieved from http://books.google.com books?id=HlwEAAAAMBAJ&lpg=PA30&dq=Martin%20David%20Jenkins&pg=PQ30#v= onepage&q=Martin%20David%20Jenkins&f=false

Davis, G. A., & Rimm, S. (2003). *Education of the gifted and talented.* Columbus, OH: Allyn & Bacon.

Department of Commerce. (1930). *Census of the United States: 1930 population. Bureau of the Census.* Retrieved from http://www.Ancestry.com

Du Bois, W. E. B., & Aptheker, H. (1978). *Correspondence of W. E. B. Du Bois: Vol. 3. Selections, 1943-1963.* Amherst, MA: University of Massachusetts Press.

Ferguson, G. O. (1916). *The psychology of the Negro.* Westport, CT: Negro Universities Press.

Indiana University Library. (n.d.). Picture of Dr. Martin D. Jenkins awarding honorary degree to the President of Liberia. Retrieved from Indiana University, Liberian Collections.

Jenkins, M. D. (1936). A socio-psychological study of Negro children of superior intelligence. *The Journal of Negro Education, 5,* 175-190.

Jenkins, M. D. (1939). The mental ability of the American Negro. *The Journal of Negro Education, 8*(3), 511-520.

Jenkins, M. D. (1942). Howard University: The capstone of Negro education. *The Journal of Negro Education, 11,* 196-197.

Jenkins, M. D. (1943). Case studies of Negro children of Binet IQ 160 and above. *The Journal of Negro Education, 12,* 159-166.

Jenkins, M. D. (1944). Editorial comment: Education for racial understanding. *The Journal of Negro Education, 13,* 265-269.

Jenkins, M. D. (1948a). The upper limit of ability among American Negroes. *The Scientific Monthly, 66,* 399-401.

Jenkins, M. D. (1948b). *A survey of the public schools of Charlotte, North Carolina.* Washington, DC: Howard University.

Jenkins, M. D. (1950). The intellectually superior Negro youth: Problems and needs. *The Journal of Negro Education, 19,* 322-332.

Jenkins, M. D. (1952). Problems incident to racial integration and some suggested approaches to these problems: A critical summary. *The Journal of Negro Education, 21,* 411-421.

Jenkins, M. D. (1958). The future of the desegregated Negro college: A critical summary. *The Journal of Negro Education, 27*, 419-429.

Jenkins, M. D., & Randall, C. M. (1948). Differential characteristics of superior and unselected Negro college students. *The Journal of Social Psychology, 27*, 187-202.

Kaufmann, S. B. (2009). *Beautiful minds: Musings on the paths to greatness.* Retrieved from http://www.psychologytoday.com/blog/beautiful-minds/200909/the-truth-about-the-termites

Kearney, K., & LeBlanc, J. (1993). Forgotten pioneers in the study of gifted African Americans. *Roeper Review, 15*, 192-199.

McCormick, M. (2006, February 19). *Four athletes excel on the field and in life.* Retrieved from http://tribstar.com/features/x681763791/Four-athletes-excel-on-the-field-and-in-life

Morgan State University Alumni Association. (n.d.). *Historical highlights.* Retrieved from http://www.alumni.morgan.edu/s/1192/index.aspx?sid=1192&gid=1&pgid=323

Proctor, L. S. (1929). *A case study of thirty superior colored children in Washington, D. C.* Master of Arts thesis, University of Chicago.

Robinson, A., & Clinkenbeard, P. (2008). History of giftedness: perspectives from the past presage modern scholarship. In Steven I. Pfeifer (Ed.), *Handbook of giftedness in children: Psycho-educational theory, research, and best practices* (pp. 13-31). New York, NY: Springer.

Ryan, J. S. (1983). Intellectually superior black children. *Journal of Educational Research, 76*, 153-156.

Terman, L. M. (1925). *Genetic studies of genius: Vol. 1. Mental and physical traits of a thousand gifted children.* Stanford, CA: Stanford University Press.

Terre Haute Man, heart attack victim, urged good training. (1941, March 15). *Indianapolis Recorder.* Retrieved from http://indiamond6.ulib.iupui.edu/cdm/fullbrowser/collection/IRecorder/id/91042/rv/compoundobject/cpd/91058

Thomas, W. B. (1982). Black intellectuals' critique of early mental testing: A little-known saga of the 1920s. *American Journal of Education, 90*, 258-292.

Wiley High School. (1921). *Class of 1921 Yearbook.* Retrieved from http://www.vigo.lib.in.us/archives/schoolpubs/wiley/1921/index.php

Witty, P. A., & Jenkins, M. D. (1934). The educational achievement of a group of gifted Negro children. *Journal of Educational Psychology, 25*, 585-597.

Witty, P. A., & Jenkins, M. D. (1935). The case of "B"—A gifted Negro girl. *The Journal of Social Psychology, 6,* 117–124.

Witty, P. A. (Ed.). (1951). *The gifted child.* Boston, MA: D. C. Heath.

캘빈 테일러
다중 재능의 사람(1915~2000)

LeoNora M. Cohen, Kathy D. Austin, and Rebecca H. Odoardi

> 나의 구호는 그 무엇보다도 '창의성'이다. 여러분은 다양한 일을 추구해야 한
> 다. 그래서 나의 다른 구호는 '다중의 창의적 재능'이다. 나는 창의적 재능을
> '역사를 만드는 재능'이라고 기술한다. 만일 우리가 우리의 젊은이들을 도외시
> 하고 육성하지 않는다면, 우리는 우리의 미래를 도외시하는 것이다.
> — 테일러(Taylor: Seghini & Lloyd, 1993에서 인용)

  학자이며, 생각하는 사람 그리고 상상하는 사람인 캘빈 W. 테일러(Calvin W. Taylor)는 그의 인생을 모든 사람의 창의적 재능과 능력 개발을 위해 헌신하였다. 그는 모든 학생에게 기회가 주어지는 교육 체제를 도모하고 그들의 재능을 최대한 발달시킬 수 있도록 지원하기 위해 일하였다. 나아가 심리학자 L. L. 서스톤(L. L. Thurstone)과 함께 언어 유창성(linguistic fluency)이 아이디어 유창성(ideational fluency)의 하위 요인과 언어 다양성(verbal versatility)을 포함하는 것으로 정의한 그의 박사 논문은 인간 지능에는 다중의 요인들이 개입되어 있다는 아이디어를 발전시킨 그의 일생의 작업에 기초를 마련했다. 그는 재능을 서스톤(1983)과 길퍼드(Guilford, 1987)의 연구를 통해 알려진 지적 또는 정신적 능력으로 보았다. 테일러의 연구는 E. 폴 토랜스(E. Paul Torrance) 및 다른 사람들의 연구와 함께 영재성에 대한 근본적인 개념을 바꾸어 IQ만으로는 후에 인생에서의 성공을 예측하는 데 충분하지 않다고 하였다.

그는 다중의 재능이 어떤 사람이 성공적일 것인지를 이해하는 데 열쇠가 된다고 주장했으며, 교육은 인간의 재능을 확인하고 양성하는 데 관심을 둬야 한다고 믿었다. 그는 "창의성은 영재성을 명성으로 바꾸는 힘을 가지고 있다."(Kim, 2009, p. 571에서 인용)라고 하면서, 창의적 재능 그리고 다중 지능 교육을 통한 창의적 재능의 발달은 우리의 생산적인 미래를 보장하기 위해 필요하다고 느꼈다.

창의성 영역에서의 그의 연구는 과학 분야에서의 창의적 산출물 측정과 직장에서의 의사소통 능력 측정을 포함한다. 동일하게 중요한 것은 그가 다양한 직업 경로에서의 성공 예측을 도울 수 있는 전기적인 예측변수(biographical predictors)의 개발을 발전시킨 점이다. 테일러는 창의성의 온전한 잠재력은 신체적 및 정신적 건강을 모두 필요로 한다고 느꼈다. 이와 관련된 그의 관심은 건축학과 심리학을 융합한 것이다. 그가 만들어 낸 용어인 건축 심리학은 색, 디자인, 공간 같은 건축 요소들이 어떻게 혁신을 격려하는지를 기술한다(Kim, 2009).

제임스(James, 개인적 대화, 2011. 9. 27)와 엘리슨(Ellison, 개인적 대화, 2011. 9. 22.)에 의하면, 테일러의 학생들, 그리고 테일러와 응용심리학계의 그의 동료들은 검사 서비스 및 검사가 무엇을 측정하는지를 결정하는 데 엄청난 영향을 주었다. 그의 초기 연구는 주로 당시 사용된 검사 도구들은 단지 학업 능력만을 측정하고 있으며, 그것이 다양한 직업에서 필요한 광범위한 기술들을 측정하기에 불충분하다는 것을 밝히는 데 집중되었다.

가족과 초기 생애

사형제 중 둘째인 테일러는 엘리엇과 메리 테일러를 부모로 하여 1915년 5월 23일에 태어났다. 그의 초기 생애는 유타의 솔트레이크 시에 있는 남부럽지 않은 모르몬교 집안에서 보냈다. 사업 수완이 뛰어난 그의 아버지는 크라이슬러 자동차를 유통하고 가구 제작을 하였으며 은행 일을 하였다. 그의 아버지 엘리엇은 엄격하고도 자녀들을 잘 지지해 주었으며, 사랑이 많은 어머니는 자녀들을 잘 양육하는 환경을 제공하였다(N. Taylor, 개인적 대화, 20011. 9. 14.).

테일러의 증조부가 초기 모르몬 교회의 회장이었으므로, 어린 테일러는 모르몬 공동체에서 지위와 특권을 누릴 수 있었다. 그의 종교 배경과 양육은 그의 생애에 핵심적인 것으로, 그는 깊게 종교적인 사람이 되었다. 그의 딸 낸시는 테일러가 모든 학생이 가진 신이 내려준 재능을 찾아 발달시키려는 소망을 가진 것은 달란트 우화에서 비롯된 것이라고 밝혔다(N. Taylor, 개인적 대화, 2011. 9. 14.). 테일러는 다음 내용과 같이 말하였다.

> 우리는 학생들이 단지 우리의 과거 유산에만 집중하도록 하여 그들이 달란트 우화에서의 세 번째 종처럼 되게 만들고 있지는 않은가? 세 번째 종은 그가 받은 달란트 한 개를 그가 받은 그대로 돌려줄 수 있도록 저장하고 지키는 데 모든 노력을 다하였다. 그가 이렇게 하는 것에 대하여, 그의 주인은 그를 게으른 종이라고 불렀으며, 그는 그가 사용할 수 있는 자기의 자원을 투입하여 새 열매를 맺음으로써 더 늘어날 수 있었던 그 달란트마저 빼앗겼다. 이러한 의미에서 선생님의 비위를 맞추고 성적 올리기에만 급급한 사람은 마음을 펼치기를 두려워하는 게으른 종과 같으며, 우리가 필요로 하는 대학원생이나 과학자가 아니다(Taylor, 1982, p. 255).

이 우화가 그의 신념과 연구에서 핵심적이기는 해도, 그는 그가 가르치거나 동료와 함께할 때 그의 종교를 분리하였으며, 그의 믿음에 대해 거의 토론하지 않았다(I.

Cornia, 개인적 대화, 2011. 9. 20.; C. E. Taylor, 개인적 대화, 2011. 9. 11.). 그의 가족과 친한 친구들은 그가 모든 사람에게는 내재적인 재능이 있다는 것을 믿는 겸손한 사람이라고 생각했다. 그는 소외자들에게 마음을 쓰고 모든 사람에게 있는 재능과 특별한 능력을 찾으려고 애썼다(R. Odoardi, 개인적 대화, 2011. 9. 9.).

교육과 학습 경험

테일러는 200 이상의 IQ를 가졌지만, 이 지적 측정치는 성공적인 사람들에게 나타나는 창의적 재능과는 무관한 것이라고 믿었다(S. Taylor, 개인적 대화, 2011. 9. 6.). 그는 조숙한 아이로 몇 개 학년을 월반하여서 1930년 15세에 고등학교를 졸업하였다. 그는 사회적으로 미성숙하고 신체적으로 작다고 느꼈으므로 월반한 것을 후회하였다. 그러나 그는 학교에서 행복하였다(N. Taylor, 개인적 대화, 2011. 9. 14.).

대학을 가기 위해 돈을 벌어야 할 필요가 있어, 그는 18세가 된 지 얼마 되지 않아서 전국 측지 측량에 참여해서 그가 좋아하는 몬태나를 포함한 미국 서부를 여행하였다. 그는 다섯 번의 여름과 1년 동안 뉴욕 사람, 남부 사람, 텍사스 사람, 그리고 "보호구역에 사는 인디언들"과 같은 다양한 조사단 사람들과 살면서, 측량조사자와 제도사로 일했다(Taylor, 1994, p. 1). 그는 많은 다양한 문화와 관점에 노출되었는데, 이것은 그의 관점을 넓혀 주었다. 몬태나에서의 경험은 그의 세계관을 형성하는 은유가 되었다(Taylor, 1994).

테일러는 자기에게 맞는 곳을 찾고자 유타 대학 학부를 다녔다. 그는 수학, 엔지니어링, 화학 등 다양한 전공을 고려했지만, 그의 멘토인 심리학 교수 닐 반 스틴버그(Neil Van Steenberg)의 설득으로 심리학을 전공하기로 했다(Richard Son Creativity Award, 1971). 테일러는 유타 대학에서 학사 학위를 받는 데 7년이 걸렸으며(1938), 과학 기관에서 석사 학위를 받는 데 1년이 걸렸고(1939), 파이 델타 카파의 회원이 된 시카고 대학에서 박사 학위를 받는 데 또 다른 7년이 걸렸다(1946). 그는 계속해서 그의 생각에 가치 있는 "유일한" 직업을 찾았다(the only one of a kind)(Talyor, 1994, p. 1.).

제2차 세계대전 중에 테일러는 군인사 연구 프로그램의 군인사분과에서 책임자의 위치에 올랐다. 그는 전반적인 수행과 관련된 훈련 면제 검사를 포함한 군직무 검사 (Army-wide trade testing)의 책임자였다. 전쟁 후 그는 중령으로 은퇴하면서 예비역 장교로 계속 군과 함께 하였다(Obituary, 2000a; Richardson Creativity Award, 1971).

시카고 대학에서 테일러의 학문적 작업은 양적 심리측정과 검사의 선구자인 L. L. 서스톤의 멘토링하에 진행되었다. 서스톤의 연구를 잘 알고 있는 테일러(1939)는 그의 석사 논문에서 서스톤을 인용하였다. 테일러는 그의 박사 연구에 그가 알고 있는 "측정, 수학, 생리학 및 신경학의 기초 배경"을 끌어들였다(Taylor, 1986b, p. 309). 서스톤(1934)의 '마음의 벡터'라는 연구는 테일러의 창의성에 대한 흥미를 자극하였다. 그가 다중 재능에 관한 이론의 씨앗을 발전시킨 것은 바로 이때다(N. Taylor, 개인적 대화, 2011. 9. 26). 또한 그는 1941년에서 1942년까지 박사 논문을 끝내는 동안 전국 고용서비스 국가연구 프로그램의 직업분석분과에서 직업분석가로 일하였다(Taylor, 1964c).

결혼과 자녀

테일러는 1943년 6월 18일 워싱턴 DC에서 그의 십 대 10년 동안의 연인이었던 도로시 코프와 결혼하였다. 도로시는 테일러가 그의 일생 동안의 열정을 추구할 수 있는 자유를 주면서 가정의 책무를 다 하는 어머니였다. 테일러의 마지막 생애에 다가가면서, 도로시는 상당히 아팠다. 이에 테일러는 그가 관심을 기울여 온 일생의 작업을 중단하였으나 갑자기 사망하였다. 그가 죽자 그의 아내는 불과 3주 후에 그를 따라 사망하였다(Obituary, 2000b; N. Taylor, 개인적 대화, 2011. 9. 14.).

테일러의 첫아들인 크레이그는 1945년에 태어났는데, 수학적으로 재능이 있어서 고등학교에 다닐 때 아버지의 상급 통계학 학생들의 시험지를 채점하였다(C. E. Taylor, 개인적 대화, 2011. 9. 11.). 1948년에 태어난, 중간 자녀인 스티븐은 스타 선수였는데, 한때 NFL 축구선수이었다. 테일러는 이 아들이 출전하는 곳은 어디든지 여행하면서 이 아들을 지원하였다. 스티븐이 잠시 댈러스에서 선수로 있었을 때, 그 아버지는 선수들이 자신의 재능을 발견할 수 있도록 돕고, 그들의 탈의실을 디자인하면서 NFL을 위해서 일했다(S. C. Taylor, 개인적 대화, 2011. 9. 6.). 막내인 낸시는 그야말로 아버지의 딸이었다. 그녀는 아버지가 논문을 교정하는 것을 돕고, 아버지 사무실이 돈을 벌 수 있도록 하고, 아버지의 유명한 동료들을 만나면서 아버지의 지적 세계에서 역할을 하였다. 낸시에 의하면, 아버지는 그녀가 아는 가장 좋은 사람이었다. 아버지는 남을 폄하하는 말을 한 적이 없었다. 아버지는 "만약 어떤 사람이 네가 좋아하지 않는 일을 하면, 너는 그 안에 있는 좋은 점을 찾아봐라."라고 말했다고 한다(N. Taylor, 개인적 대화, 2011. 9. 14.).

세 자녀는 자기의 재능을 찾고 따르도록 격려받았다. 스티븐(S. C. Taylor, 개인적 대화, 2011. 9. 6.)에 의하면, 그들의 아버지는 지시적이기보다는 관찰을 하는 편이었다. 여동생과 마찬가지로 크레이그도 테일러의 학술대회를 조직하고 참가하기도 하였는데, 거기에서 그는 중요한 사람들과 아버지의 친구들을 만났다. 크레이그는 아버지가 숙제를 도와주지 않았는데, 이에 대해 "나는 나 스스로 하는 것을 배웠다."라고 하며 그 경험은 좋은 것이었다고 하였다(C. E. Taylor, 개인적인 대화, 2011. 9. 11.).

영 향

온도, 지리적·물리적 그리고 문화적 자원과 특히 멘토 및 다른 비슷한 마음을 가진 사람들과의 사회적 관계는 창의적 인간을 만드는 데 중요하다(Harrington, 1999). 반 스틴버그와 서스톤(Taylor, 1986a)과 함께, 테일러에게 중요한 영향을 미친 사람은 J. P. 길퍼드였는데, 그는 창의성 연구를 하는 데 있어 중요한 역할을 하였다(Guilford, 1950). 테일러는 길퍼드의 다양한 생산 작동뿐만 아니라 후기 연구들에 대해서도 특별한 관심을 가졌다(Guilford, 1977, 1986).

다른 주요 영향은 창의적 노력은 역사는 만드는 것이라는 아이디어를 발달시킨 아널드 토인비(Arnold Toynbee)에게서 왔다. 테일러는 그의 일부 출판물에서 창의적/생산적 재능을 "역사를 만드는" 재능(Taylor, 1984, p. 108)이라고 부를 때 바로 이 표현들을 그대로 사용하였다. 테일러는 인성과 직업의 관계에 관한 인성평가연구원(Institute for Personality Assessment Research: IPAR)에서 연구원으로 일한 앤 로(Anne Roe)의 선구적인 연구를 가치 있다고 생각했다. 테일러는 또한 제6회 창의성 학술대회(후에 기술됨)의 조직을 도운 프랭크 윌리엄스(Frank Williams)와도 함께 일하였다.

이 분야에서 핵심 학자인 E. 폴 토랜스도 IQ가 영재성의 충분한 측정치가 아니며 일생에서의 뛰어난 성취는 학업적 성공과 별로 관계가 없다는 테일러의 견해에 동의하였다(G. Bock, 개인적 대화, 2011. 9. 16.). 직업 측정과 관련된 연구로 알려진 홀랜드(John Holland)도 테일러에게 영향을 준 또 다른 사람이었다. 그는 많은 다른 동료와 함께 앞서 말한 창의성 학술대회를 돕고 참석하였다. 1950년대, 1960년대 그리고 1970년대 동안, 테일러와 그의 동료들은 창의성에 대해 새로운 이론, 프로그램, 생각하는 방식을 만들어 내도록 도왔다.

교 직

테일러는 대학 교직의 이력을 1946년 유타 대학에서 시작하였는데, 거기에서 요인 분석, 측정 이론, 연구 및 통계 기법, 검사 개발, 창의성, 인간 엔지니어링, 산업 및 인사 심리학, 건축 심리학 그리고 다중 지능을 가르쳤다. 또한 국립정신건강기관(National Institute of Mental Health) 및 재향군인 관리국(Veterans Administration)과 함께 상담심리학에서 학과 간 박사 프로그램을 시작하도록 도왔다(Richardson Creativity Award, 1971).

테일러의 교수 방법은 상당히 혁신적이었다. 로버트 엘리슨(Robert Ellison)은 테일러의 학급을 자유롭게 흘러 다니는 것이라고 기술하였다. 그는 학생들이 자기 자신의 경로를 따라갈 것을 격려하였다. 유타 대학교 심리학과에서의 테일러의 연구들은 전설적이었다. 그러나 그는 그의 종교적 소속과 자신의 종교적 뿌리에 가깝게 머물고자 하는 소망 때문에 자신의 연구가 더 많은 인정을 받을 수 있는 아이비리그 대학에서 일할 기회를 포기하였다(D. Fox, 개인적 대화, 2011. 9. 27.).

테일러의 학생들은 종종 그들이 마스터와 함께 일하고 있다고 느꼈다. 엘리슨은 테일러의 과목들은 자신에게 깊이 영향을 주었으며 궁극적으로 그가 그의 직업으로 산업/조직 심리학을 선택하도록 이끌었다고 하였다. 엘리슨에게 테일러는 놀라운 영감을 주었다. "테일러는 폭넓게 생각하는 사람이었다. 그는 우리를 몰두하게 하였다."(R. Ellison, 개인적 대화, 2011. 6. 4.).

테일러의 다른 학생인 스탠과 제인 뮬라익에 의하면(S. Mulaik & J. Mulaik, 개인적 대화, 2011. 9. 21.), 테일러는 대단한 전공 교수이며, 관대하고 사려 깊으며, 항상 도와주려고 하며, 자기와 함께 한 연구에 대해 학생의 공로를 인정해 주었다. 그는 학생들이 최선을 다하고 자기 자신이 흥미를 가진 것을 공부하도록 격려했다. 그는 가르치는 것을 좋아하였으며 자기가 무엇인가를 제공할 게 있다고 느꼈다. 그는 책임을 지려고 하는 반면에 학생들에게 생산적일 수 있는 기회를 제공함으로써 학생들의 재능을 키워 주려고 하였다.

테일러의 또 다른 제자인 래리 제임스(Larry James)는 다음과 같이 말하였다.

> 테일러 박사는 함께 있으면 좋은 매우 훌륭한 사람이었지만 상당히 바빴다. 기본적으로 대학원의 두 학기는 읽는 것이었다. 내가 처음 그의 사무실에 걸어 들어갔을 때, 그는 내게 12권의 책을 주면서 그 책을 읽고 그것에 대해 선배 대학원 학생인 칸 야기와 그 책에 대해 말해 보라고 하였다. 내가 읽은 것에 대해 질문이 생겨서 물어보려고 테일러 박사에게 갔다. 그는 "내가 도서관이라면 좋겠지?"라고 말했다. 나는 "저는 아직 충분히 읽지 못했어요."라고 인정했다. "너는 당연히 충분히 못 읽었지."라고 그가 동의했다. 나는 아직도 그 메시지를 내 학생들에게 사용한다. 그것은 내 인생 내내 나에게 영향을 주었다—네 스스로 해결하라(L. James, 개인적 대화, 2011. 9. 11.).

테일러의 제자들은 그들의 수업에 초빙된 초청 인사의 강의를 듣고 창의성의 측면에 대해 그들과 토론할 수 있었던 기회를 통해 깨달은 게 많다고 느꼈다. 제자들은 또한 테일러와 그 동료들이 조직한 창의성 학술대회를 도와주고 거기에서 도움을 받았다(J. B. Seghini, 개인적 대화, 2011. 9. 29.).

연구 경험

테일러의 1950년대 초기 연구는 심리측정과 관련된 주제들을 다루고 있다. 그는 미래의 직업 성공을 예측할 수 있는 측정 가능한 방법을 찾고자 결심하였다. 서스톤과의 박사 연구로부터, 그는 학업적 성공은 미래의 일 또는 직업에서의 성공에 대한 정확한 예측변인이 아니라는 것을 이해하게 되었다(Seghini & Lloyd, 1993). 국립과학원(Nacional Academy of Sciences: NAS)은 과학 분야에서 창의적 공헌을 할 수 있는 잠재력이 큰 지원자 확인의 효율성을 높이기 위해 1952년 그를 채용하였다(Taylor, 1963b). 1958년에 테일러와 대학원 조교 몇 명은 텍사스에 래클랜드(Lackland) 공군기지의 군대 상황에서 의사소통 능력을 확인하기 위한 연구 계약을 채결하였다(Taylor, 1967; Taylor, Smith, Ghiselin, Sheets, & Cochran, 1958).

NASA 우주비행사와 다른 직원들을 고용하는 책임자였던 로버트 래클런(Robert Lacklen)은 창의적 과학자를 예측할 수 있는 예측변인을 결정하는 작업을 함께 하기 위해 테일러를 고용하였다. 1950년대 후반, 테일러는 미래 수행의 예측변인으로 전기적 항목들(biographical items)에 주목하였다. 테일러와 함께 일한 엘리슨은 석사 논문의 일부로 첫 전기적 검사도구를 개발하였다(Ellison, 1959). 그의 연구물인 전기적 검사도구 A형(Biographical Inventory Form A)은 과학영재를 발견하기 위해 개발되고 사용되었다. 이 연구(Taylor, Ellison, & Tucker, 1966)는 다시 학업적 성공은 직업 성공에 대한 정확한 예측변인이 아니라는 주장을 검증했다(R. Ellison, 개인적 대화, 2011. 9. 22.). 몇몇 연방정부 부서로부터 연구비 지원을 받아서 테일러는 1960년대에서 1980년대까지 여러 개의 연구 프로젝트를 감독하였다(Taylor, Ellison, & Tucker, 1966; Richardson Creativity Award, 1971; Taylor, Murray, & Ellison, 1971; Taylor, Smith, & Ghiselin, 1960; Taylor, Smith, Ghiselin, & Ellison, 1971). 유타 대학에서 심리학과 종신교수로 재직하던 1963년에는 의과대학 학장이 테일러에게 접촉하여 간호사 및 의사 훈련 프로그램에 들어오게 되는 학생들의 미래 성공을 더 잘 예측할 수 있는 방법을 고안해 달라고 부탁하였다(S. Mulaik & J. Mulaik, 개인적 대화, 2011. 9. 21.). 역사적으로 의사와 간호사를 선발하는 전통적인 측정치는 의대나 실제 세계에서의 성공적 수행을 예측하는 데 별로 가치가 없었다(Price, Taylor, Richards, & Jacobson, 1964). 이러한 연구를 통해서 유타 대학 의과대학에 입학하는 잠재적 학생들을 선발하는 보다 정확한 방법들이 고안되고 실천되었다. 비록 널리 받아들여진 것은 아니지만, 이들은 미래 성공을 예측하는 데 있어 상당히 정확한 것으로 증명되었으며, 지금까지도 사용되고 있다(R. Odoardi, 개인적 대화, 2011. 9. 9.; Price, Taylor, Richards, & Jacobson, 1964; Richards & Taylor, 1961; Seghini & Lloyd, 1993; Taylor, 1963a; Taylor, Nelson, & Price, 1974).

의과대학과의 연구 이외에도, 테일러는 일반적인 웰빙을 도모하는 데에도 관심이 있었다. 그는 당시 최첨단에 있는 성 마르크 병원을 디자인해 달라는 부탁을 받았다. 테일러는 새 병원을 디자인하기 위해 건축 심리학에서의 자기 연구를 적용하였다. 그는 병원 건축가들에게 색과 방 디자인이 환자들의 웰빙에 심대한 역할을 한다는 것을 보여 주기 위해 그의 창의성 분야의 연구와 전문성을 활용하였다. 결과적으로 각 층은 서로 다른 색채 배합과 디자인으로 꾸며졌고, 환자들은 각자 자기의 방을 갖게 되었으며, 각 방은 신선한 공기를 들이기 위해 열 수 있는 창문을 갖게 되었다. 그는 그러한 환경적 변인들이 건강과 웰빙을 도모한다고 믿었다(Bailey, Branch, & Taylor, 1964; Seghini & Lloyd, 1993; Taylor, 1976; N. Taylor, 개인적 대화, 2011. 9. 14.).

전기적 검사도구

NASA와 유타 대학과의 작업 이외에도, 테일러, 엘리슨 그리고 그의 동료들은 직업 성공과 관련된 일련의 전기적 검사도구(biographical inventories)에 대해 작업했다. 맨 처음 연구는 유타 대학 대학원 학생들의 타당한 창의성 점수를 산출할 수 있는 300개의 전기적 항목의 개발에 관한 것이었다(Ellison, 1959). 처음에 이 연구는 성인을 대상으로 한 것이지만, 팀은 곧 학교에서의 학업적 성공을 예측할 수 있도록 조사 도구를 수정하였다. 이후 45년간, IBRIC 연구진은 재능의 발견, 개발 그리고 활용에 관한 연구를 하였다. 전기적 검사도구의 A형에서 Z형까지를 사용하여, 과학자, 엔지니어, 간호원, 예술가 그리고 1학년에서 대학원까지 학생들의 재능 확인에 관한 다양한 측면에 대해 연구가 진행되었다.

추가로, 과학자 및 의사들과 함께 한 테일러의 작업은 영재성과 창의적 재능은 많은 형태를 띨 뿐만 아니라 학업적 성공은 자기의 직업 경로에서의 미래 능력과 높은 상관이 있지 않다는 아이디어를 갖게 하였다. 연구 축적을 통해, 테일러, 엘리슨 그리고 그의 동료들은 여러 가지 다양한 재능이 다양한 직업 경로와 상관이 있다는 것을 발견하였다. 창의적인 과학자에 관한 연구에서, 테일러(1982)는 〈표 12-1〉에서 제시된 바와 같이 창의적 과학자의 재능을 확인하였다.

〈표 12-1〉 창의적 과학자의 재능

• 더 자기충족적(self-sufficient)이고, 감독이나 안내가 덜 필요함	• 더 지략적임
• 판단을 할 때 더 독립적임	• 상당한 애매모호함을 인내할 수 있음
• 자기확신에 차 있고, 지배적이며, 안정적이고, 자기수용적이고, 자기의 충동에 열려 있음	• 예상치 못한 반응을 하거나, 발자국도 없는 개척지를 겁없이 개척할 수 있음
• 더 진보적이고 급진적임. 더 용감하고, 모험적이며, 더 큰 위험을 감수할 수 있음	• 체제를 개선하기 위한 아이디어를 가지고 놀면서 자기의 일에 깊이 관여하고, 철저하고, 집요함
• 더 복합적이고, 현상 유지에 위협이 된다고 보이는 그들의 새로운 아이디어 때문에 자기 자신에 대한 집단 제재를 불러올 수 있음	• 다양성이 필요하고 복합성을 선호하고, 일을 자기 방식으로 조직함

식별 분야에서 가장 많이 사용되는 영재/재능 식별 영역에 적합하도록 전기적 검사도구 U형이 1976년 디자인되어 생산되었다. 그것은 쉽게 사용될 수 있는 150개 문항으로 구성된 선다형 검사도구였는데, 학업적 수행, 창의성, 리더십, 그리고 예술적 잠재력으로 구성된 4개 영역의 검사 점수에 속한 정보를 제공하였다. U형은 지능검사(집단검사)와 학업적 성취 측정값에 비견할 만한 학업적 점수를 산출한다는 점에서 신뢰로운 것으로 알려져 있다. U형은 또한 문화적으로 그리고 인종적으로 공정한 것

으로 확인되었다. 더욱이 U형은 각 개별 학생의 요구에 맞는 구체적 프로그램에 관련해서 교사와 상담사들에게 정보를 제공한다(Murray, 1976).

U형에서 얻은 정보를 보고함에 있어, 테일러는 학교 및 교육구는 더 재능 있는 학생들을 포함하기 위해 재능 식별의 실제를 넓혀야 한다고 주장했다(Taylor & Ellison, 1983). IBRIC가 계속해서 검사도구의 유형을 세밀하게 맞추어 나가면서, 그들은 직업적 성숙도(Vocational Maturity, 미래 직업을 위한 계획과 흥미)와 교육 지향성(Educational Orientation, 교육의 중요성 인식과 학교에 남아 있을 가능성)의 점수를 추가하는 게 중요하다는 것을 알게 되었다(Taylor & Ellison, 1983). 재능 식별 체계의 가장 최근 판인 학생 개발 체계(Student Development System: SDS)(Institute for Behavioral Research in Creativity [IBRIC], n.d.)는 다양한 교육구 특히 유타에서 다양한 교육 상황에 사용되어 왔다(R. Ellison, 개인적 대화, 2011. 9. 12). 테일러는 어떠한 영재/재능 식별 체계라도 다양한 평가뿐만 아니라 다양한 재능 영역을 고려해야 한다고 강조했다. 왜냐하면, 전에도 기술된 바와 같이, 그와 그의 동료들은 이러한 것들이 학업적 수행보다 전반적 성공에 더 중요하다고 확인했기 때문이다(Taylor & Ellison, 1983).

캘빈 테일러와 유타 과학적 창의성 학술대회

테일러의 영재교육에 대한 가장 중요한 공헌은 핵심 창의성 연구자들 간의 중요한 연구를 교환할 수 있도록 해 준 10개의 창의성 학술대회를 확립하고 재정 지원을 한 것이다. 창의성 학술대회뿐만 아니라, 그는 교사가 교육 이론과 연구를 실제에 적용하는 데 집중할 수 있게 하기 위한 10개 이상의 유타 대학 여름 학술대회를 조직하였다.

과학적 창의성 학술대회

국립과학재단(National Science Foundation: NSF)과 함께 연구하는 동안 아마도 당시 '심리학적 사고에 유행병처럼 번져 나가던' 행동주의를 밀어내기 위해서, 테일러는 과학적 창의성 식별에 관한 세 개의 전국연구학술대회를 위해 NSF 자금을 확보하였다. 스푸트니크호 발사 2년 전인 1955년에 열린 첫 학술대회와 그 이후 창의적 과학자를 찾으려는 그의 노력은 테일러의 선견을 보여 준다. 테일러는 추가 학술대회를 위한 자금을 꾸려 나갔는데, 그중 5개는 유타에서 열렸다.

전국 창의성 학술대회

창의성 학술대회는 〈표 12-2〉에 요약되어 있다. 10개의 창의성 학술대회는 전 세계에서 온 뛰어난 연구자들이 그들의 연구를 나누고 서로 배우기 위해서 함께 모였기 때문에 획기적인 것이었다. 학술대회를 위한 자금을 모으고 이러한 학술대회를 조직하기 위한 테일러의 노력은 창의성 연구에 중요한 것이다. 이러한 학술대회는 범세계적으로 연구 협력을 격려하고, 새 연구를 촉진하고, 창의성 발달에 대한 관심을 격려하였다.

다중 재능 이론 및 교육

전 생애에 걸쳐, 테일러는 그가 다중 재능(mulitple talents)이라고 칭하는 것의 발달에 집중하였다. 그는 만일 우리가 사회에 대한 효과적인 생산자와 공헌자를 개발하고자 한다면, 우리는 학생들에게 이러한 행동들을 키워 줄 수 있도록 우리의 교육 체계를 바꿀 필요가 있다고 상정하였다. 성공에 대한 예측변인으로 학교 성적에 집중하는 대신, 테일러는 직업 성공은 "자신감, 내적 지향성, 욕구, 가치의 분별, 높은 자기충족성, 다수의 연구 보고서를 산출하고자 하는 포부, 창의성에 대한 자기평정"과 같은 개념에 연결되어 있다고 제안하였다(Taylor, 1962, p. 594). 그의 초기 연구 시기에는 학교에서 이러한 종류의 기술을 가르치지 않았다.

유타의 그래나이트 교육구는 테일러의 연구를 이용한 프로그램을 개발한 첫 교육구이었다. 이 프로젝트는 다중 재능 중심 교실과 재능 개발에 거의 관심이 없는 전통

〈표 12-2〉 전국 창의성 학술대회

#	연도/장소	주제/(참고문헌)	핵심 발표자(그리고 C. W. Taylor)	결과/추가 연구
1-3	1955 1957 1959 Wasatch Mts., UT	과학적 영재의 식별 (Taylor & Barron, 1963a)	Frank Barron, Benjamin Bloom, Raymond Cattel, J. P. Guilford, Thomas Kuhn, Sidny Parnes, Anne Roe, Lewis Terman, Paul Torrance 등	다음에 관한 추가 연구 ① 환경 조건과 교육 방법, ② 생산적 과학자의 지적, 동기적, 그리고 인성적 특징, ③ 과학적 창의성의 준거 개발과 측정 가능한 개발
4	1961 Chicago, IL	진보와 잠재력 (Taylor, 1964f)	John Holland, J. H. McPherson, E. Paul Torrance (외 2명).	창의적 행동을 예측할 수 있는 성격, 환경, 그리고 특징 성과(준거 문제)에 대한 세 연구를 위해 신중한 노력이 필요함
5	1962 Wasatch Mts., UT	창의성의 지평선 넓히기 (Taylor, 1964e)	J. P. Guilford, Robert Ellison, L. L. Thurstone*, Arnold Toynbcc*, (기타).	각 분야에서의 창의적 행동을 예측하는 역사적 맥락과 전기적 검사도구의 가치를 널리 전파하기
6	1964 La Jolla, CA	교수 미디어와 창의성 (Taylor & Williams, 1966)	J. P. Guilford, Frank Williams, 다양한 전공의 13인	명예로운 J. P. 길페드 하제로 간 연구가 더 창의적 패턴의 사고과 학습을 함양하기 위하여 새로운 미디어를 구성하는 네 집중됨. 교실 적용
7	1966 Greensboro, NC	창의성을 위한 분위기 (Taylor, 1972b, 1972c)	Frank Barron, J. P. Guilford, Abraham Maslow, Sidney Parnes, Anne Roe, William Shockley, E. Paul Torrance 외 20인.	환경이 학교와 조직에서 창의성을 돕거나 방해함. 창의성을 위한 분위기를 창출하는 비 지도력의 중요성
8	1970 Buffalo, NY	교육체계의 인간화 (Taylor & Parnes, 1970)	Sidney Parnes, 20명의 연구자 20명의 초·중등학교 및 대학교의 실천가	판즈의 창의적 문제해결 기관교육 연수를 접음. 연구 결과를 대학원 및 초·중·고등학교의 실천 프로그램에 적용하는 창의성을 지지하는 분위기를 만드는 '교육 엔지니어링'에 집중함
9	1980 LaJolla, CA	재능은 여사를 만드는 제 능이다(Taylor, 1980a).	Frank Barron, Jacob Getzels, Brewster Ghiselin, J. P. Guilford, E. Paul Torrance, Arnold Toynbee, Frank Williams	역사에서 창의성의 역할; 모든 사람은 자신의 다중 재능을 사용하는 것을 배울 수 있다; 재능 개발을 통해 국가들의 모든 인간 자원을 키움
10	1987 Salt Lake City, UT	창의적 잠재력에 대한 인식을 범세계적으로 확대하기(Taylor, 1990c)	Dick Bird, Benjamin Bloom, Ned Hermann, Alvin Nicolai, John Raven, 다양한 분야의 국제적 연구자 30명	제7회 재능-아 국제 대회임. 학교에서 재능과 역량 개발의 개념을 바꾸기 위해 다중 역량 지향 교육 프로그램을 추구함

적인 교실의 차이를 확인하는 데 초점을 둔 여러 연구와 함께 시작되었다. 특히 허친 슨(Hutchinson, 1963), 알링턴, 존슨, 윌리엄스와 태프트(Allington, Johnson, Williams, & Taft, 1978), 클라크(Clark, 1967)가 행한 연구는 초등학교 및 중학교 수준에서의 다중 지능 교육의 효과성을 보여 주었다. 아이디어는 전통적 학습 교실 대신 사고하는 교 실을 창출해 내는 것이었다(Allington et al., 1978). 이 연구들은 그래나이트 교육구뿐 만 아니라 근처 교육구에 있는 교사들의 관심도 유발하였다. 테일러를 연사로 초빙 한 여러 번의 교원 연수 세션은 그의 다중 지능 접근을 이용한 첫 교육과정 안내서를 소개하였다(Granite District Teachers, 1966, 1970a, 1970b).

그래나이트의 교사 연수 세션에서, 테일러는 교사에 의해 주어진 구체적 과제와 연결된 교실 지도자의 분포인 토템 기둥 효과를 설명하였다. 그래나이트 교육구의 교육과정 책임자인 알링턴이 토템 기둥을 상상해 보았고, 그게 어떻게 보일 것인지 를 상상한 것을 그렸다. 토템 기둥 세트의 일례인 이 그림은 테일러의 다중 재능 이론 을 표상하는 것으로 널리 전파되었다(Allington et al., 1978; G. Bock, 개인적 대화, 2011. 9. 16.; R. Ellison, 개인적 대화, 2011. 9. 22; Taylor, 1978).

그래나이트 교육구에서 행해진 작업에 기초해서, 다른 재능 개발 프로그램들이 시 작되었다. 유타 주의 조던 교육구에서 시작된 임플로우드(Implode) 프로젝트는 『창의 적 잠재력 점화하기(Igniting Creative Potential)』(Stevenson, 1971)라는 제목의 첫 공식 적인 다중재능 교육과정 책의 산출로 연결되었다. 테일러는 또한 재능 목록에 실천 하기, 인간관계 그리고 기회 포착하기를 포함시켜 재능 목록을 확대하였다(Taylor, 1986b; [그림 12-1] 참조).

임플로우드 프로젝트는 확산적 사고, 수렴적 사고 그리고 평가적 사고의 세 과정 에 집중되어 있다. 이들 각각의 사고는 창의성, 계획하기, 의사소통, 예측하기, 그리 고 의사결정 영역에서 생산적 사고를 하는 데 필수적이다(Taylor, Stevenson, Ellison, & Fox, 1973). 이 세 과정, 즉 확산적 사고, 수렴적 사고 그리고 평가적 사고는 이 초기 작업의 기초가 되었다. 프로젝트가 진행되면서, 교사들은 교실 구조와 학생의 태도 에서 상당한 긍정적인 변화를 목격하였다(Taylor et al., 1973). 교수 목표가 프로젝트 학교에서의 변화를 통제 학교에서의 그것과 비교해서 측정하기 위해 개발되었다. 결

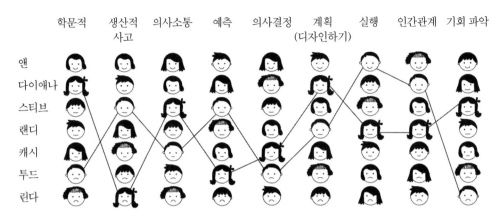

[그림 12-1] 재능 토템 기둥(Taylor, 1986b, 허락하에 사용)

과는 학생의 재능 개발을 중시하는 임플로우드 프로젝트는 프로그램의 큰 가치를 통계적으로 입증하는 것으로 나타났다. 그것은 학습과 학생의 잠재력 개발에 대한 대안적 전략을 제공할 뿐만 아니라 보다 전통적 영역의 학생 성취를 포함하였다. 테일러는 다음과 같이 자신의 주장을 지지하였다.

> 만약 우리가 교육의 과정에 다중 재능 접근을 적용하면, 더 많은 우리의 학생들이 학교 안과 밖에서 더 성공적일 것이다. 당연한 부산물은 각 학생 개인의 개별성의 증가다. 각 학생은 자기의 고유한 재능 프로파일을 경험하고 나타내 줄 것이며 따라서 더욱 자기주도적이 될 것이다. 재능 있는 사람들이 우리의 가장 어려운 문제들을 풀고 더 나은 세상을 만들게 하기 때문에 재능은 상당히 적절하게 우리 초점의 주변이 아닌 한가운데에 와 있다(Taylor, 1968, p. 69).

재능 개발 측면에 추가해서, 임플로우드 프로젝트는 학교 전체의 변화를 촉진하였다. 실험 학교와 다른 통제 학교와의 비교에서, 실험 학교가 학생의 학교에 대한 즐거움, 독립적 발달, 자기개념의 강화, 교실 참여, 민주적 교실 운영, 진로 개발, 수업의 개별화 그리고 다중 재능 경험이 더 높았는데, 이는 통제 학교와 실험 학교의 분위기에 존재하는 실제적 차이를 나타낸다. 결과는 또한 재능 개발 검사, 비지적 측정치, 그리고 학업적 성취검사에서도 프로젝트에 참여한 학생의 수행 수준이 더 높음을 보여 주었다. 진실로, 재능 개발 전략의 사용은 학생들이 학교에 더 몰두하게 하고 또한 학업적 수행도 향상시켰다(Taylor et al., 1973).

1976년 테일러는 앨라배마 주의 모빌 지역에 재능 개발 워크숍을 시작하기 위해서 모빌의 부교육감인 프랭크 슈나이더(Frank Schneider)와 함께 일을 시작했다. 테일러의 연구에 기초한 '무제한의 재능(Talents Unlimited: TU)'은 이 작업의 결과로 시작되었으며 학교 교육에 대한 다중 지능 접근에 보다 공식적인 조직 구조를 제공하였다(C. Schlichter, 개인적 대화, 2011. 9. 30.). 1980년대와 1990년대에 수천 명의 교사가 무제한 재능 모델에서 훈련을 받았다(D. Hobbs, 개인적 대화, 2011. 9. 21.).

테일러는 학교가 재능 개발보다는 학업을 너무 많이 강조하는 것에 대해 계속 관심을 가졌다. 1980년대 성취 기반 교육(Outcome-Based Education) 운동에 대응하여, 그는 지식 성취 기반 교육(Knowledge Outcome-Based Education: KOBE)과 재능 성취 기반 교육(Talent Outcome-Based Education: TOBE)을 개발했다(Taylor, 1986a, 1986b). 테일러는 "이런 식으로, 지식 대 재능 또는 지식의 학습 대 효과적으로 기능하는 것을 배우기에 대해서는 토론을 할 필요가 없다."고 믿었다(Taylor, 1986a, p. 10.).

그의 생애 마지막까지, 테일러는 계속해서 모든 학생을 위한 재능 개발에 집중하였다. 그는 그의 동료와 영재/재능 옹호자에게 이 노력을 범세계적으로 할 것을 독려하였다. 그는 새로운 재능교육 아이디어를 제시하기 위해서 여러 나라의 영재/재능 코디네이터와 함께 일했다. 그는 그의 새로운 아이디어와 연구 프로젝트를 그들과 나누었으며, 심지어 다중 지능에 관한 새로운 책, 논문, 정보가 생산되고 전 세계에 전파될 것이라는 생각으로 브레인-탤런드 파워스(Brain-Talent Powers) 출판사를 재정적으로 지원하였다. 그 회사의 슬로건은 "모든 아이들의 두뇌-재능 자산을 찾아서 점화하라! 지식을 더 잘 획득하고 유지하기 위해 두뇌 재능을 가지고 두뇌를 사용하는 아이를 발달시키고 두뇌가 가장 잘 훈련된 아이들은 배출하라." 이었다(Taylor, ca. 1992).

마지막 생각: 캘빈 W. 테일러의 재발견

캘빈 W. 테일러는 매우 뛰어나고 복합적인 사람이었다. 그와 가까운 사람들은 그가 모든 사람의 좋은 점과 잠재력을 알아보는 사랑이 많고 배려심이 깊은 사람인 것을 알았다. 그는 주변 사람들이 '할 수 있다(can do)' 는 태도를 갖고 답하기 어려운 질문을 기꺼이 할 것을 주장했다. 딸인 낸시에 의하면, "아버지는 관습에 얽매이는 사람이 아니다. 그는 모든 사람이 성공하고, 자기가 잘하는 것을 찾고, 자신감을 얻기를 원했다. 아버지는 매우 뛰어나고 절대적인 천재이지만 특이한 천재다"(N. Taylor, 개인적 대화, 2011. 9. 14.).

테일러의 창의적 재능 식별과 개발에 관한 뛰어난 연구가 현재 영재교육 분야에서 뒤로 밀려난 이유는 여러 가지 요인 때문일 것이다. 그러한 요인은 아마도 테일러의 다중 재능보다 이해하기가 쉬운 하워드 가드너(Howard Gardner)의 다중지능 이론의 등장, 읽기와 수학에 지나치게 치중하고 학교에서의 다른 재능과 흥미를 희생하는 '아동낙오방지법(No Child Left Behind)' 법안, 재능 개발이나 비동시성 패러다임보다는 단순한 측정에의 재집중(Cohen, 1998), 그리고 그러한 프로그램에 대한 자금 부족일 것이다. N. 테일러(개인적 대화, 2011. 9. 14.)는 또한 그의 연구가 읽기 어렵다는 것을 알았다. 그의 철학은 더 다듬어지고, 단순화되고, 아마도 더 교사 친화적일 필요가 있다. 그러나 그의 메시지는 사람이 성공하기 위해서는 각 개인의 강점이 식별되고 개발되어야 한다는 것이었다.

독자에게 테일러의 방대한 연구와 다중 창의적 재능과 창의성 개발의 중요성을 개념화하는 데 기여한 독특한 공헌을 다시 알리는 것이 그를 다시 이 분야의 선구자로 세우고 그의 전설을 재발견하기를 바란다.

미주

1. 캘빈 W. 테일러(Calvin W. Taylor)에 관한 장을 집필하는 데 다음 사람들과의 면담을 통해 많은 도움과 격려를 받았다.
   - 그들의 가족, 특히 그의 아버지에 대한 관점이 우리에게 중요한 배경지식과 그의 인성에

대한 통찰을 가능하게 해 준 가족 구성원: 그의 세 자녀인 크레이그(Craig), 스티븐
(Stephen)과 낸시(Nancy), 그의 사촌인 섀런 애스틴(Sharon Astin) 그리고 그의 조카와 그
녀의 남편인 신디와 폴(Cindy와 Paul Nachtigall).

- 이전의 박사과정 학생들: 테일러(Taylor)를 선생님과 안내자로 조명하고 우리가 유타 대
학 맥락을 이해할 수 있게 도와준 로버트 엘리슨(Robert Ellison), 데이비드 폭스(David
Fox), 로렌스 제임스(Lawrence James) 그리고 스탠 뮬리악(Stan Muliak).
- 동료/연구자: 모든 학생을 위한 재능 개발의 중요성에 대한 테일러(Taylor)의 비전을 공유
한 제인 에이브(Jane Abe), 이반 코니아(Ivan Cornia), 데보라 홉스(Deborah Hobbs), 제인
뮬리악(Jane Muliak), 조지프 레줄리(Joseph Renzulli), 캐럴 슐릭터(Carol Schlicter) 그리
고 조앤 세기니(JoAnn Seghini).

우리는 또한 다음 사람들에게도 감사를 표하고 싶다:

- 특히 이 장의 초안을 검토해 주고, 비판적 관점을 제공한 밥 엘리슨(Bob Ellison), 데이브 폭
스(Dave Fox), 게일 복(Gail Bock) 그리고 앤드류 오도어디(Andrew Odoardi).
- 우리에게 모르몬교의 정보를 나눠 주고 오리건 주 코밸리스에 있는 LDS 교회의 교회 문서
를 볼 수 있게 도와준 로빈 발로(Robyn Barlow), 클린트 베일리(Clint Bailey)
- 우리가 도서관 문서를 사용할 수 있게 해준 유타 대학 윌러드 매리어트(J. Willard Marriott)
도서관 문서 기록보관소의 클린트 베일리(Clint Bailey)와 신시아 모건(Cynthia Morgan).

참고문헌

Allington, D., Johnson, D., Williams, E. J., & Taft, C. (1978). Granite's early and continuing
contributions. In C. W. Taylor (Ed.), *Teaching for talents and gifts: 1978 status
developing and implementing multiple talent teaching* (pp. 3-19). NIE Publication
No. NIE-PO-77-0075.

Bailey, R. I., Branch, H., & Taylor, C. W. (Eds.). (1964). *Architectural psychology and
psychiatry: An exploratory international research conference*. Salt Lake City, UT:
University of Utah.

Clark, A. C. (1967). *A creative versus a traditional approach to teaching story problems*.
Unpublished doctoral dissertation, University of Utah, Salt Lake City.

Cohen, L. M. (1998). Paradigm change in gifted education: Developing the talent—Is this the
optimal set of possibilities? *Conceptual Foundations Newsletter*, 6(2), 3-5.

Ellison, R. (1959). *The relationship of certain biographical information to success in science.* Master's thesis, University of Utah.

Granite District Teachers. (1966). *Opportunities for creativity and communication.* Salt Lake City, UT: IBRIC.

Granite District Teachers. (1970a). *Productive thinking.* Salt Lake City, UT: Granite School District.

Granite District Teachers. (1970b). *Talent ignition guide.* Salt Lake City, UT: Granite School District.

Guilford, J. P. (1950). Creativity. *The American Psychologist, 5,* 444–454.

Guilford, J. P. (1967). *The nature of human intelligence.* New York, NY: McGraw–Hill.

Guilford, J. P. (1977). *Way beyond the IQ: Guide to improving intelligence and creativity.* Buffalo, NY: Creative Education Foundations.

Guilford, J. P. (1986). *Creative talents: Their nature, uses, and development.* Buffalo, NY: Barely Limited.

Harrington, D. M. (1999). Conditions and settings/environment. In M. A. Runco & S. R. Pritzker (Eds.), *Encyclopedia of creativity: Vol. I* (pp. 323–340). San Diego, CA: Academic Press.

Hutchinson, W. L. (1963). *Creative and productive thinking in the classroom.* Unpublished doctoral dissertation. University of Utah, Salt Lake City.

Institute for Behavioral Research in Creativity. [n.d.]. The Student Development System: A prescription for junior high and middle school success. Salt Lake City, UT: IBRIC.

Kim, K. H. (2009). The two pioneers of research on creative giftedness: Calvin W. Taylor and E. Paul Torrance. In L. V. Shavinina (Ed.), *International handbook of giftedness, Vol. 1* (pp. 571–583). New York, NY: Springer.

Murray, W. M. (1976). *The Alpha biographical inventory as a culturally unbiased measure of academic performance in school* (Unpublished dissertation). Provo, UT: Brigham Young University.

Obituary: Dr. Calvin W. Taylor. (2000a, April 28). *Deseret Times Friday.* Retrieved from http://www.deseretnews.com/article/print/807014/Obituary-Dr-Calvin-W-Taylor.html

Obituary: Dorothy Cope Taylor (2000b, May 16). *Deseret News Tuesday.* http://www.deseretnews.com/article/760295/Obituary-Dorothy-Cope-Taylor.html?pg=all

Price, P. B., Taylor, C. W., Richards, J. M., & Jacobsen, T. L. (1964). Measurement of physician performance. *Journal of Medical Education, 39,* 203–211.

Richards, J., & Taylor, C. W. (1961). Predicting academic achievement in a college of medicine from grades, test scores, interviews, and ratings. *Educational and Psychological Measurement, 21*, 987–994.

Richardson Creativity Award. (1971). Richardson creativity award 1970: Calvin W. Taylor. *American Psychologist, 26*, 96–99.

Seghini, J. B., & Lloyd, B. (Producers) and Peterson, B. (Videotaping and Editing). (1993). *A conversation with Calvin W. Taylor about creativity* [video]. Developed for Mobile, AL Talents Unlimited Awareness Training.

Stevenson, G. M. (1971). *Igniting creative potential.* Salt Lake City, UT: Bella Vista School Project Implode.

Taylor, C. W. (1939). *A method of combining tests into a battery in such a fashion as to maximize the correlation with a given criterion for any fixed total time of testing.* Unpublished master's theiss. C. W. Taylor Archive, University of Utah, Salt Lake City.

Taylor, C. W. (1947). *A factorial study of fluency in writing.* Unpublished doctoral dissertation, The University of Chicago, AAT T–13372.

Taylor, C. W. (1962). Some educational implications of creativity research findings. *School and Science and Mathematics, 62*, 592–606.

Taylor, C. W. (1963a). Are we utilizing our creative potential? *Nursing Outlook, 11*, 105–107.

Taylor, C. W. (1963b). History and acknowledgements. In C. W. Taylor & F. Barron (Eds.), *Scientific creativity: Its recognition and development* (pp. vii–xi). New York, NY: Wiley.

Taylor, C. W. (1964c). *Professional background of Calvin W. Taylor* (September). Unpublished document. C. W. Taylor Archive, University of Utah, Salt Lake City.

Taylor, C. W. (1964d). Preface. In C. W. Taylor (Ed.), *Widening horizons in creativity: The proceedings of the Fifth Utah Creativity Research Conference* (pp. ix–xvi). New York, NY: Wiley.

Taylor, C. W. (Ed.). (1964e). *Widening horizons in creativity: The proceedings of the Fifth Utah Creativity Research Conference.* New York, NY: Wiley.

Taylor, C. W. (1967). *Exploratory research on communication abilities and creative abilities/Final report.* Grant # AF–AFOSR 144–63. Washington, DC: U.S. Government Printing Office.

Taylor, C. W. (1968). Be talent developers as well as knowledge dispensers. *Today's Education: National Education Association Journal, 57*, 67–70.

Taylor, C. W. (1972a). Can organizations be creative, too? In C. W. Taylor (Ed.), *Climate for creativity: Report of the Seventh National Research Conference on Cretivity* (pp. 1–22). New York, NY: Pergamon.

Taylor, C. W. (1972b). *Climate for creativity: Report of the Seventh National Research Conference on creativity.* New York, NY: Pergamon.

Taylor, C. W. (1976). New building measures needed in order to design for people. In *The quality of constructed environments with man as the measure.* Asolomar Conference Center, CA: Proceedings of the 1974 Engineering Foundation Conference.

Taylor, C. W. (Ed.). (1978). *Teaching for talents and gifts 1978 status: Developing and implementing multiple talent teaching.* Washington, DC: National Institute of Education.

Taylor, C. W. (1980). *Creative talents are the history-making talents. The proceedings of the Ninth Creativity Research Conference.* Marriott Library Archive, University of Utah, Salt Lake City.

Taylor, C. W. (1982). Creativity: A necessary ingredient for developing future scientists. In L. D. Gomez (Ed.), *Creatividad y enseñanza de las ciencias* (pp. 245–261). San José, Costa Rica: Consejo Nacional de Investigacion Cientifica y Tecnológica (CONOCIT).

Taylor, C. W. (1984). Developing creative excellence in students: The neglected history-making ingredient which would keep our nation from being at risk. *Gifted Child Quarterly, 28,* 106–109.

Taylor, C. W. (1986a). Cultivate both knowledge and talents: Not one without the other. *Illinois Council for the Gifted Journal, 5,* 6–11.

Taylor, C. W. (1986b). Cultivating simultaneous student growth in both multiple creative talents and knowledge. In J. S. Renzulli (Ed.), *Systems and models for developing programs for the gifted and talented* (pp. 307–351). Mansfield Center, CT: Creative Learning Press.

Taylor, C. W. (Ed.). (1990). *Expanding awareness of creative potentials worldwide: Seventh World Conference on Gifted and Talented Children* (also 10th Creativity Conference). Salt Lake City, UT: Brain Talent-Powers Press.

Taylor, C. W. (circa 1992). *Little gold address book* (gift to friends from C. W. Taylor). Unpublished document. C. W. Taylor Archive, University of Utah, Salt Lake City.

Taylor, C. W. (1994). *Taylor's schooling & career experiences* (Written for visit to Quebec, Canada, August). C. W. Taylor Archive, University of Utah, Salt Lake City.

Taylor, C. W., & Barron, F. (1963). *Scientific creativity: Its recognition and development* (Selected papers from the proceedings of the First, Second, and Third University of Utah Conferences). New York, NY: Wiley.

Taylor, C. W., & Ellison, R. (1983). Searching for student talent resources relevant to all USDE types of giftedness. *Gifted Child Quarterly, 27*, 99-106.

Taylor, C. W., Ellison, R. L., & Tucker, M. F. (1966). *Biographical information and the Prediction of multiple criteria of success in science.* Supported by the National Aeronautics and Space Administration, Research Project, NASW-105. Washington, DC: The Creativity Research Institute of the Richardson Foundation.

Taylor, C. W., Murry, S. L., & Ellison, R. L. (1971). *Development of motivation assessment techniques for Air Force officer training and education programs: Motivation for pilot training* (Report prepared for the Air Force Human Resources Laboratory). Springfield, VA: National Technical Information Service, Department of Commerce.

Taylor, C. W., Nelson, D. E., & Price, P. B. (1974). *Comprehensive analysis of physicians and physicians-in-training performance, Vol. 1.* (NTIS Accession No. PZB-248 541/561). Salt Lake City, UT: NTIS. Retrieved from http://www.ntis.gov/search/product/aspx?ABBR=PB248541

Taylor, C. W., & Parnes, S. J. (1970). Humanizing educational systems: A report of the Eighth International Creativity Research Conference. *Journal of Creative Behavior, 4*, 169-182.

Taylor, C. W., Smith, W. R., & Ghiselin, B. (1960). Productivity and creativity of scientists at an Air Force research center. In G. Finch (Ed.), *Personnel and training research symposium on Air Force human engineering* (pp. 133-143). Washington, DC: National Academy of Sciences Research Council.

Taylor, C. W., Smith, W. R., Ghiselin, B., & Ellison, R. (1971). *Explorations in the measurement and prediction of contributions of one sample of scientists.* Lackland Air Force Base, TX: USAF, AFSC, Personnel Lab.

Taylor, C. W., Smith, W. R., Ghiselin, B., Sheets, B. V., & Cochran, J. R. (1958). Identification of communication abilities in military situations. *USAF Personnel Laboratory Technical Report, No. WADC-TR-58-92.* Lackland Air Force Base, TX: Wright Air Development Center.

Taylor, C. W., Stevenson, G. W., Ellison, R. L., & Fox, D. G. (1973). *Final report: igniting creative potential-Project Implode.* Unpublished document. Marriott Library Archive,

University of Utah, Salt Lake City.

Taylor, C. W., & Williams, F. E. (Eds.). (1966). *Instructional media and creativity: The proceedings of the Sixth Utah Creativity Conference.* Held at Torrey Pines Inn, La Jolla, CA. New York, NY: Wiley.

Thurstone, L. L. (1934). The vectors of the mind. *Psychological Review, 41,* 1–32.

Thurstone, L. L. (1938). *Primary mental abilities.* Chicago, IL: University of Chicago Press.

창의성에 대한 이해를 조명한다
폴 토랜스의 삶과 유산(1915~2003)

Tomas P. Hébert[1]

서 론

우리는 저녁을 먹고 있었다—아빠, 엄마, 동생 엘렌과 나. 나는 13세였고 그때 이미 면도를 하고 있었다. 6월 중순의 하루는 해가 뜨기 전에 내가 우유를 짜고 분리기를 돌리는 것으로 시작했다. 그리고 해가 지고 내가 같은 일을 한 후에 끝났다. 낮 시간 동안에는 솜 터는 일을 했다. 저녁에는 우리 정원에서 기른 콩으로 엄마가 맛있게 요리한 음식을 먹는다. 나는 콩을 숟가락으로 먹고 있었다. 나는 아직도 그 방법이 더 효율적이라고 생각한다. 아빠는 드시던 걸 멈추시고, 나를 보고 심각하게 말씀하셨다. "보아하니 너는 농부가 될 수 없을 것 같구나. 아무래도 도시로 나가서 교육을 받아야겠어. 이제 콩을 포크로 먹는 법을 배워야 하겠어!"

— 토랜스(Torrance, 1969a. p. 3. 332)

이 저녁 대화가 E. 폴 토랜스(E. Paul Torrance)의 삶에서 결정적인 사건이 되었다. 토랜스의 아버지는 토랜스가 농장 생활을 평생 하지는 않을 것이라는 것을 간파하고 그 시절부터 '교육'을 받도록 하였다. 그 순간, 부자지간에 여러 해 동안 지속되었던 절망적이고 실패로 가득했던 농장 기술 습득 시절에 종지부를 찍고 아버지는 아들을 있는 그대로 받아들인 것이다. 이제는 아들이 삶의 방향을 개척해 나가는 일이 남았다. 이후 폴 토랜스는 현대 창의성 연구의 아버지가 되어 여러 세대에 영향을 미치는 학자가 되었다.

조지아 농촌에서 자라다(1915~1936)

엘리스 폴 토랜스(Ellis Paul Torrance)는 1915년 10월 8일 조지아 주 밀리지빌에서 10마일 떨어진 농장에서 태어났다. 그는 엘리스와 지미 폴 토랜스의 아들로, 네 살 아래 동생 엘렌이 있었다. 폴의 할아버지 제임스 토랜스는 그 가족이 살고 있던 700에이커 되는 농장을 소유하고 있었다. 토랜스 가족은 소작인으로서 가난하고 빚도 있었지만 주변 가정들에 비해서는 좀 나은 편이었다. 어릴 적 폴은 아버지와 일꾼들과 함께 농장 일을 해야 했는데, 학습장애가 있어 농장 일을 제대로 배우지 못했다. 어린 폴은 똑바로 쟁기를 끌지 못하는 게 창피했다(Millar, 1995).

폴의 부모는 아들의 문제를 일찍 알게 되었다. 아들은 걷기, 말하기는 일찍 했고, 뛰는 것도 잘했으나, 신체적으로 약하고 실용적인 과제는 못하는 게 많았다. 그래서 그 부모는 폴이 7세 될 때까지 학교에 보내지 않고 있었다. 폴이 6마일이나 되는 거리를 걸어 다니고, 학교에서 힘센 상급생들에게 괴롭힘 당해도 방어하지 못할 것 같아서였다. 그가 다녔던 초등학교 유니언 포인트는 1학년부터 9학년까지 있었고, 이때에 폴의 학문적 창의적 재능을 키우게 했던 경험을 했다. 선생님들은 폴의 상상력 풍부한 작문을 격려했다(Millar, 1995). 이 시기에 폴은 맹장 수술을 받고 6개월 동안 농장에서 쉬면서 글과 그림을 그렸다. 폴은 독서를 좋아해서 대학 교재들이 포함되어 있던 고모의 큰 서재를 애용했다.

초등학교를 마치고 폴은 그 지역 남학생을 위한 학교인 조지아 사관학교에 진학해서 고등학교를 마쳤다. 그 학교는 미군에서 계획한 고등학교와 전문대학을 겸한 곳이었다. 고등학교를 졸업한 후 폴은 솜밭을 측정하는 일을 하면서 돈을 모아 전문대학을 우수한 성적으로 졸업했다. 폴의 가족은 제2차 세계대전과 불경기를 맞아 어렵게 살아갔지만 폴은 교육을 계속할 결심을 했다.

학자로 거듭나다(1936~1951)

토랜스는 고향 근처인 조지아 주 하드윅에 있는 미드웨이 직업 고등학교에서 가르치는 일을 했다. 그 학교의 교장이 아파서 폴이 그 역할을 대신했다. 폴은 8, 9학년을 가르치면서 교장의 행정 업무도 함께 했다. 이 시기에 문제 학생 2명이 그의 교육자로서의 자질을 시험하게 했다. 후에 토랜스는 그 당시 문제라고 알려졌던 그 학생들은 실제로 창의적인 학생이고 커서 성공했다고 한다. 한 명은 포드 대통령 당시 노동부 장관을 했고, 다른 한 명은 조지아 주 교육감이 되었다(E. Paul Torrance, 개인적 대화, 1997. 10. 10.).

토랜스는 교편을 잡은 첫해부터 원격으로 강의를 듣고 여름에는 유일한 남학생으로 조지아 여대에 등록해서 학업을 계속했다. 1937년 가을, 그는 모교인 조지아 사관학교에서 일자리를 제안받았고, 불어, 라틴어, 대수학, 역사를 가르쳤다. 그는 여름마다 계속해서 머서(Mercer) 대학에서 수강하여 1940년에 우수한 성적으로 학사 학위를 받았다. 머서 대학에 있는 동안 심리학에 흥미를 느끼게 되었고 이를 지지하는 교수를 만나 더 깊게 배우게 되었다. 그는 교수진이 좋기로 알려진 미네소타 대학에서 상담심리를 전공하여 1944년에 교육심리 석사 학위를 취득했다.

1944년 12월에 토랜스는 미네소타 대학 상담부서에서 상담사로 일하게 되었다. 부상당한 참전용사들이 대학으로 돌아오기 시작해서 재향군인 관리국에서 대학생활과 사회생활에 적응하는 데 도움을 주기 위해 국내 곳곳에 상담센터를 제공하고 있었다. 토랜스는 미네소타로 돌아가는 것이 기뻤다. 이 기회로 박사과정에 등록할 수가 있었기 때문이다. 그는 이 기간 동안 학술논문을 여러 편 발표했다. 그러나 1945년 6월에 군에 징집되었다.

그는 군에 있는 13개월 동안 사회복지와 심리상담자로 일하면서 심리학에 대한 이해가 깊어졌으며, 로샤 검사, 게슈탈트 검사, 군지능 검사를 잘 다룰 수 있게 되었다. 그는 불명예 제대한 사람들에게 집단 심리치료와 지도 프로그램도 시도해 보았다. 이러한 그의 노력 덕분에 그는 1946년에 캔자스 주립대학 재향군인 상담센터에서 일할 수 있게 되었다.

토랜스는 캔자스 주에서 더 많은 기회를 발견하게 되었다. 제이콥 모레노(Jacob Moreno) 박사와는 사이코드라마와 소시오드라마를 배워서 자신이 훗날 대학원생들에게 활용했다. 그 당시 모레노 박사는 토랜스가 박사 학위를 끝내도록 격려했고, 토랜스는 재정적인 보조를 받고 미시간 대학에서 박사 학위를 받았다.

토랜스는 모든 에너지를 대학원 과정에 쏟는 것이 기뻤고, 그의 연구 분야는 상담에서 교실 상호작용으로 옮아 갔다. 그는 코스워크를 1949년에 마치고 캔자스 주립대학으로 가서 논문을 쓰고 졸업했다. 미시간 주립대학에서 1951년 박사 학위를 받은 토랜스는 전임교수직을 찾기 시작했다.

창의성에 매료되다(1951~1957)

토랜스가 창의성에 매료된 것은 그가 조지아에서 고등학교 교사와 상담사로 일하면서 몇몇 다루기 어려운 학생들과 만났을 때부터 시작됐다. 그는 조지아 사관학교 학생들 중 다수가 기숙학교로 보내지는 것은 교사들이 이 학생들의 높은 에너지와 비관습적인 사고를 이해하지 못해서라고 생각했다. 가장 말썽이 많았던 학생들이 후에 다양한 분야에서 성공적으로 두각을 나타내는 것을 눈여겨본 것이다(Hébert, Cramond, Speirs Neumeister, Millar, & Silvian, 2002). 토랜스는 그들의 창의적인 잠재력을 인정하고 이런 학생들이 문제행동 학생만은 아니라고 생각했다.

그의 창의성에 대한 흥미는 마거릿 브로들리(Margaret Broadley, 1943)의 『네모난 못을 네모난 구멍에(Square Pegs in Square Holes)』라는 책을 읽고 더 강해졌다. 이 책에서 브로들리는 창의적인 상상력을 측정하는 검사를 제시하고, 창의성은 적성의 하나로, 잘 활용하고 올바른 방향으로 사용되지 않으면 야생마가 평야를 뛰어다니는 것에 그치고 마는 것과 같이 될 거라고 지적했다. "창의성을 잘 지도하고 발달시키면, 이 적성은 깊은 만족을 주는 창의적인 업적을 가져올 수 있을 것이다."라고도 했다(p. 69). 브로들리의 사상에 영감을 받은 토랜스는 아동의 창의성을 측정하는 방법을 심각하게 생각하게 되었다(Millar, 1995).

토랜스는 군에 있는 동안 창의성에 대한 관심이 컸다. 부상당한 참전용사들을 상담하면서 그는 몇몇 창의적인 사람을 만났고 그들을 "야생마"라고 묘사했다(Millar, 1995, p. 46). 후에 공군에서 심리학 연구자로 일할 때, 이 현상을 더 자세히 검토할 수 있었다. 그는 공군 에이스들 중 로샤 검사, 모험심 검사(Risk-Taking Scale) 그리고 이력을 통해 '야생마'의 징후를 찾아냈다(Torrence, 1954). 공군 에이스들과 전에 만났던 문제 학생들 간의 차이는 공군 에이스는 자신의 창의성을 생산적인 방법으로 활용하도록 스스로를 훈련시킨다는 점이었다(Millar, 1995).

네바다 주 르노에 있는 스테이드(Staid) 공군기지에서는 전투 인력에게 생존 심리를 가르치고 있었다. 토랜스는 어려운 조건에서 생존하는 방법을 가르치고 연구하는 팀을 이끌었다. 그가 미 공군에서 일하던 7년 동안 그와 그의 동료들은 135개의 연구논문을 발표했는데, 이 논문들은 국내외에서 다른 연구자들에 의해 인용되었다. 토랜스의 팀은 군인들에게 정글, 사막, 얼음, 산 등 극단적인 상황에서 생존하는 방법을 가르쳤다. 이 기간 동안 토랜스는 평생 연구할 주제인 창의성에 대해 기초를 닦게 되었다. 이 생존 훈련 학교의 목표는 위기 상황이나 극한 조건에서 효율적으로 작업할 수 있도록 하는 것이었다. 이러한 경험에서 토랜스는 생존 관련 창의성에 대한 정의를 개발했다. "누구든지 어떠한 훈련이나 학습된 해결책이 없는 문제에 직면할 때에는 어느 정도의 창의성이 요구된다!" (Millar, 1995, p. 39)

공군에서의 경험을 통해 토랜스는 많은 통찰을 얻게 되었다. 예를 들어, 집단 역할과 협조, 경험적 학습, 그룹 내 불협화음에 대한 인내, 동기와 창의적인 사고의 중요성 등 후에 그의 연구에 큰 영향을 미치는 경험을 많이 할 수 있었다. 한국전쟁이 끝나고, 사회과학 연구에 대한 지원이 줄어들고, 생존 연구 프로그램이 종료됨에 따라 토랜스는 고등교육으로 돌아가기로 했다.

창의성 연구(1958~1984)

생존 연구 시절로부터 강력한 전문적인 추천을 받고 토랜스는 미네소타 대학교 교육대학 교육심리학과 교육 연구 소장직을 맡게 되었다. 그 학과에서의 지적인 자유와 서로 다른 철학적 입장에 대한 관용적인 분위기는 토랜스를 흥분시켰다. 이러한 분위기가 그의 생산성에 기여할 것이라는 믿음으로 그는 그 자리에 갔다(Hébert et al., 2002).

그것은 시의적절했다. 스푸트니크 발사와 우주전쟁의 시작으로 전국적으로 창의성 연구를 하기에 매우 좋았다. 특히 미네소타 대학에서 교직원 자문 기관인 교육연구처에서 선구적 연구로 향후 25년간 영재에 관한 연구를 하기를 권장했다. 월터 쿡(Walter Cook) 학장은 대학교 부속학교 아동들이 능력, 적성, 지능에 있어 차이가 많이 나는 것을 보고 토랜스에게 의뢰했다. 대학의 영재교육 프로그램 연구를 통해 토랜스는 자신의 창의성에 대한 이론을 펼쳐 나갈 수 있었다.

토랜스가 미네소타 대학에서 보낸 초창기 시기는 다사다난하고 생산적이었다. 그는 지지적인 동료들과 함께 일하고 창의성에 대한 정의, 측정, 개발에 관해서 연구하도록 연구원들을 독려했다. 이 시기에 그는 초등학생과 중등학생들의 창의성 개발과 관련하여 2개의 종단 연구를 하고 비교문화 연구를 하였다. 그는 대학 강의실에서 훌륭한 교수로, '성격과 정신건강'이라는 강의로 캠퍼스 내에서 인기가 많았다. 이 강의는 특히 토랜스에게는 의미가 있는데, 그 이유는 그의 부인이 될 팬지를 만날 수 있었기 때문이다. 그녀는 토랜스의 명성을 듣고 강의 신청을 했고, 토랜스는 그녀의 따뜻함과 사교성에 매료되었다. 팬지가 프로포즈를 하자, 그들은 1959년 추수감사절 날에 결혼했다(E. Paul Torrance, 개인적 대화, 1997. 10. 10.).

토랜스의 전문적인 영역이 꽃피었다. 그는 많은 연구를 했고 *Look*(1961)이라는 잡지의 '창의적인 아이(The Creative Child)'라는 기사로 전국에서 주목을 받았다. 그 이후 그는 인기 강연자로 초청받았으며 창의성에 대한 책 *Guiding Creative Talent*를 1962년에 출판한 후에 좋은 평을 받았는데, 이 책은 여러 판이 인쇄되고 여러 언어로 번역이 되었다(Miller, 1995).

그의 명성이 올라감에 따라 여러 곳에서 그를 초빙하려 하였다. 그가 부모님을 만나러 조지아에 갔을 때 조지아 대학교의 학장 조지프 윌리엄스(Joseph Williams)를 만났다. 윌리엄스는 토랜스가 고향으로 돌아오는 것을 설득했다. 토랜스 부부는 1966년 조지아로 돌아가서 교육심리학과 학과장으로 일하게 되었다. 그가 있는 동안 학과는 두 배 이상 커지고 3개의 새로운 프로그램(학교심리, 영재와 창의성 교육, 아동 지도 클리닉)이 생겼다.

토랜스는 윌리엄스 학장으로부터 지원을 받았으나, 외부에서 받을 수 있는 창의성 연구를 위한 지원은 제한적이었다. 이러한 도전도 토랜스를 실망시키지는 않았다. 부인인 팬지의 지지와 그의 책에서 나오는 인세로 그는 연구를 계속했고, 조지아 대학에서 가장 산출물이 많은 학자로 남았다. 이 기간에 그는 미네소타에서 개발한 창의성 검사를 손질하며 토랜스 창의성 검사(Torrance Tests of Creative Thinking)을 완성하고 행동과 움직임에서의 창의적 사고(Thinking Creatively in Action and Movement)를 만들었다. 또한 미래 문제 해결 프로그램(Future Problem Solving Program)을 창안하여 여러 나라 아이들의 미래에 대한 사고에 영향을 미쳤다. 이 시기 미네소타 시절에 시작한 창의성에 관한 종단 연구에 참여한 학생들을 추적하여 연구 성과를 많이 냈다.

그러나 1980년 12월에 토랜스에게 역경이 닥쳤다. 그의 사랑하는 아내 팬지가 뇌졸중을 일으켰다. 그녀는 토랜스의 연구와 사고에 대한 확고한 지지자이고 도움을 주는 파트너였다. 그녀는 토랜스에게 용기와 영감을 주는 존재였으므로 이러한 건강상의 문제는 이들을 아는 모든 사람에게 염려를 줬다. 그녀가 요양하는 동안 조지아주의 영재학생들은 팬지를 위해 카드를 보냈다. 다음은 그 예다.

애틀랜타 신문
1984년 3월 9일

팬지 토랜스 뇌졸중에서 회복하다.
팬지 토랜스는 뇌졸중에서 완전히 회복했다. 이는 뇌졸중에서 가장 신속하게 회복한 사례다. 조지아 주 영재교육 프로그램 학생들은 그녀의 회복을 기원하는 카드를 보냈다. 그녀는 조지아 주에 있는 모두가 사랑하고 존경하는 분이다.
어서 나오세요.

사랑하는

마크 왓슨

– 팬지 토랜스에게 보낸 유머 넘치는 카드(E. Paul Torrance artifacts and personal papers. Manuscript 3723, Box 6, University of Georgia, Hargrett Library Special Collections, Athens, Georgia)

1984년 가을 토랜스는 조지아 대학교 교수직을 은퇴하고 부인을 간병했다. 한 달 후, 그는 뇌졸중을 일으켜 인생이 크게 달라졌다. 토랜스 부부는 둘 다 회복하기까지 상당한 보살핌이 필요했다. 그들의 건강상의 문제로 토랜스의 은퇴 기념식은 일 년 후에 이루어졌고, 250명이 넘는 학생, 친지, 가족, 그리고 전국에서 모여든 동료들이 이틀간 조지아 주에 모여 토랜스를 축하해 줬다. 이 행사의 하나로 토랜스는 '폴 토랜스 강의'의 개회강의를 했다. 겸손한 학자는 자신의 학생들의 업적을 강조하고, 그들이 세계적 네트워크와 얼마나 많은 사람에게 영향을 미쳤는지 강조했다. 전 세계에 있는 그의 동료, 친구, 학생들이 이 축하식에 맞추어서 글을 보냈다. 그중에서 1985년 3월 23일자로 교육부에 있는 패티 브루스 미첼(Patty Bruce Mitchell)이 보낸 메시지는 대표적인 것이다.

여기 앉아서 내가 만났던 모든 스승, 내가 아는 모든 교육 전문가, 내가 함께 일했던 모든 정책가를 떠올릴 때, 폴 토랜스가 가장 존경스럽다. 스승으로서 그는 자신이 가르치는 창의적인 사고와 연구를 몸소 실천하는 사람이다. 전문인으로 그는 한 분야를 통제하기보다는 더 나아가게 했다. 영재와 창의적인 학생을 위한 리더로서 그는 대부분의 정책 입안자보다 큰 영향을 미쳤다. 세월이 흘러 당신의 스케줄, 당신의 연설, 당신의 글은 더 느려졌을지 모르지만, 당신의 마술과 같은 매력은 옅어지지 않을 것이다. 당신의 마술 지팡이를 흔들 때, 나도 포함시켜 주어 고맙다(토랜스 창의성 연구센터 원장 메리 프레이지어 박사가 소장한 자료. E. Paul Torrance artifacts and personal papers. Manuscript 3723, Box 10, University of Georgia, Hargrett Library Special Collections, Athens, Georgia).

메리 프레이지어(Mary Frasier) 박사는 토랜스가 은퇴한 해인 1984년에 사범대학에 토랜스 창의성, 영재성, 미래연구센터를 설립하여 토랜스의 업적을 이어 갔다. 그 이후로 센터는 토랜스의 창의성 재능계발센터로 개정하고 대학의 미션(연구, 가르침, 그리고 교육을 제공하는 것)을 확장해 가고 있다. 1985년에 조지아 대학은 그를 교육 분야의 명예교수로 추대했다.

이 시기에 그와 그의 부인은 건강상의 문제로 계속 힘겨워했지만 용기를 가지고 생활 방식을 적응시키고 있었다. 1988년 팬지는 사망했다. 이들은 29년간 결혼 생활을 했다. 다음은 토랜스가 그녀에 대해 쓴 글이다.

팬지 나이 토랜스, 1913~1988, 간호사, 간호교육자 및 운동가. 탁월한 교사. 아동 권리 지지자. 창의적 과정의 산파, 미래 문제 해결의 개척자(Millar, 1995, p. 188).

부인의 사망 후 토랜스는 친구들에게 다음과 같은 편지를 보냈다(1998년 11월 20일).

이제 나는 하느님이 내 여생을 어떻게 보내기를 바라는가를 결정해야 할 때가 되었다. 그런데 우선순위를 어떻게 두어야 할지 잘 생각해야 하겠다. 그 우선순위 중 한 가지는 "남들을 격려하기"라는 걸 나는 잘 안다(Millar, 1995, pp. 187-188).

그리고 그는 격려를 열심히 했다. 그는 동료들과 글을 쓰고 연구를 하면서 창의성에 대한 추구와 지지를 계속해 나갔다. 그는 조지아 주 아테네 지역 우체국에서도 잘 알려졌다. 전 세계에서 학자들과 친구들이 그의 전문성과 조언을 구하기 위해 서신을 보내왔기 때문이다(Mary Fraiser, 개인적 대화, 1997. 9. 5.).

대학에서 은퇴는 했지만 창의성 분야에 대한 그의 헌신은 누구도 능가할 수 없을 것이다. 그는 인생 마지막까지 다작했다. 태미 세이프터(Tammy Safter)와는 그의 저서 『사토리와 창의성을 찾아서, 미지를 향한 창의적인 발걸음(The Search for Satori and Creativity, to Making the Creative Leap Beyond)』을 개정했다.

85세에 『벼랑 끝에서 계속 있기(On the Edge and Keeping on the Edge)』를 출판했다. 또 창의성에 관련된 책을 여러 권 썼는데 그중 캐시 고프(Kathy Goff)와 닐 새터필드(Neil Satterfield)와 함께 『왜 날 것인가? 영재의 창의성과 다문화 멘토링에 대한 철학(Why Fly? A Philosophy of Creativity, Multicultural Mentoring of the Gifted and Talented)』, 도로시 시스크(Dorothy Sisk)와 함께 『일반 학급에서의 영재(Gifted and Talented Children in the Regular Classroom)』가 있다. 그는 미네소타에서 초등학생들을 대상으로 한 40년의 종단 연구 결과를 마무리해서 2002년에 『성명서: 창의적인 진로 개발을 위한 지침서(The Manifesto: A Guide to Developing a Creative Career)』를 출판했다.

그는 또 고등학생들을 연구한 30년의 종단 연구 결과를 분석하고는 '넘어선 자들(beyonders)'이라는 신조어를 만들어서 또래들과는 비교도 안 될 정도로 성취한 이들을 표현하기도 했다. 토랜스 자신이 '넘어선 자'임에는 분명하다. 작고한 A. 해리 파소(A. Harry Passow)는 "교육 분야에서 내 동료 토랜스만큼 국내외적으로 영향을 많이 미친 사람은 드물 것이다."라고 설명했다(Millatr, 1995, p. xiii). 조세프 렌줄리(Joseph Renzulli)는 토랜스의 업적을 말하면서 "그는 한 분야를 창조했지만, 내가 가장 존경하는 측면은 그가 따뜻하고 부드럽고 겸손하면서 주위에 있는 모든 사람을 격려해 줬다는 것이다."라고 회상했다(J. Renzulli, 개인적 대화, 2012. 6. 12.). 토랜스는 2003년 7월 12일에 세상을 떠나 그의 아내 팬지가 있는 조지아 가족묘지에 묻혔다.

토랜스의 업적

조지아 대학에서 은퇴할 때 토랜스는 창의성 분야에서 국제적으로 유명한 학자였다. 기록을 보면 그는 저서, 논문, (책의) 장, 검사, 서평 등 모두 1,871편의 출판물이 있어 조지아 대학 역사상 가장 업적이 많은 교수가 되었다. 그의 업적을 보면 큰 부분이 그의 창의성 검사, 미네소타에서 초등학생과 고등학생의 창의성을 연구한 종단연구, 미래 문제 해결 프로그램(Future Problem Solving Program), 잠복기 모델 학습법(Incubation Model of Teaching), 영재, 재능아, 다양한 문화의 아동, 소외된 계층의 요구에 대한 주목 등이 있다. 다음에서는 토랜스의 유산을 더 자세히 보도록 한다.

토랜스의 창의성 검사

토랜스 하면 그의 창의성 검사가 가장 먼저 떠오른다. 그러나 창의성을 측정하는 것이 그의 초기 목표는 아니었다. 그가 측정을 시작한 것은 다른 목적을 달성하기 위한 과정이었다. 토랜스가 1958년 미네소타 대학에 임용되었을 때 그가 미국 군대에서 시작한 창의성 관련 연구를 계속할 수 있는 좋은 기회가 되었던 것이다. 1960년대의 학문계는 행동주의 이론에 젖어 있었다. 학계에서는 눈에 보이고 측정 가능한 방법으로 창의적 전략이 창의적 반응을 증진시키는지 보여 주기를 요구했다. 이에 대한 토랜스의 반응은 창의성을 측정할 수 있는 방법을 고안해 내는 것이었다. 그가 창의성 검사를 개발하기 전에 토랜스는 연구를 위해서는 구체적인 정의가 필요하다는 것을 알았다. 그는 여러 가지 정의를 검토하고 나서 창의성을 모든 연령을 포함하는 자연스러운 과정이라고 결론지었다.

그는 또 그 정의에서 인간은 무엇인가 미흡하거나 부족해 보이면 긴장이 되고 그것을 해결하려고 하는 강한 욕구가 생긴다는 것도 포함되어야 한다고 생각했다(Hébert et al., 2002, p. 12). 이러한 철학적인 관점에서 토랜스는 일반 사람들이 포함되는 범위 내에서 창의성을 다음과 같이 정의를 내렸다.

창의성이란 문제, 부족함, 지식의 격차, 빠진 요소, 부조화 등에 민감해지는 과정
이다. 어려움을 인지하고 해결책을 찾고, 추론을 해 보고, 결함에 대한 가설을 세워
보고, 이러한 가설을 시험해 보고 수정하고 다시 시험해 보고, 그 결과를 발표하는
것이다(Torrance, 1974a, p. 8).

토랜스는 1950년대 학자들이 만든 과제들을 보고 창의적 능력을 측정하기 위해서
는 몇 가지 기준을 충족시켜야 할 필요성을 느꼈다. 그는 활동들은 일상에서 일어나
는 자연스러운 것이어야 한다고 생각했다. 그리고 그 과제는 모든 연령과 교육 수준,
즉 유치원에서부터 대학원과 전문 교육기관에 다니는 사람들에게 공히 적절해야 한
다고 생각했다. 과제는 어리거나 장애가 있는 사람도 할 수 있을 정도로 쉬워야 하고
동시에 가장 능력 있는 사람에게 도전의식을 줄 만큼 난이도가 있어야 한다고 주장
했다. 과제는 성별이나 인종에 차별이 없어야 하고 다양한 경험적 배경을 가진 사람
들이 편하게 반응할 수 있도록 개방적이어야 했다. 토랜스는 또한 그 과제는 재미있
어야 한다고 했다(Torrance, 1966, 1974b). 그는 모든 과제를 직접 선택하고 다양한 집
단이 그 과제를 푸는 것을 관찰했다. 그 결과 '창의적 사고를 위한 미네소타 검사
(Minnesota Tests of Creative Thinking)' 가 탄생했고, 그것이 후에 토랜스가 조지아 대학
에서 개발한 창의성 검사(Torrance Tests of Creative Thinking: TTCT)의 전신이 되었다.

토랜스와 동료들은 TTCT를 2개의 유형으로 만들었다. 'TTCT-언어' 는 5개의 활
동으로 질문하고 알아맞히기, 색다른 용도, 색다른 질문, 상품 개선하기, 가정해 보기
라는 과제들이다. 모든 과제는 그림이 제시되고 피검자가 글로 반응하는 것이다
(Torrance, 1966, 1974a). 'TTCT-도형'은 2개의 동형검사가 있고, 3개의 활동으로 구성
되어 있다. 그 활동들은 그림 구성, 그림 완성, 그리고 반복된 선이나 원이다.

오늘날의 연구자들은 TTCT의 긍정적인 요소들을 인지하여 그 안에 내재되어 있는
많은 정보의 가치를 인정한다. 이 도구는 다른 어떠한 창의성 검사보다도 더 많이 연
구되고 분석되었다(Kim, 2006; Johnson & Fishkin, 1999). 또한 의미 있는 종단 연구로 가
장 많은 표본을 가지고 있고(Davis, 1997), 넓은 연령층에서 높은 예언 타당도를 확립
했다(Cropley, 2000). 검사 실시와 채점에서의 표준화 과정과 표본은 TTCT가 특히 영

재 프로그램의 선별 도구로 쓰이는 데 용이하게 해 주었다(Davis & Rimm, 1994). TTCT-도형검사는 성별, 인종, 언어, 문화, 경제적 지위 등에서 평등하게 쓰일 수 있다(Cramond, 1993). TTCT에 대한 더 기술적인 내용을 원하는 독자는 킴(Kim)의 2006년 연구를 찾아보기를 권한다. TTCT와 관련해 긴 시간 동안 많은 연구가 되어 있어, TTCT는 지금도 여러 가지 중요한 목적으로 많이 쓰이고 있으며 토랜스라는 이름과 동일한 의미를 가지고 있는 것을 볼 수 있다.

종단 연구들

토랜스 창의성 검사(TTCT)를 개발할 때 그는 예언 타당도를 확립해야 하는 도전에 부딪혔다. 그는 검사의 진정한 가치는 어른들이 얼마나 창의적일 수 있는지 예측하는 데에 있다는 것을 알았다. 그는 창의성과 같이 복잡한 요인을 예측한다는 것이 얼마나 어려울 것인지를 알고 종단적 접근의 필요성을 인지했다.

TTCT의 타당도를 검토해 보기 위하여 7개의 종단 연구를 실시했다. 초창기의 연구는 검사를 한 지 몇 년 후에 제한된 대상자들, 즉 초등교육 전공자(Torrance, Tan, & Allman, 1970), 중학교 1학년(Cropley, 1971) 그리고 저소득층 흑인 아동(Witt, 1971)을 대상으로 했다. 이 3개의 연구 결과, TTCT가 사후 창의적 능력을 예측한다는 신뢰를 가질 수 있게 되었다. 나머지 4개의 종단 연구는 토랜스가 미네소타에서 1950년대와 1960년대에 시작한 연구를 볼 수 있다. 처음 시작할 때에 연구 대상은 1~6학년 학생들이었다. 그 후에 중·고등학교 학생들에게도 TTCT를 실시하였다. 7년 후에 대부분의 학생에게 사후 측정을 하여(Torrance, 1969b) 이 검사의 예언 타당도를 조사하였다. 6년 후에 창의적인 성취를 하나의 기준으로 조사하는 또 다른 사후 측정을 실시하였다. 연구 대상들은 인생철학, 발명, 예술적 관여, 업무에서의 혁신(Torrance, 1972) 등에 대한 질문에 답을 하였다. 그다음 측정은 제일 처음 TTCT를 실시한 지 22년이 지난 후에 이루어졌다(Torrance, 1981).

종단 연구의 초기 결과를 보면 성차가 나타났는데, 여성들이 남성들보다 공적 성취를 이룰 수 있는 기회가 적어 차별을 받고 있다는 것을 깨달았다. 그 결과, 토랜스는 1981년도 자료 수집에서는 창의적인 성취 라이프스타일(Creative Style of Life Achievements)이라는 규준을 포함시켜 연구 대상자가 자신의 삶에서 조금 더 개인적인 성취를 반영할 수 있도록 하였다. 예를 들면, 여성들은 자신의 창의적인 잠재력을 발휘하였던 경험을 보고하도록 격려하였다. 질문은 일상생활에서의 창의적인 행동, 사회 활동 등 그룹을 조직하거나, 집을 디자인하기, 새로운 프로그램을 시작하기, 새로운 취미에 몰두하기 등에 대한 것이었다(Torrance, 1981). 그래서 1998년 연구에서 토랜스는 성인 창의성 지표(공개적으로 인정된 창의적인 성취)를 고안해 냈다(Millar, 2002).

크래먼드, 매튜스-모건, 반다로스와 주오(Cramond, Matthews-Morgan, Bandalos, & Zuo, 2005)는 토랜스가 실시한 40년 종단 연구를 보고했다. 그들은 다양한 지표를 검토했다. 그 지표들은 처음 실시한 TTCT 자료에서 나온 종합지수, IQ, 유창성, 융통성, 독창성과 정교성, 멘토와의 경험 등이다. 규준은 창의적인 성취의 질적인 면과 양적인 면을 모두 고려했다. 이 연구자들은 초기에 나타난 독창성, 유창성과 IQ 지수는 40년 후의 창의적인 성취의 양적인 부분을 비교적 잘 예측한다는 것을 발견했다. 더불어 멘토가 있을 경우 성취의 질적·양적 성취와 관련이 있다는 점, 이러한 현상은 특히 여성에게 더 강하게 나타난다는 점을 발견했다.

룬코(Runco)와 동료들(2010)은 50년 종단 연구를 실시하여 확산적 사고의 중요성에 대해 강조하며 양육과 교육에 있어서의 역할을 확인했다. 그들은 확산적 사고는 분명히 일생의 창의적 표현과 성취에 큰 역할을 한다고 결론지었다. 이것을 보면 토랜스는 분명히 기뻐할 것이다.

미래 문제 해결 프로그램

조지아 대학에서 연구할 때 토랜스는 미국 사회에서 창의성이 감소하고 있는 것이 염려되었고, 젊은이들이 국가의 미래에 대한 지식이나 염려가 없다는 것을 알았다. 1974년 조지아 주의 아테네에 있는 고등학교에서 영재학생들을 가르치게 되었을 때 그가 가지고 있던 아이디어를 실현에 옮길 수 있는 기회가 왔다.

토랜스는 알렉스 오스본(Alex Osborn)과 시드니 판스(Sidney Parnes)가 개발한 창의적인 문제 해결력(CPS)을 높이 평가하고 있었다. 그래서 이 방법을 그 고등학생들에게 가르치면서 특히 미래에 대한 주제에만 집중하기로 했다. 창의적인 문제 해결과 미래의 문제들을 결합시킴으로써 젊은이들이 창의성을 배우는 것뿐만 아니라 미래에 대한 관심 또는 염려를 가지도록 하고 싶었던 것이다. 그 결과 최초의 미래문제대회(Future Problem Solving Bowl)가 개최됐다(Treffinger, Jackson, & Jensen, 1996).

토랜스 및 그의 연구진과 함께 미래 문제 해결(Future Problem Solving: FPS)에 참여한 학생들은 열성적인 반응을 보였고 더 하고 싶어 했다. 그 다음 해에도 이 프로그램은 계속되었고 조지아 주에 있는 다른 학교들도 참여했다. 토랜스는 FPS를 지도하는 그의 대학원생들을 멘토링했다. 그 대학원생들이 후에 다른 곳에서 가르치게 되었을 때, 이 FPS 방법을 전국 곳곳에 전파하였다. 이 방법은 1977년에 미래 문제 해결 프로그램(Future Problem Solving Program)으로 격상되어 창의성과 미래 연구를 가르치는 교과과정으로 인정받고 융합 · 학문 · 대회로 발전했다(Milla, 1995). 1979년에 전국적 FPS는 26개 주에서 학생들이 참여할 정도로 크게 발전했다. 그 내용을 보면 시나리오 작성 과제, 개인 과제 그리고 주어진 문제에 대해 연구한 해결책을 가장 잘 표현할 수 있는 방법으로 협력하여 발표하는 팀 과제가 있다(Treffinger, Jackson, & Jensen, 1996).

1980년대 후반에는 토랜스가 심은 아이디어의 산출물이 국제적인 프로그램으로 꽃피었다. 미래 문제 해결 프로그램은 전국에서 25만 명이 넘는 학생이 참여하고 있으며, 국제적으로는 연간 2,000명이 넘는 학생이 문제 해결, 협동 세미나 개최, 사교활동 등으로 즐기고 있다(Hume, 2001). 이는 국제 미래 문제 해결 프로그램(Future Problem Solving Program International)이 되었고 지구 곳곳에서 젊은이들이 동참하고 있다. 더 많은 정보를 원하면 http://www.fpspi.org를 참조하면 된다.

교수 · 학습의 잠복기 모델

미네소타 대학에 있을 때 토랜스는 진 앤드 컴퍼니(Ginn and Company)라는 회사에서 읽기와 사회과학 과목에서의 창의성 관련 자문으로 위촉되었다. 그는 교과 지도 자료를 쓰는 작가들을 위한 가이드라인을 개발하는 역할을 맡았다. 토랜스는 어떤 교과에서 창의적인 사고를 촉발하기 위해서는 교사들에게 두 종류의 정보가 필요하다고 믿었다. 그는 여러 발달단계에 있는 다양한 연령층의 학생에게 요구되는 창의적 수준에 대한 정보가 필요하다고 생각했다. 더 나아가 교사들은 창의적인 사고를 촉진시킬 수 있는 활동들에 대해서 알아야 한다고 판단했다. 이러한 생각으로 출판사와 일하면서 교수잠복기 모델(Incubation Model of Teaching)이 개발되었다. 이 모델은 영재교육 프로그램에서뿐만 아니라 일반 학급에서도 쓰일 수 있도록 고안되었다. 토랜스와 시스크(Torrance & Sisk, 1997)는 이 모델의 목적을 다음과 같이 묘사했다.

> 창의적인 사고가 일어나기 전에, 학습자들은 자신이 무엇을 배우게 될 것이며 그들이 미래에 어떠한 영향을 미치게 될 것인가에 대하여 명료하게 기대를 가질 수 있도록 해 줘야 한다. 이러한 기대를 가진 후에 학생들은 주어진 문제에 몰두하고, 더 많은 정보를 습득하고, 예외적인 상황에도 맞닥쳐 보면서 계속 기대를 높여 가는 것이다. 결국 새로운 정보를 가지고 당장 혹은 후에라도 무엇인가를 실천해 보는 경험을 해 봐야 한다(p. 91).

잠복기 모델에는 3개의 순차적이면서 동시에 상호작용적인 단계가 있다. 그것은 기대 높이기(Heightening Anticipation), 깊이 있게 예측하기(Deepening Expectation) 그리고 지속하기(Keeping It Going)다. 각 단계마다 교사들이 활용할 수 있는 활동들이 있다. 토랜스와 세프터(Torrance & Safter, 1990)는 이 모델이 강의 계획, 학습 자료 개발이나 지도를 향상시키는 데 활용될 수 있을 것이라고 제안했다. 이 모델은 미국 전역의 교육자들이 활용하고 있으며, 토랜스 창의성과 재능개발센터(Torrance Center for Creativity and Talent Development)의 자문위원들이 이 모델을 활용하는 교사들의 전문성 개발에 도움을 제공하고 있다.

빈곤 속의 다문화 아동에게 창의성을 육성하다

토랜스는 조지아 주 외곽의 소박한 배경에서 자라나 빈곤이 삶에 어떠한 영향을 미치는지 잘 이해하고 있었다. 그래서 그는 빈곤 속에 있는 아동에게서 영재성, 창의성, 재능을 알아보고 육성하는 데 큰 관심을 가졌다. 남부 변두리에서 자라면서 토랜스는 빈곤이 흑인 아동에게 미치는 영향을 톡톡히 보았으므로 그의 일생 동안 경제적으로 빈곤한 배경에 있는 아동들의 영재성과 재능 그리고 창의성을 알아보고 육성하는 것에 그의 전문성을 많이 할애하였다.

토랜스(1969c)는 일찍부터 빈곤에 처한 아동들에게 재능을 발달시킬 필요성에 대해 목소리를 냈다. 그는 빈곤에 처한 아동에 대해서도 특별한 잠재력을 판별해 낼 수 있다고 믿었고 학자와 교육자들에게 경종을 울렸다.

> 우리는 이 나라의 부수적인 문화권에서 가치를 두는 재능을 발굴하고 개발해야
> 한다. 나는 우리가 특정 부수적인 문화권에서 가치를 두는 재능을 발굴해서 키워야
> 한다는 입장을 넘어서 그리해야만 더 성공적일 것이라고 말하고 있다(pp. 72-23).

토랜스는 빈곤하거나 문화가 다른 아동들의 숨은 재능을 발굴하기 어려운 이유가 검사도구에 있다는 것을 알았다. 그는 대부분의 검사가 "주된 문화권에서 통용되는 언어나 경험을 바탕으로 반응하게 되어 있다."고 지적했다(Torrance, 1969c, p. 73). 토랜스는 빈곤 아동도 자신의 경험을 바탕으로 반응할 수 있는 검사를 추구했다. 이러한 노력이 그의 TTCT 검사에 반영되어 있다. 그는 조지아 주에서 빈곤층 흑인 학생들을 대상으로 여름 창의성 캠프에서 TTCT를 사용해 보고, 그 검사에서는 아동들이 안정적으로 자신의 능력을 표출할 수 있다는 것을 알게 되었다.

1970년대 초반에 그는 대학 실습 과목으로 빈곤 아동과의 경험을 적용하는 내용을 만들었다. 대학원 학생들은 아테네의 더들리 파크(Dudley Park)와 파크뷰 놀이학교(Parkview Play School)에 다니는 아동들과 작업하였다. 그들은 사진, 팬터마임, 창의적인 드라마, 음악, 꼭두각시 인형 놀이, 이야기하기, 창의적 습작과 미술과 같은 활동들을 지도했다. 팬지 토랜스도 여름 동안 대학원생들과 함께 일반 양육 활동에 참여했다. 개인 사비를 쓰면서 토랜스 부부는 5년 동안 여름 창의성 캠프를 이끌어 갔다(Millar, 1995). 이 여름 심화 프로그램을 통하여 토랜스와 그의 학생들은 빈곤층에

있는 아이들에 대한 이해가 깊어졌다. 그들은 연구의 일환으로 그들의 경험을 사진, 교과과정 계획서, 관찰 일지 등의 자료로 기록해 두었다. 사진 기록의 제목과 설명을 보면 이 아이들에 대한 토랜스의 연민이 부각됨을 알 수 있다. 그 예를 보면 다음과 같다.

아테네의 더들리 파크에서 소외 계층 학생을 위한 워크숍에 참여한 소년. 영양 실조와 아물지 않은 무릎의 상처를 주목해 보라. 그 소년의 쌍둥이 자매는 영아기 대부분을 병원에서 보내서 적절한 영양 공급을 받았다. 그녀의 발달은 정상적인 데 반하여 집에서 자란 이 소년은 집이 가난하여 영양실조 상태다(소년의 사진. E. Paul Torrance artifacts and personal papers. Manuscript 3723, Box 2, University of Georgia, Hargrett Library Special Collections, Athens, Georgia).

토랜스는 그의 실습 과목과 다른 많은 출판물(1969c, 1974b, 1984)과 발표되지 않은 연구들을 통하여 빈곤층 아동에게 높게 나타나는 창의적인 경향성을 추론하고 교육 자들이 교육과정에 이를 반영하여 이러한 아동들에게 기회를 주는 것을 제안하였다. 그 창의적인 경향성은 다음과 같다.

- 높은 비언어적 유창성과 독창성
- 소그룹에서의 높은 창의적 산출물
- 시각예술 활동의 뛰어남
- 동작, 무용이나 다른 신체적 활동에서의 높은 창의적 동작
- 게임, 음악, 스포츠, 유머나 구체적인 사물에 대한 높은 동기
- 형상화가 풍부한 언어(pp. 74-75)

메리 프레이저 박사도 후에 토랜스와 함께 소외계층 영재학생들을 판별, 교육 상 담하는 일에 일생을 바쳤다. 토랜스가 은퇴한 후에 메리 프레이저와 그녀의 동료들

이 영재교육에서의 평등과 수월성에 대해 노력하는 데 합세한 젊은 학자가 있었다. 타렉 그랜섬(Tarek Grantham)은 아프리카계 미국인 학자로 영재교육에서 흑인 학생들의 잘 드러나지 않는 문제에 대한 연구를 가지고 왔다. 이는 토랜스로부터 영향과 지지를 받았다. 그랜섬은 토랜스 자택에서의 대화를 회상했다. 그 당시 주지사였던 지미 카터가 토랜스에게 조지아 주에서 하는 여름 영재 프로그램에 흑인 학생이 극소수인 점에 대하여 질문했던 대화에 대하여 말하여 주었다. 그랜섬은 토랜스가 이러한 불공평한 현상에 대하여 의견을 나누는 것에 대해 전혀 불편해하지 않았고, 소수민족과 소외계층, 특히 흑인들에 대한 그의 연구에 대해 알게 되고 존경하게 된 계기가 되었다고 회상했다. 그는 흑인이나 경제적으로 혜택받지 못한 학생들이 일반 학생들과 다른 것은 결점이 아니라는 것을 지적한, 재능 있고 창의적인 첫 번째 학자였다라고 회고했다(T. Grantham, 개인적 대화, 2012. 2. 20.).

E. 폴 토랜스의 유산

토랜스가 영향을 준 수많은 학생과 그들의 인생을 생각해 보면 그가 어떻게 '창의성의 아버지'라는 이름을 얻게 되었는지 알 수 있다. 토랜스가 21세기 학교에 끼친 영향을 돌아보면 그가 영재교육 프로그램뿐만 아니라 모든 학생의 인생을 개혁한 것을 볼 수 있다. 토랜스가 영감을 준 그의 많은 학생이 전 세계 교육자, 부모와 학생들에게 또 영향을 주는 것이 그의 가장 큰 기여라고 볼 수도 있을 것이다. 그는 침착함 속에 강함을, 배려와 신실함, 따뜻함과 유머로 주위에 사랑과 연민을 퍼뜨렸다. 그는 자신이 가르친 대로 살았고 누구든지 자신의 최선을 다할 수 있도록 영감을 주었다.

미 주

1. 본 저자는 E. 폴 토랜스(E. Paul Torrance)의 전기적인 연구를 지원해 준 헤버트 등의(Hébert et al., 2002) 원고와 조세프 렌줄리(Joseph Renzulli), E. 진 기본스(E. Jean Gibbins)가 마련해 준 NRC/GT 후원에 대하여 감사한다. 또한 칼라 버스(Carla Buss), 스킵 휼렛(Skip

Hulett), 척 바버(Chuck Barber)그리고 기록 문서를 조사해 준 조지아 대학교 도서관 스태프 들에게 감사를 전한다.

참고문헌

Ball, O. E., & Torrance, E. P. (1984). *Streamlined scoring workbook: Figural A.* Bensenville, IL: Scholastic Testing Service.

Broadley, M. (1943). *Square pegs in square holes.* Garden City, NY: Doubleday, Doran.

Cramond, B. L. (1993). The Torrance Tests of Creative Thinking: From design through establishment of predictive validity. In R. F. Subotnik & K. D. Arnold (Eds.), *Beyond Terman: Contemporary longitudinal studies of giftedness and talent* (pp. 229-254). Norwood, NJ: Ablex.

Cramond, B., Matthews-Morgan, J., Bandalos, D., & Zuo, L. (2005). A report of the 40-year follow-up of the Torrance Tests of Creative Thinking: Alive and well in the new millennium. *Gifted Child Quarterly, 49,* 283-291.

Cropley, A. J. (1971). Some Canadian creativity research. *Journal of Research and Development in Education, 4*(3), 113-115.

Cropley, A. J. (2000). Defining and measuring creativity: Are creativity tests worth using? *Roeper Review, 23*(2), 72-79.

Davis, G. A. (1997). Identifying creative students and measuring creativity. In N. Colangelo & G. A. Davis (Eds.), *Handbook of gifted education* (pp. 269-281). Needham Heights, MA: Viacom.

Davis, G. A., & Rimm, S. B. (1994). *Education of the gifted and talented* (3rd ed.). Needham Heights, MA: Simon & Schuster.

Hébert, T. P., Cramond, B. L., Speirs Neumeister, K. L., Millar, G., & Silvian, A. F. (2002). *E. Paul Torrance: His life, accomplishments, and legacy.* National Research Center on the Gifted and Talented (RM 02152). Storrs, CT: University of Connecticut.

Hume, K. (2001, March). The Future Problem Solving Program. *Parenting for High Potential,* 8-11.

Johnson, A. S., & Fishkin, A. S. (1999). Assessment of cognitive and affective behaviors related to creativity. In A. S. Fishkin, B. Cramond, & P. Olszewski-Kubilius (Eds.), *Investigating creativity in youth: Research and methods* (pp. 265-306). Cresskill, NJ: Hampton.

Kim, K. H. (2006). Can we trust creativity tests? A review of the Torrance Tests of Creative Thinking (TTCT). *Creativity Research Journal, 18*(1), 3-14.

Millar, G. W. (1995). *E. Paul Torrance: The creativity man.* Norwood, NJ: Ablex Publishing Corporation.

Millar, G. W. (2002). *The Torrance kids at mid-life: Selected case studies of creative behavior.* Westport, CT: Ablex Publishing.

Runco, M. A., Millar, G., Acar, S., & Cramond, B. (2010). Torrance Tests of Creative Thinking as predictors of personal and public achievement: A fifty-year follow-up. *Creativity Research Journal, 22*(4), 361-368.

Torrance, E. P. (1954). *The development of a preliminary Life Experience Inventory for the study of fighter interceptor pilot combat effectiveness.* San Antonio, TX: Air Force Personnel and Training Center, Lackland AFB.

Torrance, E. P. (1966). *The Torrance Tests of Creative Thinking: Norms technical manual.* (Research Edition). Princeton, NJ: Personnel Press.

Torrance, E. P. (1969a). It's time you learned to eat peas with a fork! *Theory into Practice, 8*(5), 332-333.

Torrance, E. P. (1969b). Prediction of adult creative achievement among high school seniors. *Gifted Child Quarterly, 13,* 223-229.

Torrance, E. P. (1969c). Creative positives of disadvantaged children and youth. *Gifted Child Quarterly, 13,* 71-81.

Torrance, E. P. (1972). Creative patterns and peak creative achievements of creative high school students twelve years later. *Gifted Child Quarterly, 16,* 75-88.

Torrance, E. P. (1974a). *Norms technical manual: Torrance Tests of Creative Thinking.* Lexington, MA: Ginn.

Torrance, E. P. (1974b). Differences are not deficits. *Teachers College Record, 75,* 471-487.

Torrance, E. P. (1981). Predicting the creativity of elementary school children (1958-80) and the teacher who "made a difference." *Gifted Child Quarterly, 25,* 55-62.

Torrance, E. P. (1984). The role of creativity in the identification of the gifted and talented. *Gifted Child Quarterly, 28,* 153-156.

Torrance, E. P., & Safter, H. T. (1990). *The Incubation Model: Getting beyond the aha!*

Buffalo, NY: Bearly.

Torrance, E. P., & Sisk, D. A. (1997). *Gifted and talented children in the regular classroom.* Buffalo, NY: Creative Education Foundation Press.

Torrance, E. P., Tan, C. A., & Allman, T. (1970). Verbal originality and teacher behavior: A predictive validity study. *Journal of Teacher Education, 21,* 335-341.

Treffinger, D. J. (1985). Review of the Torrance Tests of Creative Thinking. In J. V. Mitchell Jr. (Ed.), *The ninth mental measurements yearbook* (pp. 1632-1634). Lincoln, NE: University of Nebraska, Buros Institute of Mental Measurements.

Treffinger, D. J., Jackson, J., & Jensen, B. (1996). *Future Problem Solving Program: Past, present, and future.* Ann Arbor, MI: Future Problem Solving Program.

Witt, G. (1971). The Life Enrichment Activity Program, Inc.: A continuing program for creative, disadvantaged children. *Journal of Research and Development In Education, 4*(3), 14-22.

카지미어즈 다브로프스키
긍정적 부적응의 삶(1902~1980)

Marjorie M. K. Battaglia, Sal Mendaglio, & Michael M. Piechowski

초기: 독재하에서

한번은 논문 편집장이 카지미어즈 다브로프스키(Kazimierz Dabrowski)에게 그의 이론을 발달시키도록 이끈 것이 무엇이었는지를 질문하였다. 다브로프스키는 평소의 과묵함을 극복하고, 죽음, 고통, 그리고 인간 존재의 의미와 운명에 대한 의문이 어떻게 자신의 어린 시절로 돌아가게 되었는지를 설명하였다. "나는 매우 어린 시절에 죽음에 관해 배웠다. 내가 6세 때 나의 세 살짜리 어린 동생이 수막염으로 사망하였다." 제1차 세계대전 동안 그는 13세가 채 되기도 전에 전쟁을 경험했다. "포격탄을 주고 받는 싸움은 끝났지만 날붙이 싸움은 지속되었다. 전쟁이 끝난 후에 나는 수백 명의 죽어 누워 있는 어린 병사의 시체들을 보았다. 그들의 삶은 잔인하면서도 무자비한 형태로 난도질되어 있었다."(Dabrowski, 1975, p. 233) 이러한 경험의 기억은 그를 결코 떠나지 않았으며, 제2차 세계대전 동안에는 오히려 더욱 확대되었다.

나는 유대인 집단이 유대인 거리를 향해 떼 지어 이동하는 것을 보았다. 가는 도중에 약하고 병들고 쓸모없는 사람들은 냉혹하게 죽임을 당했다. 그리고 그때부터 나와 가까운 가족과 친구들은 곧바로 여러 번 죽음의 위험에 놓이게 되었다. 비인간적인 힘 및 비인간적인 인간과 민감하고 희생 정신을 가진 용감한 사람과의 나란한 병렬은 가장 낮은 가치부터 가장 높은 가치까지의 규모로 펼쳐진 생생한 전경들을 연이어 제공해 주었다. 그때의 사건들로부터 나에게는, 다른 사람의 죽음에 대한 태도, 나 자신의 죽음에 대한 태도, 불의와 사회적 격변에 대한 태도, 인간의 태도와 행동에서의 진실과 거짓 간의 변별에 대한 태도에 관해 풀지 못한 욕구가 더욱 깊어졌다(Dabrowski, 1975, p. 233-234).

카지미어즈 다브로프스키는 1902년 9월 1일에 폴란드의 동부 도시 루블린 근처 클라로보에서 그의 아버지 안토니가 관리하던 농업 부지에서 출생하였다. 폴란드는 러시아에 함락된 곳이었다. 1792년 초, 폴란드는 러시아, 프러시아, 오스트리아에 의해 차례대로 분할되었다. 1815년 비엔나 의회 이후, 루블린 지역은 폴란드 제국의 부분이 되었고 독재자의 지배를 받게 되었다. 1915년 7월, 루블린으로부터 수 킬로미터 떨어진 곳에서 격렬한 전투가 벌어졌으며, 오스트리아-헝가리 군대는 러시아에 패전하였다(Cieslak, Gawarecki, & Stankowa, 1976). 이 전투가 바로 다브로프스키가 어린 소년 시절에 겪은 전투였다. 3년 뒤, 3개의 제국이 붕괴되었고 폴란드는 독립국가로 다시 태어났다.

다브로프스키는 3남 1녀 중 둘째로 태어났다. 그의 가족은 교양과 독서를 강조하였다. 루블린에서 학교를 다니면서, 그는 고등학교 계간지인 『미래 속으로(Into the Future)』의 편집장이 되었고, 거기에 시와 드라마를 기고하였다. 그 당시 그는 또한 폴란드 지하 청년 조직에도 참여하였다(Battaglia, 2002).

1918 - 자유 폴란드 시절

그가 아직 고등학생이었던 1918년, 다브로프스키는 새로 설립된 루블린의 가톨릭 대학에 다니기 위해 자신의 나이를 감추었다. 그는 문학과 철학 그리고 심리학을 2년 동안 공부하여 대학 과정을 이수하였다. 그는 이미 16세에 폴란드어로 번역되어 나온 책인 키에르케고르를 읽었으며, 그 사상이 그에게 거대한 영향력을 행사하게 되었다. 개인의 개성을 만드는 내적 갈등에 대한 키에르케고르의 강조는 어린 다브로프스키의 마음속에 깊이 뿌리를 내리게 되었다. 개인의 개성이란 사회적 몰입, 동조 및 편안한 삶에 강압적으로 반대해서 의식적으로 그리고 신중하게, 결정과 의지를 가지고 이루어지는 것이다. 개성은 어렵게 얻는 것이다. 나중에 다브로프스키는 성격이란 어렵게 얻는 것이라고 말했다.

대학 시절

1924년, 다브로프스키는 포즈나뉴 대학에 갔다. 그곳에서 그는 문학과 심리학, 사회학, 철학 그리고 교육학을 공부하였다. 그 당시 폴란드의 낭만파 사상의 영향은 강력하였다. 그는 창의성 영역에 매료되어 예술가, 시인, 무용가 및 음악가와 친구가 되었다. 그는 피아노를 연주하였으며, 처음에는 음악을 전공할까도 생각했다(Battaglia, 2002). 수십 년이 지난 후, 창의적인 영재 청년과 성인의 취약성과 부적응이 그의 이론을 발달시키는 원동력이 되었다.

1926년에 포즈나뉴 대학을 졸업한 후, 다브로프스키는 바르샤바 대학에서 의학을 공부하기 시작하였다. 다브로프스키는 저명한 폴란드 정신과 의사인 얀 마주르키에비츠(Jan Mazurkiewicz)의 "지향력으로서 정서의 중요성"에 감명을 받았다(Dabrowski, 1964b, p. xii). 자신의 긍정적 비통합 이론(TPD)에서 다브로프스키는 의식적 자기결정의 자율적 발달 요소 개념을 소개하였다.

마주르키에비츠 밑에서 공부하는 동안, 다브로프스키는 정신장애를 가진 소아 환자들을 다루었다. 날카로운 관찰자인 그는 아무런 뚜렷한 이유도 없이 의도적으로 자해하는 아이들에게 관심을 가지게 되었다. 그는 신체적인 자기형벌의 아픔을 '고통받길 원함'으로 보고, 고통을 도덕적 완벽함으로 이어지는 죄책감을 보상하기 위한 개인적인 속죄 행위와 연결 지었다. 다브로프스키는 언급하였다. "죄책감이나 어떤 결핍의 소유에 뒤따르는 고통, 그리고 속죄나 도덕적 완벽함의 길로 여기는 고통은 정상적으로 다소 필요하다는 점에는 의심할 여지가 없다."(1937b, p. 5)

해외에서 공부

1928년에 다브로프스키는 장학금을 받고 제네바 대학과 루소 연구소에서 공부하였다. 그곳에서 그는 장 피아제(Jean Piaget)와 함께 연구하였지만, 주로는 에두아르 클라파레드(Edouard Claparède)와 함께 하였다. 그의 아이디어는 루소의 비제한적인 교육학에서부터 발전하여 아동 개인의 심리적 특성, 그들의 주관적인 욕구, 능력 그리고 흥미에 대한 존중을 강조하기까지 진보하였다. 다브로프스키는 퀸틸리아누스(Quintilian)와 함께 시작된 아동 중심 교육자들의 긴 대열에 속해 있는 클라파레드와 가까워졌다(Grant & Piechowski, 1999).

1929년에, 다브로프스키는 그의 이름을 Casimir Dombrowski라고 발음대로 표기하면서 제네바 대학에서 의학박사를 취득하였고 그리고 교육학으로 졸업장을 받았다. 그의 절친의 자살에 자극을 받아, 왜 어떤 사람들은 살인을 하고 어떤 사람들은 자살을 하는지의 이유를 이해하기 위한 시도로 그는 자신의 박사 논문의 주제를 자살로 잡았다(Dombrowski, 1929; Nelson, 1992).

2년 뒤, 다브로프스키는 포즈나뉴 대학에서 미켈란젤로, 표도르 도스토예프스키, 오토 바이닝거, 얀 블라디슬로프 다비드, 레오 톨스토이와 같은 저명한 사람들의 성격에 관한 임상 관찰과 연구로 심리학박사 학위를 받았다. 폴란드에서는 1934년에 출판되었으며, 1937년에는 영어로 번역되어 「자해의 심리학적 기초」라는 단행논문이 출판되었다. 다브로프스키는 자해 범주 안에 정서적 자학, 자기혐오, 정당성 없는 죄의식을 포함시켰다.

다브로프스키는 고갈될 줄 모르는 무궁무진한 에너지와 동기로 심리학, 심리치료 그리고 신경학의 최첨단 분야에서 모든 것을 계속 흡수하였다. 그는 1932년에 국립

문화재단(National Culture Foundation)의 기금으로 비엔나에서 빌헬름 스테켈(Wilhelm Stekel)에게 심리분석을 훈련받았고, 공인이 되었다(Dabrowska, ca. 1980, p. 3). 훗날 그는 "아무것도 이해하지 못했다."라고 웃으면서 말했다.

그는 제라르 메이어(Gérard Meyer)와 같이 연구하면서 유명한 심리학자이자 심리치료가이면서 마음에 있는 무의식 내용의 원조 발견자인 피에르 자네(Pierre Janet)의 강의를 듣기 위해 비엔나에서 파리로 이사하였다. 다브로프스키는 자네의 강의를 들으면서 자신이 정신건강을 창조적인 발달 과정으로 보게 되었다고 말하였다. 다브로프스키의 책의 서문을 쓴 동료는 다음과 같이 언급했다.

> 그는 파리에서의 시간이 자신에게 결정적이었다고 회상하였다. 그는 심리적 기능의 곤란에 대한 심리학적 해석이 잘못된 방향으로 이끌 수 있음을, 그리고 정신적 과흥분성의 표현이 창의적인 성격의 활동과 연관되어 있고 발달의 속진 과정과 연관되어 있음을 깨달았다. 그는 정신건강의 준거로서의 항상적 평형 상태와 정상이라는 준거로서의 통계적 규준에 관하여 의심을 품기 시작하였다. 그때 다브로프스키는 이미 인간의 삶에서 가장 가치 있는 것 그리고 가장 창의적인 것은 일반적이고 순응적인 사람, 규준에 속한 사람, 평균적인 사람 밖에 있음을 주목하는 데에 사로잡혀 있었다(Kawczak, 1996, p.vii).

다브로프스키는 31세에 에스에스워싱턴(SSWashington) 배를 타고 미국으로 출항하여, 1933년 10월 19일에 뉴욕 시에 정박하였다(Rockefeller Archive Center, fellowship card #1). 그는 첫 번째 부인과 함께 갔는데, 부인은 이후 폴란드에서 결핵으로 사망하였다(F. Lesniak, 개인적 대화, 2000. 8. 30.). 록펠러 재단은 다브로프스키에게 보스턴에 있는 베이커 판사 가이던스 클리닉(Judge Baker Guidance Clinic)에서, 보스턴 정신병원(Boston Psychopathic Hospital)에서, 그리고 하버드 공중보건 대학원(Harvard School of Public Health)에서 연구와 진료를 하도록 9개월 동안 재정을 지원하였다.

폴란드에서 정신보건 연구소 설립

다브로프스키는 1934년에 바르샤바로 돌아왔다. 그의 목표는 폴란드에서 전문 정신건강 케어 시스템을 시작하는 것이었다. 록펠러 재단은 그에게 바르샤바에서 정신보건 연구소를 개원하도록 1만 5,000달러를 상금으로 수여하였다(현재 시가로 약 25만 달러에 해당되는 돈임). 이 연구소는 연구를 수행하였고, 자세한 설명을 하였으며, 정신보건 개념을 대중화하는 데에 도움을 주었다. 이 개념은 19세기 중반에 미국 교사인 도로시아 딕스(Dorothea Dix)에 의해 시작된 운동이었다. 다브로프스키는 다음과 같이 이 개념을 정의하였다.

> [정신보건은] 개인과 집단의 **심리적 건강의 필요조건**과 그러한 필요조건의 지식에 기반을 두고 개인과 집단에 추천하는 확장된 구체적 기술을 연구한다. 정신 보건은 교육학, 사회학 그리고 철학뿐만 아니라 임상심리학, 발달심리학 그리고 아동심리학을 다루는 간학문적 성격을 띠고 있다(Dabrowski, 1979, p. 36; 강조 가 더해짐).

4년 후, 다브로프스키는 연구소에 5개의 부서가 있다고 파리의 정신보건 제2차 국제 의회에서 보고하였다. 5개의 부서는 40명의 환자를 둔 병원 클리닉, 1936년 1년 동안에 600명을 진료하고 1937년 전반부에만도 거의 600명을 진료한 아동 가이던스 클리닉, 표현언어 곤란에 전념한 특수 가이던스 클리닉, 16~25세 정상 청소년을 위한 가이던스 클리닉, 그리고 간질 환자를 위한 상담센터였다. 이 연구소의 주요 목표는 교육과 건강 관리였다(Dabrowski, 1937b). 다브로프스키는 아동 치료 프로그램에서 클리닉 관계자뿐만 아니라 부모와 교사 그리고 상담자들을 포함시키는 것이 핵심임을 느꼈다. 그는 아동 가이던스 클리닉, 강의, 그리고 부모와 교사를 위한 강좌와 같은 서비스를 제공하였다. 그의 목표는 아동들이 가능한 가장 빠른 시일 내에 가장 정상적인 환경으로 돌아가는 것이었다. 그의 치유에 대한 총체적인 접근은 그 시대로서는 꽤 참신한 것이었다(Battaglia, 2002). 그는 사회의 도덕적 갱신에도 관심을 갖고 도덕문화협회(Society for Moral Culture)를 조직하였는데(Kawczak, 1996), 왜냐하면 그의 긍정적 비통합 이론의 한 측면이 도덕 발달이었기 때문이다. 이러한 전문가 활동의 급증은 전쟁의 돌연한 발발로 인해 급격히 줄어들었다.

전쟁 시기

제2차 세계대전은 1939년 9월 1일에 독일이 폴란드를 침공하면서 시작되었다. 나치는 폴란드의 지식 계급을 근절시키려고 계획하였다. 역사학자들에 의하면, "대학 교수진의 40%가 독일인에 의해 죽임을 당했고, 27개 대학과 고등교육기관 및 고등학교와 초등학교의 50%와 거의 대부분의 도서관이 파괴되었다."고 하였다(Pogonowski, 2000, p. 217). 폴란드 언어는 대부분의 나라에서 금지되었고, 오직 바르샤바와 크라쿠프를 포함한 폴란드의 중심부에만 폴란드 말이 남아 있었다. 정신과 진료도 또한 금지되었으며, 다브로프스키의 이름은 나치의 투옥 및 사형자 명단에 올랐다. 사망자 수는 거대했다. "전쟁 전에 진료 활동을 하던 400명의 폴란드 정신과 의사 중에 단지 38명만이 살아남았다."(Aronson, 1964, p. ix)

정신적인 질병은 나치의 정화 계획의 가장 주요한 타깃이었고, 정신병 환자들을 돌보던 의사, 간호사, 치료사, 상담자들은 심각한 위험에 처하게 되었다. 독일이 바르샤바에 있는 연구소를 폐쇄했을 때, 다브로프스키는 그의 환자들과 장비들을 쟈고르즈에 있는 숨겨진 비밀 연구소로 옮겼다. 이 연구소는 결핵 병원이라고 주장하여 독일이 피하는 곳이 되었다. 시설은 200개의 병상을 갖고 있었으며, 거주자가 증가해도 수용할 수 있을 정도로 큰 규모였다. 그는 아동을 돌보기 위해 바르샤바 근처에서 환자 없이 남아 있던 2개의 시설을 추가로 계속 개설하였다. 연구소는 큰 위험 부담을 안고 비밀리에 폴란드 군대 군인들, 바르샤바 유대인 빈민가의 도망자들, 물리학자들 그리고 지하 조직원들을 위한 은신처로 제공하면서, 강좌를 열고 가르쳤다(Kawczak, 1996).

제2차 세계대전 중반에, 다브로프스키는 1940년에 두 번째 부인인 유지니아와 결혼하였다. 결혼 후 두 딸인 조애나와 애너를 얻었으며, 행복한 나날을 보냈다. 아내 유지니아는 심리학석사 학위를 받았으며, 창의적인 사람들과 높은 도덕적인 사람들, 그리고 경쟁과 압박과 사회의 요구에 직면한 가치 있는 모든 사람을 보호하고 구하려는 남편의 사명을 지원하는 데에 헌신하였다.

1942년 체포

다브로프스키는 게슈타포에 의해 체포되어 바르샤바에 있는 파비악(Pawiak) 감옥에 갇혔다. 파비악 기록보관소의 기록 문서는 그가 감옥에 갇힌 기간을 1942년 2월 20일부터 25일까지라고 한다(Domanska, 1978). 파비악 감옥은 폴란드 점령 시절 가장 큰 독일의 정치 수용소였다. 그곳에 감금된 약 10만 명의 포로 중에서, 3만 7,000명이 처형을 당했으며, 나머지는 강제 수용소로 이송되었다(Battaglia, 2002). 다브로프스키는 파비악에서 크라쿠프에 있는 몬텔루피히(Montelupich) 감옥으로 이송되어 그곳에서 몇 개월을 지냈다. 몬텔루피히 감옥은 실로 엄청나지만 알려지지 않은 공포의 역사를 지니고 있다. 의사이자 아내인 유지니아는 남편이 안전하게 석방되도록 도왔다(Kawczak, 1996).

다브로프스키는 쟈고르즈로 돌아갔다. 1945년 종전이 되자, 그는 다시 록펠러 재단에 기금을 요청하였지만, 계속적으로 의사 전달이 잘못되어 아무것도 돌아오지 않았다(Battaglia, 2002). 차질이 있었음에도 불구하고 다브로프스키는 3년 안에 그의 연구소에서 12개의 분과를 열었다. 그는 정신건강 체계에 대한 꿈이 현실로 이루어지는 것을 보고자 결심하였다.

공산주의 정권과 1950년 체포

전쟁이 끝나자 뒤이어 스탈린 공산주의가 폴란드를 장악하게 되었다. 1949년에 바르샤바에 있는 정신보건 연구소는 또다시 폐쇄되었다. 1950년에는 폴란드 정신보건

협회가 해체되었다. 1952년에 정신보건 고등 학술 대학원은 문을 닫았다. 다브로프스키는 '노예 상태에서' 강제로 정신병원의 소장직을 맡았다. 이후 얼마 안 가서 다브로프스키와 아내는 덴마크로 통하는 통로라는 거짓 제의에 속아 체포되었다 (Battaglia, 2002). 18개월의 감옥 생활 동안, 다브로프스키는 아내를 만나기 위해 단식 투쟁을 하였다. 그와 아내 유지니아는 결국 석방되었고, 다브로프스키는 다른 정신병원에서 의무 임무를 받았다.

스탈린 정권 이후의 회복과 영재와 재능 청소년에 관한 연구

1953년 스탈린이 사망하고, 1956년은 정권에 해빙기를 맞이하였다. 정치적 '회복' 과정에서 다브로프스키는 학술적 위치를 다시 갖게 되었다. 그는 1958년 폴란드 과학 학술원(Polish Academy of Sciences)에 소아정신과 연구소를 조직하였다. 다브로프스키는 영재와 창의적인 사람들이 더 높은 발달 잠재력을 갖고 있다는 가정하에 IQ 120~146 범위의 높은 지능을 가진 학생을 자신의 연구에 포함시켰다. 그는 IQ 110~155의 범주에 있는 드라마, 무용, 예술, 음악 분야의 재능인들을 대상으로 과흥분성 프로파일과 신경증적 증상을 비교하기를 원했다(Dabrowski, 1967, 1972). 그의 목적은 증상이 병리적임을 나타내는 것이 아니라 오히려 정신적 성장을 위한 잠재성임을 보여 주는 것이다. 그의 임상 환자들 중에는 창의적인 사람들, 성직자들, 그리고 영적인 것을 추구하는 사람들이 있었다. 다브로프스키는 긍정적 비통합을 통한 성장 과정의 일부분이 된 창의성과 정신적 혼란 간의 연결을 기록하기 위하여 몇 년에 걸쳐서 저명한 사람들의 성격에 관한 전기를 읽으면서 자료들을 수집하였다.

캐나다로 초빙

『국제 정신의학 저널(International Journal of Psychiatry)』의 편집장으로, 제이슨 애

런슨(Jason Aronson)은 다브로프스키의 업적과 친밀해졌다. 그는 다브로프스키의 책인 『긍정적 비통합에 대하여(On Positive Disintegration)』가 갓 출판되어 나온 때인 1964년에 폴란드로 갔다. 이 책은 긍정적 비통합 이론(Theory of Positive Disintegration)을 간략하게 소개하고 있으며 뒤이어 리틀, 브라운(Little, Brown)에 의해 1964년에 또다시 출판되었다. 같은 해 퀘벡 보건성은 다브로프스키를 캐나다로 초빙하였다. 그는 아내와 딸들과 함께 몬트리올로 갔다. 에드먼턴에 있는 앨버타 대학교 심리학과의 학과장 대행을 맡은 톰 넬슨(Tom Nelson)은 다브로프스키에게 임상 훈련 소장으로 초빙교수직을 제안하였다. 홀아비인 넬슨은 한부모로 자녀들을 기르고 있었다. 다브로프스키의 정서적인 지원이 이 두 가정을 화합하게 하였다. 넬슨은 처음에는 다브로프스키가 쓰는 영어의 강한 억양과 제한된 명령어 때문에 그가 어떻게 수행해 나갈 지 확신이 서지 않았다. 다브로프스키도 자신이 쓰는 부적절한 영어를 의식하고 있었다. 그는 불어가 훨씬 편하다고 느꼈다. 결국 그의 강렬함과 열정에 힘입어 그는 의사소통을 잘하게 되었다. 그는 '기본적인(basical)' 이란 단어를 종종 사용하였는데, 듣는 사람들은 그가 왜 자전거(bicycle)를 언급하는지 의아해했다(Battaglia, 2002).

그의 책의 초고는 그의 아이디어나 그의 응축된 표현 방식을 이해하지 못하는 사람들에 의해 번역되었다. 그는 자신의 제한된 영어 때문에 이러한 번역이 얼마나 왜곡되었는지를 깨닫지 못했다. 다브로프스키와 함께 일을 하면서 절박감이 알려졌다. 예민하고 창의적인 정신신경증 환자들은 구제되어야 하며, 이론은 전파되어야 했으며, 병리적인 특성은 오히려 반대로 발달적 잠재력과 창의성을 표현한 것으로 여겨야만 했다. 동료들을 향한 그의 요구도 부당하였다. 즉, 2주가 필요한 일도 그는 2일이면 된다고 생각했다. 그러나 그는 치료에서는 내담자에게 친절하고 온전히 수용적이었다(Piechowski, 2008).

다중수준 연구 프로젝트

다브로프스키는 사례 분석을 통해 자신의 이론을 공개적으로 밝히기 위해 캐나다

의회로부터 3년 연구 기금을 받았다. 자발적인 내담자들에게 자서전과 몇 가지 단어에 대한 개방형 응답지를 기술하도록 요청하였고, 그들에게 지능검사와 신경학 검사를 실시하였다. 또한 그 사람에 관한 핵심적인 정보를 수집하기 위해 임상 진단 면담을 실시하였다. 프로젝트 결과로, 2권으로 된 책 『정서발달 수준 이론(Theory of Levels of Emotional Development)』이 나왔다. 긍정적 비통합 이론(TPD)은 첫 번째 권에 있는 내용을 자세히 정교화한 것이며, 두 번째 권은 다른 발달 수준과 긍정적 비통합 과정을 나타내는 사례 분석을 담고 있다(Dabrowski, 1977, 1996; Piechowski, 2008).

이 장의 세 번째 저자는 프로젝트가 진행되던 중 그의 70세 생일을 맞았던 날을 회상하였다. "나는 덱스터 아맨드(Dexter Amend), 말렌 킹(Marlene King), 그리고 다른 학생들과 함께 그의 생일을 축하하기 위해 케이크와 꽃을 들고 그의 사무실을 방문하였다. 그는 우리를 상냥하게 맞이하였고, 그러고 나서는 죽음에 관한 담화를 시작하였다."

폴란드 귀향 그리고 죽음

1979년에 다브로프스키는 심근경색을 경험하였다. 충분히 회복되었을 때 그는 자신의 출생국인 사랑하는 폴란드로 돌아갔다. 1980년 11월 26일에 카지미어즈 다브로프스키는 생을 마감하였다. 그는 바르샤바 외곽에 위치한 쟈고르즈에 있는 일명 '비밀' 연구소에서 그다지 멀지 않은 숲 속에 묻혔다. 주변의 울창한 숲은 그의 무덤을 감추고 있다. 우리는 그의 이론을 더 잘 알리고, 6년간 이어진 전쟁과 전쟁 후 공산주의와의 긴 힘겨운 싸움에도 자신의 업적을 방해받지 않고 중단되지 않게 만든 다브로프스키가 이뤄 놓은 업적을 상상하려고 애써야만 한다.

긍정적 비통합 이론

다브로프스키의 이론적 노력은 그 시대의 신경학에 기반을 두고 있다. 다윈의 진화론이 사람들의 마음에 깊이 영향을 주어 인류 진화와 함께 보조를 맞추어 신경계의 진화를 고려하는 것은 단지 자연발생적이다. 그 당시에 통합과 비통합은 신경학 전문용어의 한 부분이었다. 정신과적 이론들과 성격 이론들은 정신 질환들을 이치에 맞게 이해하려는 욕구에서는 벗어나 있었다. 자신의 원래 기능 수준으로 사람들을 회복시키려는 목표를 두고, 신경학자들은 신경계에서의 손상을 찾고 있었고 정신과 의사와 심리학자들은 사회적 기능과 현실 검증력, 정서 반응과 자기감의 손상을 찾고 있었다.

신경학과 심리학에서의 진화론적 아이디어

존 헐링스 잭슨(John Hughlings Jackson, 1884)은 신경계의 진화는 본능에 따라 자동적으로 행동하는 것에서 사고에 따라 자동적으로 행동하는 것으로 진행한다고 제안하였다. 이후에 콘스탄틴 폰 모나코프(Constantin von Monakow)는 본능을 여러 면에서 인간 정신의 구성 요소로 보았다. 전형적으로, 인간 본성은 인간의 가치가 나타나고 그 가치는 행동을 유발하는 높은 수준을 나타낸다(Monakow & Mourgue, 1928). 모나코프는 또한 프로이트(Freud)의 본능 이론에 가치 위계(hierarchy of values) 개념이 부족하다고 지적하였다. 이 개념은 나중에 다브로프스키의 이론에서 두드러지게 형태를 드러낸 개념이다. 마침내 모나코프(1925)는 자기보존 본능이 신체적인 생존에서부터 후손을 교육하고 보살핌, 윤리적 가치 창조, 그리고 "선과 진실을 위한 노력, 윤리적인 완벽함과 순수함을 위한 충동"인 이타주의로 진화하였다고 가정하였다(pp. 24-27). 이러한 아이디어들은 1969년에 인본주의 심리학이 도래하기까지 정신분석과 행동주의가 생각들을 차지하고 있는 시대정신 속에서 다브로프스키의 마음이 휘돌고 있음을 나타내고 있다.

피에르 자네(1859-1947)는 정신신경증 연구로 매우 잘 알려져 있다. 그는 관찰과 심리 과정에 대한 간결한 설명을 강조하였지만, 알려진 이론에는 프로이트의 이론이 갖고 있는 드라마, 상징 그리고 신화가 빠져 있다. 또한 좀 더 널리 포괄적으로 세워진 것이긴 하지만, 이름이 없다는 점이 주요 단점이다(Barraud, 1971). 자네의 주요 업적을 연구하고 파리에서 그의 강의를 들으면서 다브로프스키는 깊은 영향을 받았다.

자네의 심리학은 정상인에 관한 것이지만, 프로이트는 모든 것을 압박감, 방어, 그리고 분출 체계로 축소시켰다. 자네는 행동이란 개인 에너지의 자원과 지출의 균형으로 분석하였다. 사람이 지닌 자원의 격감(대응 에너지)은 정신적 쇠약을 촉발시킨다. 정신건강은 성격의 일치성을 향한 발달을 통해 얻어진다. 그는 느낌을 행동의 조절자로 보았다(Sjövall, 1967). 자네는 프랑스 심리학자들과 정신과 의사들의 업적과 더불어 윌리엄 제임스(William James), J. H. 잭슨(J. H. Jackson), C. S. 셰링턴(C. S. Sherrington), 그리고 J. M. 볼드윈(J. M. Baldwin)의 연구에서 가져와 성격의 심리학적 진화를 요약하였다.

자네의 체계에서 볼 때, 더 높은 수준의 심리적 기능은 더 높은 심리적 긴장을 필요로 한다. 주의력과 의지, 높은 긴장 상태는 에너지를 집중시킨다. 자네는 신경증과 정신신경증에서 너무 낮게 떨어진 긴장도를 들어 올리기 위한 방법으로 스스로 노력하고 일에 참여할 것을 종종 추천했다(Sjövall, 1967). 다브로프스키도 또한 심리적 긴장이라는 개념을 갖고 있었지만, 이것은 좀 달랐다. 왜냐하면 그것이 자살과 자해 연구에서 나왔기 때문이다. 그는 정서적 긴장과 긴장을 처리하는 다섯 가지 방법인 다섯 가지 과흥분성을 인식하게 한 경험의 강렬함 간의 연관성을 파악하였다.

또 다른 자네의 개념은 정신적 발달 법칙인데, 이것은 사람의 믿음에서 일어난 갑작스러운 경련, 변형에 관한 것이다. 의식하기 위해서는 먼저 느껴야 한다(Janet, 1929). 다브로프스키는 종종 이 개념을 다음과 같이 설명하였다. "마치 사람의 행동에 대한 감각, 원인, 목적에 대한 갑작스러운 이해 행위와 같은 조명 행위다. 반복된 행위의 결과로, 자기 자신에 대한 자각(prise de conscience de soi meme)은 '주체-객체' 역동성을 일으킨다." (Dabrowski, 1967, p. 104)

다브로프스키는 찰스 S. 셰링턴(1946)의 업적을 긍정적 비통합 이론에 매우 가까운 것이라고 평가하였다. 정신 활동과 인간 정신의 풍부한 삶을 뇌의 전기적 활동으로 축소시킬 수 없다. 다브로프스키는 언급하였다. "마음이 있는 곳에 고통이 있고, 더 높은 인생이 있는 곳에 더 많은 고통이 있다. 그래서 가치에 의문을 제기한다." (1964a, pp. 178-179)

정서와 느낌의 직접적인 역할

정신신경증의 깊은 고통과 불안 특성은 항상 정신병으로 간주되었다. 자네에게 정신신경증은 발달에서의 정지였으며 좀 더 심각한 정신병의 전주곡이었다. 그러나 다브로프스키는 정신신경증은 정신병이 아니라 사실 정서적 성장과 성격 발달의 필수불가결한 과정이라고 주장하였다(Dabrowski, 1972). 그의 기본 주장은 부정적인 것이 아니라 정신신경증적 증상이 내적 인생의 초기에 정서 발달 과정에서 신호가 변하는 것이라고 주장하였다.

바르샤바에 있는 다브로프스키의 스승인 얀 마주르키에비츠는 폴란드의 과학 정신의학자의 아버지로 파리에서 자네의 제자였다(Kaczynski, 1975). 마주르키에비츠(1930)는 신경계의 더 높은 수준에서 그리고 특히 피질에서 일어나는 정신 과정이 자율적이되며 자생적이 될 수 있음을 강조하였다. 그는 또한 느낌의 직접적인 역할을 강조하였다. 다브로프스키는 종종 마주르키에비츠의 선구자적인 아이디어를 제안하였다. 몇 년 후, 심리학자들은 여전히 정서를 측정하기에 너무 애매모호하다고 여겼고 인지 심리학자들이 그 시대를 주관하고 있을 때, 다브로프스키(1964a)는 "느낌과 정서는 정신의 가장 깊은 본질(essence)을 구성하고 있다."라고 주장하였다(p. 193). 정서에 관한 연구가 주류가 되기까지는 또다시 20년이라는 세월이 흘렀다. 비록 19세기에 찰스 다윈과 윌리엄 제임스가 그 중요성을 언급해 왔음에도 불구하고, 방치한 수년의 시간이 흐른 뒤에야 심리학은 정서를 재발견하게 되었다. 오늘날 우리는 느낌이 배제된 인지는 무력해진다는 것을 안다(Damasio, 1994). 놀랍게도 다브로프스키의 이론은 성격 발달에서 정서의 역할에 관해 현존하는 견해와 일치하고 있다(Brandstatter & Eliaz, 2001; Davidson & Begley, 2012; Eisenberg, Fabes, Guthrie, & Reiser, 2002; Izard & Ackerman, 2000; Magnavita, 2002).

내적 삶의 다양한 수준

키에르케고르처럼 다브로프스키도 외부 지향적인 사람들에게는 내적인 삶이 없다고 느꼈다. 그에게는 내적 과정이 한 사람의 정신 단계에서 벌어지는 드라마로 나타났다. 그것을 그는 내적 정신적 환경(inner psychic milieu)이라고 불렀다. 아마도 이것이 그의 수준 개념과 행동과 내적 경험을 분석하기 위한 그의 다중수준(multilevel) 접근의 출발점이었다. 다브로프스키에 의하면, 개인과 사회생활의 여러 측면은 서로 다른 수준으로 분류될 수 있는데, 각각의 수준은 다른 가치를 나타내고 있다. 예를 들어, 공감이나 정서성, 자기보호적이거나 실존적인 두려움, 미묘함과 정서적 깊이를 나타내는 미소나 귀에 거슬리게 웃는 웃음은 같은 사람에게서 동시에 존재하지 않는다.

> 실존적인 두려움, 강박과 우울은 자기중심적인 두려움, 강박과 우울과는 서로 관련이 없는 것으로 드러났다. 전자가 과다한 민감성, 실망, 슬픔 그리고 고통의 결과라면, 후자는 인생에서의 성공의 결여, 어긋난 야망, 물질적인 손실— 즉, 간략하게 언급하자면, 외적인 자극에 의해 형상화된 원초적인 자아중심성— 의 결과로 대부분 나온다(Dabrowski, 1975, pp. 235-236).

그의 견해에서 볼 때, 심각하지 않은 정신장애를 가진 사람들은 창의적이고 발달적인 잠재성이 풍부하다. 그들은 "구체적인 현실을 잘 감수하지는 못하지만" 대신에 "더 높은 수준의 현실을 추구하려는 명시적인 트렌드를 가지고 노력한다. 그리고 종종 그들은 남의 도움 없이도 그것들을 발견할 수 있다."(Dabrowksi, 1975, p. 236) 이 같은 방식으로 다브로프스키는 그들의 창의적인 비전의 깊이와 넓이를 극찬했을 뿐만 아니라 평범한 것 이상으로 보고 느끼는 사람들의 고뇌도 극찬하였다. 한 사람 안에 있는 더 높고 더 낮은 것 사이의 긴장은 이러한 과정을 동기화시킨다. 이는 "존재(what is)"로부터 "당위(what ought to be)"로의 자기됨(selfhood)으로 가는 여정인데, 그 수준은 내적 이상이 인도력(guiding force)이 되는 수준을 의미한다.

그러한 과정이 불시에 기습해 오기 때문에, 다브로프스키는 이를 자발적(spontaneous)이라고 불렀다. 수평적인 긴장 때문에 이를 다중수준(multilevel)이라고 불렀고, 정신을 흔들기 때문에 이를 비통합(disintegration)이라고 불렀다. 이 과정은 그들의 경험에 딱 맞는 서면으로 된 안내나 설명조차 없이 홀로 앞으로 전진해 나가기 어려운 사람들에게는 아마도 가장 괴로울 것이다. 엘리너 루스벨트(Eleanor Roosevelt), 에티 힐레숨(Etty Hillesum), 신비주의자들, 그리고 다브로프스키가 모은 사례들의 삶은 이 과정을 분명하고도 아름답게 보여 주고 있다(Mróz, 2009; Nixon, 2008; Piechowski, 2008).

다브로프스키주의자들의 발달 과정 범주는 내적 정신적 환경에서 일어나는 일종의 변화다. 긴장과 갈등이 성격에서의 자기검진과 필수적인 변화 없이 계속 재발하게 될 때, 그 과정은 단일수준(unilevel)이라고 부른다. 내적 변형의 결과로 중요하고 힘들게 이룬 성격 변화가 일어날 때, 그 과정은 다중수준(multilevel)이라고 부른다. 그가 쓴 폴란드어로 된 책 중 하나인 『실존의 고통(The Toil of Existence)』이 그의 견해를 표현해 주고 있다.

다브로프스키의 수준은 순차적인 전개를 설명하고 있지는 않다. 단지 내적 정신적 환경의 출현으로 인해 내적 성장을 이루는 더 높은 수준으로 그 과정이 지속된다. 마지막으로, 완전한 자기됨은 내적 평화와 높은 수준의 에너지의 두 가지를 모두 가진 삶을 나타낸다. 그 예로 마하트마 간디, 교황 요한 23세, 달라이 라마, 데즈먼드 투투 주교, 마더 데레사, 혹은 평화 순례자의 삶을 들 수 있다. 이러한 고매한 발달 국면을 보인 소수의 사례 예들이 매우 자세히 조사되어 있다(Nixon, 2008, 2010; Piechowski, 2009).

이 장의 앞에서 언급했듯이, 다브로프스키는 또한 시인이었다. 그가 가치를 두면서도 보호하길 원했던 취약하지만 민감한 창의적인 모든 사람의 내적인 삶을 표현하기 위해, 그는 작은 그림자라는 뜻의 'Pawel Cienin'(1972a, 1972b)이라는 필명을 사용하여 『어느 광인의 일기의 단편(Fragments from the Diary of a Madman)』과 『생각과 경구(Thought and Aphorisms)』를 썼다. 여기에 「어느 광인의 일기의 단편」에서 발췌한 문구 하나를 소개한다(p. 11). 이것은 이상주의자의 소명과 그것을 향한 고된 등반을 나타내고 있다.

> 오, 나의 집 – 나의 먼 집이여
> 오, 수년의 영감에서 나온 나의 소도시여
> 나는 길을 서성이며 가고 있다.

나는 공간에서 서성이고 있다.
영혼의 이상함과 먼 곳에서……
나는 넘어지고 스스로 놀란다.
그리고 나는 망설임과 저항 속에서 일어난다.
그리고 나는 넘어지고 다시 똑바로 선다.
그리고 나는 가고 있다. 더 멀리 가고 있다……

『여기 변할 수 있는 것은 아무것도 없다(Nothing Can Be Changed Here)』라는 그의 희극은 정신병자로 취급받는 한 심리학자에 관한 내용으로, 아직까지는 출판되지 않았다.

발달적 잠재성

영재와 창의적인 사람들은 세상—비전을 가진 현실과는 대조되는 세속적인 현실—을 지각하고 경험하고 운용하는 방식에서 그들이 다른 사람들과 구분되는 차이점을 날카롭게 느낀다. 다브로프스키의 이론은 이러한 차이에 관한 것이라고 말할 수 있다. 즉, 자신들이 다르다는 것과 다른 사람들은 자신들이 보고 생각하고 경험하는 방식으로 사물을 보지 못하고 생각하지 못하고 경험하지 못한다는 것을 아는 사람들의 심리적 발달을 세심하게 그려 내려는 시도다.

사례 연구로 지지받은 다브로프스키의 이론을 알게 되면, 상담자들은 발생하는 일종의 성장 과정을 기반으로 영재 청소년들이나 성인들을 도와줄 수 있게 된다(Dabrowski, 1972; Jackson & Moyle, 2009a, 2009b; Jackson, Moyle, & Piechowski, 2009). 예를 들어, 지적 영재아와 정서적으로 강한 청소년의 우울증에 관한 연구에서, 잭슨(Jackson, 1998)은 어떤 청소년들은 우울증을 앓고 있으면서도 일을 하고 정서적으로 성장하여 다중수준의 성장 개념에까지 이르게 되지만, 다른 사람들은 그렇지 않다는 것을, 즉 그들의 위기는 주목할 만한 의식의 팽창을 촉발시키지는 않는다는 것을 발견하였다.

비록 다중수준 요인은 발달적 잠재성(developmental potential)의 필수적인 부분을 형성하고는 있지만, 다섯 가지 과흥분성이라는 강한 경험의 질보다는 덜 주목을 받아 왔다. 더 높은 수준의 에너지, 감각의 풍부함과 민감함, 창의적인 상상력, 정서적 강렬함, 깊이, 민감성, 지속적인 문제 해결, 그리고 특히 문제 발견이 합해져서 종종 잘 견디기 어려운 고양된 강렬함을 경험하는 데에까지 이르게 된다. 더 나쁜 것은, 과흥분성을 병리적인 것으로 간주하여 고쳐야 할 것으로 보는 경우도 있다는 것이다. 영재와 재능아에게 인식된 이러한 특질은 부모나 상담자 그리고 영재 자신들에게 이것이 사실로 받아들여졌다.

발달적 잠재성은 과흥분성의 강도에서 측정될 수 있다. 발달 수준을 측정하기 위해, 다브로프스키는 고전적인 신경학적 검사를 사용하였는데, 이는 다른 방법들과 상관이 높았다. 영재와 재능아의 특성으로서 과흥분성은 비교문화 연구에서 그 타당성을 보여 주었다(Falk, Yakmaci-Guzel, Chang, Sanz, & Chavez-Eakle, 2008). 이 이론에 대한 4개의 다른 실증적인 검사도 설명되어 있다(Piechowski, 2008). 최근의 두 권은 다브로프스키 이론과 영재 아동과 성인의 발달적 이슈를 이해하기 위한 적용을 아주 자세히 소개하고 있다(Daniels & Piechowski, 2009; Mendaglio, 2008). 여기서는 주요 개념의 개요만을 아주 간략하게 소개하였다.

영재성에 대한 독특한 렌즈

카지미어즈 다브로프스키의 이론화는 학업적 성취와 저명함을 넘어서 영재성 개념을 확대하는 데에 중요하게 기여해 왔다. 그의 임상 경험과 연구에 근거하여, 다브로프스키는 영재와 재능인들이 질적으로 다른 방식으로 세상과 자신을 경험하는 경향이 있음을 언급하였다. 그의 개념에서, 다브로프스키는 지능을 포함한 다른 요인들을 부차적인 역할로 명료하게 격하시키면서 정서의 초두성을 강조하였다. 다브로프스키의 긍정적 비통합 이론은 학자, 연구가, 임상가 그리고 부모들에게 중심 단계에 정서를 지닌 영재성을 보도록 하는 독특한 렌즈를 제공하고 있다.

영재성 개념을 확장시킨 다른 이론가들, 예를 들어 말랜드(Marland, 1972)의 단일 차원에서 다중 차원으로의 확장과 같은 공헌과는 다르게, 다브로프스키의 이론은 영 재성 그 자체를 재개념화시키는 데 기여하였다. 우리의 현존하는 영재성 개념에 영 향을 끼친 다브로프스키의 예로는 정서적 영재성(Mayer, Perkins, Caruso, & Salovey, 2001; Piechowski, 1997), 비동시적 발달로서의 영재성(Silverman, 1997, 2012), 영재성 판별(Carman, 2011), 영재의 자아실현과 도덕성(Ruf, 2009) 등이 있다. 메이어(Mayer)와 동료들(2001)이 한 파일럿 연구는 특히 중요한데, 긍정적 부적응이 정서지능의 높은 끝에서 나타나고, 정서적 영재성을 특징짓고 있음을 보여 주기 때문이다. 게다가 더 큰 인식(Roeper, 1982), 영성적 영재성(Lovecky, 1998), 고양된 다중 차원적 민감성 (Mendaglio, 2003) 등 다른 동시대의 이론들은 다브로프스키의 이론의 반향을 불러일 으켰고 그것으로부터 간접적인 지원을 받았다. 일반적으로 TPD는 인지와 물질적인 성취가 영재교육 분야를 목조르던 것을 끝내는 효과를 가져왔다. 영재성에 대한 다 브로프스키 시각을 채택한 학자들은 단순히 영재의 지적 욕구를 충족시키는 데에 초 점을 두지 않고, 전인간으로의 발달에 초점을 두면서 영재 개인의 정서적, 도덕적 그 리고 영적 차원에 관심을 두기 위해 영재성에 대한 총체적 접근의 중요성을 강화하 였다. 그래서 TPD는 생산성을 강조하는 영재성 개념(Renzulli, 1978; Gardner, 1999; Sternberg, 2000)과는 날카롭게 대조된다. 영재성을 성취에 대한 외적 기준이 되게 만 들려는 시도가 재개되었음에도 불구하고, TPD의 영재성 개념에 대한 흥미는 증가하 고 있다(Subotnik, Olszewski-Kubilius, & Worrell, 2011).

연구자들도 또한 다브로프스키의 이론에 매혹되었다. 곧 영재교육에 이 이론이 소 개된 후에(Piechowski, 1979), TPD는 경험적 조사에 영감을 주었다. 초기에 소집단의 미국 연구자들(Miller & Silverman, 1987; Piechowski, Silverman, & Falk, 1985)은 이론의 몇몇 요소를 조사하였는데, 그것은 과흥분성, 역동성 그리고 발달 수준이었다. 그들 의 조사 대상에는 영재와 비영재 성인과 실제 활동하는 예술가들이 포함되었다. 좀 더 최근에, 우리는 국내 및 국제적으로 수행된 연구가 급증하는 것을 보았다(Falk & Miller, 2009). 영재교육 분야에 TPD가 적용된 가장 초창기부터, 영재성 판별 방법으로 전형적인 인지능력 검사의 사용에 대해 교호검정법으로서 과흥분성(OE)을 사용하는 데에 대한 관심이 있었다(Ackerman, 1997; Bouchard, 2004). 연구자들은 영재 참가자들이 과흥분성 측정에서 비영재들보다 더 높은 점수를 얻는 경향이 있다는 가설을 일반적으로 지지한다는 보고를 하였고, 또한 또 다른 주제로 영재와 비영재 참가자 표본을 사용한 비교 연구를 하였다(Limont, Dreszer, & Bedynska, 2009; Siu, 2010; Tieso, 2007). 최근 수년 동안 과흥분성에 관한 관심은 자아개념(Gross, Rinn, & Jamieson, 2007), 완벽주의(Garces-Bacsal, 2011) 그리고 리더십(Yakmaci-Guzel & Akarsu, 2006)과 같은 다른 변인들과의 잠재적 연관성을 연구하기까지 확장되었다. 소수 미국 연구자들의 독점 분야로 시작한 것이 영재교육에서 점점 그 수가 증가하는 연구의 중심점이 되었다.

교육자와 심리학자들도 또한 영재청소년을 이해하고 영재성에 관한 오해를 다루기 위한 시도 면에서 TPD가 강력한 개념적 도구임을 발견하였다. 영재성을 이해하기 위하여, 다브로프스키의 아이디어는 다양한 현상에 적용되어 왔는데, 예를 들자면 강렬함과 민감성이 영재성(Silverman, 1993), 영재학생의 정서적 욕구와 측정(Gust, 1996; Tieso, 1999), 영성 발달(Morrissey, 1996), 영재 상담하기(Hazell, 1999; Mendaglio, 2007; Ogburn-Colangelo, 1979; Silverman, 1993), 자살(Gust-Brey & Cross, 1999)과 연관이 있다는 것이다.

더욱이 TPD는 종종 영재성 발현의 오해를 언급하는 데 사용되어 왔는데, 그것은 영재청소년에게 부정적인 결과를 초래하기 때문이다. 종종 사람들은 영재아동의 높은 에너지 수준을 통제할 수 없는 과잉행동성으로, 정서적 민감성을 미성숙함으로, 창의적인 상상력을 백일몽으로, 지적 호기심을 권위에 의문을 품는 것으로 본다(Daniels & Piechowski, 2009). 더 문제가 되는 것은 영재성이 주의력결핍 과잉행동장애(ADHD), 강박장애, 적대적 반항장애와 같은 정신과적 장애의 범위에서 오진될 잠재성을 갖고 있다는 점이다(Amend, 2009). 영재성에 대한 다브로프스키식의 견해는 문제로 지각한 행동들을 발달 과정 틀에 놓음으로써 오개념과 오진단 잠재성을 감소시킨다.

TPD는 다브로프스키가 영재 개인을 자신의 모델로 사용하여 확립한 성격 발달 이론이다. 비록 그 자체가 영재성 이론은 아니지만, TPD가 현존하는 영재교육 분야에 지대한 공헌을 해 온 점은 의심할 여지가 없다. 다브로프스키의 영향은 여러 분야에 확산되고 있다. 상담(Cross & Cross, 2012; Mendaglio, 2007; Silverman, 1993), 교육과정 (Karnes & Bean, 2005; VanTassel-Baska, Cross, & Olenchak, 2009), 사회·정서 발달 (Cross, 2011; Neihart, Reis, Robinson, & Moon, 2002) 그리고 부모 양육(Daniels & Piechowski, 2009)을 포함하여 우리 분야의 모든 영역에서 그의 개념, 특히 그의 과흥 분성 개념을 만나는 것은 어렵지 않다. TPD는 영재교육 분야에서 다수의 영역에 걸 쳐 영재성 개념을 확장하도록 제공해 왔다.

참고문헌

Ackerman, C. (1997). Identifying gifted adolescents using personality characteristics: Dabrowski's overexcitabilities. *Roeper Review, 19,* 229-236.

Amend, E. R. (2009). Dabrowski's theory: Possibilities and implications of misdiagnosis, missed diagnosis, and dual diagnosis in gifted individuals. In S. Daniels & M. M. Piechowski (Eds.), *Living with intensity* (pp. 83-104). Scottsdale, AZ: Great Potential Press.

Aronson, J. (1964). Introduction. In K. Dabrowski, *Positive disintegration* (pp. ix-xxviii). Boston, MA: Little, Brown.

Battaglia, M. M. K. (2002). *A hermeneutic historical study of Kazimierz Dabrowski and his theory of positive disintegration.* (Unpublished doctoral dissertation.). Virginia Polytechnic Institute and State University, Falls Church, VA.

Barraud, H. J. (1971). *Freud et Janet: Etude comparée.* Toulouse, France: Edouard Privat.

Bouchard, L. L. (2004). An instrument for the measure of Dabrowskian overexcitabilities to identify gifted elementary students. *Gifted Child Quarterly, 48,* 339-350.

Brandstatter, H., & Eliaz, A. (2001). *Persons, situations, and emotions: An ecological approach.* New York, NY: Oxford University Press.

Carman, C. A. (2011). Adding personality to gifted identification: Relationships among traditional and personality-based constructs. *Journal of Advanced Academics, 22*(3),

412-446.

Cienin, P. (pseudonym of K. Dabrowski) (1972a). *Existential thoughts and aphorisms.* London: Gryf.

Cienin, P. (pseudonym of K. Dabrowski) (1972b). *Fragments from the diary of a madman.* London: Gryf.

Cieslak, F., Gawarecki, H., & Stankowa, M. (1976). *Lublin w dokumencie 1317-1967* [Lublin in documents 1317-1967]. Lublin, Poland: Wydawnictwo Lubelskie.

Cross, T. L. (2011). *On the social and emotional lives of gifted children* (4th ed.). Waco, TX: Prufrock Press.

Cross, T. L., & Cross, J. R. (2012). *Handbook for counselors serving students with gifts and talents: Development, relationships, school issue and counseling needs/ interventions.* Waco, TX: Prufrock Press.

Dabrowska, E. (wife of K. Dabrowski) [ca. 1980]. (Unpublished biography of K. Dabrowski; provided to M. M. Battaglia by F. Lesniak, August 30, 2000).

Dabrowski, K. (1937a). Psychological bases of self-mutilation. *Genetic Psychology Monographs, 19,* 1-104.

Dabrowski, K. (1937b). Report upon the activities of the Mental Hygiene Institute. *Comptes rendus du 2e Congrès International de l'Hygiéne Mentale,* 19-23 Juillet 1937. Ca-hors, France: A. Coueslant. In Dabrowski file, National Archives of Canada. MG 30 B 88, Vol. 1-10.

Dabrowski, K. (1964a). *O dezyntegracji pozytywnej* [On positive disintegration]. Warszawa, Poland: Panstwowy Zaklad Wydawnictw Lekarskich.

Dabrowski, K. (1964b). *Positive disintegration.* Boston, MA: Little, Brown.

Dabrowski, K. (1967). *Personality-shaping through positive disintegration.* Boston, MA: Little, Brown.

Dabrowski, K. (1972). *Psychoneurosis is not an illness.* London, UK: Gryf.

Dabrowski, K. (1975). Foreword. In M. M. Piechowski, A theoretical and empirical approach to the study of development. *Genetic Psychology Monographs, 92,* 231-297.

Dabrowski, K. (with M. M. Piechowski) (1977). *Theory of levels of emotional development: Vols. 1 & 2.* Oceanside, NY: Dabor Science.

Dabrowski, K. (1979). *Zdrowie psychiczne* [Mental health]. Warszawa, Poland: Panstwowe Wydawnictwo Naukowe.

Dabrowski, K. (1996). *Multilevelness of emotional and instinctive functions* (Vols. 1 & 2).

Lublin, Poland: Towarzystwo Naukowe Katolickiego Uniwersytetu Lubelskiego.

Damasio, A. (1994). *Descartes' error: Emotion, reason, and the human brain.* New York, NY: Putnam.

Daniels, S., & Piechowski, M. M. (Eds.). (2009). *Living with intensity.* Scottsdale, AZ: Great Potential Press.

Darwin, C. (1872). *The expression of emotions in man and animals.* London, UK: John Murray.

Davidson, R. J., & Begley, S. (2012). *The emotional life of your brain.* New York, NY: Hudson Street Press.

Domanska, R. (1978). *Pawiak. Wieogonzienie Gestapo. Kronika 1939-1944* (pp. 203-204). [Pawiak, Gestapo prison: Chronicle 1939-1944]. Warszawa, Poland: Ksiazka i Wiedza.

Dombrowski, C. (1929). *Les conditions psychologiques du suicide.* Genève, Switzerland: Imprimerie du Commerce.

Eisenberg, N., Fabes, R. A., Guthrie, I. K., & Reiser, M. (2002). The role of emotionality and regulation in children's social competence and adjustment. In L. Pulkkinen (Ed.), *Paths to successful development: Personality in the life course* (pp. 46-72). West Nyack, NY: Cambridge University Press.

Falk, R. F., & Miller, N. B. (2009). Building firm foundations: Research and assessment. In S. Daniels & M. M. Piechowski (Eds.), *Living with intensity* (pp. 239-259). Scottsdale, AZ: Great Potential Press.

Falk, R. F., Yakmaci-Guzel, B., Chang, A., Sanz, R. P., & Chavez-Eakle, R. A. (2008). Measuring overexcitability: Replication across five countries. In S. Mendaglio (Ed.), *Dabrowski's theory of positive disintegration* (pp. 183-199). Scottsdale, AZ: Great Potential Press.

Garces-Bacsal, R. (2011). Socioaffective issues and concerns among gifted Filipino children. *Roeper Review, 33,* 239-251.

Gardner, H. (1999). *Intelligence reframed: Multiple intelligences for the 21st century.* New York, NY: Basic Books.

Goleman, D. (1995). *Emotional intelligence.* New York, NY: Bantam.

Grant, B. A., & Piechowski, M. M. (1999). Theories and the good: Toward child-centered gifted education. *Gifted Child Quarterly, 43,* 4-12.

Gross, C. M., Rinn, A. N., & Jamieson, K. M. (2007). Gifted adolescents' overexcitabilities and self-concepts: An analysis of gender and grade level. *Roeper Review, 29,* 240-248.

Gust, K. L. (1996). Assessing the social and emotional needs of the gifted: Using the children's self-report and projective inventory as a potential tool. *Gifted Child Today Magazine, 19*, 38-40.

Gust-Brey, K., & Cross, T. (1999). An examination of the literature base on the suicidal behaviors of gifted students. *Roeper Review, 22*, 28-35.

Hazell, C. G. (1999). The experience of emptiness and the use of Dabrowski's theory in counseling gifted clients: Clinical case examples. *Advanced Development: A Journal on Adult Giftedness, 8*, 31-46.

Izard, C. E., & Ackerman, B. P. (2000). Motivation, organizational, and regulatory function of discrete emotions. In M. Lewis & J. Haviland-Jones (Eds.), *Handbook of emotions* (2nd ed., pp. 253-264). New York, NY: Guilford.

Jackson, J. H. (1884). On the evolution and dissolution of the nervous system. In J. H. Jackson, *Selected writings* (pp. 45-75). London, UK: Hodder & Stoughton.

Jackson, P. S. (1998). Bright star—black sky: A phenomenological study of depression as a window into the psyche of the gifted adolescent. *Roeper Review, 20*, 215-221.

Jackson, P. S., & Moyle, V. F. (2009a). Inner awakening, outward journey: The intense gifted child in adolescence. In S. Daniels & M. M. Piechowski (Eds.), *Living with intensity* (pp. 33-56). Scottsdale, AZ: Great Potential Press.

Jackson, P. S., & Moyle, V. F. (2009b). Integrating the intense experience: Counseling and clinical applications. In S. Daniels & M. M. Piechowski (Eds.), *Living with intensity* (pp. 105-126). Scottsdale, AZ: Great Potential Press.

Jackson, P. S., Moyle, V. F., & Piechowski, M. M. (2009). Emotional life and psychotherapy of the gifted in the light of Dabrowski's theory. In L. Shavinina (Ed.), *International handbook of giftedness* (pp. 439-467). New York, NY: Springer.

James, W. (1890). *The principles of psychology*. New York, NY: H. Holt.

Janet, P. (1929). *L'évolution psychologique de la personnalité*. Paris, France: A. Chahine.

Kaczynski, J. (1975). Prof. Jan Mazurkiewicz—Twórca naukowej psychiatrii polskiej [Mazurkiewicz: Founder of Polish scientific psychiatry]. *Psychiatria Polska, IX*, 457-461.

Karnes, F. A., & Bean, S. M. (2005). *Methods and materials for teaching the gifted*. Waco, TX: Prufrock Press.

Kawczak, A. (1996). Przedmowa [Foreword]. In K. Dabrowski (Ed.), *W poszukiwaniu zdrowia psychicznego* [In search of mental health] (pp. ix-xviii). Warszawa, Poland:

Wydawnictwo Naukowe PWN.

Limont, W., Dreszer, J., & Bedynska, S. (2009). Overexcitability and creative attitude of gifted students. In S. Popek, R. E. Bernacka, C. W. Domanski, B. Gawda, D. Turska, & A. M. Zawadzka (Eds.), *Psychology of creativity: New approaches* (pp. 317–326). Lublin, Poland: Wydawnictwo Uniwersytetu Marii Curie–Sklodowskiej.

Lovecky, D. V. (1998). Spiritual sensitivity in gifted children. *Roeper Review, 20,* 178–180.

Lynn, A. B. (2002). *The emotional intelligence activity book.* New York, NY: HRD Press.

Magnavita, J. (2002). *Theories of personality.* New York, NY: Wiley.

Marland, S. (1972). Education of the gifted and talented. *Report to Congress.* Washington, DC: U.S. Government Printing Office.

Mayer, J. D., Perkins, D. M., Caruso, D. R., & Salovey, P. (2001). Emotional intelligence and giftedness. *Roeper Review, 23,* 123–137.

Mazurkiewicz, J. (1930). Zarys fizjologicznej teorii uczuc (An outline of a physiological theory of feelings). *Rocznik Psychiatryczny, 12,* 31–75.

Mendaglio, S. (2003). Heightened multifaceted sensitivity of gifted students: Implications for counseling. *Journal of Secondary Gifted Education, 14,* 72–82.

Mendaglio, S. (2007). Affective–cognitive model of counseling gifted individuals. In S. Mendaglio & J. S. Peterson (Eds.), *Models of counseling gifted children, adolescents, and young adult* (pp. 35–68). Waco, TX: Prufrock Press.

Mendaglio, S. (Ed.). (2008). *Dabrowski's theory of positive disintegration.* Scottsdale, AZ: Great Potential Press.

Miller, N. B., & Silverman, L. K. (1987). Levels of personality development. *Roeper Review, 9,* 221–225.

Monakow, C. (1925). *The emotions, morality, and the brain.* New York, NY: Neurons and Mental Disease Publishing.

Monakow, C., & Mourgue, R. (1928). *Introduction biologique a l'étude de la psychopathologie.* Paris, France: Alcan.

Morrissey, A. M. (1996). Intellect as prelude: The potential for higher level development in the gifted. *Advanced Development, 7,* 101–116.

Mróz, A. (2009). Theory of positive disintegration as a basis for research on assisting development. *Roeper Review, 31,* 96–102.

Neihart, M., Reis, S. M., Robinson, N. M., & Moon, S. M. (Eds.). (2002). *The social and emotional development of gifted children: What do we know?* Waco, TX: Prufrock

Press.

Nelson, K. C. (1992). Kazimierz Dabrowski: Poland's gifted "outsider." In N. Colangelo, S. G. Assouline, & D. I. Ambroson (Eds.), *Talent Development* (pp. 362-364). Unionville, NY: Trillium.

Nixon, L. (2008). Personality disintegration and reintegration in mystical lives. In S. Mendaglio (Ed.), *Dabrowski's theory of positive disintegration* (pp. 203-226). Scottsdale, AZ: Great Potential Press.

Nixon, L. (2010). Individual identity and union with the absolute: An analysis of Dabrowski's critique of Asian religions. *Advanced Development, 12,* 49-67.

Ogburn-Colangelo, M. K. (1979). Giftedness as multilevel potential: A clinical example. In N. Colangelo & R. T. Zaffrann (Eds.), *New voices in counseling the gifted* (pp. 165-187). Dubuque, IA: Kendall/Hunt.

Piechowski, M. M. (1979). Developmental potential. In N. Colangelo & R. T. Zaffrann (Eds.), *New voices in counseling the gifted* (pp. 25-57). Dubuque, IA: Kendall/Hunt.

Piechowski, M. M. (1997). Emotional giftedness: The measure of intrapersonal intelligence. In N. Colangelo & G. A. Davis (Eds.), *Handbook of gifted education* (2nd ed., pp. 366-381). Boston, MA: Allyn & Bacon.

Piechowski, M. M. (2008). Discovering Dabrowski's theory. In S. Mendaglio (Ed.), *Dabrowski's theory of positive disintegration* (pp. 41-77). Scottsdale, AZ: Great Potential Press.

Piechowski, M. M. (2009). Peace Pilgrim, exemplar of Level V. *Roeper Review, 31,* 103-112.

Piechowski, M. M., Silverman, L. K., & Falk, R. F. (1985). Comparison of intellectually and artistically gifted on five dimensions of mental functioning. *Perceptual and Motor Skills, 60,* 539-549.

Pogonowski, C. (2000). *Poland: An illustrated history.* New York, NY: Hippocrene.

Renzulli, J. S. (1978). What makes giftedness? Reexamining a definition. *Phi Delta Kappan, 60,* 180-184.

Rockefeller Archive Center. Dabrowski personal history card and letters, 1935-1946 (series 789, RG 1.1,2). Tarrytown, NY.

Roeper, A. (1982). How the gifted cope with their emotions. *Roeper Review, 5,* 21-24.

Ruf, D. (2009). Self-actualization and morality of the gifted. In D. Ambrose & T. Cross (Eds.), *Morality, ethics, and gifted minds* (pp. 265-283). Dordrecht, Netherlands: Springer.

Salovey, P., & Mayer, J. D. (1990). Emotional intelligence. *Imagination, Cognition, and*

Personality, 9, 185–211.

Sherrington, C. S. (1946). *Man on his nature.* Cambridge, UK: Cambridge University Press.

Silverman, L. K. (Ed.). (1993). *Counseling the gifted and talented.* Denver, CO: Love.

Silverman, L. K. (1997). The construct of asynchronous development. *Peabody Journal of Education, 72*, 36–58.

Silverman, L. K. (2012). Asynchronous development: A key to counseling the gifted. In T. L. Cross & J. R. Cross (Eds.), *Handbook for counselors serving students with gifts & talents* (pp. 261–280). Waco, TX: Prufrock Press.

Siu, A. F. Y. (2010). Comparing overexcitabilities of gifted and non-gifted school children in Hong Kong: Does culture make a difference? *Asia Pacific Journal of Education, 30*, 71–83.

Sjövall, B. (1967). *Psychology of tension: An analysis of Pierre Janet's concept of "tension psychologique."* Stockholm, Sweden: Norstedts.

Sternberg, R. J. (2000). Giftedness as developing expertise. In K. A. Heller, F. J. Mönks, R. J. Sternberg, & R. F. Subotnik (Eds.), *International handbook of giftedness and talent* (pp. 55–66). Amsterdam, Netherlands: Elsevier.

Subotnik, R. F., Olszewski-Kubilius, P., & Worrell, F. C. (2011). Re-thinking giftedness and gifted education: A proposed direction forward based on psychological science. *Psychological Science in the Public Interest, 12*, 3–54.

Tieso, C. L. (1999). Meeting the socio-emotional needs of talented teens. *Gifted Child Today, 22*, 38–43.

Tieso, C. L. (2007). Overexcitabilities: A new way to think about talent? *Roeper Review, 29*, 232–239.

VanTassel-Baska, J. L., Cross, T. L., & Olenchak, F. R. (Eds.). (2009). *Social-emotional curriculum with gifted and talented students.* Waco, TX: Prufrock Press.

Yakmaci-Guzel, B., & Akarsu, F. (2006). Comparing overexcitabilities of gifted and non-gifted 10th grade students in Turkey. *High Ability Studies, 17*, 43–56.

실제, 옹호 그리고 정책 세우기

Ann Robinson

시대 간에 인위적으로 경계를 그리는 것이 개념적 위험성을 지닌다는 역사가들의 경고에도 불구하고, 1950년대와 1960년대는 다른 시대로 구분된다. 그래도 두 시기에는 대중적인 이미지가 있는데, 1950년대는 지역 소다수 판매점의 밀크셰이크와 푸들이 수놓인 치마를 입은 여학생들의 시대였고, 1960년대는 활기 넘치는 음악으로 물들고 흔들리던 시대이면서 정치적 격동과 대학 캠퍼스 내 학생운동의 시대였다. 이 두 시대정신을 경험한 '빛을 밝혀 주는 삶'의 이번 섹션에서 영재교육에 헌신한 주요 인사들이 소개된다.

1950년대는 브라운 대 교육위원회 소송사건과 스푸트니크 1호의 발사와 더불어, 조지와 안네마리 로퍼(George and Annemarie Roeper)가 로퍼 스쿨과 교수진을 통합한 때이기도 하다. 1950년대에 해리 파소(Harry Passow)는 교육대학에 영재학생 프로젝트(Talented Youth Project: TYP)를 설치했다. 리타 홀링워스(Leta Hollingworth) 시절 이래로 나타나지 않던 영재교육 분야 내 교육대학의 영향력은 협력 팀의 도움을 받아

재기하였다. 폴 브랜드웨인(Paul Brandwein)은 스푸트니크 1호가 발사되기 2년 전에 이미 과학영재 개발의 필요성을 예상하였다(Brandwein, 1955). 1953년, 앤 파베 아이작스(Ann Fabe Issacs)가 국립영재협회(National Association for Gifted Children: NAGC)를 설립하였고, 영재교육을 충실히 담아낸 첫 학술지인 『영재아동 계간지(Gifted Child Quarterly)』는 그의 모기관인 국립영재협회(NAGC)의 설립 직후에 나타났다. 주요 편집본인 『영재아동(The Gifted Child)』(Witty, 1951)는 루스 메이 스트랭(Ruth May Strang)이 공동 설립한 미국영재협회(American Association for Gifted Children: AAGC)의 산물로 등장했다. 루스 메이 스트랭의 생애와 업적은 이 섹션에서 다루어진다. 1958년, 영재협회(The Association for the Gifted: TAG)가 특수교육협의회(Council for Exceptional Children: CEC)의 분과로 설립되었다. 미국 자연사 박물관의 인류학자라는 높은 위치에서 마거릿 미드(Margaret Mead)는 「현대 미국 문화의 영재(The Gifted Child in the American Culture of Today)」라는 짧은 글을 출간하고, 이를 통해 영리한 아동들을 위한 지원책으로 가장한 반주지주의를 혹평하였다(Mead, 1954). 대개 조용한 세대(Silent Generation)로 알려지긴 하였지만, 1950년대의 영재교육 학자들과 활동가들은 그 주제에서만큼은 조용하지 않았다. 그들은 글을 집필하고, 학교와 연계해 규모가 큰 프로젝트들을 두고 일했다. 그들은 후에 영재운동(gifted children movement)으로 발전한 여러 운동을 추진하기 위해 옹호 단체들을 설립하였다.

정책 및 정치 면에서는, 해리 파소의 영재 관련 배경 문서들이 드와이트 D. 아이젠하워의 아동과 청년을 주제로 한 1960년 백악관 회의에서 사용되었다. 버질 워드(Virgil Ward)는 그의 저서인 『영재교육: 공리적 접근법(Educating the Gifted: An Axiomatic Approach)』을 통해 차별화 교육과 영재를 위한 수준별 교육과정의 개념을 정의하고 거기에 철학적 무게를 제공하는 원칙들을 제시하였다. 1964년에는 린든 존슨 대통령이 공민권법을 법안으로 제정하였다.

영재교육과 관련된 또 다른 주요 사건은 1960년대에 일어났다. 예를 들어, 존 C. 플래너건(John C. Flanagan)은 40만 젊은이의 적성과 (기대) 수준을 추적 연구하는 대규모 영재 연구(Project Talent)에 착수하였다(Project Talent, n.d.). 빅터와 밀드레드 고어츨 부부(Victor and Mildred Goertzels)는 재능 있는 사람들의 전기에 대한 관심을 통해 그들의 성장 과정에 있었던 선조들을 탐구하는 책인『세계적 인물은 어떻게 키워지는가(Cradles of Eminence)』를 써냈다. 메리 미커(Mary Meeker)가 처음으로 J. P. 길퍼드(J. P. Guilford)의 지능구조 이론을 아동을 위한 진단 및 중재 노력에 적용했던 것처럼 창의적 사고력 검사(The Torrance Tests of Creative Thinking)도 1960년대에 처음 발표되었다(Meeker, 1969). 끝으로 1960년대가 막을 내림으로써, 우리는 영재교육에 기여한 이 세기를 지탱하는 중요한 사건인 말랜드 보고서(Marland Report)를 맞이하게 된다.

이 책의 마지막 섹션은 미리엄 L. 골드버그(Miriam L. Goldberg)로 시작한다. 이 장의 저자인 제임스 볼랜드(James Borland)가 언급한 것처럼 미리엄은 영재교육사에서 주목받지 못할 인물 중 하나일 듯했다. 그러나 미리엄의 동료이자 공동 연구자였던 고(故) 해리 파소가 알아차린 대로, 미리엄은 교육과정, 옹호 그리고 정책에 이르는 길을 통틀어 가장 첫 번째 인물로 설 자격이 있다. 미리엄은 영재학생 프로젝트(TYP)의 전성기에 교육대학의 중추인물이었고, 영재 아동 및 청소년의 학습부진 현상에 관한 초기 실증적 문헌에 공헌하였다.

다음 장에서 주목하는 A. 해리 파소는 교육 생산성, 학자적 통찰력, 그리고 정치적 외교 능력의 본보기였다. 초기 경력인 학자로서, 그는 영재학생 프로젝트(TYP)를 확고히 하였다. 해리 파소의 1950년대 출판물들은 영재를 위한 프로그램을 어떻게 조직하고 커리큘럼은 어떻게 개발해야 하는지에 관한 실용적 안건들을 다룬 것으로 그의 관심 분야를 드러낸다. 불리한 어린이(disadvantaged children)라 용어화된 그의 연구는 특히 도시 지역에서 고정적이었고, 워싱턴 DC의 학교들에서 했던 작업들과 같은 몇몇 상황에서는 정치적으로 위험하거나 입장이 명확했다.

동시에, 버질 스콧 워드(Virgil Scott Ward)는 논문 주제를 영재교육의 철학적 교육과정 영역을 개척하는 간단하면서도 난해하고 어려운 일로 바꾸었다. 워드는 제안을 하는 것에만 그치지 않고, 영재아동 교육을 이끌기 위해 엄격한 원칙과 공리를 펼쳤다. 후에 그는 노스캐롤라이나 거버너스 스쿨(North Carolina Governor's School)의 계획과 함께 그 원칙들을 실전에 적용하였다.

마지막으로, 이 책은 주로 옹호와 정책의 무대에서 영재교육에 기여한 세 사람으로 끝을 맺는다. 세 사람 중 두 사람은 옹호 단체를 설립했는데, 루스 메이 스트랭은 1946년에 폴린 윌리엄슨(Pauline Williamson)과 함께 미국영재협회(AAGC)를 설립하였고, 앤 파베 아이작스는 1953년에 국립영재협회(NAGC)를 설립함으로써 그 뒤를 이었다. 1971년에는 교육 국장이었던 시드니 P. 말랜드 주니어(Sidney P. Marland Jr.)가 작성한 보고서를 영재아동의 필요성에 대한 일련의 권고 및 정의와 함께 미국 국회에 전달하였다(Marland, 1972). 말랜드 보고서로 알려진 이 보고서는 영재들과 영재를 돕는 학교들을 대신하여 낙관적 계획의 기초를 마련하였다. 이 세 사람은 영재를 위한 일들을 가능케 하였다.

참고문헌

Brandwein, P. (1955). *The gifted student as future scientists: The high school student and his commitment to science*. New York, NY: Harcourt Brace.

Goertzels, V., & Goertzels, M. (1962). *Cradles of eminence*. Boston, MA: Little Brown.

Marland, S. P., Jr. (1972). *Education of the gifted and talented: Report to the Congress of Education: Vol. 1*. Washington, DC: U.S. Government Printing Office.

Mead, M. (1954). The gifted child in the American culture of today. *Journal of Teacher Education, 5*, 211–214. doi: 10.1177/002248715400500310

Meeker, M. N. (1969). *The structure of the intellect: Its interpretation and use*. Columbus, OH: Charles Merrill.

Passow, A. H. (1957). The Talented Youth Project: A report on research under way. *Educational Research Bulletin, 36*, 199–206, 216.

Project Talent. [n.d.]. *Rationale for the study*. Retrieved from https://www.projecttalent.org/sites/default/files/attachments/B.pdf

Ward, V. S. (1962). *Educating the gifted: An axiomatic approach*. Columbus, OH: Charles Merrill.

Witty, P. (Ed.). (1951). *The gifted child*. Boston, MA: D. C. Heath.

미리엄 골드버그
선구적 학자(1916~1996)

James H. Borland

미리엄 골드버그(Miriam Goldberg)에 대한 공식적 기록물은 그다지 많지 않다. 남아 있는 것은 뉴욕 타임즈지에 실린 그녀의 부고 기사(Miriam Goldberg, 1996), 골드버그 교수의 죽음을 알려 주었던 당시 컬럼비아 대학교 교육대학원 학장 캐런 줌월트 (Karen Zumwalt) 교수의 편지(1996), 그리고 아이러니하게도 영재아동 계간지에 실렸 던 '골드버그 교수를 회고하며' 라는 제목의 나의 글인데, 부끄럽게도 당시에는 알았 던 내용들이 지금은 자세히 기억나지 않는다. 이 외에 컬럼비아 대학교 교육대학원 의 고츠먼(Gottesman) 도서관의 서가에서 골드버그 교수와 동료들, 그리고 영재학생 프로젝트(Talented Youth Project)에 대한 편찬되지 않는 글들을 찾을 수 있었다.[1]

미리엄 레빈(Miriam Levin) 교수는 1916년 당시 러시아 연방인 아제르바이젠의 바쿠 에서 태어났다. 5세 되던 해, 그녀는 온 가족과 함께 미국으로 이민을 와서 할렘에 살 다가 이후 브롱크스로 이사를 했다. 그녀는 윤리문화(Ethical Culture) 초등학교를 다녔 고 뉴욕 윤리문화학회(Ethical Culture Society)와 연계된 사립학교인 필드스턴(Fieldston)

고등학교를 졸업한 다음, 1936년에는 윤리문화(Ethical Culture) 사범대학에서 교사자격증을 받았다. 그해에 20세가 된 미리엄은 예술가이자 교사인 칼 골드버그와 결혼하여, 1937년부터 1945년까지 코네티컷 주에 있는 매디슨 시에서 정서적인 문제를 지닌 학생들을 위한 기숙학교인 그로브(Grove) 학교에서 부부교사로 함께 근무했다. 미리엄은 1945년에 뉴욕으로 돌아와 브롱크스에 있는 한 유치원의 원장이 되었고, 칼은 브롱크스에 있는 드윗 클린턴(Dewitt Clinton) 고등학교의 예술부 부장교사가 되었다.

이듬해인 1946년에 미리엄은 컬럼비아 대학교 사범대학 교육과정학과에서 학사학위를 받았다(현재는 대학원 과정만 있지만, 당시에는 사범대학 학사학위를 수여하였다). 이후 같은 학교에서 심리학으로 석사학위를, 그리고 1955년에는 임상심리학으로 박사학위를 받았다. 그녀의 박사학위 논문의 제목은 '지도력과 태도(Leadership and Self-attitudes)'이다. 박사학위를 받으면서 그녀는 사범대학에 교수로 임용되었고 1981년 은퇴할 때까지 이곳에서 교수로 근무하였다. 1953년부터 컬럼비아 대학교 사범대학의 호레이스 만-링컨(Horace Mann-Lincoln) 연구소에서는 영재학생 프로젝트(Talented Youth Project)를 긴밀히 수행하고 있었는데, 미리엄은 1950년대와 1960년대에 이 프로젝트에 매진하게 된다(Passow, 1955). 당시 이 프로젝트를 책임지고 수행하였던 연구자는 미국 영재교육 역사에서 매우 중요한 인물들인 해리 파소 교수(이 책의 Robinson과 McFarland의 장 참조)와 에이브러햄 J. 태넌바움(Abraham J. Tannenbaum)으로서[2] 미리엄은 사범대학에 교수로 임용된 1955년부터 이 프로젝트에 합류하여 영재학생 프로젝트 출판의 한 저자로 참여하게 된다(Passow, Goldberg, Tannenbaum, & French, 1955).

미리엄이 사범대학에 근무하던 초창기는 영재교육 역사에서 매우 중요한 시기였다. 당시 소련은 1957년 10월에 스푸트니크 1호를 발사하였고, 이 사건으로 인해 영재교육은 단기간에 열광적이고 열정적인 시기를 갖게 된다. 이 기간 동안 미리엄은 생산적인 작업들을 많이 하였는데, 영재학생 프로젝트에서 전문가들과 협업을 통하여 많은 결과물을 발표하였다.

1972년에 남편인 칼 골드버그가 사망하였는데, 생전에 그는 사범대학의 겸임교수로 활동하였고, 드윗 클린턴 고등학교의 교장으로 수년간 봉사하였다. 미리엄은 1981년에 사범대학에서 은퇴하였으나 명예교수로 남아 학생들을 계속 가르쳤다. 그녀가 마지막으로 사범대학에 모습을 나타낸 것은 1996년 10월 해리 파소 교수의 추도식이었는데, 그녀는 산소공급기의 도움을 받으면서 파소 교수와의 추억들을 들려주었다. 폐기종으로 오랫동안 고통을 받아 온 미리엄 골드버그는 1996년 11월 21일 성 루크 병원에서 별세하였고, 유가족으로는 펜실베이니아에서 임상심리학자로 일하는 아들과 두 명의 자매, 시누이와 두 명의 손녀가 있다. 미리엄을 사랑하고 존경하는 그녀의 대학원 제자들은 컬럼비아 대학교 사범대학에 미리엄 레빈 골드버그 연구상을 제정하여 발달심리와 교육심리 전공 학생들 중 뛰어난 논문을 쓴 학생에게 매년 상을 수여하고 있다.

개인적 회상

솔직히 나는 미리엄 골드버그와 무척 가깝게 지냈다고는 할 수 없지만 그녀의 노후에 함께 시간을 보내는 영광을 가질 수 있었다. 수년 동안 나는 컬럼비아 대학의 뉴욕 캠퍼스가 아닌, 롱아일랜드 캠퍼스에서 영재교육 박사과정 학생들을 위해 수업을 가르치고 있었다. 태넌바움 박사는 나에게 리타 홀링워스(Leta Hollingworth)가 수십년 전에 개설한 우리 학교 영재교육 프로그램의 핵심 과목인 '영재학생의 본질과 요구' 과목을 미리엄이 가르칠 수 있다고 제안하였다. 나는 기쁜 마음으로 그녀에게 전화하였고, 그녀는 그 과목을 가르치는 대신 한 가지 조건을 내걸었다. 그것은 뉴욕 시의 지하철과 롱아일랜드의 철도를 이용하는 대신 내 차를 타고 롱아일랜드까지 함께 가는 것이었다.

우리의 여행은 즐거움 그 자체였다. 미리엄은 뛰어난 지능을 지닌 한편, 장난기 어린 반짝이는 눈과 수년간의 흡연으로 인한 걸걸한 목소리를 가진 작고 재미있는 사람이었다. 우리는 교육과 심리학, 사람과 현재 사건들에 대해 토론하면서 그 거리를 오갔다. 하지만 그중에서 내가 가장 기억나는 것은 학생에 대한 그녀의 영향력이다.

내가 『영재아동 계간지(Gifted Child Quarterly)』에 적은 글을 그대로 인용해 본다.

> 그녀의 수업에는 경력이 많고 석사 프로그램에서 두각을 나타내었지만 연구기관에서 수업을 들은 적이 거의 없는 박사과정 신입생들로 가득했다. 나는 학생들이 박사과정에 대한 열정을 천천히 가질 수 있도록 도와주는 스타일인 데 반해, 미리엄은 나와는 다른 접근 방식을 사용했다. 그녀는 학생들을 혹독하게 다루는 편이었다. 학생들에게 어려운 과제들을 내준 다음 그 과제에 대해 매우 높은 기대를 하였고, 수업 시간에 이루어지는 학생들의 토론에 대해서는 완곡하게 말하기보다는 직설적인 코멘트를 하는 편이었다. 이런 대화는 학생들에게 그다지 익숙하지 않은 것이었다. 학생들은 그 과목에 대한 의견을 말하기 전에 어떤 책을 읽고, 어떤 생각을 해야 하며, 무슨 말을 해야 하는지를 잘 몰랐기 때문에 더욱 그러하였다.
>
> 내가 가장 흥미로웠고 큰 가르침을 받은 점은 명확하고 정교한 용어들로 비난을 받으면서 학습하는 것에 대해 학생들이 어떻게 반응하는가 하는 것이었다. 놀랍게도 학생들은 즐기고 있었다. 미리엄 교수는 막대한 존경을 받고 있었고, 그녀 또한 학생들이 촉망받는 학자로 성장할 수 있도록 그 학생들에게 존경을 보여 주고 있었다. 그녀는 학생들을 무시하지 않았고, 그들에게 과도한 칭찬을 사용하여 가치를 떨어뜨리지도 않았다. 학생들은 이를 가치롭게 여겼고 어떤 수업에서도 보기 힘든 존경심을 미리엄 교수에게 보여 주었다. 그녀는 학문 분야의 진정한 전문성을 보여 주었고, 학생들이 자아존중감을 어떻게 발달시켜 가는지를 알려 주었다(1997. p. 56).

업 적

미리엄 교수는 대부분의 저술을 공동 작업으로 수행하였다. 이는 그녀의 경력을 분석하고 기술하는 데 긍정적인 측면과 부정적인 측면을 가지고 있다. 긍정적인 측면은 영재학생 프로젝트를 실시하면서 보여준 협력의 힘이다. 이러한 창의적 협력은 책에 잘 나타나 있다(예: John-Steiner, 2000). 의미 있는 작업을 함께 한다는 마음과 프로젝트에 대한 통찰력과 학문적 산출물을 만든다는 분위기로 인해 이 프로젝트는 질적으로나 양적으로 훌륭한 결과물을 만들어 냈다.

부정적인 측면은 이러한 공동 작업들에서 미리엄 교수가 얼마나 공헌했는지를 정확히 분리해서 개인적 역량을 살펴보는 것이 어렵다는 점이다. 나는 이러한 공동 업적들에서 미리엄 교수가 얼마나 공헌했는지를 분리하지는 않을 것이다. 그것은 가능하지 않을뿐더러 바람직하지도 않다. 그래서 나는 협업을 통해 생성된 결과물들을 어떤 한 개인의 아이디어나 노력이 아닌 전체적인 측면에서 논의하려고 한다.

문헌의 선택

미리엄 골드버그는 다수의 논문과 전공논문 책들을 발간하였는데, 이들 중 대표작을 선택하기 위해 다음의 기준을 적용하였다. 첫째, 하나의 예외적인 경우만 제외하고, 영재교육과 관련된 업적을 선택하였다. 예외적인 하나는 『소외계층에 대한 교육(Education of the Disadvantaged)』(Passow, Goldberg, & Tannenbaum, 1967)으로, 이 책에서 미리엄은 공동 편집인으로 두 장을 직접 집필하였다. 둘째, 사범대학의 내부 세미나를 위해 쓴 특정한 프로그램이나 보고서가 아닌, 책이나 학술논문에서 선택하였다. 이에 따라 나는 다섯 권을 중점적으로 살펴보려고 한다. 이는 『영재교육 계획(Planning for Talented Youth)』(Passow, Goldberg, Tannenbaum, & French, 1955), 『영재연구(Research on the Talented)』(Goldberg, 1965), 『능력별 집단구성 효과(The Effects of Ability Grouping)』(Goldberg, Passow, & Justman, 1966), 『미성취영재(Bright Underachievers)』(Raph, Goldberg, & Passow, 1966), 그리고 『소외계층을 위한 교육(Education of the Disadvantaged)』(Passow, Goldberg, & Tannenbaum, 1967)의 서문이다.

영재교육 계획(1955)

1955년에 발간된 이 책은 호레이스 만-링컨 실험학교 연구소(Horace Mann-Lincoln

Institute of School Experimentation)의 소책자로 해리 파소, 미리엄 골드버그,[3] 에이브러햄 태넌바움과 윌 프렌치(Will French)에 의해 발간되었다. 원제목은 '공립학교의 영재학생을 위한 계획(Planning for Talented Youth: Considerations for Public Schools)' 이다. 이 책은 참고문헌을 제외하고 72페이지로 구성되어 있다. 참고문헌도 흥미로운데, 지난 60년간 영재교육에서 생산된 주옥같은 저서 162개가 인용되었다. 이 중에는 우리 영역에서 고전이라고 볼 수 있는 『천재에 대한 유전연구(Genetic Studies of Genius)』 제4판(Terman & Oden, 1947), 홀링워스의 『영재아동: 유전과 양육(Gifted Children: Their Nature and Nurture)』(1926), 미국영재협회에서 편집한 폴 위티(Paul Witty)의 『영재아동(The Gifted Child)』(1951) 등을 비롯하여, 잊혔거나 거의 알려지지 않은 저술들도 포함되어 있다.

이 책은 영재학생 프로젝트를 잘 설명해 주는 첫 번째 출간물이다. 저자들에 의하면 이 프로젝트는 세 가지 목적을 가지고 있다. 그것은 "① 영재와 영재교육에 대한 연구를 요약하고 설명하는 자료 제공, ② 영재를 위한 연구와 실험 프로그램의 개발로 학교 현장에 도움 제공, ③ 재능의 본질과 기능에 대한 기본 연구 수행"[4]이다(p. v). 저자들은 책 저술의 목적을 다음과 같이 말하고 있다. "이 책은 재능의 판별과 본질에 대해 학교들이 보다 전반적이고 체계적인 관심을 갖도록 고무시키기 위해 이론과 연구를 요약하고 해석하고 있다."(p. v) 이 책은 초등학교 교사들도 사용할 수 있지만, 주 관심은 중등학교에 있다고 저자들은 기술하고 있다.

이 책은 1868년 세인트루이스 시에서 실시된 학교에 더 많은 혜택(promotions)을 주기 위한 조항 설명과 함께, 1901년 매사추세츠 주의 우스터 시에 영재학생들을 위한 첫 번째 학교가 설립되었다는 영재교육의 간략한 역사적 소개와 함께 시작한다. 물론 그 이전에도 영재학생들을 위한 속진은 실시되어 왔지만, 1955년에 "현재 속진과 반대되는 심화교육이 전국의 학교들에 널리 퍼지는 현상이 나타난다."라고 기술하고 있다(p. 3). 1950년대 중반은 영재 분야에 있어서는 매우 슬픈 시기였다. 오하이오 주의 연구에 의하면 이 주의 오직 2% 학교들만이 영재학급을 설치하고 있는 것으로 보고되었다. 이 내용은 1957년에 세계 최초의 인공위성인 소련의 스푸트니크 1호가 발사되기 이전에 쓰인 것으로, 이러한 역사적인 상황으로 볼 때 당시 영재교육이 얼마나 위축되었는지(물론 우리의 관점에서 보는 것이긴 하지만)를 알 수 있다.

이 책은 1955년경의 영재교육에 대한 개요를 매우 간략하면서도 종합적으로 제시하고 있다. 그때 당시 영재교육 분야의 역사적인 개요와 논의와 함께 저자들은 영재교육에 대한 당시의 주장들과 이러한 주장들의 문제점에 대해서도 논의하고 있다. 또한 그들은 영재학생의 판별과 행정적인 적용 혹은 프로그램의 형식들과 영재학생들을 위한 심화교육과 교사 프로그램의 평가에 대해서도 기술하고 있다.

놀라운 것은 21세기 현재 우리가 걱정하고 있는 것과 다른 것도 있지만, 똑같은 것도 있다는 것이다. 가장 놀라운 것은 "현재까지 ······에 대해 알려진 것이 거의 없다."는 문구가 자주 눈에 띤다는 것이다. 이는 당시 영재교육 분야는 초기 단계로서 지금 우리가 가지는 연구 결과들이 없었다는 의미이거나, 혹은 당시의 기준이 오늘날의 기준보다 더 정직했거나 애매모호함을 더 허용하고 있었던 것으로 보인다. 그러나 이러한 아이젠하워 시절의 문서 저자들이 논의한 대부분은 오늘날의 독자들에게도 매우 친밀하다. 저자들은 엘리트주의, 능력 위주의 집단구성, 이질적 학급에서의 효과적인 차별화 가능성, 검사의 문제점들,[5] 잘못 적용된 속진에 대한 우려, 다양한 종류의 심화, 효과적인 영재교사, 프로그램 평가와 관련된 어려움 등에 관해 논의하고 있다. 시간이 흘러도 근본적인 것은 바뀌지 않는 것 같다.

영재에 대한 연구(1965)

10년 후, 미리엄 골드버그[6]는 단독으로 호레이스 만-링컨 연구소의 소책자[7]를 제작한다. 내 또래 사람들에게 LBJ[8] 시절은 아주 좋았던 시절이라고 얘기할 수는 없지만, 오늘날의 영재교육[9] 분야와 같은 상태에 이르기에는 여전히 개발 단계에 있었다고 볼 수 있다. 그럼에도 불구하고 『영재교육 계획』과 이 책을 저술한 10년의 시간 동안에는 많은 일이 일어났다. 8년 전인 1957년에 스푸트니크 1호가 발사되었고, 스푸트니크호의 후폭풍으로 영재교육 프로그램이 많이 생겼다가 없어졌다(Tannenbaum, 1983). 54페이지의 이 짧은 책자에 대한 참고문헌 리스트는 모두 176개이고, 13개 섹션에 추가적인 참고문헌이 있었다. 이 참고문헌 리스트에는 새로운 이름들이 보였는데, 이들은 오늘날 독자들에게 널리 알려진, 바브(Barbe), 펠드후센(Feldhusen), 게젤스(Getsels)와 잭슨(Jackson), 고원(Gowan), 길퍼드(Guilford), 칸스(Karnes), 매키넌(MacKinnon), 페그나토(Pegnato), 프레시(Pressey), 테일러(Taylor), 토랜스(Torrance)와 같은 이름들이다. 분명한 것은 지난 세기 동안 스푸트니크 쇼크 이후 영재교육 프로그램이 많이 없어졌음에도 불구하고, 영재학생들을 걱정하는 학계에는 중요한 발전들이 이루어졌다는 것이다. 미리엄이 서론에 쓴 것처럼, "지난 세기 동안, 뛰어난 학생들의 교육에 대한 관심으로 많은 연구 결과물이 쏟아져 나왔다"(p. 1).

이 책의 목적에 대해 저자는 다음과 같이 말하고 있다. "과거의 연구와 현재의 연구 결과들을 비교할 것이다. [그리고] 풀리지 않은 채로 남아 있는 오래된 문제에 대한 해결책을 제시하고, 밝혀지지 않는 영역을 연구하는 현재의 프로젝트들을 점검한다."(p. 1) 다른 말로 하면, 이 책은 1960년대 중반에 나타났던 영재 관련 문헌들을 전체적으로 살피고 있다. 이러한 문헌들은 크게 10개 분야로 나눌 수 있는데, 이는 '사회적, 개인적 특성' '영재 판별' '지적 요소' 등과 같이 영재교육 분야의 주요한 주제들이다. 여기서 이 모두를 나열할 수는 없지만, 중요하다고 여겨지는 몇 개를 살펴보자.

미리엄은 터먼(Terman)의 업적에 대해 탁월하다고 하면서, "터먼의 아이들(Termites)"은 "예술이나 문학에서 뛰어난 업적"을 남긴 사람은 적었지만, "그 외의 거의 모든 영역에서 두각을 나타내는 성인들"이 되었음을 관찰하였다(p. 5)[10]. 하지만 그녀는 "특정 사회경제적 집단이나 인종 집단은 다소 적절하게 다루고 있지 않으며⋯⋯ 어떤 학교는 다른 학교들보다 영재 판별 시 덜 철저하게 학생들을 판별하였던 것으로 보인다."라고 예리하게 지적하고 있다(p. 6).

판별 분야에서는 IQ와 같은 전통적인 분석들을 포함하고 있지만, 연역적인 생산성을 주로 검사하는 창의성 평가도 중요한 내용으로 다루고 있다. 길퍼드와 그의 지능 구조 모형(Structure of Intellect Model: SOI; 1959)[11], 토랜스와 창의성을 측정하려는 그의 시도(1962)는 지난 몇 세기 동안 영재교육에서 창의성을 중심되는 주제로 만들었다. 미리엄은 또한 게젤스와 잭슨(1958, 1962)의 매우 뛰어난 업적들에 대해서도 논의하고 있다. 비록 이 영역에서는 덜 믿는 경향이 있지만, 예를 들면 '낮은 IQ-높은 창의성' 집단의 평균 IQ는 127이었다는 것과 같은 내용을 언급하고 있다. 분명한 것은 길퍼드의 유명한 미국심리학회 회장 연설(1950)이 있은 지 15년 후 창의성은 영재교육 분야에서 제대로 자리를 잡게 된다는 점이다.

이 책은 '예측과 실제 성취 간 불일치' 혹은 미성취 영재학생에 대해 꽤 긴 분량으로 다루고 있다. 이 주제에 대해 미리엄은 래프, 골드버그와 파소(Raph, goldberg, & Passow, 1966)의 글을 인용하고 있다. 행정 규정 관련 분야는 대체로 능력 집단에 대한 연구 논의로 구성되어 있는데, 이와 유사한 다른 시리즈 책들과 이 책이 거의 동시에 출간되었다는 것을 생각하면 그리 놀랄 일도 아니다(Goldbrdg, Passow, Justman, & Hage, 1965).

'학교를 위한 조언'이라는 제목으로 시작하는 결론에서는 영재교육의 주요 주제들과 그 글을 쓸 당시의 상황을 반영하고 있다. 미리엄은 영재교육 분야가 후(後)스푸트니크 시대에 고착되어 있음을 다음과 같이 경고하고 있다.

> 더 많은 과학자와 수학자를 배출하라는 사회적 요구는 몇 가지 위험을 내포하고 있는데, 다른 분야에서 더 많은 재능을 나타낼지도 모르는 학생들을 이 분야로 몰아가고 있다는 점이다(1966, p. 53).

그녀는 연구가 필요한 위대한 두 가지 주제로 "영재교육의 내용과 방법"과 "문화적으로[12] 경제적으로 소외된 집단의 영재 판별하기"를 꼽았는데(p. 53), 이는 현재도 여전히 다루기 힘든 주제로 해결하려고 노력하고 있는 중이다.

전체적으로 알찬 이 책은 반세기 전의 영재교육의 상태를 잘 보여 주는 아주 환상적인 타임캡슐이다. 그때는 지금과는 매우 다른 모습을 보여 준다. 티모시 리어리(Timothy Leary, 심리학자), 애비 호프먼(Abbie Hoffman, 사회활동가), 지미 핸드릭스(Jimi Hendrix, 기타리스트)가 활동하던 1960년대라기보다는 〈매드맨(Mad Men)〉[1960년대 배경인 미국 드라마 시리즈-역주] 시절의 1960년대를 보여 주고 있다. 또한 오늘날 잠재적인 활용 가치가 있음에도 불구하고 잊혀져 왔던 중요한 연구들에 대한 개요를 담고 있다. 나는 이 책을 이 분야의 학생들에게 꼭 권하고 싶다.

능력별 집단구성 효과(1966)

이 훌륭한 책은 지금처럼 당시에도 논란이었던 주제인 '능력별 집단구성'에 대한 광범위한 연구들을 자세히 다루고 있다. 저자와 연구진은 우리에게 널리 알려진 미리엄 L. 골드버그와 해리 파소, 그리고 당시 뉴욕 교육청 교육 프로그램 연구 및 통계국의 국장이었던 조지프 저스트먼(Joseph Justman)이다. 이 연구가 특히 가치로운 점은 다양한 능력을 가진 3,000명 이상의 공립초등학교 4학년을 대상으로 5학년과 6학년의 2년 동안 실험 연구를 하였다는 점이다(Campbell & Stanley, 1966). 분명한 것은 저스트먼과 함께 연구를 하게 되면서 대규모 학교와 학급, 학생들을 대상으로 연구를 하게 되었다는 것인데, 이는 오늘날의 연구자들이 매우 부러워할 만한 일이다.

호레이스 만-링컨 학교연구소 소장이며, 컬럼비아 대학 사범대학 교육과정 석좌 교수인 아서 W. 포셰이(Arthur W. Foshay)는 이 책의 서문에서 "우리 기관에서 최초로 실시한 대규모 교육실험 보고서"라고 설명하였다(p. vi). 그는 또한 "골드버그 박사, 파소 박사, 저스트먼 박사가 훌륭한 연구를 해 주었다. 이 연구에서 보인 엄격한 조사와 정교한 보고서는 지식의 원천이자 공정한 교육적 연구의 모범으로 자리매김할 것이다."라고 하였다(p. v).

저자들은 연구의 목적에 대해 다음과 같이 설명하고 있다. "이 연구의 구체적 목적은 다양한 지적인 능력의 학생들로 구성된 초등 고학년 학생들의 성취와 학습 패턴, 사회적/개인적 관계, 흥미, 학교와 자아에 대한 태도의 차이를 알아보는 것이다."(p. 24) 그리고 다음과 같은 영가설이 주어졌다. "영재나 둔재 학생의 존재 여부, 특정 학급 내의 다양한 능력이나 특정한 능력을 가진 학생들의 상대적 위치는 초등학교 학생들의 성취에 영향을 주지 않을 것이다."(p. 24)

학생들의 능력은 오티스 알파(Otis Alpha) 검사지[13]에서 도출된 IQ 점수를 활용하여 조작적으로 정의되었다. 학생들은 IQ 점수에 따라 다섯 가지 능력 집단 중 하나에 배정되었다. A레벨에는 IQ 130 이상의 학생들이 배정되고 B레벨에는 120~129의 학생들이 배정되는 식으로 E레벨까지 있는데, E레벨 학생들은 IQ 99 이하의 학생들로 배정되었다. 전체적으로 45개 학교[14]의 86개 학급에 소속된 3,000여 명의 학생[15]이 연구에 참여하였다.

실험 설계는 복잡하였다. 연구자들은 다양한 학생을 동질성에 따라 15개의 집단 패턴으로 나누었다. 다섯 가지 수준 각각은 동질성을 가지고 있었다(예: 패턴 1은 오직 A레벨 학생으로만 구성되어 있고, 패턴 6은 오직 B레벨의 학생들만 있고, 패턴 15는 오직 E레벨 학생들만 있다). 그와 반대로, 패턴 5는 다섯 수준의 학생들을 모두 다 포함하고, 패턴 4는 레벨 A부터 레벨 D까지의 학생들, 패턴 9는 레벨 B부터 레벨 E까지의 학생들로 구성되어 있다. 또한 2레벨과 3레벨로 구성된 패턴 집단도 있다. 하지만 분석의 주요 단위는 열다섯 가지 패턴의 집단이 아니라 다양한 패턴 내에 있는 35가지 레벨들이다(예: 레벨 A 학생들은 완전히 다른 성격을 지닌 레벨 E 학생들을 어떻게 대하는지, 다른 네 레벨의 학생들과 어떻게 상호 교류하는지, 레벨 C 학생들은 9개의 패턴에 걸쳐 어떻게 서로 비교되는지 등).

각 집단과 관련된 단 하나의 독립변인은 학급의 IQ검사 범위에 따라 구성된 '영재' 학생과 '둔재' 학생의 존재 여부와 학급 학생들의 IQ 범위, 학급 다른 학생들과 비교한 IQ의 상대적인 위치이다. 저자들은 "어떤 학급도 다양한 능력 집단과 상호작용하면서 교사들이 실시하였던 실제 수업이나 학습 방법들의 수정에 대한 정보 혹은 학습 내용이나 수업 스타일은 점검하지 않았다."고 밝히고 있다(p. 151).

연구의 일반화에는 제한점이 있었다. 학교는 연구자들에게 협조적이었지만, 오티스 알파 검사지에서 130 이상의 IQ 점수를 받은 대부분의 학생들은 부유한 지역에 사는 백인 중류층 가정 출신이었다. 이 연구에 참여한 대상들보다 1960년대 중반 미국 사회의 다양한 다문화에 기반한 실제 교육현장의 모습이 반영되었더라면 연구가 보다 큰 의미가 있었을 텐데, 이 결과는 연구의 타당도를 약화시키고 있다.

결과는 보다 자세히 기록되어 있다. 이 책에서는 주된 결과만을 기술할 테니 자세한 사항은 직접 읽어 보기 바란다.[16] 중요 연구 결과에 대해 저자들은 다음과 같이 기술하고 있다.

> 이 연구의 결과와 다른 실험집단 연구에서 도출된 일반적인 결론은 다음과 같다. 중산층이 주류인 초등학교에서 주의 깊게 계획된 연구 내용이나 방법이 아닌

학업 적성검사에 따라 학생들의 능력 수준을 구분 지어 연구한다면, 학생들의 능력 수준에 따른 학업 성취 결과에 긍정적인 변화를 가져올 의미 있는 제안을 할 수 없다(p. 167).

어떤 차별화된 내용 없이 IQ검사나 이와 유사한 검사도구에 기초하여 학생들을 특정 집단으로 단순히 분류하는 것은 능력에 따른 분류(tracking)의 타당도를 떨어뜨리는 것으로 보이는데, 아직까지도 이러한 내용은 크게 달라지지 않고 있다. 또 다른 주요 발견은 다음과 같다. "이러한 편협된 기준에 의해 구성된 학생들 집단은 그들의 자아개념, 야망, 흥미, 학교에 대한 태도, 다른 비인지적 요소들과 어떠한 부정적인 연관성이 없다는 것도 밝혔다."(p. 168) 즉, 학생들을 교육과정, 수업, 윤리적인 이유로 집단화하면, 반대자들이 상상한 것처럼 어떠한 부정적인 정서나 동기, 태도의 결과로 귀결되지는 않는다는 것이다.

짧게 말하면, "능력별 집단구성은 좋지도 나쁘지도 않다는 말이다. 중립적이다. 그것의 가치는 사용되는 방식에 따라 달라질 수 있다."(p. 168) 따라서 학생들을 인종이나 계층으로 크게 나누는 분류는 이것이 능력에 따른 집단구성이라서 위험한 것이 아니라, 민주주의 사회에서 교육이 어떻게 이루어져야 하는지 그리고 우리가 학생들을 어떻게 효과적으로 가르쳐야 하는지를 결정하기 때문에 위험하다는 것이다. 1학년 교실에서 학생들을 독서 수준에 따라 집단을 구성했을 때 가장 효과적으로 가르칠 수 있다면, 우리는 이것을 능력에 따른 집단구성이라고 비난할 수는 없다는 것이다.

골드버그, 파소와 저스트먼이 내린 결론을 여기에 인용하고자 한다. 학생 선발이 얼마나 정교하게 이루어지는지, 학생 배치가 얼마나 다양하고 융통성 있게 되었든지 간에, 그 자체로는 거의 교육적인 목적을 가지고 있지 않다. 학문적 성취에서 진정한 차이는 교실에서 어떻게 가르치고 배웠는가에 달려 있다. 그러므로 가르치는 내용과 방법의 차별화와 적절한 선택이 강조되어야 한다. 그때에 집단구성 절차는 교육과정의 효과적인 방식이 될 것이다(p. 169).

『능력별 집단구성 효과』는 미국 교육의 매우 중요한 주제에 대한 연구로 중대한 기여를 하고 있다. 책의 기획 측면에서 비추어 보면, 이 책은 자료의 수집과 분석을 통하여 우리에게 통찰과 지혜를 주고 있다. 영재 분야에서 오늘날까지 이 책이 중요한 랜드마크가 되고 있는 것은 당연한 결과다.

똑똑한 미성취영재(1966)

『능력별 집단구성 효과』와 같은 해에 출간된 이 책은 제인 비슬리 래프(Jane Beasley Raph), 미리엄 L. 골드버그와 해리 파소와 함께 완성되었다. 미리엄과 해리 파소는 앞에서 소개했기 때문에 생략하고, 제인 래프[17]에 대해서만 소개한다. 래프는 당시 뉴욕 의과대학의 정신과 연구원을 막 마치고 러트커스(Rutgers) 대학의 유아교육과 교수로 일하고 있었다. 1955년에 그녀는 컬럼비아 대학교 사범대학에서 연구원으로 일하면서 박사 학위를 받았다. 래프의 가장 큰 업적은 장 피아제(Jean Piaget)의 아이디어를 교실 현장에 적용한 책을 슈위벨(Schwebel)과 함께 편찬했다는 것이다 (Schwebel & Raph, 1973).

당시에 존재했던 저서들을 종합적으로 분석한『똑똑한 미성취영재』는 "학문적 미성취의 문제"(p. ix)라는 내용으로 시작하고 있다. 이 책의 나머지 부분은 일리노이 주 에번스턴 시에 있는 에번스턴 타운십 고등학교와 칼 골드버그가 가르친 적이 있는 뉴욕 시의 브롱크스에 있는 드윗 클린턴 고등학교의 미성취 영재들에 관한 연구들을 다루고 있다. 미성취 영재학생들의 성취를 끌어올리기 위해 드윗 클린턴 고등학교는 실험 연구를 실시한 반면, 에번스턴 학교에서 실시한 2개의 연구는 이를 기술적으로 표현하고 있다.

뉴욕 대학교의 엘라자르 페다주르(Elazar Pedazur) 교수는『미 교육연구 저널(American Educational Research Journal)』에서 이 책에 대한 리뷰를 통해, 전체적인 분석을 한 첫 장을 "광범위하게 잘 조직된 전체적인 개요"라고 하였지만(p. 121), 나머지 세 학교의 연구에서 나온 자료들의 해석과 실험 설계에 대해서는 매우 비판적이었다. 나는 이 책에 대한 칭찬에 대해서는 의견을 같이하지만, 후자의 비판에 대해서는 생각이 다르다.

우선 이 책의 약점에 대해 이야기하자면, 세 연구 중 어느 연구도 결정적인 결점이 없다. 저자들은 에반스턴의 첫 번째 연구의 경우 "있는 그대로를 기술"하였다고 밝히고 있다(p. 14). 당시 이는 비난을 받을 만한 것이었는데, 저자들은 연구 서문에서 이에 대해 사과하였다.

에반스턴의 두 번째 연구는 5개의 집단을 비교하는 것이었다. 이 5개 집단은 "자기에 대한 태도"(p. 95)와 "학교에 대한 태도"(p. 108)에 따라, 미성취 집단, 고성취 집단, 과성취 집단, "능력이 낮은 학생들"(p. 94), 그리고 무선표집 집단으로 나뉘었다. 컬럼비아 대학교에서 미리엄의 박사 학위 논문 제목은 '지도력과 자신에 대한 태도'(1955)인데, 이 논문 이후로 그녀는 '자신에 대한 태도' 연구에 많은 공헌을 하였다. 불행하게도 페다주르가 지적한 대로 집단 간 비교에서 통계적으로 의미 있는 결과는 나오지 않았는데, 이는 "대부분 연구의 주된 문제와 관련되어 있지 않은" 능력이 낮은 집단을 포함하기 때문이라고 해석되고 있다(p. 123).

드윗 클린턴 고등학교 연구에서는 미성취 학생들을 중재할 수 있는 효과성 검증을 위해 만들어진 실험 중재 프로그램[18]이 실시되었다. 페다주르는 『똑똑한 미성취영재』의 4장에 대해 비평을 하고 있는데, 가장 문제가 되는 것은 처치에 대해 애매하게 기술하는 것이라고 하였다.

> 매우 유능하고 이해력 있는 교사가 있는 일반 교실과 전담수업 교실인 제1집단은 학습 문제를 개선하기 위한 이성적인 접근이 가장 이상적인 가르침이라는 믿음을 가지고 있다. 특히 학생들의 학교생활에 대한 개입과 학생들의 차이에 대한 인식을 수업 기술에 적용할 때에 이런 믿음이 더욱 두드러졌다(p. 140).

집단구성의 목적을 학생들에게 알리는 것이 이 처치의 나머지 부분을 이루고 있다. 하지만 학생들을 어떻게 집단으로 나누어 구성하는지(실험집단 혹은 통제집단)에 대한 논의는 이루어지지 않았기 때문에 이 실험이 진정한 실험인지 유사실험인지는 명확하지 않다.

결론은 만족스럽지 않다. 저자들은 "통계적으로 다루기엔 수적으로 부족한 자료"라고 말하고 있고(p. 117), 실제로 유의미성이 매우 낮게 보고되고 있다. 인터뷰 분석 결과, 저자들은 "9학년과 10학년 학생들 중 그들이 아무리 지적으로 우수한 학생이라 하더라도 학교생활의 어려움에 직면한 것이 학교 성적에 분명하게 드러나고 있는 것으로 보인다."라고 하였다(p. 117).

이 책의 대부분은 이 세 개의 연구에 할애하고 있지만, 처음 두 장은 이 분야 문헌들의 공헌에 대해 다루고 있다. 첫 장에서는 '미성취의 학문적 문제'에 대해 적고 있는데, 똑똑한 미성취자들의 연구에 대한 역사와 이 주제와 관련된 정의적인 이슈들에 대한 심도 깊은 논의를 포함하고 있다. 저자들은 "만약 미성취자를 IQ 점수로 예상되는 점수보다 실제 학업성취가 낮은 사람을 말한다면, IQ 점수가 전체적인 학교 과목이나 특정 과목의 점수를 제대로 예상하는지에 대한 타당도가 먼저 측정되어야 한다."라고 하였다(p. 10). 그들은 표준이나 준거 이질성(heterogeneity)에 대한 회귀분석과 같은 측정 관련 이슈들도 점검하였다(Throndike, 1963). 그들은 또한 1960년대 중반에는 다소 진보적인 "영재성은 IQ 측정에 근거하여 정의될 수 있는가?" 하는 질문을 제기하였다(p. 10). 불행하게도, 이 논의는 래프, 골드버그와 파소가 에반스턴과 드윗 클린턴 학교의 연구에 포함된 미성취자들을 정의하는 방식을 반영하지는 않고 있다.

제2장은 70페이지에 걸쳐 『영재교육 계획』(1955)과 『영재에 대한 연구』(1965)의 전체적인 내용과 학문성에 대해 언급하면서, 미성취자에 대한 여러 문헌을 점검하고 있다. 저자들은 다음과 같이 시작하고 있다. "전형적인 미성취 영재에 대해 너무 많은 것을 포함하는 동시에 너무 자세하게 알고 있어, 그들에 대한 대략적인 스케치가 거의 불가능할 정도로 그들에 대한 정의, 기술, 분석이 과다하다."(p. 17) 그들은 문헌들을 성격적 특성에서 가정환경이나 학교 문제에 이르기까지 총 8개의 항목으로 범주화하여 정리하고 분석하였다.

이 책은 여러 내용이 섞여 있는 책이다. 연구는 가치롭지만 미성취 영재와 그들에 대한 학습 중재를 알아보고자 할 때에는 심각한 결점이 있다. 다행인 것은 이 책의 앞부분이 오늘날 재해석되고 있다는 것이다. 이 책 전체에 대한 미리엄의 공헌은 자신

있게 말할 수 있다. 이론적 배경에 대한 부분은 그녀가 혼자서 저술한 책인 『영재에 대한 연구』(1965) 만큼이나 학문적인 인정을 받을 수 있는 부분이다. 비록 이 부분이 그녀가 독자적으로 작성한 것인지, 영재학생 프로젝트 팀의 협동 작업에서 나온 것인지는 확인할 길이 없지만 말이다. 미리엄의 역할이 무엇이었든지 간에 이 책은 앞에서 살펴본 다른 출판물들과 마찬가지로 여전히 우리에게 감명을 주고 역사적인 호기심 그 이상을 남기고 있다.

소외계층에 대한 교육(1967)

이 책은 해리 파소, 미리엄 골드버그[19], 에이브러햄 J. 태넌바움이 기존에 발간한 논문들을 편집한 책으로 다음과 같이 시작하고 있다.

> 예비교사를 포함한 모든 교사와 학교 행정가, 전문가 그리고 소외계층 학생을 교육하고 있는 모든 사람에게 이 학생들을 위해 보다 효과적인 교육 경험을 계획하는 데 도움이 되는 통찰과 지식을 제공하고 있다(p. iii).

이 책에 초점을 두고 이야기를 하자면, 저자들은 "소외계층을 정의하려는 어떤 시도도 일어나지 않았다. 대신 논문들은 경제적으로 빈곤한 지역에 살고 있으며 인종적·민족적으로 미국의 주류사회에서 물러나 있는 흑인들과 푸에르토리코인, 인디언들, 이민 온 농장 노동자를 다루고 있다."라고 썼다(p. iii).

판단을 하기에는 다소 부당한 기준이긴 하지만 이 책에 적혀 있는 언어들은 현대의 기준으로 보면 고전적으로 보인다. '흑인(negro)'와 '흑인 문제(negro problem)'라는 말을 자주 사용하였고, 모든 라틴 사람들은 웨스트 사이드 스토리에 살고 있는 푸에르토리코 사람들이었다. 가난한 시골 사람들은 때로 '시골뜨기'로 표현되었다. 또한 직장에서는 위대한 사회건설이라는 낙천주의가 있고, 경제적 소외계층을 뿌리뽑아야 한다는 목표를 향해 일이 진행되어야 한다는 믿음, 낙심한 시절(아마도 비열한 시절)에는 어떤 방식으로든 경쟁이 필요하다는 믿음이 있었다.

이 책의 편찬에는 이 세 명의 편집인 외에도, 우리 귀에 익은 몇 명의 공헌자가 있다. 즉, 1960년대 대학생들의 필독서였던 『흑인과 백인의 위기(Crisis in Black and White)』의 저자 찰스 E. 실버먼(Charles E. Silberman); 로버트 J. 해비거스트(Robert J. Havinghurst); 케네스 B. 클라크(Kenneth B. Clark); 프레드 L. 스트로드벡(Fred L. Strodbeck)과, 데이비드 P. 오수벨(David P. Ausubel)이 그들이다. 미리엄은 이 책의 두 장을 썼는데, 여기에서는 그 두 장에 대해 다루고자 한다.

도시 빈민 지역의 교육 성취에 영향을 주는 요소들　　이 논문은 원래 파소(1963)가 편집한 책에 실렸고, 이 책에서 재발간되었다. 미리엄은 두 가지 요점을 말하고 있다. 첫 번째는 도시 빈민층을 대상으로 한 논문의 급증이다. "도시 생활에서의 문제에 대한 여러 우려의 글들이 많지만, 유독 한 분야만 심각하게 다루어지지 않고 있다. 그것이 바로 교육이다."(p. 33) 이어서, "도시 문제와 관련된 다양한 훈육이 교육에서 주목을 받고 있지만, 그들의 일상에 영향을 주는 여러 복잡한 요소와 마주쳐야 하는 도시 학교들은 그들의 프로그램을 구성하는 이론적이고 실제적인 기초를 이루는 사회과학과 그들 학교를 제대로 연결시키지 못하고 있다."(p. 33) 이 장에서 그녀는 교육과 사회과학 사이의 연결을 시도하였다.

미리엄은 도시 생활의 변화와 도심으로의 이사, 중산층의 외곽 지역으로의 이동 등에 대해 논의하고 있다. 지금은 흔히 논의되는 내용들이지만 1967년 당시로서는 새로이 등장해 낯선 상황들, 예를 들면 중산층은 도시 외곽 지역으로 이동하고,[20] 흑인과 남미 계열이 도심 빈민층으로 급증하고, 직업 시장에 생산직이 줄어들고, 서비스 분야의 성장(미리엄은 '전자 뇌'를 움직일 수 있는 사람의 필요성에 대해 지적하였다; p. 40)에 대해 기술하고 있다.

당시 미리엄은 '저소득층' 학생들과 그 가족들에 대한 고정관념이나 일반화하기에는 다소 무리가 있지만 사실인 내용들에 대해 언급하고 있다. 예를 들면, 그녀는 "일반적으로 저소득층 학생들은 대화를 할 때 몸을 더 많이 사용하고 구체적이며, 물체 중심적이고 비언어적인 표현을 많이 사용하는 반면, 중산층은 보다 개념 중심적이며, 추상적-상징적인 아이디어 중심의 표현과 언어적인 표현 양식을 사용하고 있다.”라고 하였다(p. 41). 이는 당시 진보적인 사회과학자들 간에도 공통된 의견이었고, 거의 50년간 사회 진화의 관점에서 보면 중요한 부분이다.

빈민층 부모들의 자녀의 미래에 대한 기대와 제한된 기회를 가진 세상에 자녀들을 사회화시키는 방식에 대한 미리엄의 분석은 인종과 계층에 대한 오그부(Ogbu)의 아이디어(예: 1985)를 가능하게 하였다. 두 학자의 공통점은 가난한 소외계층 부모들은 자녀들에 대한 기대 수준이 낮아서, 자녀들을 낮은 사회적 계층에 종사하도록 사회화시킨다는 것이다. 오그부는 이를 ‘사회화의 실패’는 아니지만 실제적 사회화라고 보았는데, 이 관점에 대해서는 미리엄도 비슷한 생각을 가지고 있었다. 미리엄은 또한 이 용어를 그대로 사용하지는 않았지만, 포덤(Fordham)의 “백인처럼 행동하는 부담감”(예: 1991)과 유사한 현상이라고 기술하였다.

미리엄은 이 장을 가난한 소외계층 학생들이 학문적으로 보다 큰 성취를 이룰 수 있도록 도와주는 교육적 처치를 다룬 “학교를 위한 실천”(p. 54)이라는 섹션으로 끝내고 있다. 이 실천의 첫 번째 제안은 유아교육 프로그램에 관한 것인데, 헤드스타트(Head Start) 프로그램이 실시되던 1965년[21]에 교육자들 사이에 많은 호응을 얻었다. 흥미로운 제안은 어린아이들을 위해 남성 교사들을 보다 많이 채용하고, 동성 학급을 만들고, 초등학년에서 학문에 대한 수업을 연기하여 ‘2~3년의 학습 준비 기간’을 가지며(p. 55), 적절한 보상을 주는 것을 포함한다. 이 장은 또한 우리를 놀라게 하는 문제의식이 있는데, 이는 오늘날 우리가 ‘학업 성취 격차’라고 하는 것으로 수 세기 동안 교육자들과 심리학자들 사이에 심각한 문제점으로 인식되고 있다. 이에 대한 여러 처방이 이루어지고 있으며, 지금까지도 여러 제언이 제시되고 있는데, 미리엄은 이미 반세기 전에 이 책에서 이 문제에 대해 언급하고 있었다.

학생들의 차이에 대한 교사 태도: 소외계층에 대한 교사의 태도　　이 장에서 미리엄의 목표는 공립학교의 한 특정 집단인 ‘문화적으로 소외된’ 학생들을 성공적으로 가르칠 수 있는 교사들의 특징을 설명하는 것이다. 가장 인상적인 것은 “소외 학생들의 교사를 위한 가상 모델(hypothetical model)”(p. 472)이다. 여기서 알아야 할 것은 경제적으로 소외된 학생들을 기술하는 문제 있는 결핍 모델에 대해 훌륭한 교사들은 거의 동의하지 않는다는 것이다. 예를 들어, 이러한 학생들에 대해 대부분의 교사는 "희망이 없고, 가르치기엔 너무나 멍청한"(p. 472)이라고 하거나 불쌍하다고 보는 데 반해, 성공적인 교사는 이런 학생들을 "다른 아이들과 마찬가지로 성장하면서 좌절 과 실패를 그들만의 방식으로 대항하는"(p. 472) 학생으로 보고 있다고 하였다.

비표준화된 영어에 대한 그녀의 관점은 당시로서는 꽤 특이한 것이었다. 그녀는 학생들의 언어에 대해 "그들이 살고 있는 삶과 밀접해 있는" 언어라고 기술하였고, 효과적인 교사는 "학생들을 위한 기능적 자질을 인식하고 있다."고 하였다(p. 473). 이러한 교사들은 "창의적 기능을 수행하는 여러 지적인 능력들은 지능검사에서 측정 되지 못한다는 것을 깨달으며"(p. 473), 이러한 지능검사들은 "타고난 지능"을 측정 할 수 없다고 미리엄은 기술하고 있다(p. 473).

이 두 장에서, 미리엄은 사회정의에 대한 근심이 심각한 학문과 어떻게 효과적으 로 엮일 수 있는지를 보여 주고 있다. 비록 그녀의 책에서는 영재교육에 대해 직접적 으로 언급하고 있지는 않지만, 오늘날 우리는 영재성, 기득권, 소외계층이 겪고 있는 때로는 다루기 힘들고, 도전적인 방식으로 서로 엮여 있는 이슈에 대해 매우 잘 인지 하고 있다. 영재교육의 렌즈를 통해 미리엄의 책들을 읽으면, 이러한 이슈들에 대한 현재 우리의 생각들을 이해할 수 있는 유용한 시작점을 찾을 수 있다.

결 론

미리엄의 책들을 읽는 것은 상을 받는 것과 같으며, 어떤 측면에서는 새로운 것을 알게 해 준다. 나는 그녀를 매우 뛰어나고 열정적인 학자로 새로이 평가하고자 한다. 또한 나는 스푸트니크호 이후 영재 분야의 역사에서 매우 중요한 시기에 대해 보다 큰 통찰을 가지게 되었다. 진정으로 나는 미리엄을 영재교육 역사의 가장 위대한 학 자 중의 한 명이라고 주장한다. 그녀는 터먼이나 홀링워스, 렌줄리와 같이 뛰어난 하 나의 업적을 가지고 말할 정도로 역사적인 업적을 남기지는 않았다. 대부분의 독자 처럼 나도 이 책에서 언급한 여러 학자 중 가장 지명도가 떨어지는 한 명이 아닐까 하고 의심해 보기도 했다. 그녀의 가장 큰 업적은 영재학생 프로젝트를 하면서 다른 학자들과 협업을 통해 이룬 내용이 전부다.

불행하게도 미리엄은 그녀의 업적에 비해 가치를 덜 인정받는 것 같다. 미리엄은 최고의 학자였으며, 그녀의 연구는 이 분야에 중요한 업적으로 남아 있다. 나는 이 장에서 그녀의 삶과 업적에 대해 잘 모르는 독자들에게 제대로 알려 주게 된 기회를 가질 수 있어 영광으로 생각한다. 아직 그녀에 대해 잘 알고 있지 않다면, 스스로 미리엄의 업적에 대해 찾아보라고 권하고 싶다. 그녀를 알게 되면 더욱 많은 것을 알게 될 것이다.

미 주

1. 컬럼비아 대학교 사범대학의 고츠먼 도서관 부관장인 제니퍼 고번(Jennifer Govan)이 보여 준 헌신적인 도움에 깊은 감사의 뜻을 전한다.
2. 태넌바움은 의심할 바 없이 여전히 이 분야의 활발한 공헌자다.
3. 논문에 따라 미리엄은 중간 이름 이니셜을 사용할 때도 있었고 사용하지 않을 때도 있었다.
4. 영재학생 프로젝트에서 gifts와 gifted라는 용어를 기피하고, talents와 talented라는 용어를 사용한 것에 대해 그 이유를 다음과 같이 설명하고 있다. "talent란 말을 더 선호하는 이유는 교육적으로 볼 때 gifted는 타고난, 뛰어난 지적 자질에 대한 함축적 의미로 제한되기 때문이다." (p. 6)
5. 이때의 저자들은 오늘날 많은 사람이 IQ검사들의 타당도를 문제 삼는 것보다 덜 문제 삼고 있다.
6. 이러한 책들은 그들의 팸플릿 표지에 잘 기술되어 있지만, 그 단어들은 이러한 작업들의 학문적 무게를 평가절하하는 함축들을 가지고 있다. 나는 monograph라는 용어를 대신 사용하는데, 아마도 이 용어가 의미를 약간 훼손할 수도 있을 것이라고 생각한다.
7. 『소외계층에 대한 교육』과 이 책의 2개의 장만이 미리엄이 단독으로 작성한 업적들이다.
8. 린든 베인스 존슨(Lyndon Baines Johnson)은 1963~1969년의 미국 대통령이다.
9. 이 책의 고전적인 질을 강화하는 것은 이 책의 첫 페이지에 있는 그레이스 만-링컨 연구소의 출간물 리스트다. 그 리스트의 가장 첫 번째 작품은 『8mm 건전 영화와 교육(8mm Sound Film and Education)』(Forsdale, 1961)이고, 마지막 작품은 『무선 관찰(Wireless Observation)』(Herbert & Swayze, 1964)이다.
10. 회고해 보면, 미리엄은 터먼 연구에 참여했던 대상자들 중 동성연애자들을 여러 '문제들' 중 낮은 빈도를 보이는 사례로 보고하고 있다. 1974년의 DSM-II의 제7판이 만들어지기 전에 미국정신의학회(American Psychiatric Association)는 동성연애를 정신장애 분야에서 제

거하였다(Spitzer, 1981).

11. 길퍼드의 최고 걸작인 *The Nature of Human Intelligence*(1967)는 이후 몇 년 뒤에 만들어졌다.

12. 낮은 사회경제적 지위와 소외계층을 '문화적으로 소외된' 과 '문화적으로 결핍된' 으로 정확하게 구분하는 개념은 아직 널리 논의되고 있지 않다.

13. 오티스(Otis)라는 이름은 영재교육의 역사를 통해 알려지고 있다. 스탠퍼드 대학의 터먼 학생인 아서 오티스(Arthur Otis)는 제2차 세계대전 동안 미군들을 위해 아미 알파(Army Alpha) 검사와 아미 베타(Army Beta) 검사를 개발하였다. 그다음 그는 이 검사들을 집단 IQ검사로 널리 활용하게 만들었고, 이후 오티스-레넌 학교 능력 검사(Otis-Lennon School Ability Test)를 만들었는데, 이는 지금도 뉴욕 시 공립학교에서 영재교육 프로그램의 학생들을 선발할 때 사용되는 2개의 표준화된 검사 중 하나다.

14. 49명의 교장에게 의견을 물었으며, 이 중 4명이 참여를 거부하였다.

15. 6학년 말에는 2,219명의 학생들이 연구에 남았다.

16. 제8장 '요약 및 결론' 은 결론의 유용한 핵심들을 가지고 있지만, 앞의 장들에 기술된 내용들을 모르면 이해하는 데 다소 어려울 수 있다.

17. 제인 래프의 생애에 관한 정보는 주디 던컨의 스피치-언어 병리학(Judy Duchan's History of Speech-Language Pathology, http://www.acsu.buffalo.edu/~duchan/history_subpages/janebeasley.html)에 자세히 나와 있다.

18. 래프, 골드버그, 파소는 첫 번째 장에서 이러한 공식에 문제가 있다고 하였지만, IQ와 학업 성취도 사이의 차이에 따라 미성취를 판단하였다.

19. 1966년도 책의 제목 페이지에서 사용했던 중간 이름 이니셜은 다시 사라졌다(이 책에서 미리엄이 쓴 장에서는 다시 중간 이름 이니셜을 사용하였다).

20. 그녀는 비록 중산층의 '흑인들(Negroes)' 이라는 표현을 썼지만 백인과는 달리 그들은 자신들의 인종 때문에 도시 외곽에 살지 못하고 도시에 그대로 남아 있었다고 하였다. 하지만 미리엄이 이 책을 쓴 1963년 이후 지난 50년 동안 모든 것이 서서히 변해 갔다. 도시 외곽에 사는 흑인들을 'Black flight' 라고 부르는데, 오늘날은 이들을 흔히 볼 수 있게 되었다.

21. 1963년 이 장이 처음 출간된 이후로 미리엄은 헤드스타트(Head Start) 프로그램에 많은 기대를 걸었던 것 같다.

참고문헌

Borland, J. H. (1997). Miriam L. Goldberg. *Gifted Child Quarterly, 41*, 56-57.

Campbell, D. T., & Stanley, J. C. (1963). *Experimental and quasi-experimental designs for research*. Chicago, IL: Rand McNally.

Campbell, D. T., & Stanley, J. C. (1966). *Experimental and quasi-experimental designs for research*. Boston, MA: Houghton Mifflin Company.

Duchan, J. (n.d.). *Judy Duchan's history of speech-language pathology*. Retrieved from http://www.acsu.buffalo.edu/~duchan/history_subpages/janebeasley.html

Fordham, S. (1991). Peer proofing academic competition among Black adolescents: "Acting White": Black American style. In C. E. Sleeter (Ed.), *Empowerment through multicultural education* (pp. 69-93). Albany, NY: State University of New York Press.

Forsdale, L. (Ed.). (1961). *8mm sound film and education*. New York, NY: Bureau of Publications, Teachers College, Columbia University.

Getzels, J. W., & Jackson, P. W. (1958). The meaning of "giftedness"—An examination of an expending concept. *Phi Delta Kappan, 40*, 75-77.

Getzels, J. W., & Jackson, P. W. (1962). *Creatitivity and intelligence*. New York, NY: Wiley.

Goldberg, M. L. (1955). *Leadership and self-attitudes* (Unpublished doctoral dissertation). Teachers College, Columbia University, New York.

Goldberg, M. L. (1965). *Research on the talented*. New York: Bureau of Publications, Teachers College, Columbia University.

Goldberg, M. L. (1967a). Adapting teacher style to pupil differences: Teachers for disadvantaged children. In A. H. Passow, M. Goldberg, & A. J. Tannenbaum (Eds.), *Education of the disadvantaged* (pp. 465-482). New York, NY: Holt, Rinehart and Winston.

Goldberg, M. L. (1967b). Factors affecting educational attainment in depressed urban areas. In A. H. Passow, M. Goldberg, & A. J. Tannenbaum (Eds.), *Education of the disadvantaged* (pp. 31-60). New York, NY: Holt, Rinehart, & Winston.

Goldberg, M. L., Passow, A. H., & Justman, J. (1966). *The effects of ability grouping*. New York, NY: Teachers College Press.

Goldberg, M. L., Passow, A. H., Justman, J., & Hage, G. (1965). *The effect of ability grouping*. New York: Bureau of Publications, Teachers College, Columbia University.

Guilford, J. P. (1950). Creativity. *American Psychologist, 14*, 469-479.

Guilford, J. P. (1959). The three faces of intellect. *American Psychologist, 14*, 469-479.

Herbert, J., & Swayze, J. (1964). *Wireless observation*. New York, NY: Bureau of Publications, Teachers College, Columbia University.

Hollingworth, L. S. (1926). *Gifted children: Their nature and nurture.* New York, NY: Macmillan.

John-Steiner, V. (2000). *Creative collaboration.* New York, NY: Oxford University Press.

Miriam Goldberg, college professor, 80. (1996, December 2). *The New York Times.* Retrieved from http://www.nytimes.com/1996/12/02/nyregion/miriam-goldberg-college-professor-80.html

Ogbu, J. U. (1985). Minority education and caste. In N. Yetman (Ed.), *Majority and minority* (4th ed., pp. 370-383). New York, NY: Allyn & Bacon.

Passow, A. H. (1955). *Report on Talented Youth Project.* Retrieved from http://pocketknowledge.tc.columbia.edu/home.php/viewfile/79070

Passow, A. H. (Ed.). (1963). *Education in depressed areas.* New York, NY: Teachers College Press.

Passow, A. H., Goldberg, M., & Tannenbaum, A. J. (Eds.). (1967). *Education of the disadvantaged.* New York, NY: Holt, Rinehart, and Winston.

Passow, A. H., Goldberg, M., Tannenbaum, A. J., & French, W. (1955). *Planning for talented youth: Considerations for public schools.* New York, NY: Bureau of Publications, Teachers College, Columbia University.

Pedazur, E. J. (1968). Review of bright underachievers. *American Educational Research Journal, 5,* 121-124.

Raph, J. B., Goldberg, M. L., & Passow, A. P. (1966). *Bright underachievers: Studies of scholastic underachievement among intellectually superior high school students.* New York, NY: Teachers College Press.

Schwebel, M., & Raph, J. (Eds.). (1973). *Piaget in the classroom.* New York, NY: Basic Books.

Spitzer, R. L. (1981). The diagnostic status of homosexuality in DSM-III: A reformulation of the issues. *American Journal of Psychiatry, 138,* 210-215.

Tannenbaum, A. J. (1983). *Gifted children: Psychological and educational perspectives.* New York, NY: Macmillan.

Terman, L. M., & Oden, M. (1947). *The gifted child grows up: Vol. 4. Genetic studies of genius.* Stanford, CA: Stanford University Press.

Thorndike, R. L. (1963). *The concepts of over- and under-achievement.* New York, NY: Teachers College Press.

Torrance, E. P. (1962). Testing and creative talent. *Educational Leadership, 20,* 7-11.

Witty, P. (Ed.). (1951). *The gifted child.* Boston, MA: D. C. Heath.

Zumwalt, K. (Unpublished letter to the faculty of Teachers College, Columbia University, November 21, 1996). Retrieved from http://pocketknowledge.tc.columbia.edu/home.php/viewfile/36183

A. 해리 파소

교육과정, 영재교육에 대한 옹호, 그리고 재능 개발에 대한 외교(1920~1996)

Ann Robinson, Bronwyn MacFarlane, & Debbie Dailey

스푸트니크호는 1957년 10월 4일 우주로 발사되었다. 그때 A. 해리 파소(A. Harry Passow)는 이미 3년 동안이나 영재학생 프로젝트(Talented Youth Project: TYP)를 진행해 오고 있었다(Passow, ca. 1991). 미국이 우주 개발 경쟁으로 인해 갑자기 인재 개발에 많은 돈을 지원하기 시작하기도 전에 해리가 1954년 2월에 설립한 TYP는 우수한 학생들을 위한 일련의 교육과정 틀을 제공하였다. 미국 컬럼비아 대학교에 있는 호레이스 만-링컨(Horace Mann-Lincoln) 실험연구소 산하에서, TYP는 영재교육 분야의 역사와 발전에서 빼놓을 수 없는 A. 해리 파소, 미리엄 L. 골드버그(Miriam L. Goldberg), 그리고 해리의 어린 연구 조교였던 에이브리햄 J. 태넌바움(Abraham J. Tannenbaum)의 핵심 공동 작업이 이루어졌던 것이다.

1991년의 인터뷰와 그의 자서전인 『모든 것은 흥미롭고 뜻밖이었다(It's All Been Interesting and Unexpected)』에서, 해리는 그가 1940년대 말에 에덴(Eden) 센트럴 학교 수업에서 학생들과 함께 했던 경험을 계기로 영재교육 연구를 시작하게 되었다고 하였다(Passow, ca. 1991). 인터뷰에서 해리가 44년이나 지났는데도 기억하는 이름인 윌리엄 레니걸이란 학생은 회토류 금속에 대한 프로젝트를 함께한 웨스팅하우스 텔런트(Westinghouse talent)의 결승 진출자였다. 해리는 윌리엄이 교실에서는 오히려 골칫거리였고, 그래서 교실보다는 창고에서 혼자 독립 프로젝트를 수행하도록 했다는 것을 회고하였다(Kirschenbaum, 1998). 해리로 하여금 영재교육 분야로 들어오게 했던 사건은 두 가지 더 있다. 특수목적고등학교 지지자였던 해리는 1950년대에 있었던 아서 베스터(Arthur Bestor)의 『교육 불모지(Educational Wastelands)』와 같은 책에서 학교에 대해 연속적으로 공격하는 것에 자극을 받았다. 컬럼비아 대학교 사범대학이 한창 교육을 주도하고 있을 때, 다른 교수진과 대화하던 중 하버드 대학교의 제임스 코넌트(James Conant) 교수가 학문적으로 우수한 학생들을 걱정하는 것을 보고 충격을 받았다. 마지막으로, 해리는 자신의 스승이었던 컬럼비아 대학교 사범대학 학장 홀리스 캐스웰(Hollis Caswell)에게 지대한 영향을 받았다. 해리의 자서전에 따르면, 캐스웰은 해리가 장기적으로 자신만의 연구 분야를 개발하고 이를 발전시켜 나갈 필요가 있음을 조언해 주었다고 하였다.

1954년에 해리는 TYP를 설립했고, 그때부터 1965년까지 『영재교육 계획(Planning for Talented Youth)』(Passow, Goldberg, Tannenbaum, & French, 1955)에서 그것의 목적을 제시한 TYP를 주도하였고, 능력별 편성 학습(Goldberg & Passow, 1962), 미성취(Passow & Goldberg, 1958), 중학교에서의 심화 수학(Passow, Goldberg, & Link, 1961), 학문적으로 우수한 학생들에 대한 또래 태도(Tannenbaum, 1960) 등의 연구를 진행하였다.

해리가 자신이 했던 일들 중에서 매우 중요하게 여기는 것 중 하나는 TYP가 영재 관련 연합법안을 통과시키려는 노력의 기본 토대가 되었던 H.R. 3263, 영재아동청소년(The Gifted and Talented Children and Youth) 법안을 위한 그의 1986년 의회 연설에서 프로젝트의 전체적인 목적을 설명했던 것이다. 그 연설에서 해리는 TYP의 기원과 목적을 진술하였다.

1954년에, 나는 컬럼비아 대학교 사범대학의 호레이스 만-링컨 실험연구소의 TYP(영재교육 프로젝트)를 시작하였고 12년 동안 주도하였다. TYP의 목적은 연구를 지도하고, 영재아동·청소년들을 판별하고, 교육하는 사립학교 발전 프로그램을 돕기 위한 것이다. 우리는 미국이 영재아동·청소년에게 부당한 대우를 하고 있다고 생각하였고, 그렇게 함으로써 국가가 스스로에게 부당한 대우를 한다고 믿었기 때문에 TYP를 시작하였다.

따라서 해리가 영재교육 분야로 참여하게 된 것은 재능 있는 학생들에 대한 열망, 컬럼비아 대학에서의 그의 평생 스승이신 지도교수의 영향, 그리고 그의 독립 연구사업을 장려하는 컬럼비아 대학의 지지와 적극적인 지원의 영향을 받은 것이며, 이를 통하여 교육 경험을 쌓고 연구를 진행하였다는 것을 알 수 있다. 해리의 경우 그와 함께 마음과 뜻을 같이했던 TYP 연구사업 동료들이 중요한 역할을 해 주었고 같이 성장한 것이라고 할 수 있다.

해리 파소: 학교 교육, 병역과 가족

해리는 1920년에 미국 뉴욕 주의 동부 해안지방인 리버티 지역에서 모리스 보리스 바루크 파소와 이다 와이너 사이에서 태어났다. 열정적인 학생이었던 그는 드라마, 토론, 저널리즘, 밴드, 오케스트라 등 많은 특별활동에 참여하였다. 그는 1938년 리버티(Liberty) 고등학교 수석 졸업생으로 학교를 대표하는 학생으로 인정받았고, 대학 교육을 계속하길 권장받았다. 해리는 사실 그의 선생님들이 그러한 방향으로 권할 때까지 대학 교육은 생각지도 못했다고 하였다. 그는 1942년에 올버니에 있는 뉴욕 주립 사범대학(지금의 SUNY-Albany)에서 학사 학위를 받았다. 그리고 1942년에 미국 공국사관학교 통신 프로그램에 들어갔고, 그의 대학 시절 연인인 셜리 시걸과 결혼하였는데 그녀는 다양한 전문적 관심을 가졌지만 결국 러트거스(Rutgers) 주립대학교에서 법학으로 학위를 받았다. 파소는 제2차 세계대전 동안과 직후에 3명의 자녀를 낳았다. 마이클, 데보라, 그리고 루스다. 군인으로 현역 복무하고 1943년에 중위로 임관된 해리는 태평양 전투지역 마샬 섬에서 통신보안 장교의 역할을 수행하였다. 미

공군사관학교에서 그의 책무를 수행한 후에 해리는 올버니에서 참전용사를 위한 대학원 프로그램에 입학하였고, 교육행정으로 석사 학위를 취득하였다.

해리는 1948년 제대 이후 교사로 복귀하였고, 사범대학에서 교육학으로 두 번째 석사 학위를 취득하는 동시에 올버니에서 수학과 학부생들을 지도하기 시작하였다. 그리고 나서 1951년 컬럼비아 대학교 사범대학에서 박사 학위를 빠르게 취득하였다. 1952년에는 호레이스 만-링컨 기관의 연구원이 되었으며, 사범대학의 교수가 되어 궁극적으로 1968년부터 1977년까지 교육과정학부의 학부장을 지냈다. 1972년에는 컬럼비아 대학교 사범대학의 제이콥 H. 쉬프(Jacob H. Schiff) 재단 교수로 임명받기도 하였다. 그리고 1975년부터 1980년까지 사범대학 학장으로 일하였다.

국제적 네트워크, 협력과 지지

해리는 올버니와 뉴욕을 오가며 열심히 일하였고, 컬럼비아 대학교 사범대학에서의 경력뿐만 아니라 국제적인 교육에도 많은 관심을 가졌으며, 유럽과 이스라엘에서도 몇 가지 중요한 일을 수행하였다. TYP 초기에 해리는 안식년을 맞았고 그 후 몇 번의 계획 수정을 거쳐 결국 영국의 영재교육 관련 학교 규정에 관여하게 되었고 카파 델타 파이(Kappa Delta Pi) 국제교육재단과 함께 일을 하게 되었다. 그는 1958~1959년을 스스로 "굉장한 해"(Passow, ca. 1991)라고 자부하였는데, "55개의 학교, 단과대학 그리고 종합대학들을 방문하였고, 영국의 유아기관과 초등학교에서는 나의 세 자녀의 학교 교육을 직접 관찰하였다."라고 토로하였다(Passow, ca. 1991). 해리의 영국 경험은 학문 활동에서 볼 때 단순한 여행과 해외 근무에 대한 맛보기에 불과하였다. 10년 후 1967~1968년 동안에, 그는 토르스텐 후센(Torsten Husen) 교수의 초대로 스톡홀름(Stockholm) 대학의 풀브라이트 방문교수와 초빙교수로 일하였다. 해리는 또한 중동지역에서도 두 번의 연구와 학문 활동 기회를 가졌다. 그는 하다사-위조-캐나다(Hadassa-Wizo-Canada) 저널리즘 연구기관에서 선임연구원이었고, 10년 후에 그는 그가 중학교 영재 발굴에 조언을 했던 텔아비브(Tel-Aviv)와 바르일란(Bar-Ilan) 대학에서 초빙교수로 임명되었다(Zumwalt, 1996).

그가 사실 국제적 프로젝트들에도 많이 참가하고 수년간 세계 여행도 많이 다녔지만, 영재교육 분야에서 가장 중요했던 국제회의 중 하나는 그를 1975년에 다시 영국으로 불러들였다. 그는 런던의 영재교육 관련 첫 번째 국제회의에서 발표하기를 요청받았던 것이다. 그 일로 인하여 그는 영재에 관한 국제회의(WCG/TC)의 선구자로 떠오르게 되었다. 다음 몇 해 동안에 그 모임이 정체성을 찾을 때, 해리는 1979년 컬럼비아 대학교에서 명예이사 역할을 수행하는 WCG/TC의 사무국 설립을 요청받았다. 사무국장의 임무를 맡아 나섰던 그의 친구인 헌터(Hunter) 대학교의 밀턴 골드(Milton Gold) 교수와 함께, 해리의 노력은 이 국제기구를 안정화시키는 데 중요한 역할을 하였고, 1985년 독일의 함부르크에서는 여섯 번째 국제의장으로 선출되기도 하였다. 그의 영재교육 분야에서의 국제적 활동, 주변 동료들과의 연결망, 그리고 국제교육 문제에 대한 학문적인 기여는 영재교육의 국제적 연결과 협력을 구축했을 뿐만 아니라 그의 삶에도 많은 영향을 주었음에 틀림없다. 영재교육과 관련된 그의 많은 국제적 업적의 가시적인 결과물은 독일의 쿠르트 헬러(Kurt Heller), 네덜란드의 프란츠 몽크스(Franz Monks), 그리고 미국의 해리 파소가 공동 편집한 『영재성 및 재능의 개발과 연구의 국제편람(International Handbook of Research and Development of Giftedness and Talent)』의 출판이라고 볼 수 있다. 해리는 31권의 책을 직접 저술하거나 편집하였고, 225개 이상의 논문과 책의 일부를 저술하였다(Stout, 1996). 그는 1996년에 75세의 나이로 사망하였다(Stout, 1996). 공개된 많은 헌사와 부고에 더하여, 『영재아동 계간지(Gifted Child Quarterly)』에서는 그의 업적을 기리는 특별호를 발간하였다(Robinson, 1998).

영재교육 분야로의 입문과 계속된 업적

해리 파소는 일찍이 영재에 대해 관심을 가지기 시작하였고 일생 동안 그 관심을 지속해 나갔다. 그의 초기 출판물 두 개는 특별히 학교행정에 중점을 둔 교육 지침이었다. 해리가 TYP를 설립한 1954년에는 에이브러햄 태넌바움과 「고등학교에서 영재로 지낸다는 것은 무엇인가」라는 논문을 공동 저술하였다. 『교육적 리더십(Educational Leadership)』에 그 논문을 실었는데, 이들은 "더욱 확장된 재능의 발견과 발전"에 대한 논의를 제기하였다(Passow & Tannenbaum, 1954, p. 148). 파소와 태넌바움은 모든 학생에게 똑같은 기회를 제공하려는 노력이 "특별한 잠재력을 가진 학생들에게는 엄청난 차이를 남기고 있다."고 하였으며(Passow & Tannenbaum, 1954, p. 148) "이러한 중요한 시기에 우리가 인력과 지도력을 손실할 형편이 아니다."라고 주장하였다(Passow & Tannenbaum, 1954, p. 148).

이 논문은 분필을 쥔 교사가 교실에서 학생들에게 일방적으로 강의만 하는 전통적인 교실 책상이 아닌, 다양한 형태의 학문 활동으로 바쁜 몇몇 학생의 사진과 함께 실렸다. 다른 활동으로 바쁜 학생들의 사진에는 "재능을 개발하기 위해 올바른 교과과정을 수립하는 것이 지속적인 과제다."라는 표제가 붙어 있다. 이 논문에는 파소와 태넌바움이 "교육과정의 확장된 개념"(Passow & Tannanbaum, 1954, p. 149)을 영재를 개념화시킨 것과 연결하여 "재능의 확장된 개념"(Passow & Tannanbaum, 1954, p. 150)이라고 굵은 활자의 제목을 달았고 그 뒤에 "잠재적으로 가치 있는 일련의 인간의 능력"이라는 폴 위티(Paul Witty)의 의견을 지지함으로써 영재의 개념을 확장시키는 초석이 되었다.

재능을 키워 주지 않음으로써 사회적으로는 지도력을 상실하는 것에 대한 파소와 태넌바움의 관심과 생산적인 재능 영역에 대한 확장된 정의를 제안하는 위티의 생각이 같이 강조되면서 파소가 학교에서의 재능 계발과 발전을 강조하는 선구자가 된 것이다. 그 논문은 학교 관계자들에게 영재들이 "평범한 사람으로 돌아가는 것"을 막기 위한 여섯 가지 구체적인 권장 사항을 제안하면서 마무리된다(Passow & Tannenbaum, 1954, p. 154). 이 두 저자는 고등학교 교사들이 재능의 본질을 탐구하고, 어떻게 일반 학교의 목표가 영재학생들에게 적용되어야 하는지를 이해하고, 학교에서 재능을 개발하기 위한 행정 절차를 분석하고, 학교 전체적으로 협력하여 노력을 기울이고, 학교와 사회적·지역적 사안들에 대해 좀 더 예민해지고, 그리고 "모든 재능에 대한 계획의 중요함을 깨닫기"를 제안하였다(Passow & Tannenbaum, 1954, p. 155). 그들의 목록은 오늘날 학교 행정가들에게 영재학생들을 지지하도록 반향을 불러일으킨다.

1년 후, 해리의 「우리는 아직도 영재를 키우지 않는가?」라는 논문이 유명한 학술지 인 『학교경영(School Executive)』에 등장했을 때 굉장한 주목을 끌게 되었다. 그는 그 의 업적에서 이 논문의 중요성을 인정하였고, 그것은 다른 사람들이 썼던 그의 회고 록이나 추도사에서도 매우 중요한 업적으로 등장한다(Passow, ca. 1991; Zumwalt, 1996). 또한 그가 말했던 "우리에게는 중요한 질문이 남았다. 어떻게 우리가 모든 사 람을 위한 교육의 틀 안에서 최고의 영재를 길러 낼 수 있을 것인가?"라는 말은 그가 얼마나 공립학교에서 헌신하였는지를 입증하게 되었다(Passow, 1955, p. 28).

그의 초기 논문들이 발표되고 5년 정도 이후에, 해리는 1960년 대통령 드와이트 아 이젠하우어가 개최한 아동과 교육을 위한 백악관 회의에 참석하여, 다른 참석자들에 게 영재에 대한 안건의 배경과 관련 내용의 유인물을 나누어 주었다(Passow, 1960, 1961, ca. 1982). 그런데 이것이 후에 『영재교육(Education the Gifted)』(Passow, 1961)으 로 출판되었다. 홀리스 캐스웰이 "5년 안에, 영재교육에 관심이 있는 사람은 누구든 지 첫 번째 자료로 컬럼비아 대학교의 해리 파소를 찾게 될 것이다."(Passow, ca. 1991, para. 14)라고 예측했던 것처럼, 해리는 중요한 자리매김을 하게 된 것이다.

1980년, 그는 '국가와 지역의 영재 리더십 훈련에 대한 회고를 통한 논의' 시리즈 에서 첫 번째로 소개되었다. TYP와 그의 업적을 서술한 서론과 9장으로 구성된 『영재 아동 청소년에 대한 교육: 오래된 사안-새로운 도전(Education for Gifted Children and Youth: An Old Issue-A New Challenge)』은 이 분야의 1950년대와 1960년대의 주 요한 출판물이 되었고, 폴 위티(1951), 해비거스트, 스티버스와 드한(Havighurst, Stivers, & DeHaan, 1955)의 업적에 대한 역사적 세부 사항들과 그가 팸플릿이라고 겸손 하게 언급했던 그의 『영재교육 계획』(Passow, Tennanbaum, Goldberg, & French, 1955) 을 싣고 있다.

1980년대와 1990년대에, 해리는 영재교육과 관련하여 계속해서 연구를 진행하였 다. 그는 과거를 돌아보며 교훈을 찾으면서도 이 분야의 미래를 명확하게 보는 독특 한 재능을 가졌다. 영재교육에 관한 그의 마지막 출판물은 문화적으로 다양한 영재 판별의 새로운 지침에 대한 것으로 메리 프레이지어(Mary Frasier) 박사와 공동 저술한 것이었다(Frasier & Passow, 1994, 1996). 그러므로 영재교육에 대한 그의 학문적 저술 경력은 거의 반세기에 걸쳐 이어진 것이다.

공교육에의 헌신

TYP가 시작할 때와 같은 해에, 미국 대법원에서는 1954년 5월 17일에 흑인 학생과 백인 학생을 학교 내에서 분리하는 것은 헌법에 위배된다고 선언하였다. 해리는 여러 차례 도시 환경에 버려져 있는 가난한 아동들을 위하여 에너지를 쏟았다. 1962년에는 도시 빈곤 지역의 교육과정과 교육 전반에 대한 학회를 소집하였고, 이를 통하여 나온 자료는 『빈곤지역의 교육(Education in Deppressed Area)』이라는 책으로 편집되어 출판되었다(Passow, 1963b).

처음에는 출판물의 책 커버에 몰락한 도시의 삭막한 모습이 그려져 있었다. 그 화가는 '정지' 신호를 응시하는 아이 윤곽의 배경으로 벽돌 벽을 부수는 상황을 그렸다. 금줄로 세공된 철책에 '벽보 금지' 표시가 걸려 있는 표지 디자인 외에도 넘치는 쓰레기통은 오래된 빌딩으로 이어지는 계단에 화려하게 장식된 난간 뒤에 숨겨져 있고, 그 뒤에서 청소년 한 명이 수심에 잠긴 채 삽화의 틀 너머 먼 곳을 응시하고 있는 그림이다. 이것은 마치 그 청소년이 자신의 미래를 찾는 것처럼 보였다(Passow, 1963a).

로버트 J. 해비거스트(Robert J. Havighurst), 데이비드 P. 오수벨(David P. Ausubel, 1950년 컬럼비아 대학교에서 '영재의 특별한 동기'라는 제목으로 박사 학위 논문을 썼던), 그리고 미리엄 골드버그를 포함한 15명의 저자는 「빈곤지역의 교육」의 각 장들을 맡아 완성하기도 하였다. 해리는 책의 마지막 결론이 되는 장을 썼지만, 인종차별과 빈곤 문제에 직면한 아이들을 대신하려는 그의 노력은 완전히 끝난 것이 아니었다.

1966년에, 그는 위싱턴 DC 학교의 체계를 완성하는 연구에 동참하였다. 그의 조직 능력으로 컬럼비아 대학교에서만 80명의 교수진과 136명의 졸업생을 모아 18개월 동안 프로젝트를 수행하고 마지막 보고서인 '도시 학교 체계 모형 만들기'를 완성하였다(Zumwalt, 1996). 그의 외교술과 실용주의는 교육 이사회의 위싱턴 DC 교육장을

맡은 첫 번째 여성인 유페미아 L. 헤인즈(Euphemia L. Haynes) 박사에게 보낸 편지에
잘 나타나 있는데, 현명한 결정을 하기 위한 연구의 결과와 정보를 적시적소에 학교
관계자들에게 제공하는 것과 연구 팀이 내린 조기 결론이 정책에 반영될 때의 위험
요소 사이의 섬세한 균형을 잘 설명한 것이었다. 그 보고서는 큰 파장을 일으켜 기자
회견을 하게 하였고, '파소 보고서'로 널리 알려지게 되었다(Avorn, 1967; Zumwalt,
1996, para. 6).

컬럼비아 대학교 고츠먼(Gottesman) 도서관의 기록보관소에는 기자회견에서 보고
서를 토론하던 해리의 옆모습 사진과 그의 앞에 있는 많은 탁상 마이크들, 그리고 그
의 뒤에는 위싱턴 DC의 확대된 벽걸이 지도가 있는 사진이 걸려 있다. 도시의 이웃
들, 강, 그리고 포토맥 강가가 배경의 일부분으로 보이기도 한다(Passow, 1967b). 해비
거스트의 연구였던 시카고 사립학교 프로젝트는 해리를 뉴욕에서 위싱턴 DC로 매주
왔다 갔다 하게 만들었다(Passow, ca. 1991). 그들의 권장 사항들을 살펴보면 학교 시
스템의 일부로 유치원을 설립하는 것, 능력별 학급 편성을 폐지하는 것, 특히 학교 내
의 학생과 교사들의 인종적 균형을 유지하는 것 등을 포함하고 있다(Passow, 1967a).
해리는 도시의 학교들은 변화를 시도하는 것이 매우 어렵다는 것을 잘 알고 있었다.
그는 보고서의 권고 사항들이 받아들여지긴 하였지만 전혀 시행되지는 않았다고 솔
직하게 진술하였다(Passow, ca. 1991).

교육과정 이론, 교육과정 원리 그리고 차별화

해리 파소는 영재교육 분야에서 교육과정과 깊이 연관되어 있다. 이 분야에서의
그의 업적은 무척 광범위할 뿐만 아니라 몇몇 부분에서는 매우 상징적이기까지 하
다. 이미 논의한 바와 같이, 해리는 특수목적고등학교와 영재를 위한 특별 프로그램
의 지지자였다. TYP와 함께 한 그의 업적의 대부분은 교육과정, 교육 지도, 그리고
이들과 밀접한 관계가 있는 영재학생들을 위한 행정상의 협약 등에 관한 연구다.

해리는 교육과정에 대해 넓게 생각하였다. 그는 교육과정에 관한 네 가지 측면에

대해 기록하였는데, 그것은 그가 일반적인 동시에 특수화된 교육과정의 설계와 실행의 복잡성뿐만 아니라 학생들에게 희망의 메시지를 주는 교육과정과 대중매체와 문화적·종교적 기관들을 통해 전달된 학교 밖 교육과정의 숨겨지고 변환된 복잡성까지도 이해하고 있다는 것을 나타내는 것이었다(Passow, 1983).

1958년, 그는 『교육연구학회의 57번째 연보』에서 심화와 관련된 내용을 맡았다. 그 연보는 세 가지 부분을 포함한다. 사회적 요인들, 영재학생 그리고 영재교육이 그것이다. 해리의 심화 관련 내용은 마지막 부분에 등장하고 교육과정에 초점을 맞추었다. 그는 교육과정의 목적이 대부분 "모든 학생에게 바람직한 반면에, 영재학생들에게는 자아실현을 성취하고 잠재적인 리더십을 발휘하기 위해서 꼭 필수적인 것이다."라고 진술하였다(Passow, 1958, p. 194). 그는 자신의 생각을 자세히 설명하고 있다.

> 몇몇 목표는 일반 학생들보다 학습에 더 깊게 파고들고, 더 멀리 탐구하고, 더욱더 진전된 개념, 의미 그리고 관계들을 찾아내는 영재학생들에 의해서 더욱더 쉽게 달성될 수 있다. 그 목표들의 일부는 평균적인 학생들과 함께할 때보다 더욱 빠르거나 이르게 발달단계를 실현할 수 있다. 이른 나이에 이러한 경험을 하는 것은 질적으로 나은 학문을 하게 되거나, 더 넓은 학습 기회를 가지게 되거나, 또는 추가적인 학습을 할 수 있을지도 모른다(Passow, 1958, pp. 194–195).

해리는 중등교육 전문가로 널리 알려져 있지만, 이 장에서는 자신이 어떻게 초등교육에서 학생의 특성과 교육적 요구에 근거한 교육과정 접근에 대해 완전히 이해했는지를 보여 주었다.

1979년에, 해리는 영재교육에 초점을 맞춘 NSSE 연보의 편집장으로 임명되었다(Passow, 1979b). 1979년도 판 연보의 각 장의 제목과 표제를 살펴보면, 그가 했음이 명백히 드러난다. 두 번째 세션인 '영재학생들을 위한 교육정책, 프로그램 그리고 실행'에는 영재학습자들을 위한 프로그램과 교과과정에 경험이 많은 저자들이 함께하고 있다. 예를 들어, 샌드라 캐플런(Sandra Kaplan)이 국어와 사회학 교육과정을 맡았고, 버질 워드(Virgil Ward)는 노스캐롤라이나 공립학교 부분을 맡았으며, 브루스 밀른

(Bruce Milne)은 영재학생들을 위한 직업교육을 맡았다. 해리의 개요 장인 '둘러보기와 내다보기'에는 1980년대 초기 교육과정과 계획에 따른 혁신을 인정하고, 그것의 오랜 지속을 위한 클리블랜드 주요 작업계획(Cleveland Major Work Program)에 기쁘게 동의하며, 영재학생들을 지지하는 긍정적인 멘트로 마무리하고 있다. 말랜드 보고서가 등장한 지 10년이 지난 1980년대에, 해리는 다음과 같이 미래를 내다보았다.

> 연방정부, 주정부, 그리고 다양한 개인과 단체들—학부모, 교육자, 의회의원들—을 포함하는 지역 수준에서의 영재교육에 대한 지지의 정도와 본질은 이전의 지지와는 크게 다르다. 지지자들은 훨씬 더 잘 조직되어 있고, 서로 더 의사소통을 잘하는 것으로 보이며, 연방정부와 주정부의 입법과 비용 책정에서 그들의 노력의 결실을 보게 될 것이다(Passow, 1979a, p. 454).

해리의 가장 섬세하고 재치 있는 성과는 국가와 지역의 리더십 훈련기관의 교육과정 위원회 모임에서 다수의 선택 사항을 요약하는 직무를 맡아 차별화에 대한 교육과정 경험의 적합성에 대한 세 가지 주요 질문을 만들어 낸 것이었다. 그 질문들은 would, could, should 질문으로 영재교육에 관한 교육과정의 교훈이 되었다.

① 모든 학생이 그런 학습 경험을 하기를 원하는가?
② 모든 학생이 그런 학습 경험에 참여할 수 있는가?
③ 모든 학생이 그런 학습 경험에서 성공해야 하는가?

이 세 가지 문제에 정답이 없다는 것을 암시하는 해리의 요약을 통해 교육과정 위원회는 그 교육과정의 경험이 일부 학생에게는 적합할지 모르지만 모든 학생에게 적합하지는 않을 수도 있다는 것을 알게 되었다. 다시 말해서, 교육과정 경험은 우수한 학습자들에게 맞추어 차별화될 수 있다는 것이다.

우수한 학습자들에게 중점을 둔 교육과정 출판물에서 그의 주장은 계속되었다. 1986년에 조이스 반타셀-바스카(Joyce VanTassel-Baska)와 협력한 해리는 영재교육에서 가장 저명한 학술지인 『영재아동 계간지』에 교육과정에 관한 특별판의 초청 편집위원장이 되었다. 다량의 원고에는 중등 교육과정, 교육과정 모형, 교과과정 내용, 그리고 영재교육 전반에서의 해리의 노고가 나타났다. 영재교육 분야에서의 교육과정 개념에 따른 해리의 영향력은 명백하였다. 그 주제는 학교 안팎의 교육과정 경험과 관련된 초등과 중등 교육 그리고 종합적으로 등장하는 저명한 작가들과 학자들을 포함하였다.

그가 남긴 것들

해리의 학문적 업적과 학교 현장에서의 개선을 위한 노력은 두 가지로 볼 수 있다. 하나는 우수 학생들에 대한 관심, 특히 우수한 중고등 학습자들이고, 다른 하나는 도시의 가난과 편견에 처해 있는 청소년들의 교육에 관한 것이었다. 이러한 그의 관심과 주제들은 그의 전문적 활동과 성취에 광범위하게 반영되었다. TYP 활동과 학회 활동, 연구와 출판물 등을 통한 해리의 21세기 영향력은 분명히 대단했다. 그는 이 시대의 가장 중요한 학교 문제의 일부를 연구하였다.

해리에게 가장 중요한 주제는 교육과정이었다. 그는 일반교육과 영재교육 모두에서 교육과정 이론과 교육과정 계획과 실행에서의 업적을 인정받았다. 그는 교육과정 이론의 개발과 실행에 대한 복잡한 내용을 탐구하였고, 국가와 지역의 리더십 훈련 협회의 교육과정 위원회로부터의 주요 의견들을 요약하는 섬세한 업무를 수행하였다. 교육과정 차별화의 안정성에 대한 세 가지 주요한 could, should, would 질문들은 오늘날까지도 영재교육의 기준점으로 계속해서 남아 있다.

또한 그는 군복무 기간이나 학교에 다닐 때뿐만 아니라 박사 학위를 할 때에도 그리고 다수의 전문적 협회 활동에서도 그의 리더십을 마음껏 발휘하였다. 그는 세계 영재학회, 미국의 영재교육협회, 교육과정 및 행정관련 협회 등 다수의 협회 이사로서 역할을 다하였다. 게다가 그는 미국 교육부에서 지원하는 영재교육 차세대 리더 지원 프로젝트인 교육프로그램에서의 고등교육리더십(The Graduate Leadership in

Education Program: GLEP)의 부책임자이기도 하였다(Passow, ca. 1991). 해리는 전 세계에서 온 학생들과 동료들을 지도하였다. 그의 학생들, 친구들 그리고 동료들은 그가 수업 강의나 토론, 학술 발표, 또는 복도에서의 간단한 대화에서까지도 "그래서 어떻게 할 것인가?"라는 어려운 질문으로 끝내는 그의 기호에 대해 이야기하기도 하였다. 그의 질문은 토론자들에게는 날카롭고 불편할 수 있지만, 그의 실용주의는 해리의 냉정한 사고의 트레이드마크였다. 그의 삶과 업적을 되돌아보고 그의 논평을 들어보고 그의 작품을 읽어 보면, 해리의 엄청난 업적은 아무리 매의 눈으로 바라보고 "그래서 어떻게 할 것인가?"라는 질문을 던져 보아도 전혀 부족함이 없다는 점에 동의할 수밖에 없다.

참고문헌

Avorn, J. L. (1967, October 2). Passow report denounces Washington school system. *Columbia Daily Spectator, CXII*(5). Retrieved from http://spectatorachive.library. columbia.edu/cgi-bin/columbia?a=d&d=cs19671002-01.2.6&srpos=&dliv=none&e=???-en-20?1?txt-IN

Curriculum Council: National/State Leadership Training Institute on the Gifted/Talented. (1982). Differentiated curricula for the Gifted/Talented. In S. Kaplan, A. H. Passow, P. H. Phenix, S. Reis, J. S. Renzulli, I. Sato, L. Smith, E. P. Torrance, & V. S. Ward (Eds.), *Curricula for the Gifted: Selected proceedings of the first national conference on curricula for the gifted/talented.* Ventura Country, CA: Office of the Superintendent of Schools.

Frasier, M. M., & Passow, A. H. (1994). *Toward a new paradigm for identifying talent potential (Research Monograph 94112).* Storrs, CT: University of Connecticut, National Research Center on the Gifted and Talented.

Frasier, M. M., & Passow, A. H. (1996). Toward improving identification of talent potential among minority and disadvantaged students. *Roeper Review, 18,* 198-206.

Gifted and Talented Children's Education Act (H.R. 3263): Hearing before the Subcommittee on Elementary, Secondary, and Vocational Education, of the House Committee on

Education and Labor. 99th Cong. 38 (1986) (testimony of A. Harry Passow).

Goldberg, M. L., & Passow, A. H. (1962). The effects of ability grouping. *Education, 82,* 482–487.

Havighurst, R. J., Stivers, E., & DeHaan, R. F. (1955). *A survey of the education of gifted children.* Chicago, IL: University of Chicago Press.

Kappa Delta Pi. [n.d.]. *Explore the Laureate legacy: Aaron Harry Passow, 1978.* Retrieved from http://www.kdp.org/meetourlaureates/laureates/aaronpassow.php

Kirschenbaum, R. (1998). Interview of Dr. A. Harry Passow. *Gifted Child Quarterly, 42,* 194–199.

Passow, A. H. [n.d.]. University of Albany Veterans Project: Harry Passow. Retrieved from http://www.albany.edu/alumni/VETERASN/archives/individuals/passow.htm

Passow, A. H. (1955). Are we shortchanging the gifted? *School Executive, 75,* 54–57.

Passow, A. H. (1958). Enrichment of education for the gifted. In N. B. Henry (Ed.), *Education for the gifted: Fifty–Seventh Yearbook of the National Society for the Study of Education, Part II* (pp. 193–221). Chicago, IL: University of Chicago Press.

Passow, A. H. (1960). *Education for gifted children and youth.* Technical paper prepared for White House Conference on Children and Youth. Washington, DC: Golden Anniversary White House Conference on Children and Youth.

Passow, A. H. (1961). *Educating the gifted.* Cambridge, MA: New England School Development Council.

Passow, A. H. (1963a). Dust jacket of the publication: *Education in depressed areas.* A. Harry Passow Collection (Faculty File 3). Archives of the Gottesman Library at Teacher College, Columbia University, New York.

Passow, A. H. (1963b). *Education in depressed areas.* New York, NY: Teacher College, Columbia University.

Passow, A. H. (1966, November 11–December 2). *Letters to Dr. Euphemia L. Haynes.* A. Harry Passow Collection. Archives of the Gottesman Library at Teacher College, Columbia University, New York.

Passow, A. H. (1967a). *Toward creating a model urban school system; A study of the Washington, D.C. Public Schools.* New York, NY: Teachers College, Columbia University.

Passow, A. H. (1967b). *Professor Passow discussing his report Toward Creating a Model Urban School Systems: A Study of the Washington, D.C. Public Schools* [Photograph].

A. Harry Passow Collection (Selected Photographs, Miscellaneous). Archives of the Gottesman Library at Teacher College, Columbia University, New York, NY.

Passow, A. H. (1979a). A look around and a look ahead. In A. H. Passow (Ed.), *The Gifted and Talented: Their Education and Development* (Seventy-eighth Yearbook, Part, 1, National Society for the Study of Education). Chicago, IL: University of Chicago Press.

Passow, A. H. (Ed.). (1979b). *The Gifted and Talented: Their Education and Development* (Seventy-eighth Yearbook, Part 1, National Society for the Study of Education). Chicago, IL: University of Chicago Press.

Passow, A. H. (1980). *Education for gifted children and youth. An old issue, a new challenge.* Ventura, CA: Ventura County Superintendent of Schools Office.

Passow, A. H. [ca. 1982]. *Harry Passow biographical and professional data.* A. Harry Passow Collection. Archives of the Gotteman Library at Teacher College, Columbia University, New York.

Passow, A. H. (1983). The four curricula of the gifted and talented: Toward a total learning environment. In B. M. Shore, F. Gagne, S. Larivee, R. Tali, & R. Tremblay (Eds.), *Face to face with giftedness* (pp. 379-394). New York, NY: Trillium Press.

Passow, A. H. [ca. 1991]. *It's been interesting and unexpected.* A. Harry Passow Collection. Archives of the Gottesman Library at Teacher College, Columbia University, New York.

Passow, A. H., & Goldberg, M. L. (1958). Study of underachieving gifted. *Educational Leadership, 16,* 121-125.

Passow, A. H., Goldberg, M. L., & Link, F. R. (1961). A study of four approachers to enriched mathematics for gifted junior high school students. *Educational Leadership, 18,* 442-448.

Passow, A. H., & Tannenbaum, A. (1954). What of the talented in today's high schools? *Educational Leadership, 12,* 148-155. http://www.ascd.org/ASCD/pdf/journals/ed_lead/el_195412_passow.pdf

Passow, A. H., Tannenbaum, A. J., Goldberg, M. L., & French, W. (1955). *Planning for talented youth: Considerations for public schools.* New York, NY: Teachers College Press.

Robinson, A. (Ed.). (1998). Tribute to A. Harry Passow [Speical issue]. *Gifted Child Quarterly, 42*(4).

State University of New York at Buffalo. (2001). *Black women in mathematics: martha Euphemia Lofton Haynes.* Retrieved from http://www.math.buffalo.edu/mad/PEEPS/

haynes.euphemia.lofton.html

Stout, D. (1996, March 26). A. Harry Passow, 75, dies; Studied gifted pupils. *The New York Times*. Retrieved from http://www.nytimes.com/1996/03/29/us/a-harry-passow-75-dies-studied-gifted-pupils.html

Tannenbaum, A. J. (1960). *Adolescents' attitudes toward academic brilliance.* Doctoral dissertation, Teachers College, Columbia University, New York, NY.

VanTassel-Baska, J., & Passow, A. H. (Eds.). (1986). Special issue on curriculum [Special issue]. *Gifted Child Quarterly, 30.* doi:10.1177/001698628603000401

Witty, P. (Ed.). (1951). *The gifted child.* Boston, MA: D. C. Heath.

World Council on Gifted and Talented Children. (n.d.). *A retrospective glance at the WCGTC-An expanded history.* Retrieved from http://www.world-gifted.org/sites/all/themes/wcgtc/WChistory2.pdf

Zumwalt, K. (1996, March 28). *A. Harry Passow Obituary.* A. Harry Passow Collection. Archives of the Gottesman Library at Teacher College, Columbia University, New York.

버질 S. 워드

일과 인생에 대한 공리적 접근(1916~2003)

Suzanna E. Henshon

1961년 버질 S. 워드(Virgil Scott Ward)의 획기적인 저서 『영재교육: 공리적 접근(Educating the Gifted: An Axiomatic Approach)』이 출간된 이래로 그의 차별화 이론은 대단한 관심을 끌었다. 차별화는 교육학 분야에서 잘 알려진 개념이다. 무수한 논문과 저서, 실증적 연구의 주제가 되었으며, 제목에 '차별화'라는 단어가 들어가는 것만 수백에 달한다. 그러나 워드의 저서는 그 영향력에도 불구하고 현재 절판되어 찾기 어렵다.

워드는 60년 전 교육학 분야에 입문했을 당시 어려운 과제에 직면했다. 그는 영재교육의 틀을 형성하는 데 기여한 동시에, 아버지이자 지도자이자 위대한 학자였다. 간단히 말하자면, 버질 워드는 주목할 만한 삶을 살았다. 2003년 운명하기 전까지 워드의 연구는 전 세계의 수천의 영재학생에게 영향을 미쳤다.

워드의 소장 자료

워드를 직접 만나는 특권은 누리지 못했지만, 나는 그의 딸 레베카 워드와 여러 동료를 만날 수 있었다. 내가 그의 생가를 방문했을 때, 거기에는 그의 사적인 내용이 담긴 자료, 글, 처음으로 차별화 개념을 소개한 박사 학위 논문 등을 모아 놓은 자료들이 보관되어 있는 것을 보았다.

그의 자료들를 넘겨보면서 나는 걸출한 학자이자 무수한 분야를 넘나들며 인간의 본성에 대한 지식을 추구한 사람의 면모를 일별할 수 있었다. 학과를 넘나드는 도서의 목록으로 이루어진 참고문헌과 그의 인생에 대한 상세한 내용이 적힌 노트를 넘겨보면서, 나는 그의 복잡한 사고 과정과 넓고 깊은 독서와 다양한 관심 분야에 놀랐다. 워드는 드넓은 지식의 세계를 아우르는 학술 고전의 목록을 정성을 다해 완성해 낸 것이다. 그의 저작은 철학, 심리학, 사회학, 인류학, 일반 교육학에 대한 광범위한 연구의 영향을 받은 결과물이다.

워드의 자료를 훑어보는 것은 영재교육의 역사적 조감도를 보는 것에 견줄 수 있다. 학회 발표문, 초고 형태의 논문, 이후 저명한 학자로 성장한 학생과 교환한 서신, 동료들의 헌사 등이 있었다. 워드는 사고의 폭풍 중심에 있었고, 영재교육 분야를 형성하는 데 기여한 학자일 뿐 아니라 장래의 지도자와 학자들을 길러 낸 정신적 스승이기도 했다. 그는 듀크 대학에 대학원생으로 들어가 버지니아 주립대학의 명예교수가 될 때까지 지식인의 삶을 살고 숨쉬었다.

버질 워드는 차별화 개념으로 가장 잘 알려져 있다. 1952년에 그는 노스캐롤라이나 대학에서 완성한 자신의 박사 논문 「지적으로 우수한 사람들을 위한 교육 원칙(Principles of Education for the Intellectually Superior Individual)」에서 최초로 차별화 개념을 제시했다. 9년 후 그는 자신의 명저 『영재를 위한 교육: 공리적 접근』(1961)을 출간했고, 대중 독자를 위해 차별화 개념의 정의를 제시했다. 이 저서의 출간 이후, 차별화는 영재교육의 주요한 개념이 되었다.

삶과 경력

그의 논문을 읽는 것을 통해 그의 인생의 조각을 맞추어 내는 것은 어려운 작업이다. 그의 정신이 위대한 사고에 깊숙이 빠져 있었고 당시의 혁신적 인물들에 완전히 집중되어 있었다는 점은 분명하다. 편지나 원고의 수정 혹은 그의 학술논문에서 이 사상가를 찾아내는 것은 불가능하지만, 그의 손글씨에서 그가 자신을 세상에 드러내는 방식에 대한 느낌을 얻을 수는 있을 것이다. 수많은 글들을 읽어 내는 중에 그의 직업적 활동과 일련의 사고의 유형을 떠올릴 수 있었으며, 차별화 이론이 실천으로 변모하는 과정 또한 찾아낼 수 있었다.

버질 스콧 워드는 1916년 3월 19일 사우스캐롤라이나 주 유니온에서 존 루이스와 베아트리스 유뱅크스 워드의 아들로 태어났다. 어머니를 일찍 여읜 그는 사랑하는 할머니 버지니아 워드와 친척 보니와 밀런 페티 부부의 손에서 자랐다. 1941년에 에일린 맥닐과 결혼했으며 슬하에 페트리샤, 레베카, 윌리엄 삼남매를 두었다.

워드는 워퍼드(Wofford) 대학에서 영문학을 공부하고 1939년에 졸업했다. 1947년 듀크 대학에서 교육심리학 석사 학위를 취득했으며, 1952년 노스캐롤라이나 대학에서 교육 심리학과 일반 심리학 부전공으로 박사 학위를 마쳤다. 제2차 세계대전 당시 유럽에서 복무하면서 그는 특별 집중 언어 훈련과정(Army Specialized Training Program: ASTP)으로 독일어를 공부했고, 소르본 대학에서 프랑스어와 프랑스 문학을 공부했다. 교수로서 그가 주로 흥미를 가진 분야는 영재를 위한 차별화 교육과 인간의 발달, 일반교육 이론, 교육 프로그램의 분석 개발 및 평가였다.

워드는 1963년 노스캐롤라이나 주지사 테리 샌퍼드(Terry Sanford)의 초청으로 노스캐롤라이나 주지사 학교의 초대 프로그램 디렉터로 활약했다. 그는 주지사 학교의 이론적 구조와 교육과정 틀을 설계하여, 차별화 운동 이론을 실제 교육에 적용하는 데 기여했다. 노스캐롤라이나 주지사 학교는 이후 전국 주지사 학교의 준거 모델이 되었다.

버질 워드는 수상 경력 또한 화려한데, 버지니아 영재교육협회 종신 멤버십, 전국

영재교육협회가 수여한 뛰어난 학자 상(Distinguished Scholar Award), 전국 사회과학 석학 모임(National Social Science Honor Society), 즉 파이 감마 뮤(Pi Gamma Mu)의 멤버십 등을 수상했다. 또한 워드는 사우스캐롤라이나 정신의학협회와 전국영재협회 회장, 전국영재협회 남부 지부 회장을 역임했다. 1947년부터 1951년까지 워퍼드 대학 교수로 재직했고, 1951년부터 1956년까지 교육 · 심리학과 학과장을 지냈다. 버지니아 주립대학에서 그는 교육심리학 교수이자 교육심리학 위원회와 교육 재단 위원회 의장을 지냈다. 1986년 버지니아 주립대학에서 정년을 마친 후 그는 버지니아주 샬러츠빌의 버지니아 교육개발센터 관장으로 취임했다. 1990년 버지니아 주립대학교의 교육대학은 그의 30년의 재임과 차별화된 영재교육에 대한 일생의 헌신을 기리기 위해 그를 명예교수로 임명했다.

그는 또한 사우스캐롤라이나 공립학교에서 영어를 가르쳤으며, 미 공군에 복무했고, 존스홉킨스 대학, 캘리포니아 대학과 툴레인 대학의 초빙강사로 일하기도 했다. 2003년 2월 16일, 그는 자신의 경력의 대부분을 보냈던 대학에서 불과 몇 마일 떨어진 버지니아 주 샬러츠빌에서 임종을 맞았다.

주요 업적

나는 1952년부터 2003년에 이르는 워드의 출간, 미출간 저술을 검토할 기회를 얻었다. 50년이 넘는 기간 동안, 그는 차별화 개념을 개발 · 발전시키고 그것이 실현되는 것을 관찰했으며, 이후 여러 영재의 전 생애적 발달을 검토했다. 강조할 만한 저술을 선택하는 것은 복잡한 일이었지만 『영재교육: 공리적 접근』(1961)과 『영재를 위한 차별화 교육(Differential Education for the Gift)』(1980)의 두 가지가 특히 주요하게 이목을 끌었다. 이 두 저서는 워드가 평생 동안 발전시킨 사상을 가장 잘 표현하고 있다. 또한 그가 노스캐롤라이나 주지사의 학교를 설립하고 발전시킨 업적을 검토했으며, 영재를 위한 지식생산과 이용 위원회(CEC-TAG)에서의 활동도 검토했다. 전 생애적 발달에 대한 그의 마지막 연구는 미완으로 남았다.

영재를 위한 교육: 공리적 접근

『영재교육: 공리적 접근』은 참고문헌을 제외하고 220페이지로 이루어졌다. 워드가 이 책을 저술할 시기에 영재교육은 역동적인 분야였다. 스푸트니크 위성 발사 4년 후이자 인류의 달 착륙 8년 전에 출간된 이 저서의 189개의 참고문헌은 워드의 넓고 깊은 지식과 학문적 관심사를 대변한다. 참고문헌에는 리타 홀링워스(Leta Hollingworth), 존 듀이(John Dewey), 캐서린 콕스(Catherine Cox), J. P. 길퍼드(J. P. Guilford), 미리엄 골드버그(Miriam Goldberg), 제임스 갤러거(James Gallagher), 루이스 터먼(Lewis Terman), 윌리엄 허친스(William Hutchins)가 포함되었다. 그러나 다양한 학문에 대한 그의 이해는 텍스트 자체에서 확인할 수 있다.

『영재교육』을 통해 워드는 영재교육 분야의 전문가로 자리매김하게 되었다. 워드는 학위 논문에서 차별화 개념을 소개하는 한편, 이 저서에서는 폭넓은 독자층을 위한 발전된 개념을 제시했다. 그는 이 저서가 "영재를 위한 차별화 교육 경험에 대한 체계적 이론을 전개한다."라고 하였다(Ward, 1961, p. vii). 언제나 진보적인 학자로서 그는 영재들로 하여금 단순히 "현상 유지에 참여하는 것과는 달리, 문화를 이끌어 가고 재구성하는 등" "성인이 되었을 때 기대되는 역할"을 준비시키고자 하였다(Ward, 1961, p. vii). 워드는 "영재에게 나타나는 특별한 적성에 대한 전문 훈련보다는 뛰어난 지능을 가진 개인을 위한 일반교육"을 위한 지침을 마련하고자 노력했으며(Ward, 1961, p. vii), 영재학습자를 위한 교육 시스템은 미래의 학문적 · 과학적 · 지적 · 사회적 성취에 중점을 두어야 한다고 생각했다.

이 저서는 네 부분으로 나뉘어 있다. 1부에서 워드는 교육학적 관점에서 영재를 설명했다. 2부에서 그는 교육적 설계의 원칙을 정의했다. 3부는 지적 학문적 발달의 원칙을 개괄하고 있다. 4부는 개인적, 사회적 발달과 인성 발달의 원칙을 개괄했다(Ward, 1961). 이 책은 1960년대 초 영재교육 분야의 지표를 제시하였다. 여러 학자와 마찬가지로, 워드는 영재를 IQ가 상위 1~3%에 이르는 뛰어난 학생들로 정의했다. 그는 교육 프로그램에만 관여한 것이 아니라 영재들의 졸업 후의 진로에 관심을 쏟았다. 그는 영재들이 다양한 학문 분야에서 "사회적으로 의미 있는 성취"를 이루기 위한 준비 과정을 마련했다(Ward, 1961, p. 20).

워드가 이 책 전체에서 보여 주는 사고의 치밀함은 놀라운 수준이다. 그는 위대한 아이디어를 고안하는 동시에, 그 실천을 함께 고려하였다. 다음과 같은 워드의 표현에서 이를 확인할 수 있다.

> (최상의 잠재력을 지닌) 재능 있는 음악가를 위한 최고의 음악 학교 훈련은 음악적 재능이 있는 사람들에 대한 일반교육의 최선과는 차이가 난다. 공립학교가 담당할 부분은 재능 있는 공학자나 건축가를 위한 교육 총체다(Ward, 1961, p. 35).

그는 "코페르니쿠스, 루터, 제퍼슨과 비슷한 지적 능력을 지닌" 소년·소녀들의 가능성을 고려했다(Ward, 1961, p. 42). 그는 재능 있는 학습자를 판별하는 데 관여했을 뿐 아니라, 영재들이 이후 "사회적으로 가치 있는 일"을 하도록 사회가 여건을 마련해 줄 책임이 있음을 분명히 인식하고 있었다(Ward, 1961, p. 47). 지식은 불안정한 것이므로 학생들은 사실적 정보뿐 아니라 "판단, 추론, 논증 등의 사고 과정"을 학습하는 것이 필수적이다(Ward, 1961, p. 59).

워드는 1960년대 초기 영재교육에 대해 비평을 선보였으며, 재편성과 월반, 현장실습 제공 등을 제시했다(Ward, 1961). 차별화 논의를 제시하면서 그는 영재교육 종사자가 "어떤 새로운 과목과 전통적 과목을 다루는 어떤 새로운 방식이 높은 지능의 젊은이들의 강력하면서도 복잡 미묘한 정신에 자극을 줄 수 있을 것인지의 관점으로 인간의 지식 전 영역을" 재검토할 것을 촉구했다(Ward, 1961, p. 79). 따라서 지적으로 우수한 사람들은 "우월한 특성을 고려한 차별화된 일련의 교육적 경험"이 필요하다(Ward, 1961, p. 80). 그런 과정을 통해 영재들은 "지적·학문적 쟁점에 관해 독립적이고 유효한 판단을 내릴 수 있으며 타인의 의견에 대해 독립성을 얻고 자신의 지적 연구를 수행할 수 있게 된다"(Ward, 1961, p. 95). 영재에게는 "이것이 수업의 중심 요소이자 주요 지점이 된다"(Ward, 1961, p. 106). 50년 전에 출간되었음에도 이 책은 여전히 의의가 있으며, 그 중심 원리와 실천은 현대의 학자와 실무자에게 반영되고 있다.

노스캐롤라이나 거버너스 스쿨

재능 있는 학습자에게 차별화 교육을 제공하기 위한 워드의 노력은 1963년 노스캐롤라이나 거버너스 스쿨 설립으로 결실을 맺었다. 버지니아 주립대학에서의 그의 위치와 더불어 영재교육 학자로서의 그의 면모로, 워드는 실천적 수준에서 특수교육에 영향을 미치는 독특한 위치에 있었다. 주지사 학교는 적성 개발, 일반교육 개발, 자기통찰, 개인적 발전을 강조했다. 8주간의 여름 기숙 프로그램은 뉴욕의 카네기 사가 후원했으며, 노스캐롤라이나 주 윈스턴 세일럼에 위치한 세일럼(Salem) 대학 재학생 남녀 400명에게 교육 기회를 제공했다(Ward, 1962).

거버너스 스쿨의 교육과정은 지역 학교에서 제공하는 프로그램을 보충하여 노스캐롤라이나 전역의 영재 중고등학생에게 특별한 교육 경험을 선사했다. 첫해의 프로그램에서 학생들은 인문학, 수학, 사회과학, 자연과학, 무용, 연극, 음악(기악과 성악) 그리고 미술 수업을 받았다(Ward, 1962).

노스캐롤라이나 거버너스 스쿨는 영재학생들에게 또래이며 학문적 성취가 유사한 다른 학생들과 함께 공부할 기회를 제공했다. 학생들은 또한 당시 전통적 학교에서 제공하지 않는 수업, 예를 들어 창의적 글쓰기와 통계학 등의 과정을 수강할 수 있었다. 워드는 차별화가 실천되는 것을 목도했으며 타 주의 거버너스 스쿨 설립을 위한 준거 모델을 제시했다(Ward, 1979).

영재를 위한 차별화 교육

고전 반열에 오른 그의 저작 『영재교육: 공리적 접근』이 출간되고 20년 가까운 시간이 흐른 후, 그는 이 초기 저작을 새로운 책 『영재를 위한 차별화 교육』으로 개정해 출간했다. 이는 전형적인 개정판의 차원을 뛰어넘는 것으로서, 20년에 이르는 사유와 개정의 산물이기에 새로운 제목을 달고 출간될 값어치가 충분한 것이었다. 저자의 중심 목표는 다음과 같았다.

① 출간된 지 25년이 지난 원문을 최신 문헌과 사유에서 나타나는 용어와 연결 짓는 것

② 해당 분야에서 동시대에 이루어지고 있는 몹시 모호하며 다양한 명명법 (nomenclature)에 질서를 부여하는 것

③ 영재아동 교육에 있어 비판적 분석을 수행할 수 있는 책임 있는 학자 의식을 요청하는 것(Ward, 1980, p. xxx)

그간의 세월을 통해 영재교육은 정치 의식과 공공 의식의 전면으로 다가왔다. 특히 미국 교육국장인 시드니 P. 말랜드 주니어(Sidney P. Marland Jr.)의 "미국 학교 내에서 영재성과 재능을 가진 청소년에 대한 고취된 인식과 지원을 지지하는 강력한 보고서"(Marland, 1972, p. xv)였던 '말랜드 보고서(Marland Report)', 그리고 해럴드 C. 라이언(Harold C. Lyon)이 1대 국장으로 취임했던 영재국(Office of Gifted and Talented)이 주효했다.

이 책에는 한스 G. 젤런(Hans G. Jellen)과 W. 브렌트 화이트(W. Brent White)의 '오늘날의 사고: 영재아동의 차별화 교육에 대한 50가지 동시대의 개념'이라는 글도 실려 있었다. 젤런과 화이트는 "지난 10년간 컨벤션, 워크숍, 리더십 훈련 세미나에 사용된 문헌과 언어를 특정짓는, 반복되는 어휘 및 명명법"을 분석하였다(1980, p. xvi). 워드에 따르면,

그들은 이 시대 용어들을 한눈에 볼 수 있도록 간결히 정의하고, 본문에 적절히 배치하였으며, 특정 용어들은 영재교육의 이론과 관련지어 간략히 설명하였고, 요약한 참고문헌 목록을 통해 추가 문헌들을 제공하였다(1980, p. xvii).

워드는 학자로서의 자신의 이력, 그리고 자신의 연구에 영향을 끼친 동료들 및 대학원생들의 이력도 함께 기술하였다. 그가 논의한 개념들 중 능력, 속진, 창의적 문제해결, 차별화, 판별, 지능, 리더십, 학습 양식, 심화를 비롯한 대부분이 오늘날 영재교육 구조의 일부로 남아 있다.

평생교육: 현재와 미래를 위한 일반교육의 이론 및 체계

워드는 2003년 사망할 때까지 활발한 저술 활동을 이어 갔다. 말년에 워드는 주요 관심사를 평생학습으로 전환했고, 그가 작성한 기획서를 여러 출판사에서 검토했다. 워드는 평생학습에 관한 것을 두 권의 책으로 펴내고자 했다. 제1권은 평생학습의 개념과 원칙, 설계를 다루고, 제2권은 체계적인 적용을 주요하게 다루리라는 계획이었다. 서문을 통해 워드는 평생교육을 "전략적 개혁을 위해 설계된 일반교육의 수행을 위한 통합 이론과 파생 체계"로 정의하였다(Ward, 2000, p. 1). 이 책은 다섯 개 장으로 구성되었는데 각각 '역사적 관점에서 본 동시대 교육' '찬성과 반대: 교육개혁의 가능성' '평생교육의 인식론: 그리고 가족 학습 센터' '평생교육의 지식체계' 그리고 '부연: 제3의 밀레니엄을 향해'로 이루어졌다. 부록은 세 항목으로 구성되었는데, 각각 '원 출판물의 선택과 배치 기준' '모범 서가를 위한 원 출판물' '버질 워드의 생애'로 이루어졌다.

이 기획서를 읽으면서 나는 워드의 은퇴 후 활동에 대해 더 잘 이해할 수 있었다. 그는 이 책들을 기획했을 뿐 아니라 버지니아 대학에서 단 네 블록 떨어진 곳에 워드 자신이 설립한 버지니아 교육개발센터의 독립 연구자로서 일했던 것이다. 그는 이후의 지적 활동을 고대하고 있었다.

지식 생산과 이용 위원회(KPU 위원회)

1970년대에 워드는 CEC-TAG 내의 중요한 위원회 설립을 함께했다. 이 위원회의 구성원은 워드, 모리스 피셔(Maurice Fisher) 그리고 브루스 쇼어(Bruce Shore)였다. CEC-TAG 학술대회 심포지엄을 주관하면서 위원회는 영재교육 분야의 지식 현황을 관심있게 다루었다. 위원회는 영재성의 정의를 말랜드 보고서 이상으로 확장하고, 영재성을 IQ검사 이상의 새롭고 복합적인 방식으로 보는 방안에 대한 대화를 촉진하는 데 도움을 주었다. 1979년에 브루스 쇼어는 이 위원회를 운영할 책임을 맡았으며,

듀이 G. 코넬(Dewey G. Cornell)과 앤 로빈슨(Ann Robinson)을 영입해 자신과 워드의 새로운 위원회 임무에 합류하도록 하였다(B. M. Shore, 개인적 대화, 2013. 3. 9).

이론과 학교 내 활동을 연결 짓고자 하던 워드의 소망이 잘 드러난 KPU 위원회는 영재교육 분야에 있어 그의 또 다른 기여로 볼 수 있다. 결국 이 위원회에서는 아주 중요한 저서를 내놓았는데, 바로 컬럼비아 대학교 사범대학 출판부에서 출간한 『영재교육에서 권장되는 행위: 비판적 분석(Recommended Practices in Gifted Education: A Critical Analysis)』(1991)이 그것이다. 이 위원회의 저서는 이후 앤 로빈슨, 브루스 쇼어, 도나 애너슨(Donna Enerson)에 의해 프루프록(Prufrock) 출판사에서 간행된 『영재교육에서의 최선의 행위: 증거 기반의 가이드(Best Practice in Gifted Education: An Evidence-Based Guide)』(2006)에 큰 영향을 주었다. 이 책은 가정, 교실, 학교 활동의 부분집합에 대해 이를 뒷받침할 수 있는 연구 근거와 함께 다루었다.

워드의 저작과 그 소산

워드의 영향력은 구글 검색창에 '차별화와 교육'를 입력했을 때 등장하는 1,200만 건의 검색 결과만 보아도 짐작할 수 있다. 검색 결과 내에는 단행본, 논문, 학술대회 발표문은 물론 일종의 차별화를 꾀하는 회사, 가내공업에 대한 검색 결과 역시 포함된다. 이 모든 결과물이 워드의 본래 의도에 부합한다고 볼 수는 없다. 그럼에도 불구하고 '차별화'는 이제 영재교육 분야를 넘어 교육계 전반의 주된 어휘로 등재된 것이다.

『영재교육』은 읽기 어려운 책이지만 그럼에도 불구하고 개념들을 촘촘하게 엮어 낸 태피스트리(방직물)와 같은 책이다. 이 책을 다시 읽고, 나는 영재학생에 대한 통찰력에 힘입어 여러 분야를 가로지르는 그의 능력에 다시 한 번 감탄했다. 이 중대한 저작은 영재성을 정의하는 데에 기여했으며, 이후 캐럴 톰린슨(Carol Tomlinson, 2008)이나 조이스 반타셀-바스카(Joyce Ban Tassel-Baska, 1989) 등의 교육과정 연구자들에게 연구의 초석이 되었다. 이 책의 여러 장에서 첨예한 개념들이 등장한다. 워드의 저작은 영재성을 가진 학습자들의 요구와 계발에 깊은 관심을 표했던 한 재능 넘치는 인간의 가슴속으로 독자들을 데려간다. 워드는 또한 거버넌스 스쿨을 위한 이론적 구성과 교육과정 틀을 설계하는 실제적인 방식을 통해 교육계에 봉사하였다.

탁월한 인재로서의 버질 워드

다른 많은 인재처럼 워드의 인생 역시 공적인 요소와 사적인 요소로 구성되어 있다. 그는 오페라에 즐겨 참석하던 재기 넘치는 사람이었다. 긴 시간을 들여 논문 저술과 학술대회 발표를 준비하던 전형적인 연구자이기도 했다. 뺨은 장밋빛이었고, 눈은 반짝였지만, 감정 기복이 심하고 다혈질인 면모 역시 존재했다. 이른 나이에 빛을 본 학자로서, 워드는 대학원 재학 당시 탁월한 재능의 본보기라 할 만했다. 그가 초기에 주창한 개념 중 하나인 '차별화'는 일반 영역에서도, 영재교육 분야에서도 큰 영향력을 갖게 되었다.

차별화에 대한 워드의 저술은 영재교육 분야의 초석을 확립했음에도 학자로서의 그의 삶은 큰 관심을 받지 못했다. 그는 무척 많은 저작물을 남긴 와중에도, 출간되었더라면 그가 남긴 최고의 걸작이 되었을 『평생교육: 현재와 미래를 위한 일반교육의 이론과 체계(Lifeime Education: A Theory and System of General Education for Today and Tommorow)』를 끝마치지 못하고 타계했다. 원고를 훑어보는 동안, 나는 전개되는 생각의 깊이에 감탄을 금할 수 없었다. 이는 완숙한 학자의 작업으로 수십 년에 달하는 독서와 사고가 축적된 산물이었던 것이다.

워드의 경력의 궤적을 따라가다 보면, 그의 학위 논문이 학자로서 경력의 시작 지점이었던 것이 분명해 보인다. 불과 9년 후 그는 『영재교육』을 출판하며 전국적으로 유명한 학자로 거듭났기 때문이다. 이 책은 비단 수년간의 생각과 의문의 산물에 불과한 것이 아니라, 영재교육 분야에 있어 워드의 경력의 시작점에 불과했다. 그의 문서들을 검토해 보면, 학자로서 그리고 사회 각계각층 사람들의 친구로서 워드의 영향력을 쉽게 볼 수 있다. 그가 은퇴 당시 받은 수많은 편지와 카드야말로 그 다양성을 반영한다. 그가 초기에 함께 공부했던 교사인 버지니아 그리버 플랙(Virginia Greever

Plack)에서부터, 대학원에서 워드의 지도를 받았고 지금은 저명한 학자가 된 조지프 렌줄리(Joseph Renzulli)에 이르기까지, 다양한 사람이 그에게 편지를 보냈던 것이다 (private collection of Rebecca Ward; Ward, 1986).

버질 워드가 남긴 문건들을 살펴보고 나서 명성이라는 것에 대한 나의 생각은 다시금 새로워졌다. 명성이란 오직 높은 수준의 학자적 성취만을 가리키는 것이 아니라 평생에 걸친 학습과 재능 계발을 통해 이루어지는 것이라고 생각한다. 학자로서 버질 워드와 그의 저작은 전 세계의 학생, 교사, 영재교육자들에게 영감을 주었다.

참고문헌

Marland, S. P., Jr. (1972). *Education of the gifted and talented: Report to the Congress of the United States by the U.S. Commissioner of Education and background papers submitted to the U.S. Office of Education*, 2 vols. Washington, DC: U.S. Government Printing Office. (Government Documents Y4.L 11/2: G36).

Morris, W. (Ed). (1969). *The American Heritage dictionary of the English language*. New York, NY: Houghton Mifflin Harcourt.

Robinson, A., Shore, B. M. & Enersen, D. (2007). *Best practices in gifted education: An evidence-based guide*. Waco, TX: Prufrock Press.

Shore, B. M., Cornell, D. G., Robinson, A., & Ward, V. S. (1991). *Recommended practices in gifted education: A critical analysis*. New York, NY: Teachers College Press.

Tomlinson, C. A. (2008). *The differentiated school: Making revolutionary changes in teaching and learning*. Alexandria, VA: ASCD.

Van Tassel-Baska, J. (1989). Characteristics of the developmental path of eminent and gifted adults. In J. Van Tassel-Baska & P. Olszewski-Kulbilius (Eds.), *Patterns of influence on gifted learners: The home, the self, and the school* (pp. 146-162). New York, NY: Teachers College Press.

Ward, V. S. (1952). *Principles of education for intellectually superior individuals*. Unpublished dissertation. University of North Carolina, Chapel Hill, NC.

Ward, V. S. (1961). *Educating the gifted: An axiomatic approach*. Columbus, OH: Charles Merrill.

Ward, V. S. (1962). *A proposal for a summer school for gifted high schools students of North Carolina*. Raleigh, NC: Governor's Office.

Ward, V. (1979). The governor's school of North Carolina. In A. H. Passow (Ed.), *The gifted and talented: Their education and development. The seventy-eighth yearbook of the National Society for the study of Education* (pp. 209-217). Chicago, IL: University of Chicago Press.

Ward, V. S. (1980). *Differential education for the gifted: A perspective through a retrospective: Volume 2*. Ventura, CA: Ventura County Superintendent of Schools Office.

Ward, V. S. (1986). *Collection of letters from friencs and colleagues*. Unpublished collection.

Ward, V. S. (2000). *Lifetime education theory and system: A theory and system of general education for today and tomorrow*. Unpublished draft.

루스 메이 스트랭

영재의 선구적 옹호자(1895~1971)

Leonie Kronborg

내 경력에는 많은 전환점이 있었다. 미술 수업을 듣던 중 독특한 색채 조합과 디자인으로 선생님의 관심을 받게 되어 첫 직장을 구했다. 다른 가능성은 생각하지 않고 실내 장식의 길로 접어들었다. 두 번째 직장은 이전에 가정학 공부를 했고 슬럼 지역에 가정학 교사가 필요했던 탓에 저절로 결정되었다. 다시한 번, 내가 청하거나 추구하지 않은 직업이 나에게로 온 것이다. 다음 이직은학교장과 가족, 동료의 반대를 무릅쓰고 내린 결단이었다. 교편을 놓고 컬럼비아 사범대학에서 학생으로 공부하는 것이었다.

– 스트랭(Strang, 1971, pp. 376–377)

이를 시작으로 루스 스트랭(Ruth Strang) 교수는 컬럼비아 사범대학에서 40년간 교육에 혁신적인 공헌을 하게 되었다. 연구의 마지막 15년을 영재들의 요구에 대한 연구에 헌신한 그녀는 영재학생들을 위한 최초의 전국 영재 권익 단체인 미국영재협회

(American Association for Gifted Children: AAGC)를 출범시켰다. 1920년대에 사범대학에 들어갔을 때, 루스 스트랭은 어려움을 무릅쓸 굳은 의지를 가진 유능한 인재였다. 그녀는 학문적 성과에 대한 자신의 능력을 믿고 있었으며 독립적 여성으로서 그 시대를 살아내었다.

어린 시절

어리고 열렬한 독서가로서 루스 스트랭의 정규 교육 경험은 뉴저지에 있는 교실이 하나뿐인 시골 학교에서 출발했다. 그녀는 이후 초등학교를 세 번 옮기게 되는데, 두 번은 아버지의 기관지염 때문에 가족이 애리조나 피닉스로 이사를 가면서, 마지막으로는 가족 농장을 처분한 후 브루클린의 주거 지역에 있는 공립학교에 입학하면서였다.

브루클린의 아델피 아카데미라는 사립 고등학교를 다니는 동안, 스트랭은 선생님과 학업에 열망을 가진 친구의 영향으로 대학에 입학하고자 했다. 그러나 고교 마지막 학기에 가정학 전공 입학 요건에 물리학이 부족하다는 사실을 알게 된다. 다행히 당시 물리 선생님은 스트랭이 출석해 다음 해 6월에 표준시험에 통과할 수 있도록 특별 추가 수업과 실험 시간을 제공했다(Strang, 1971). 스트랭에게 대학 진학의 길이 열린 것이다.

성(性)의 영향

루스 스트랭의 아버지는 웰슬리(Wellesley) 대학에 보내 달라는 그녀의 부탁을 들어주지 않았다. 대신 스트랭은 가까운 프랫(Pratt) 전문대에서 가정학을 공부하게 된다. 과정을 마치고 스트랭은 실내 장식가와 일을 시작하지만 보람을 느끼지 못하고, 집에서 병든 어머니를 보살피다가 뉴욕 시 공립학교에서 가정학 교사로 일하게 된다(Strang, 1971). 차별을 경험했던 다른 뛰어난 여성들과 마찬가지로(Kronborg, 2010) 고등교육은 남성만을 위한 특권이라고 느끼게 되었는데, 스트랭의 아버지 역시 여자는 대학 교육을 받을 필요가 없다고 생각했다.

청년기에 스트랭은 남성의 유리한 상황을 인식하고 이런 차별적 대우에 분노를 느꼈다. 이러한 차별은 그녀의 가정 내에서도 두드러져서, 그녀의 남자형제 벤은 컬럼비아 대학에서 수학을 전공하며 부모의 지원으로 삼 년을 공부했으며, 사범대학으로 돌아와 박사 학위를 받은 다음 고등학교 수학 교사가 되었다. 더군다나 자신의 학문적 목표를 위한 교육의 기회를 누린 벤은 스트랭이 뉴욕 시 공립학교에서 교사를 그만두고 컬럼비아 사범대학으로 진학하는 것을 반대했다. 가족의 지원을 받지 못했음에도 불구하고 스트랭은 과학학사 과정에 등록했으며, 1922년에 영양학학사를 끝마치고 1924년에는 문학석사 학위를 받았다. 그녀는 결의를 다지며 박사과정에 들어가 1926년에 학위를 마쳤다. 불행하게도 같은 해 아버지를 여의였으며, 그다음 해에는 어머니가 돌아가셨다(Strang, 1971).

공부를 계속하기 위해서 스트랭은 아르바이트로 학비를 충당해야 했다. 마침내 1960년에 사범대학에서 퇴직했을 때 벤이 직업 활동을 그만두라고 계속 압박을 가했다. 성공한 모든 여성에게 학문적 성과보다는 가정을 우선하도록 기대하는 것이 당시의 지배적 분위기였다(Kronborg, 2010). 벤은 직업 여성으로서의 스트랭의 역할에 대해 평가절하하는 자세를 평생 고치지 않았다. 그가 병들었을 때 스트랭은 전 시간 간병인의 역할을 떠맡기보다는 일을 계속하는 것을 선택했다. 그럼에도 불구하고 그녀는 "내가 해야 하는 일과 인간관계의 요구 사이에서 잦은 갈등을 겪었다."라고 주장했다(Strang, 1971, p. 367).

롤모델과 멘토

청소년기에 스트랭의 세 여자 사촌은 정신적인 가르침과 롤모델을 제공하여 그녀의 인생에 긍정적인 영향을 미쳤다. 스트랭이 학사과정을 밟고 있을 때 상당한 영향을 미친 또 다른 여성 멘토는 메리 스워츠 로즈(Mary Swartz Rose) 교수였다. 로즈 교수는 당시 영양학을 전공하던 스트랭의 능력을 인지하고 영양학과 초급과정의 조교수로 일하도록 요청했다. 로즈는 또한 스트랭이 컬럼비아 의대에서 화학과 생리학 수업을 들을 수 있도록 주선했다. 스트랭의 언어적 능력을 알아챈 로즈 교수는 뉴욕 아카데미의 의학 도서관의 글들을 요약해 줄 것을 종종 요청했다(Strang, 1971). 로즈 교수의 지도로 스트랭의 학문적 지식은 상당히 발전했다. 스트랭의 또 다른 롤모델로는 교육 심리학자이며 심리학과 교수이자 교육 심리학 분야의 창시자인 E. L. 손다이크(E. L. Thorndike) 박사를 들 수 있다(Mayer, 2003). 1921년에 손다이크는 십 년의 연구 끝에 '지능과 지능 측정(Intelligence and Its Measurement)'을 발표했다. 이후 그는 뛰어난 능력을 가진 사람들에게 관심을 옮겨 천재와 뛰어난 아이들을 대상으로 한 초기 연구를 시행했다(Thorndike, 1938, 1941, 1943). 손다이크의 연구는 영재교육 분야에 유의미한 영향을 미친 최초의 여성 연구자 리타 홀링워스(Leta Hollingworth) 박사에게 계승되었다(Teachers College, n. d.). 스트랭이 사범대학에서 공부를 시작했을 때, 홀링워스는 이미 교육심리학과의 교수로 재직 중이었다. 자서전에 따르면, 스트랭은 홀링워스와 손다이크를 인정하고 있었다. 그들은 스트랭에게 영향을 미쳤으며 진실성과 친절함으로 깊은 인상을 남겼다(Strang, 1971). 저명한 여성들의 삶에서는 롤모델과 멘토가 중요한 역할을 했으며(Kerr, 1997; Kronborg, 2010), 루스 메이 스트랭 역시 이 전철을 밟았다.

학문적 · 직업적 기회

대학원 시절 스트랭은 여러 아르바이트를 거쳤다. 그런 일들로 학비를 마련하기도 했으나, 동시에 컬럼비아 대학에서 다양한 방향으로 학문을 탐구하는 계기가 되었다. 첫 일자리는 영양학 조교수였다. 이어서 그녀는 보건학과의 보건교육 쪽으로 옮기게 되었다. 이후에는 연구소에서 농아를 위한 초급 읽기 수업을 진행했다. 스트랭은 읽기 기술을 습득하는 농아들에게 도움이 되기 위해 아서 게이츠(Arthur Gates) 박사와 함께 일하게 되었다. 게이츠 박사와의 작업을 통해 농아 교육을 위한 읽기 자료로 사용할 실용서를 준비하는 2년간의 연구에 참여했으며, 이는 그녀 자신이 1926년에 취득한 박사 학위의 기초가 되었다(Strang, 1971).

박사과정을 마친 후 스트랭은 사범대학의 제임스 러셀(James Russel) 학장으로부터, 사범대학에서 신설하는 학생관리과의 "분야 주제의 전문성" 구축을 위한 1년짜리 펠로우십을 제안받았다(Strang, 1971, p. 377). 주위에 스트랭의 능력과 재능이 널리 알려져서 그녀는 리타 홀링워스 박사를 비롯한 심리학 재단의 일련의 학자 그룹과 함께 강의 제의를 받게 된다. 1926년에서 1930년 사이에 스트랭은 심리학과에서 연구 조교로 일하며 심리학 수업을 들었다(Strang, 1971). 심리학과에서 일한 첫해에 홀링워스의 저서 『영재아동: 천성과 양육』이 출간되었다. 1930년에 스트랭은 고교생과 대학생들의 읽기 능력 향상을 위한 프로그램 개발에 연구의 초점을 맞추기 시작하면서 뛰어난 동료들을 자신의 여름학기 읽기 수업에 불러 초청 강의를 했다. 그중에 이후 영재교육 분야 연구를 시작하였고 이 책에서 한 장에 걸쳐 소개하는 폴 위티(Paul Witty)가 있다.

스트랭은 특히 이 분야에서는 여성으로서 상대적으로 빠르게 승진하였다. 박사 학위를 마치고 삼 년 후인 1929년에 스트랭은 사범대학에 조교수로 임명된다. 이후 1936년에는 교육학 부교수로 승진하며, 1940년에는 정교수로 임명된다. 스트랭은 심리학 분야에 관심을 가졌으나 주된 연구는 교육학 분야에서 이루어졌다. 학계에서 그녀가 짊어진 책임에 더해서, 스트랭은 연구자 단체에서도 상당한 역할을 했다. 그녀는 1935년부터 1960년까지 국립 여성학장 및 상담자 협회의 연보 편집을 담당했으며, 1930년부터 1939년까지 해당 협회의 연구 위원회 의장을 역임했다(Ohles, 1978). 그녀는 또한 연구자로 활동하는 대부분의 기간 동안 국제독서협회의 활발한 회원으로 활동했다(Strang, 1971).

미국영재협회(AAGC) 설립

1946년에 루스 스트랭 교수와 폴린 윌리엄슨(Pauline Williamson)은 "영재가 현재의 민주화된 교육환경에서 가장 방치되고 있다."는 데 뜻을 같이해, 미국영재협회(AAGC)를 설립한다(American Association for Gifted Children, n. d., para. 1). 미국영재협회는 뛰어나고 재능 있고 창의적인 아동을 위해 미국에서 설립된 최초의 자발적 비영리 조직이다. 뉴욕 주립대에 설립된 미국영재협회에서 스트랭은 이사를 맡고 윌리엄슨은 사무국장을 맡게 된다.

1946년 폴 위티 박사는 미국영재협회의 부의장으로 선출되었다. 협회 활동의 일환으로 위티는 영재성에 대한 책을 출간하게 되고 거기서 스트랭은 '영재의 정신위생'을 제목으로 첫 장을 집필한다. 그동안 스트랭은 미국영재협회의 재무위원장을 맡는다(Ohles, 1978). 초기 협회의 활동 목표는 영재의 창의적 활동에 대한 검토, 인정, 관찰 및 촉진과 더불어 영재에게 기회를 제공할 것을 촉구하도록 교육계, 지역사회와 산업계의 지도자들과 서신을 교환하는 것이었다. 주된 목표는 영재의 가능성과 능력에 대한 명확한 공감을 길러 내고 그 지원 방안을 촉구하는 것이었다. 추가적 목표는 조기에 영재를 발견하고 그들의 개인적 복지를 증진하기 위한 지원 방안에 대해 대중의 호의적인 정서를 불러일으키는 것이었다. 협회의 목표를 지원하고 달성하기 위한 논문, 보고서, 저서, 소책자와 정기 간행물 및 여타 출판물들을 발행하는 것은 협회의 임무에 필수적인 활동이었다(American Association for Gifted Children, n.d.). 스트랭의 임종 18년 후인 1971년에 미국영재협회는 주식이나 회원 없는 비영리 법인체가 되면서 노스캐롤라이나 주 더럼의 듀크 대학으로 위치를 옮겼다. 미국영재협회는 미국에 설립된 최초의 영재 권익 협회로서 지금까지 그 활동을 이어 가고 있다.

영재성에 대한 관심의 절정

1950년대에 영재교육에 대한 스트랭의 관심은 절정에 달했다. 그녀는 영재성과 창의성, 영재의 판별, 영재 심리학, 영재 발달, 영재의 독서 발달과 영재의 난독 등에 대한 개념을 연구했다. 그녀는 이러한 쟁점에 관한 공저에 참여하고 학술지에 기고했으며 학자와 교사, 학부모에게 직접 발언했다. 1958년에 그녀는 미국영재협회에서 출판하여 각 주의 특수교육 담당관에게 배포한 소책자 '영재교육을 위한 네 가지 지침'을 집필했다. 이 소책자는 영재 발달을 위한 실용적 전략을 제공했으며 학부모와 교사, 행정가와 영재학생 본인에게 유용한 정보를 제공했다.

행정관을 위한 지침서에서 스트랭(1958a)은 우수한 학생에게 호의적인 학습 여건 창출을 위해 교육청장과 교장이 알아야 하는 광범위한 특별 지원 방안을 추천했다. 그녀가 추천한 영재를 위한 교육 지원 방안으로는 영재를 위한 특수학교 혹은 과학, 음악, 미술, 공연예술 분야 학생을 위한 특수목적고등학교뿐 아니라, '뛰어난 독서 능력을 가진 학생들'을 위한 일주간의 기간제 도서관, 외국어나 심화 수업 과정을 위한 교과 외 수업, 두 학기 동안의 영재 집단 프로그램, 지적 자극을 주는 활동을 위한 특별 교사가 지도하는 능력별 편성 수업, 심화 수업 과정을 제공하는 우등 프로그램, 영재 집단을 위한 반나절 심화반, 교내 지적 영재반, 3년을 2년으로 단축하는 속성반, 고등학교 내 대학 과정, 여름학기 속진반 등이 있다. 스트랭은 영재학생의 학습을 증진, 촉구할 수 있는 다양한 접근 방식을 잘 인지하고 있었다. 그녀는 '지침' 소책자를 통해 영재와 학부모, 교사들에게 다양한 과정을 추천했다.

1959년에 미국영재협회의 후원으로 『영재와 우수 아동의 창의성(Creativity of Gifted and Talented Children)』이 출간되었다. 이 책의 각 장은 루스 스트랭, 폴 위티와 제임스 코넌트(James Conant)가 미국학교행정관계자협회(American Association of School Administrator)에서 한 연설을 기초로 구성되었다. 당시 십 년간 미국영재협회는 강력한 존재감을 드러냈다. 이 기간의 활동을 집대성하여 스트랭은 영재의 부모를 위한 자신의 유일한 저서 『영재 자녀 돕기(Helping Your Gifted Child)』(1960)를 집필한다.

65세의 나이로 1960년 컬럼비아 대학에서 스트랭이 정년퇴임을 할 때, 『티처스 컬리지 레코드(Teachers College Record)』 5월호는 보건교육과 생활지도, 교육인사행정, 영재교육, 심리학과 독서에 관한 그녀의 500편의 글과 35권의 저서를 다루었다 (McCullough, 1971). 그녀의 작업은 여러 전공 분야를 넘나드는 수십 년에 걸친 학문적 업적이었다.

자신의 학문 생활을 지속하기 위해 그녀는 애리조나 주립대학으로 옮겨서 1968년까지 교육학 교수로 재직했다. 애리조나 주립대학에서 그녀가 연구한 분야는 1930년대 초반부터 연구했던 분야 중 하나인 읽기 발달이었다(McCullough, 1971). 애리조나는 유년 시절부터 익숙했던 지역이지만 미국영재협회가 있는 뉴욕과는 멀리 떨어진 곳이었다. 여전히 초등학교에서의 창의성(1961), 영재청소년의 자아개념(1964), 읽기 영재(1965), 교육자와 심리학자와 학부모에게 제공되는 교육 재료의 과잉 문제 등 관련 쟁점에 대한 조사와 저술을 멈추지 않았으나 지역과 학문적 쟁점의 변화 탓에 영재교육에 대한 자신의 관심사를 추구할 기회는 줄었다. 스트랭은 언제나 아동의 잠재력 개발의 중요성에 대해 관심을 가졌으며 1965년에 『자녀의 잠재력 개발 돕기(Helping Your Child Develop His Potentialities)』를 출간했다. 그녀는 온타리오 교육 연구 학교(OISE)에서 교육학 초빙교수로서 1968년부터 1969년까지 재직한 후 학계를 은퇴했다. 학문의 세계에서 온전히 일생을 보낸 것이다.

영재성에 대한 스트랭의 학문적 관심의 발생

아동과 청소년 발달 연구에 많은 시간을 쏟았던 연구 생활 초기에 생활 지도와 읽기 발달에 대한 루스 스트랭의 흥미와 관심이 자리를 잡았다. 스트랭은 자신의 경력이 일자리와 새로운 배움에 대한 기회가 제공되는 방향으로 쌓여 갔음을 인정하고 있었다(Strang, 1971). 대학에서의 처음 15년 내지 20년의 연구 기간 동안 스트랭은 영재교육에 대한 관심을 갖기 시작했고, 또 다른 주제의 전문성을 구축하는 작업을 했다. 이번에 그녀는 영재교육의 분야에 이끌린 것이다. 이전에 그녀는 다양한 심리학적 · 교육적 관점에 대해 저술했기 때문에, 이전의 아동과 청소년 발달, 교육에 대한 전문 지식과 연구를 영재에 대한 그녀의 새로운 관심으로 합치고 옮겨 가는 것이 가능했다. 저서와 학술 기고에서 그녀의 영재성에 대한 관점을 알 수 있다.

영재성

영재성의 본성에 대한 스트랭의 저술 중 가장 중요한 부분은 『전국교육학협회 57번째 백서』(Strang, 1971)에 기고한 영재교육에 대한 글인데, 그녀는 "영재성이란 아동의 전 발달 과정 중 한 특징"이며 "성장의 다른 모든 측면과 연관되어 있다."는 점을 알고 있었다. 그녀는 영재성이 "다양한 측면과 유형을 가진다."고 보았으며(Strang, 1958b,

p. 64), 영재성이 다양한 형태로 발현될 수 있음을 인지하고 있었다. 스트랭은 다양한 성격적 유형이 다양한 재능과 연관되며, 이는 그 재능이 과학적·예술적·음악적 재능이거나 또는 리더십이거나 마찬가지라고 주장했다. 그리고 지적 영재는 다양한 분야에서 발견될 수 있다고 주장했다. 그녀는 영재들 간에 개인차가 존재한다는 것을 알고 있었으며 영재성에도 정도의 차이가 있다고 믿었다. 그녀는 또한 영재성의 실현이 발달 과정에 따르는 것이므로, 개인이 "환경에 반응하면서" 그의 "영재성은 출생부터 성장이 마무리될 때까지 계속 발전한다."라고 주장했다(Strang, 1958b, p. 65).

스트랭은 영재성을 포괄적인 개념으로 보았으며(Strang, 1960), 폴 위티의 영재와 높은 추상적 지능을 가진 학생들을 포괄하는 정의, 즉 "(영재란) 가치 있는 인간의 활동에서 그 성취가 지속적이거나 반복적으로 상당히 훌륭한 사람"을 즐겨 사용했다. 또한 이 정의는 성취와 잠재력을 강조할 뿐 아니라 인내, 결단력과 책임감 등의 성격적 특징 또한 포괄하고 있다. 스트랭은 이 정의가 재능을 이기적이거나 파괴적인 목적으로 사용하는 것을 배제하기 때문에, 즉 "성취가 사회적으로 유용성을 가져야 함"을 강조하기 때문에 즐겨 사용했다(Strang, 1960, p. 8).

스트랭은 영재성을 가진 다양한 아동을 구별할 수 있으며, 영재를 설명하는 데 여러 용어를 사용할 수 있다고 말했다. 영재를 나타내는 용어로는 신동(infant prodigy), 천재(genius), 높은 지능지수, 수재(the brightest), 탁월한 재능아(the exceptionally able), 최고의 능력자(the most capable), 능력 있는 학습자(the able learner), 빠른 학습자(the rapid learner), 지적 우수아(the mentally advanced), 학습 재능아(the academic talented) 등이 있다. 스트랭은 또한 특별한 재능의 기원에 관심이 있어서(Strang, 1958b), 그것이 유전인지 혹은 환경적 자극에 반응하여 발달하는 것인지에 대해 의문을 가졌다.

스트랭은 영재성이 '극도의 애정 결핍과 지적 자극의 부족'과 제한적 인간관계로 인해 억제될 수 있다는 점을 인식하고 있었다. 그녀는 "자발성, 독창성, 창의성과 성취" 등의 성격적 특성을 "진정한 영재"와 연결시켰다(Strang, 1958b, p. 65). 스트랭은 영재를 진행 과정으로 보기 때문에 그녀의 영재성은 역동적인 발달 개념이다. 그녀는 개인의 능력만큼이나 성취의 중요성을 인식하고 있었다. 그녀는 "어떤 분야든 최상의 성취는 능력, 기회 그리고 성격의 세 가지 요소 간 상호작용으로 이루어진다."

는 점을 알고 있었다(Strang, 1958b, p. 76).

자신의 저술에서 스트랭은 영재가 다양한 인종과 민족 집단에서 발견된다는 점을 언급했다. 그녀는 높은 지능지수를 보유한 아프리카계 미국인 아동을 언급한 위티와 젠킨스(Jenkins, 1934), 마틴 젠킨스(Martin Jenkins, 1948)와 캐서린 콕스 마일즈(Catherine Cox Miles, 1954)의 연구를 인용했으며, 높은 지능지수를 보유한 아프리카계 미국인 아동의 교육적 성취가 다른 영재와 유사하다는 결론을 내렸다.

영재의 판별

스트랭은 교육자가 영재의 잠재력 발달을 위해 그들을 판별할 때, 반드시 영재성의 본성을 이해해야 한다는 점을 강조했다(Strang, 1958c). 그리고 그녀는 유치원을 다니는 어린아이의 경우라도, 지적 영재를 판별하기 위해서는 표준화된 지능검사를 사용할 것을 옹호했다. 그녀는 영재아동의 성취 능력을 예측하기 위한 일반 지능검사 사용을 지지하기 위해 터먼(Terman)의 연구(1954)를 증거로 사용했다. 그리고 그녀는 아동의 발달을 학부모와 교사가 기간별로 평가해서 영재의 발달에 가장 바람직한 장래의 경험에 대해 논의할 필요가 있다고 주장했다. 그녀는 또한 유치원 기간에 영재를 "자연 상태에서 기술적이고 체계적으로 관찰"해서 얻는 증거가 유용하다는 점을 알고 있었다(Strang, 1958c p. 330). 그녀는 부모와 교사가 다양한 상황에서 영재를 관찰할 수 있다고 주장했다.

그녀는 자신의 연구를 통해서 "영재로 판별된 아동들 사이에 엄청난 다양성이 존재"하며(Strang, 1960, p. 21) 그들 모두에게 공통적인 단일한 성격적 특징이 존재하지 않는다는 점을 인지하고 있었다. 하지만 그녀는 또한 영재가 유사성을 지니고 있다고 주장했다. 스트랭이 파악한 영재의 일반적 특징으로는 지적 호기심, 문제 해결의 독창성과 특출한 재능, 다양한 관심 분야, 뛰어난 언어 사용 능력, 창의성, 민첩성, 학습 능력, 평균 이상의 집중 시간, 뛰어난 기억력, 균형 잡힌 대인관계, 목적의식, 추론 능력, 자기평가 기술 등이다(Strang, 1958c). 그녀는 출생에서부터 유치원 단계 동안 심리적으로 호의적인 환경이 이런 능력 발달에 어떤 영향을 미치며, 반대의 경우 영재아동의 발달을 어떻게 저해하는지에 대한 부모와 교사의 의식 수준을 높이기를 원했다(Strang, 1955a). 그녀는 영재 발달에서 초기 단계의 중요성과 영재 조기 발견의 중요성을 분명히 역설한 교육자였다.

또한 스트랭(1957)은 상담자에게 지능검사와 전체 학교 성적 혹은 특정 교과목 성적 간의 불일치를 파악하여 미성취 영재를 찾아낼 것을 권고했다. 그녀는 누적 성적, 지능과 성취도 검사, 그리고 교사의 관찰을 상담자가 영재를 발견하는 데 사용할 수 있는 정보의 세 가지 출처로 제시했다.

1960년에 이르러 스트랭은 IQ만으로 아동의 영재성을 판별할 것이 아니라 다양한 기준을 고려할 것을 주창했다. 그러한 기준에는 학생의 능력에 대한 교사의 평가, 학생의 학교 성적, 상담교사와 부모의 의견, 학생의 독해 능력, 수학적 능력, 취미와 관심 분야 등이 포함된다(Strang, 1960, p. 27).

스트랭은 또한 영재를 위해서 개별상담을 할 것을 주창했다. 그녀는 학생의 능력과 적성 그리고 성취도를 파악할 수 있고 제시할 수 있는 담임교사나 학교 상담자 혹은 심리학자나 학부모가 상담에 참여할 것을 권고했다. 그녀는 학생의 발달 기록에 근거한 학생 평가가 가장 정확하다고 주장했다. 그리고 일반 누적 기록에 영재학생 가족과의 면담 기록을 추가할 것을 강조했다. 그녀의 개별상담 접근 방식은 오늘날에도 여전히 유의미하다.

영재 발달

스트랭은 "어떻게 영재아동이 영재성을 갖는가"를 조사하게 되었다(Strang, 1954a, p. 215). 그녀는 영재아동은 유전과 아동기 초기 경험이 운 좋게 결합된 '행운'에서 비롯된다는 결론을 내렸으며, 또 "영재성은 타고난 능력과 삶에서 얻은 경험 간의 상호작용의 산물"이라고 믿었다(Strang, 1954a). 영재아동 연구를 통해 그녀가 이해한 바에 따르면 영재의 능력이 발달하기 위해서는 특정한 수준의 경험이 필수적이다.

스트랭은 지능이란 학습된 것으로 삶의 경험을 통해 지속적으로 재창조된다는 관점을 가지고 있었다. 그녀는 지능이란 타고나는 것이 아니며, 영재아동이 환경을 이용하는 능력은 점점 늘어난다고 믿었다. 그녀는 영재아동의 발달에 영향을 미치는 필수 요소들을 구분할 수 있었는데, 애정 결핍이 어린아이의 "탐구성, 관계성, 조직력 등"을 저해할 수 있다는 데서 보듯 물질적인 요소만으로는 충분치 않다고 주장했다(Strang, 1954a, p. 215). 그녀가 개인의 끈기, 인내력, 추진력, 목표, 대인관계 등 지능과 관련 없는 성취 요인 역시 영재성의 발달에 기여한다는 점을 인지했음은 분명해 보인다. 또한 그녀는 영재아동의 발달을 위한 적절한 경험의 중요성에 집중했으며, 이러한 경험의 부재는 영재아동의 발달을 저해한다는 점을 언급했다.

영재아동의 심리적 요구

스트랭이 1950년에 집필한 『영재청소년의 내면세계(Inner World of Gifted Adolescents)』에서 그녀가 영재아들을 이해할 수 있는 교육자와 상담자가 필요하다는 점을 인식했음이 드러났다. 또한 그녀는 이것이 "효율적인 지도편달(guidance and instruction)"의 기반이라고 언급했다(Strang, 1950, p. 97). 스트랭에 따르면 가정, 학교, 공동체는 긍정적으로 작용할 시 영재아동의 최적의 발달에 기여한다. 그러나 이 환경이 영재아동의 신체적 · 사회적 · 감정적 요구를 충족시키지 못할 때 영재아동은 감정적인 불안을 겪고 사회에 잘 적응할 수가 없다. 스트랭은 그녀가 "정신건강" (Strang, 1951)이라고 표현했던 "심리적 건강"의 가치를 인간의 감정적 성숙도, 또는 "정서지능"(Goldman, 1996)과 연결시켰다. 위티(1930)와 터먼과 오든(Terman & Oden, 1947)의 연구를 언급하며 스트랭은 영재아동은 "정신적 능력만큼 정신건강에서도 우월하다. 이들은 지적 성취에서만큼 인격 발달에서도 높은 성과를 올린다."라고 주장하였다(Strang, 1951, p. 133).

그럼에도 불구하고 스트랭은 높은 지능을 갖춘 아동들이 "적응에 있어 특수한 혼란과 문제점"을 다루는 면에 차이를 지님을 인식하였다(Strang, 1951, p. 134). 그녀는 상담자들이 까다로운 사례들을 함께 논의함으로서 교사를 도와야 한다고 주장했다(Strang, 1956a). 그녀는 논문에서 사회경제적 수준은 다른 환경적 조건에 비해 성격과 인격을 결정하는 요인으로서는 중요도가 낮다고 강조했다. 그녀는 영재아동이 영아기에서 성인기까지 같은 환경의 타인들로부터 얻는 반응이 훨씬 더 중요한 요인임을 강조했다(Strang, 1958b, p. 82).

최상의 발달을 위해 영재는 지적 요구와 마찬가지로 감정적·사회적인 삶에서도 관심을 받을 필요가 있다. 스트랭은 감정적인 장애물이 영재아동이 자신의 가능성을 깨달을 수 없도록 방해한다고 주장했다. 사회적인 고립, 사회적 관계에서의 실패, 미래에 대한 불안, 자신이 스스로 결정할 수 있는 능력에 대한 자신감 부족 등의 감정은 영재청소년의 개인적인 문제들로 빈번히 언급되었다. 성장이 빠른 남자 청소년들은 이성애적 관계에 특수한 어려움을 겪는 것으로 나타났다. IQ가 170 이상인 학생들 (Hollingworth, 1926; Terman, 1954)은 특히 비슷한 관심사를 가진 친구들이 부재하여 사회 적응에 어려움을 겪는다는 점이 보고되었다. 스트랭은 교사들이 이러한 상황을 유념하고 높은 지능을 가진 학생들, 예술, 음악을 비롯해 특별한 환경을 필요로 하는 기타 분야에서 높은 재능을 가진 학생들의 집단을 구성해 이들이 서로와 사회적·감정적 관계를 맺고 능력을 발달시킬 수 있도록 도와야 한다고 주장했다(Strang, 1955b).

영재학생을 위한 진로 지도 역시 다양한 재능을 가진 학생들에게는 중요한 문제인 것으로 보고되었다. 스트랭은 부모가 학생에게 가지는 야망과 학생 자신의 흥미, 능력, 직업 흥미가 충돌할 때 감정적 어려움이 생길 수 있다는 점을 인식하였다(Strang, 1952). 특히 직접적으로 논문에 '젠더'라는 단어가 사용되지는 않지만, 진로 적응에 있어 영재 여학생들의 경우 젠더의 문제가 발생하였다(Strang, 1951). 그녀는 영재 여학생들이 남자 형제들만큼의 야심을 가져서도 안 되며 강력한 직업 흥미를 가져서도 안 된다는 교묘한 메시지를 수없이 받게 된다는 사실을 인식하였다. 그러나 그녀는 1950년대 뉴욕에서는 여학생들이 심리학, 의학, 법학, 심지어 공학까지도 쉽게 진로 선택을 할 수 있을 정도로 다양한 직업군이 여성들에게 열려 있다고 믿었다(Strang, 1951, p. 147).

영재의 독서 발달

일찍이 1946년, 스트랭은 다양한 유형의 30개 고등학교의 7, 8학년생을 대상으로 독서 흥미를 조사했다(Strang, 1946). 그녀는 뛰어난 학생들 사이의 차이점을 알아차렸다. 이 우수 학생들은 철학, 종교, 음악, 예술, 연극, 시, 자서전, 인성 발달, 그리고 십대 인생의 쟁점에 관해 흥미를 보였다. 청소년기 학생들의 차이와 그 흥미에 있어서 스트랭이 민감한 의식을 가지고 있었음은 명백하다.

스트랭은 영재학생들의 절반이 읽는 법을 배우고 나서 학교에 들어가며, 그들 중 상당수가 학교에서의 경험에 실망했음을 밝혔다. 그녀는 영재학생들이 1950년대에 주된 학습 방식이었던 무턱대고 외우는 학습(rote learning)보다는 연상 방법론(associative methods)을 통한 학습을 했다고 주장했다. 또한 영재학생들은 일반화를 추구했으며, 학과 영역의 추상적인 측면에 관심을 보였고, 도전을 필요로 했으며 독립적으로 학습하는 쪽을 선호했다. 그럼에도 영재아동은 여전히 효율적인 독서와 공부 방법에 대한 지도를 필요로 했다.

1954년, 스트랭은 캘리포니아 롱비치 소재 중학교 7~9학년 학생 54명의 자서전 읽기 연구를 기반으로 IQ 120 이상의 영재 중학생의 독서 발달에 대한 논문을 썼다. 그녀는 이전에 박사과정 학생이었던, 롱비치 학교의 생활지도 및 심리상담 주임인 버지니아 밸러드(Virginia Ballard) 박사의 협력으로 데이터를 얻었다. 그녀의 발견은 영재들이 읽기를 더 빨리 습득한다는 터먼의 기존 연구를 뒷받침했다. 그녀는 학생들에게 읽는 법을 어떻게 배웠는지 설문했고, 다양한 학년 수준의 읽기 자료에 대한 선호도, 특별한 흥미, 독서 습관 등을 조사했다(Strang, 1954b).

스트랭은 영재학생들이 폭넓은 독서 흥미를 가지고 있으며, 분석력이 강한 영재에게는 특히 음성학적 접근이 효과가 있었지만 그 밖에도 학교에서 시행하는 모든 방법론에 의해 읽는 법을 습득한다는 것으로 결론을 내렸다(Strang, 1954b, 1956b). 그녀는 독서가 영재학생의 개인적-사회적 발달에 기여함을 발견했는데, 그중 하나는 우수한 독서 능력으로 인한 자존감 형성이었다. 학생들의 의견을 통해 독서가 여가 시간을 보내고 특별한 재능을 계발하는 데 도움을 줄 수 있는 만족스러운 방법이라는 점이 드러났다. 그녀는 영재학생들이 자서전과 평전을 통해 "자신과 공감할 수 있는 또 다른 영재의 삶에 대한 통찰"을 얻을 수 있다는 결론을 내렸다(Strang, 1954b, p. 40). 또한 문학을 통해 영재학생들은 스스로를 이해할 수 있게 되고, 사회적 상황을 통제하는 방법과 인생에 닥친 문제들을 해결하거나 받아들이는 방법을 배울 수 있었다.

난독증을 가진 영재

스트랭의 관점에서 영재도 난독증을 가질 수 있고, 이로 인해 자신의 잠재 능력을 발휘하지 못하는 미성취에 이를 수 있음은 명백했다(Strang, 1953). 그녀는 영재가 독서 프로그램에서 방치되는 경우가 많다고 주장했다. 또한 재능이 뛰어난 아동의 경우 동년배의 학생들과 어울리는 데 어려움을 겪는 경우가 많기에 독서를 실제 사회로부터의 도피 수단으로 사용하는 경우가 많음을 지적했다. 그녀는 미성취 영재아동에게는 타인과 관계를 맺고 집단의 일부가 되는 경험을 도울 수 있는 상담이 필요하다고 권장했다.

영재의 교사

영재학생의 발달에 대한 연구에 더해, 스트랭은 영재학생이 교사를 보는 관점에 대해서도 흥미를 가졌다. 스트랭은 뉴욕, 펜실베이니아, 캘리포니아 중·고등학교에 재학 중인 50명의 영재를 대상으로 좋은 교사에 대한 견해를 조사하는 연구를 수행한 뒤, 그 결과를 애틀랜타에서 열린 미국 학교행정협회 회의에서 발표했다(Strang, 1959a). 영재학생들이 묘사한 좋은 교사의 특징 중에는 "풍부한 배경지식, 강의 기술, 융통성, 학생들이 목표와 책임감을 가지게 하려는 의지" 등이 있었다(Strang, 1959b, p. 43). 그리고 그녀는 다음과 같은 말을 덧붙였다.

영재아동은 과목, 그리고 관련된 영역과 현재 세계에서 일어나는 사건들을 알고 있는 교사를 원한다. 이들은 또한 과목에 흥미를 더할 수 있는 유머, 시각적 자료의 사용에 능하며 과목을 다른 영역, 그리고 학생들의 삶과 연관시킬 수 있는 기술이 있는 교사를 좋아한다(Strang, 1959b, p. 43).

스트랭은 영재아동들이 교사들의 활동을 관찰했으며, 교사에게 요구하는 자질들을 생생하게 묘사할 수 있었다고 주장했다.

영재아동의 부모되기

경험이 풍부한 교육자인 스트랭은 1960년 영재아동의 부모들을 위한 책을 집필했다. 서문에서 그녀는 학부모를 대상으로 다음과 같이 조언했다.

아동 발달은 관계 속에서 일어나기에, 여러분은 아동의 성취에 영향을 줄 수 있는 스스로의 동기와 감정을 들여다보아야 한다. 우리는 아이들을 귀여워해 줄 수 있는 방법을 제공하려는 것이 아니다. 우리는 이 책이 여러분의 자녀를 더 잘 이해할 수 있는 통찰력을 주기를 바란다(Strang, 1960, p. 4).

스트랭은 특히 세 가지 연구를 기반으로 의견을 내놓았다. 이는 영재학생에 대한 터먼의 종단 연구(Terman, 1954), 극도로 높은 영재성을 가진 아동을 대상으로 한 리타 홀링워스의 연구(Hollingworth, 1926), 그리고 사회경제적 기반이 적은 지역 위주로 국내 다양한 지역에서 수행한 폴 위티의 300명의 영재아동 연구(Witty, 1930)였다.

그 밖의 정보는 대부분 조언을 요청한 영재아동의 부모나 또는 교육과 지도에 대한 스스로의 관점을 표출한 영재아동들을 대상으로 한 스트랭 자신의 연구로부터 얻었다. 그녀는 부모를 대상으로 다양한 영역에서 영재의 특성과 이들을 알아보는 방법에 대한 조언을 할 수 있었다. 그녀는 가정 내에서의 환경적 영향의 중요성을 강조했으며, 부모가 부모-자녀 관계를 통해, 그리고 아이들에게 발달의 기회와 자신의 자질을 사용할 기회를 줌으로써 자녀의 발달을 도울 수 있음을 역설하였다.

이 책에서 스트랭은 영재아동의 발달단계에 상세하게 초점을 맞추었다. 이는 유치원, 초등학교 그리고 중등 교육과정이었다. 그녀는 미성취와 같은 영재아동이 맞닥뜨리기 쉬운 어려움, 적절한 교육 선택, 비동시적 발달(스트랭은 치우친 발달이라 표현함)을 피하는 법, 진로 선택, 감정적 문제, 책임감 발달 및 적절한 지도 서비스 등에 대해 상세하게 기술했다. 부모들이 영재자녀들의 교육적 요구를 충족시켜 줄 수 있는 방법에 대한 조언도 들어 있었다. 그녀는 부모-교사의 협력의 중요성을 논했으며, 독서에 관련된 여러 가지 자원을 제공하였다.

루스 스트랭이 21세기에 남긴 유산

미국영재협회(AAGC)를 설립함으로써 스트랭과 동료들은 미국 전역의 재능 있고 창의적인 영재를 위해 교사, 상담자 그리고 부모의 의식을 고취시켰다. 그녀의 행동은 영재학생의 권리 옹호의 중요성을 강조했으며, 영재성 및 영재교육에 대한 의식 고취에도 기여했다.

루스 스트랭은 유명 대학의 존경받는 여성 교육학 교수였다. 그녀는 교육자이자, 영재를 다루는 영민한 상담자였다. 그녀는 영재학생의 발달에 필요한 요구를 잘 인지하였으며, 수십 년간 아동과 청소년 발달에 대한 지식과 이해를 연마하였다. 영재성의 속성에 대한 그녀의 저술은 영재아동을 대상으로 한 사례 연구 그리고 영재성에 대한 연구를 기반으로 했다. 영재성에 관심을 가진 사범대학의 교수 집단의 일원으로서 그녀는 1940, 1950, 1960년대 영재교육 분야에 신뢰성을 더했다. 청소년기 발달, 학생의 지도와 심리, 그리고 읽기 발달의 중요성에 관한 깊은 지식은 그녀로 하여금 폭넓은 교육적 지식을 영재학생 연구에 적용할 수 있도록 해 주었다. 루스 메이 스트랭 교수는 관찰자이자 통찰력 있는 교육자로서 시대를 앞서간 여성이었다. 영재의 심리적 · 교육적 요구에 대한 그녀의 저술 대부분은 오늘날의 영재 아동 및 청소년에게도 소중한 자원이 되고 있다.

참고문헌

American Association for Gifted Children. [n.d.]. *A historical perspective chronology of special events 1946-1996.* Retrieved from http://www.aagc.org

Burgess, C. (1971). Ruth Strang: A biographical sketch. In R. J. Havinghurst (Ed.), *Seventeenth yearbook of the National Society for the Study of Education: Vol. 2. Leaders in American education* (pp. 398-411). Chicago, IL: University of Chicago Press.

Cox Miles, C. (1954). Gifted children. In L. Carmichael (Ed.), *Manual of child psychology* (2nd ed., pp. 984-1063). New York, NY: Wiley.

Davis, N. (1954). Teachers for the gifted. *Journal of Teacher Education, 5,* 221-224.

Goleman, D. (1996). *Working with emotional intelligence.* New York, NY: Bantam.

Holingworth, L. S. (1926). *Gifted children: Their nature and nature.* New York, NY: Macmillan.

Jenkins, M. D. (1948). The upper limit of ability among American Negroes. *Scientific Monthly,* 66, 339-401.

Jolly, J. L. (2007). The research legacy of Leta S. Hollingworth. *Gifted Child Today, 30*(3), 57-64.

Kerr, B. (1997). *Smart girls: A new psychology of girls, women and giftedness.* Scottsdale, AZ Gifted Psychology Press.

Kronborg, L. (2010). What contributes to talent development in eminent women? *Gifted and Talented International,* 25, 11-27.

Mayer, R. E. (2003). E. L. Thorndike's enduring contributions to educational psychology. In B. J. Zimmerman & D. H. Schunk (Eds.), *Educational psychology: A century of contributions* (pp. 113-154). New York, NY: Routledge.

McCullough, C. (1971). Ruth Strang 1895-1971. *Journal of Reading,* 14, 443-444, 501.

Melnik, A. (1961). The writings of Ruth Strang. *Teachers College Record,* 61, 464-476.

Ohles, J. (Ed.). (1978). Strang, Ruth May. *Biographical Dictionary of American Educatiors, Vol. 3* (pp. 1246-1247). Westport, CT: Greenwood.

Strang, R. (1946). Reading interests. *The English Journal*, 35, 477-482.

Strang, R. (1950). The inner world of gifted adolescents. *Journal of Exceptional Children*, *16*, 97-101.

Strang, R. (1951). Mental hygiene of gifted children. In P. Witty (Ed.). *The gifted child* (pp. 131-162). Boston, MA: D. C. Heath.

Strang, R. (1952). Guidance of the gifted. *Personnel and Guidance Journal*, *31*, 26-30.

Strang, R. (1953). Gifted children need help in reading, too. *The Reading Teacher*, 6, 23-27.

Strang, R. (1954a). The psychology of gifted children. *Journal of Teacher Education*, 5, 215-217.

Strang, R. (1954b). Reading development of gifted children. *Elementary English*, *31*, 35-40.

Strang, R. (1955a). Psychology of gifted children and youth. In W. Cruickshank (Ed.), *Psychology of exceptional children and youth* (pp. 475-519). New Your, NY: Prentice-Hall.

Strang, R. (1955b). The mental diet of our gifted children. *NEA Journal*, *44*, 265-267.

Strang, R. (1956a). The counselor's contribution to the guidance of the gifted, the underachiever, and the retarded. *Personnel and Guidance Journal*, *34*, 494-497.

Strang, R. (1956b). Insights of gifted children about reading. *The Reading Teacher*, *9*, 204-208.

Strang, R. (1956c). Gifted adolescents' views of growing up. *Exceptional Children*, *23*, 10-15.

Strang, R. (1957). Counseling parents of gifted children. *Minnesota Journal of Medicine*, *40*, 650-651.

Strang, R. (1958a). *Guideposts for the education of the gifted: For school administrators, gifted students, their parents and teachers*. New York, NY: Bureau of Publications, Teachers College.

Strang, R. (1958b). The Nature of giftedness-education for the gifted child. In R. J. Havighurst (Ed.), *The fifty-seventh yearbook of the National Society for the Study of Education: Part. 2. Education for the gifted* (pp. 64-86). Chicago, IL: University of Chicago Press.

Strang, R. (1958c). The gifted Child. In J. Leavitt (Ed.), *Nursery-kindergarten education* (pp. 328-337). New York, NY: McGraw-Hill.

Strang, R. (1959a). Developing creatie powers of gifted children. In *Creativity of gifted and talented children, addresses by Paul Witty, James Conant and Ruth Strang* (pp. 21-31). New York, NY: American Association for Gifted Children.

Strang, R. (1959b). Qualities in teachers which appeal to gifted children. In *Creativity of gifted and talented children, addresses by Paul Witty, James Conant and Ruth*

Strang (pp. 43-51). New York, NY: American Association for Gifted Children.

Strang, R. (1959c). Problems discussed. In *Creativity of gifted and talented children, addresses by Paul Witty, James Conant and Ruth Strang* (pp. 32-42). New York, NY: American Association for Gifted Children.

Strang, R. (1960). *Helping your gifted child.* New York, NY: Dutton.

Strang, R. (1961). Creativity in the elementary classroom. *N.E.A. Journal, 50,* 20-21.

Strang, R. (1964). Self-concepts of gifted adolescents. *High School Journal, 48,* 102-106.

Strang, R. (1965). The able reader. *Instructor, 74,* 83-108.

Strang, R. (1965). *Helping your child develop his potentialities.* New York, NY: Dutton.

Strang, R. (1971). An autobiographical sketch. In R. J. Havinghurst (Ed.), *Seventeenth yearbook of the National Society for the Study of Education: Vol. 2. Leaders in American education* (pp. 365-397). Chicago, IL: University of Chicago Press.

Teachers College. [n.d.]. About TC, TC's heritage. Retrieved from http://www.tc.columbia.edu/abouttc/heritage.hem?id=A+Legacy+Firsts

Terman, L. M. (1954). The discovery and encouragement of exceptional talent. *American Psychologist, 9,* 221-230.

Terman, L. M., & Oden, M. H. (1947). *Genetic studies of genius, Vol. 4. The gifted child grows up: Twenty-five years follw up studies of one thousand gifted chileren.* Stanford, CA: Stanford University Press.

Thorndike, E. (1921). Intelligence and its measurement. *Journal of Educational Psychologist, 12,* 123-127.

Thorndike, E. (1938). Great abilities: Their frequency, causation, discovery and utilization. *Scientific Monthly, 47,* 59-72.

Thorndike, E. (1941). Gifted children in small cities. *Teachers College Record, 42,* 420-427.

Thorndike, E. (1943). The origins of superior men. *Scientific Monthly, 56,* 424-433.

Witty, P. (1930). A study of one hundred gifted children. *Bulletin of Education, 2*(7). Lawrence, KS: Bureau of School Service and Research, University of Kansas.

Witty, P. (1959). Identifying and educating gifted and talented pupils. In P. Witty, J. B. Conant, & R. Strang (Eds.), *Creativity of gifted and talented children* (pp. 1-15). New York, NY: Teachers College, Columbia University.

Witty, P., & Jenkins, M. D. (1934). The educational achievement of a group of gifted Negro children. *Journal of Educational Psychology, 25,* 595-597.

앤 파베 아이작스

그녀가 우리의 정원을 가꾸었다(1920~2001)

Karen B. Rogers

　2002년, 콜로라도 덴버에서 열린 국립영재협회(NAGC)의 연례회의에서 첫 번째 앤 파베 아이작스(Ann Fabe Isaacs) 설립자 기념상이 조지아 대학의 메리 프레이지어(Mary Frasier)에게 주어졌다. 이 행사에서 앤의 남편인 테드 아이작스는 첫 수상자가 상금과 상패를 받을 때 협회와 영재교육 분야에 대한 앤의 공헌을 다룬 자신의 글이 낭독되기를 요청했다. 그의 글은 재능 있고 창의적인 아동 및 성인의 근원에 헌신한 60여 년 동안 앤이 기여한 많은 것을 말해 준다.

　앤의 남편으로서 나는 그녀가 NAGC의 초기에 들인 시간과 헌신을 아주 잘 알고 있다. 이것은 봉사 단체가 지니는 리더십을 표상하는 전형으로서 최근 표현을 쓰자면, '나는 가서 해 보았다' 라는 것이다. 이 생각들은 내가 시상 동의서에 서명할 때 가장 먼저 떠오른 것이다. 첫째로, 이 상을 만들자는 나의 제안을 받아 준 NAGC의 지도부에 감사하고 있다. 둘째로, 나는 시상자에 대한 내 개인적 축하를

건네고 싶다. 나는 사례비나 상패가 여태까지의 노력을 완전히 보상해 줄 수 없다는 것을 알고 있다. 셋째로, 나는 앤이 지녔던 원래의 비전을 이어 온 NAGC 회원들의 훌륭한 일들에 진심으로 감사한다. 재능과 창의성의 보호, 격려, 개발은 국가와 세계를 위해 매우 중요하다(S. T. Isaacs, 2002, p. 1).

그 이후로 앤 파베 아이작스 설립자 기념상은 존 펠드후센(John Feldhusen)부터 줄리언 스탠리(Julian Stanley), 제임스 갤러거(James Gallagher), 조지프 렌줄리(Joseph Renzulli), 에이브러햄 태넌바움(Abraham Tannenbaum) 그리고 낸시 로빈슨(Nancy Robinson)에 이르기까지 영재교육 분야의 수많은 사상가, 지도자, 연구자에게 수여되었다. 앤 아이작스의 업적에 비추어 보면, 그녀는 영재교육의 씨앗을 심는 첫 단계부터, 잡초가 나지 않도록 관리하고, 적절한 소통과 네트워크 형성을 통해 비료를 주고, 오늘의 분야로 성장할 수 있도록 양육하기까지 모든 단계에 참여했음이 분명하다. 이 상은 앤의 기억 속에서 만들어졌다고 하는 것이 적합하겠다. 게다가 그녀는 일생 동안 지도자, 연락책, 설립자, 옹호자, 고문, 또 학교 컨설턴트로서 영재교육의 실현 가능한 세계를 조명했다. 그녀는 영재교육 분야의 최근 실무적 일들을 지원하는 단체인 국립영재협회(National Association for Gifted Children)를 설립하였고, 이 분야를 이끄는 학술지인 『영재아동 계간지(Gifted Child Quarterly)』를 개발하고, 집필하고, 편집했다. 앤은 인생 후반기(1974~1989년)에 이르러 의식적으로 창의성을 영재성의 범위에 포함한 두 번째 국립단체인 국립 창의적 아동 및 성인 협회(National Association for Creative Children and Adults)를 설립하였고, 이 확장된 분야를 이끈 학술지인 『창의적인 아동과 성인(Creative Child and Adults)』을 개발하고, 집필하고, 편집했다. 만약 두 전문 단체의 개발과 두 관련 연구 학술지의 편집이 '깨달음'에 충분하지 않았다면, 어떤 것이 충분했겠는가!

정원에 비유한 것은 앤 파베 아이작스가 시행한 기록 연구를 설명한다. 세인트 토마스 대학의 '갑작스러운 기회(Sudden Opportunity)' 기금 덕분에 나는 오하이오 주 신시내티에 있는 미국계 유태인 기록보관소의 제이콥 레이더 마커스 센터(Jacob Rader Marcus Center of the American Jewish Archives)에 방문할 수 있었다. 이 센터는 아이작스

가족이 앤의 사망 해인 2001년까지의 그녀의 모든 글, 서신, 그림, 공연 테이프를 포함한 음악 창작물들을 보관한 곳이다. 이 소장품 중에는 그녀가 영재교육 분야의 발전과 단체 지도에 힘쓴 28년여 동안 발행된 두 학술지의 거의 모든 출간물 또한 포함되어 있다. 나는 센터에서 아이작스의 사설, 학술 잡지 기사, 책의 장들을 분석하는 데 며칠을 보냈다. 신시내티에서의 연구 이후엔 워싱턴 DC의 국립영재협회 본사에 잠깐 방문하여 그녀가 단체와 함께 한 일, 학술지 편집, 그리고 설립자 상(Founders' Award)의 수립에 관한 추가적 문서를 모았다.

영재교육이라는 묘목의 싹이 나다

1920년, 신시내티의 중산층 유태인인 베시와 윌리엄 파베의 자녀로 태어난 앤은 일생을 영재교육에 투자했다. 이 장에서는 두 가지 질문이 제기된다.

① 어떻게 신시내티 소녀가 미국 내에서뿐만 아니라 세계적으로 유명한 영재교육 지지자이자 목소리가 되었는가?
② 그녀가 활동하던 시기의 어떠한 배경이 그녀의 주장이 용인될 수 있도록 만들었는가?

앤은 1944년에 신시내티 대학교 유아교육-미술과를 학사로 졸업했다. 앤의 대학 성적 증명서를 보면, 그녀는 프랑스어, 화학, 사회 심리학, 수학과 같은 몇 과목에서의 안 좋은 성적들과 함께 대부분 B학점을 받는 학생이었다. 그녀가 학사과정을 마쳤을 때는 24세였는데, 셀리그 시어도어 아이작스와의 61년 결혼 생활에 들어선지 5년째 되던 때이기도 했다. 1949년 제이비어(Xavier) 대학의 대학원에서 연구를 시작하기 전에 앤은 몇 년간 해밀턴 카운티의 복지부에서 심리학자로 일했다(1945~1950년). 이 일은 테드(시어도어의 애칭)가 제2차 세계대전 중의 필리핀 군복무를 마친 후 가정을 꾸리고 두 딸인 마저리와 수전을 키우며 생활을 영위하기 위한 것이었다. 해밀턴 카운티에서 한 일은 그녀의 전기에서 '개척'이라고 묘사되는데, 이것은 그녀가 직업 정치나 승진 결정을 위해 표준화된 심리검사를 사용한 점에서 비롯된다(Billman, 2001).

1947년, 첫아이인 마저리가 태어나자마자, 앤은 상담 및 지도, 교육기초, 교육행정을 공부하기 위해 제이비어 대학교에 돌아가기로 결심했고, 1950년에 제이비어에서 석사 학위를 취득했다. 그녀의 성적은 학부생 때의 성적과 비교했을 때 A학점과 B학점이 훨씬 많았다. 이때 앤은 그녀의 일생의 업적을 만들어 낼 분야를 발견한 것이 분명하다. 그녀는 학위를 받고 나서 1950년부터 1957년까지 인성개발유치원(Personality Development Pre-School)을 운영했다. 이 학교는 앤이 여생 동안 어떤 일을 하면 좋을지에 대해 집중할 수 있도록 했다. 이 학교는 신시내티 주변에 사는 많은 영리한 아이의 마음을 끌었다. 심리측정 배경과 문학적 재능, 그리고 앞선 영재성 연구를 참고해 앤은 많은 학생을 영재로 판별했다. 그녀는 학교 학생들의 평균 IQ가 145라고 밝히기도 했다(Isaacs, 1963b). 수년간 앤은 이렇게 말했다. "나는 이 이례적으로 영리한 학생들이 학교를 떠나고 나서 더 나은 진전을 이루지 못한다는 것을 발견했다. 그래서 나는 영재교육을 강화할 방법들을 연구하기 시작했다."(Isaacs, 1963b, p. 125)

그녀가 유치원생 부모들에게 했던 조언의 대부분이 그녀가 나아갈 다음 방향을 결정했다고 볼 수 있다. 1950년에 그녀는 오하이오 대학에서 박사학위를 시작해, 가족을 부양하면서도 1960년까지 심리 기초, 상담, 행정학을 이수했다. 왜 국립영재협회(NAGC)라는 전문 기관을 설립하기로 결심했는지는 잘 알려지지 않았지만, 그녀는 설립 이후 수년간 영리한 아이들이 어려운 상황을 스스로 헤쳐 나가지 못하는 '불공정함'을 자주 언급했다. 그녀의 경험들은 아이들, 부모, 교사들에게 필요한 자원의 지원과 조언이 국립 기관을 통해 가능하다고 생각하도록 이끌었을 것이다. 그녀는 자신의 집에서 그 기관을 시작해 『정신위생(Mental Hygiene)』(Isaacs, 1957a), 『교육적 관리 · 감독(Educational Administration and Supervision)』(Isaacs, 1956b)과 같은 학술지에 훌륭한 글들을 게재했다. 그녀는 부모들의 편지에 답장할 때 NAGC의 이름이 새겨진 편지지를 사용했고, 자기 자신을 NAGC의 회장이라 칭했다. 그리고 1954년 법적 절차에 들어가 1957년에 정관을 작성하였다. 그녀의 남편인 테드는 다음과 같이 회상한다.

　　NAGC의 초기 역사를 내 개인적 경험에 빗대어 전하는 것이 사람들의 흥미를 끌지 않을까 싶다. 거기엔 로맨스가 있다. 50년 전 신시내티의 클린턴 스프링 409 번가에서 앤과 테드 아이작스라는 젊은 커플이 이제 막 그들의 새로운 터전으로 이사해 왔다. 앤을 한 번도 만나 보지 못한 사람들을 위해 주제에서 잠깐 벗어나 그녀를 설명하려고 한다. 그녀는 키가 크고 어두운 머리에 파란 눈을 지닌 아름다운 여성이었다. 역동적이고 에너지가 가득한 그녀는 같이 있는 사람들을 즐겁게 했다. 이러한 묘사에서 내가 그녀를 사랑하고 칭찬한다는 것을 느꼈다면 정확히 짚었다. 새 집이 굉장히 커 부수입이 좀 필요했기 때문에 마지(마저리의 애칭)가 4세 되던 때, 앤은 유치원 설립을 결정했다. 모두들 그녀가 심리학을 공부했고, 해밀턴 카운티에서 심리측정을 한 경험이 있다는 점을 알고 있어 예상했겠지만, 그녀는 유치원 아이들에게도 물론 스탠퍼드-비네 지능검사를 받도록 했다. 그리고 이 테스트를 통해 아무런 사전 선택 없이 영리한 아이들을 모았다는 점을 알게 되었다. 대부분의 아이가 우리 이웃이었기 때문에 앤은 쉽게 아이들의 학교생활을 살펴볼 수 있었다. 자세한 통계 자료를 모으진 않았지만 그래도 그녀는 대부분의 아이와 계속 연락을 주고받을 수 있었는데, 놀랍게도 대다수의 아이, 특히 매우 높은 IQ 지수를 지닌 아이들이 학교에서 부진한 성적을 보였다. 무엇인가 분명히 잘못된 것이었다. 연락을 주고받는 다른 곳의 아이들도 비슷한 양상을 보였다. 분명 학교가 장애를 가진 아이들이나 다양한 방식으로 어려움을 겪는 학생들에게는 특별한 관심을 두면서도, 영리한 아동들이 가라앉아 발버둥치는 것엔 무관심한 것이 보편적인 상황이었다. 그것이 학교의 잘못이든 아니든, 학생들이 어린 시절에 영재성을 잃는 것은 분명했다. 왜 우리가 이것을 걱정하고 신경 써야 하는가? 인생은 경쟁이고, 성과는 승리자에게 돌아간다. 앤은 이에 대해 영재성은 중요한 천연자원이라고 대답할 것이다. 이 세계를 더 나은 세상으로 변화시키는 것은 영재들이다. 앤은 이 신념을 전파하는 데 인생의 50년을 헌신했다(S. T. Isaacs, NAGC에 보내는 개인적 서신, 2001a, 2001b).

　　1957년 8월, 신시내티에서 앤과 제임스 스토버(James Stover), 폴 롤링스(Paul Rollings), 자리타 슈워츠(Zarita Schwartz)가 국립영재협회(NAGC)의 정관에 서명했다.

앤은 NAGC를 대신해 진행 상황과 납세 고지서, 요구 사항들을 제출하는 사람으로 대표되어 왔다. 단체는 다음과 같은 다섯 가지 목표('규약')를 지니고 있었다(NAGC, 1957).

① 교육 및 훈련에 연관된 지도·발달·교정·예방 수업을 포함한 영재교육의 관심과 연구 격려
② 영재와 관련된 과학적 정보의 보급
③ 영재 문제 분석과 영재교육 단계별 성공적 실습 사례 정보 보급
④ 교사들의 영재교육 방법 증진과 연구 기회 제공
⑤ 과학적·실험적 조사 연구 및 증진된 영재교육 방식의 실습 사례 출판 및 보고

첫 씨앗이 심겨졌다.

정원 가꾸기

다양한 NAGC의 담당자와 이사회 명단에서 앤은 1954년부터 1959년까지 임기한 NAGC의 첫 회장으로 실린다. 추후 회장의 자리에 있던 윌리엄 배서(William Vassar, 6대, 1966~1968년)는 앤을 잠재적 이사회 멤버를 만나면 이사회에 가입하도록 이끌던 사람이라고 묘사했다. 배서도 이 방식으로 단체에 가입했다. 윌리엄과 앤은 1960년 아동과 청년을 위한 백악관 회의에서 만났고, 앤은 곧장 '매사추세츠를 위한 일'을 하도록 그를 고무하기 시작했다. 말할 필요도 없이 위원회의 규모는 굉장했으나, 매년 국립 컨벤션에서 열리는 위원회 회의의 출석률은 저조했다(Vassar, 1998). 배서는 "앤이 직접 진행하거나 지원하지 않으면 NAGC에는 아무 일도 일어나지 않았다. 그녀는 항상 똑똑하고, 재능 있고, 매력적이었지만 그 자리에서 물러나지 않았다면 괴물이 되었을지도 모른다."라고 회상한다(Vassar, 1998, pp. 2-3).

협회는 성장하기 시작했다. 첫 씨앗을 정원으로 키운 가장 중요한 사건은 앤이

1957년 초에 『영재아동 계간지』를 창설하고, 1957년 12월 뉴욕에서 열린 미국과학진
흥협회(American Association for the Advancement of Science: AAAS)를 공동 후원자로 주
선해 첫 국내회의를 확립한 것이다. 첫해, 네 권의 학술지 발간물은 전부 그녀가 작성
한 것으로 『영재아동 뉴스레터(The Gifted Child Newsletter)』라 불렸다. 앤은 1월에 출
간된 첫 호에서 NAGC의 목표로 ① 정보처리 기관으로서의 기여, ② 지역 영재 프로
그램 설치, ③ 소식지 출판, ④ 대학원 연구 보조금 지원, ⑤ 영재 돕기를 목록화했다.
네 번째 목표를 제외한 나머지는 오늘날 NAGC의 목표와 일치한다. 나는 워싱턴 DC
에 위치한 NAGC 사옥에서 문서들을 찾는 동안, 회의실 칠판에서 최신 NAGC의 목표
리스트를 발견했다. 그것은 ① 독자 확장, ② 수입 다양화, ③ 예산 균형, ④ 소통 채널
다양화, ⑤ 회원 수 증가, ⑥ 협의회 참석률 증가, ⑦ 네트워크 투자 최적화였다. 마지
막 목표는 예외이지만, 우리는 앤이 첫 회의를 열고 『영재아동 뉴스레터』 네 권을 작
성하던 때에도 이 직선적이고 실질적인 목표들을 마음에 품고 있었다는 것을 쉽게 그
려 볼 수 있다.

　1957년이 다 지나기 전, 앤은 특별히 루이스 플리글러(Louis Fliegler), 루이스 터먼
(Lewis Terman), 폴 위티(Paul Witty), 로버트 해비거스트(Robert Havighurst), 리처드 보
드먼(Richard Boardman), 조지프 저스트먼(Joseph Justman), 머를 섬션(Merle Sumption),
월터 바브(Walter Barbe), 니콜라스 모슬리(Nicholas Mosely), 노마 커츠(Norma Cutts), 로
버트 드한(Robert DeHahn), 해리 파소(Harry Passow), 윌리엄 크루이크섕크(William
Cruickshank)와 같은 지도자들에게 연락해 몇몇의 가입 동의와 몇몇의 가입 포기를 받
았다. 앤은 『영재아동 뉴스레터』의 첫 발간물을 통해 다양한 주에서 영재교육 증진을
위해 어떤 일들을 하고 있는지 전했다. 미네소타 주와 마찬가지로, 미시간과 일리노
이 주에는 이미 영재교육에 기여하는 큰 옹호 단체들이 있었다. 한 해가 지나고 앤은
한 소식지당 페이지 수를 30페이지로 늘렸다. 1958년에 이 출판물의 이름은 『영재아
동 계간지(GCQ)』가 되었고, 페이지 목표치에 항상 도달했다. 또다시 미국과학진흥협
회(AAAS)의 공동 후원으로 인디애나폴리스에서 회의가 열렸고, 전국중등교장연합
(National Association of Secondary Principals)의 패널들이 참여했다. 회장 선거는 그해 회
의에서 시행되었는데, 월터 바브가 1959년부터 1960년까지의 임기로 선출되었고, 그

뒤를 이어 1960년부터 1962년의 임기로 빅터 고어젤(Victor Goertzel)이 선출되었다.

고어젤이 NAGC의 회장직에 서면서, 이사회는 협회를 위해 정관을 수정하기로 결정하였다. 고어젤과 장관이었던 글래디스 그림제스(Gladys Grimjes)의 서명하에 조항들은 초기 형태에 가까워졌다. 그러나 영재교육을 위한 훈련 및 평가 프로그램을 개발한다는 명목으로 협회의 자원과 자산을 오하이오 대학교에 넘긴 마지막 조항은 협회의 해산을 초래한 원인이 되었을 수 있다. 그 당시에 앤을 포함해 25명이 NAGC의 수탁인으로 이름을 올리고 있었다. 협회는 또 일 년을 살아남기 위해 애쓰기보다, 미래 성장과 발전을 내다보면서 좀 더 성장하고 정교해지는 것 같았다.

1961년부터 1962년까지, GCQ의 편집장이자 발행인이었던 앤은 기사와 테마 이슈에 관한 조언을 구할 최고 편집부를 두었다. 존 고원(John Gowan), E. 폴 토랜스(E. Paul Torrance), 벤저민 파인(Benjamin Fine), 월터 바브가 첫 GCQ의 편집부에 속해 있었다. GCQ의 출판을 시작한 지 3년째 되던 해부터 8년째 해까지의 모든 출간물이 폴 토랜스의 조사 연구로 시작했는데, 마치 GCQ가 그의 개인 출판 매체가 된 것 같았다. 앤은 항상 1~2페이지의 사설과 교수 전략, 부모상담 또는 영재성에의 관점에 관한 실질적 이슈를 다루는 두 번째 혹은 세 번째 글을 자주 썼다. 그녀의 공로는 대개 다양한 주제와 발상을 표현한 그녀의 그림을 제외하고도 매 호의 1/3을 차지했다. 5년째에 이 학술지는 연간 177페이지를 발행하였고, 1965년에는 211페이지까지 증가하였다.

이제 정원은 풀이 가득하고 무성했다.

정원 유지

NAGC와 GCQ 초기의 앤의 사설들은 "여러분, 참여하세요." "영재들이 처한 상황은 이렇습니다." "여기에 교사들이 할 수 있는 일이 있습니다."와 같은 세 가지 메시지로 구분되었다. 1956년부터 1960년까지는 주로 '회장의 메시지'와 연례회의 기록, 자금 지원 호소, 신규 회원 모집, 각 주의 가맹 수 확장(주제: "여러분, 참여하세요!")

에 공헌하였다. 이 시기에 앤이 영재 문헌에 기여한 것으로는 교육적 관리·감독 (Isaacs, 1956b)의 영재 연구를 주석으로 단 참고문헌과 '영재를 위한 유치원 프로그램 (Nursery School Programs for the Gifted)'을 논한 『1958년 교육연구를 위한 국민 사회 연보(1958 National Society for the Study of Education Yearbook)』의 한 장에 이어 「현대 영재의 필요(Needs of Today's Gifted)」(Isaacs, 1956a) 「성적이 영재의 잠재능력 인식에 끼치는 영향(Influence of Grades on the Gifted Child's Awareness of Potentiality)」(Isaacs, 1957c)을 다룬 첫 NAGC의 연례회의에서 선보인 출판물이 있다. 이것은 모두 인습적 이던 학구적 구성 방식에 맞춰 작성되거나 그녀 이전의 학자들, 즉 골턴(Galton), 터 먼, 스피어먼(Spearman), 카텔(Cattell), 웩슬러(Wechsler)의 이론을 다룬 것이 아니었 고, 이제까지의 독서 경험과 영재아동과 함께 하며 겪은 일, 영재 프로그램 형성과 관 련해 학교와 논의하던 경험들을 주로 담아낸 것이었다.

앤은 누가 영재이고, 그들이 대면한 문제가 무엇인지(주제: "영재들이 처한 상황은 이 렇습니다")에 대해 설명할 때, 잘 아는 사이이거나 가족과 인터뷰한 적이 있는 아이의 사례 연구를 특징적으로 사용했다. 그녀는 사례로부터 영재성을 일반화하는 경향이 있었다. 이 방식은 오늘날까지 영재교육 분야 내에서 영재성의 발현 연구 중 나타나 는 극단적 예시의 질적 사례 연구에 대한 주력과 함께 계속된다. 이런 이유로, 그녀가 영재성을 이해하기 위한 이 접근법을 선도하고 다른 사람들이 그 방식을 따를 수 있 도록 정원의 길을 밝혔다고 할 수 있다. 그녀의 방식은 영재아들이 처한 역경에 대한 연민과 흥미를 불러일으켰다. 이 감정은 영재아들을 위한 변화를 이끌어 내기 위해 꼭 필요한 것이었다.

이 시기에 세 번째 주제는 영재들이 자신의 영재성을 다루는 데 어려움을 겪고 도 움을 필요로 한다는 점을 교사, 학교, 부모들이 인지하지 못하고 있는 사태를 다뤘다. 앤은 다음 10년간 글을 통해 이 주제를 상당한 수준으로 확장시켰다. 그녀의 초기작 에서 특별히 흥미로운 것은 로버트라는 젊고 재능 있는 음악인을 발굴한 첫 사례 연 구였다(Isaacs, 1957b). '존재하느냐 존재하지 않느냐: 신상조사서'라는 제목의 그 글 은 9세부터 교향악단과 공연한 어린 바이올리니스트 로버트를 분석하는데, 앤과 인 터뷰하던 때 17세였던 그는 가족과 떨어져 음악대학에서 공부하고 있었다. 앤은 로버트가 재능을 위해 희생하거나 선택하지 않는 것, 그리고 연주에 충동적으로 임하지 않는 것, 친구들을 사귀고 학업과 사회 활동에 긍정적으로 참여하는 것에 놀랐다고 한다. 로버트는 어머니가 방에 같이 앉아 시키지 않는 한 연습하기를 꺼렸다. 그리고 아이가 뛰어난 재능을 가지고 있음에도, 그의 부모님은 음악을 직업으로 삼지 않도록 할 것이라는 데 매우 강경했다. 이것은 앤이 알고 있는 터먼의 '가장 성공적인' 아이들에 관한 연구조사와 정반대되는 것이었다. 터먼의 연구에 따르면 영재들은 자신의 직업적 목표와 개인적 목표를 이른 시기에 깨닫고 그것에 매진하는데, 앤이 경험한 사례는 그렇지 않았던 것이다. 그녀는 그 글을 통해 로버트가 재능을 잃어버릴 수 있다는 걱정을 드러냈다. 로버트는 스스로 뮤지션으로 인정받기 위해 연주회를 열어야 한다고 생각했지만, 그 아이는 성공하기 위해 필요한 기술들을 개발할 동기나 욕구를 가지고 있지 않았다.

이 사례 연구는 학습부진의 원인, 특히 재능의 성숙을 강화, 개발 또는 방해하는 가정과 학교 기폭제에 관한 다음 10년의 연구를 전조했다고 할 수 있다. 이 철학적인 사례 연구를 읽는 동안 느끼게 된 것은 앤이 왜 어린 시절에 좀 더 열심히 음악의 길을 추구하지 않았는지 알아보려 노력하지 않았을까 하는 점이다. 사실, 이러한 생각은 하나의 씨앗으로 심겨져 10년 후 히브리 전례를 연구하는 데 이르고, 또 10년 이상을 작곡과 히브리 음악 전통을 연구하는 것으로 이끌었을 것이다(Isaacs, 1974a).

정원의 바위는 장식품 그 이상

1960년대와 10년간, 사람들은 앤, 협회 그리고 학술지가 리더 교육에 관한 국가적 우려를 다루고 그로 인해 미국이 국제적으로 과학적 성과를 잃어버렸음을 깨달아 만회하지 않을까 생각했다. 그렇지만 이러한 국민들의 걱정은 스푸트니크호 발사라는 이슈에 비해 잘 다루어지지 않았는데, 앤뿐만 아니라 학술지에 기여한 다른 사람들도 그에 관한 글을 많이 쓰지 않았다. 1958년, 국가방위교육법(NDEA)의 영향으로 상당한 돈이 제공되었는데, 이것은 높은 수준의 수학, 과학, 기술적 프로그래밍을 통해 이익을 창출할 수 있는 똑똑하고 재능 있는 학생들을 식별하기 위함이었다(Jolly, 2005, 2009). 그러나 국립영재협회(NAGC)와 영재협회(The Association for the Gifted: TAG, 미국 장애인특수교육협의회의 분과) 모두의 리더십과 이 돈을 통해 영향력 있는 교육과정을 개발하는 데 있어 합의를 찾지 못해 어려움을 겪는 것으로 보였다. 아이젠하워의 1960년 아동과 청년을 주제로 한 백악관 회의는 영재교육을 제도화하고, 일반 대중이 영재를 잠재적 천연자원으로 이해하도록 돕는 디딤돌이 될 수 있었지만, 이러한 방향성은 받아들여지지 않았다(Isaacs, 1960b). 앤은 영재교육 분야의 전도유망한 많은 학자와 지도자가 백악관 회의에 참여할 것이라고 확신했지만, 아주 소수의 사람만이 참여하여 NAGC를 옹호하였다. 회의 요약본은 1960년 *GCQ*의 두 번째 발행호에 실렸고, NAGC의 관점에 관한 약식은 그해 네 번째 발행호에 실렸다.

배서가 이 시기를 회상한 것(1998)에 비추어 보면, 두 영재 기관 간에 지지가 부족했던 것은 NAGC의 권력 구조 자체에서 비롯된 것이기도 했다. 1960년대 초의 NAGC 회장직은 심리학자, 은퇴한 교육감, 교장, 주 감독관, 두 명의 과도적 영재센터 장이 맡았는데, 이들은 모두 국가적 영향을 완벽히 이해하지 못했을 사람들이다. 그렇지 않으면, 아마도 앤은 *GCQ*의 출판·편집·게재와 연례회의 준비, 부모 정보 요구 처리, 회원 모집, 복무 중인 교사/학교에 전국적 트레이닝을 제공하는 일들로 바빴고 '무엇이 될 것인가'에 관한 큰 그림을 보지 못했던 것이다. 이것이 앤 아이작스의 완전한 끝을 나타내는 첫 조짐이었을까? 앤은 너무 많은 잡초 또는 꽃들에 둘러싸여 정원을 하나의 전체로 보지 못한 것이 아닐까?

한편, 앤은 계속해서 1960년대에 세 가지 주요 옹호 주제인 '영재아동은 누구인가?' '우리가 영재아동들에게 도전적 기회를 만들지 않으면 어떻게 될까?' '왜 학교는 그들을 무시하는가?'를 두고 사설을 썼다. 그녀는 창의성 계발 부족의 관점에서 학습부진을 바라보는 데 아주 많은 시간을 할애했다. 그녀의 우려는 학교를 도와 영재아동을 위한 프로그램의 개발·유지·확장에 필요한 주와 연방의 자금 조달을 확보할 방법을 강구하는 것보다 NAGC를 넓히기 위한 신규 회원 모집과 NAGC를 위한 기부를 마련하는 데 좀 더 주력하는 경향이 있었다. 1960년대를 보내면서 앤은 *GCQ*에 실은 71편의 기사(예: Isaacs, 1963b), 세 개의 장, 창의성을 주제로 한 두 개의 책,

*GCQ*에 게재한 분기별 사설을 썼다(Isaacs, 1963a). 이 10년 동안 그녀가 다룬 주제들은 가치관, 철학, 종교, 그리고 이 분야의 연구가 어떻게 영재들의 요구를 충족시킬지, 어떻게 영재성을 운동, 음악, 미술, 창의성을 담는 정의로 넓힐지를 포함하여 그 범위를 넓혔다. 그녀는 다양한 분야에서 성공한 영재들과의 일련의 인터뷰를 통해 이 확장된 개념을 지지할 수 있었다(예: Isaacs, 1963c, 1966, 1967). 그녀가 쓴 글은 설득력이 있으면서도 직접적이었고, 재능을 지닌 아이들의 전형적 요구(needs)를 일반화하기 위해 사례 연구 접근법을 사용하였다.

분명 영재교육에 대한 그녀의 지지는 국가적 인식과 의제를 세워 단체를 통해 차별화 교육을 주도하려고 했던 것보다 아이들 자체를 중점적으로 바라보고 있었다. 둘 중 어느 쪽인지 확실하지 않다고 하더라도, 이 시점에서 앤이 영재교육이 대세로 자리 잡는 것을 우려하지 않았고, 오히려 사람들이 질문하고 조언하는 국가적 자원이 되었다는 점에 만족했을 것임을 알 수 있다. 아마 그녀는 분야가 너무 커져서 15년 동안 해 오던 방식으로는 다루기 어렵다고 판단하기 시작했을 것이다. 영재교육에 대한 국가적 비전의 부재는 연방의 위치에서도(이 책의 시드니 말랜드의 장 참조), 앤의 개인적 위치에서도 중추적 촉매로 작용하여 1970년대의 사건들을 야기했을 것이다. 1970년에 이르러서도 앤은 영재아동을 장애아(the Handicapped)를 위한 연방 교육에 포함하려는 영재협회(TAG)와의 협력을 통렬하게 거부했다. 1970년 11월의 일리노이에서, 교육청 앞에 선 그녀는 다음과 같이 진술했다.

영재아들이 장애아라고 불리는 것을 들을 때마다 나는 몹시 화가 난다. 우선적으로 그런 말은 기만적이고 부정직하다. 정치적으로 행동하며 영재를 무슨 이름으로 부르든 단지 프로그램에 필요한 돈을 얻기 위해서만 애쓰는 교육자들은 그들 직업의 수치이거나, 영재가 아니거나, 그들 자신을 영재라 생각하지 않기 때문에 그 이름을 꺼리는 것에 동조하지 못하는 것이다. 이름을 '산(buy)' 사람들 중 일부는 선의를 지니고 있고, 단지 전임자들의 길을 따라가는 것임을 인정하긴 해야 한다. 영재가 장애(disability)를 가지거나 혹은 영재가 됨으로써 장애를 겪는 경우는 드물다. 영재성을 장애와 엮으려는 교육자들의 의도는 사회를 위해 더 나은 일을 할 영재의 개념을 부적절하게 이해했다는 사실의 살아 있는 증거다(Isaacs, 1970, p. 153).

앤이 맞든 틀리든, 궁극적 영향은 1975년에 국회에서 장애아교육 법안이 통과되었을 때, 영재아를 재정적으로 지원한다는 조항이 포함되지 않았다는 데서 나타난다. 정원을 넓히고 새로 꾸며야 했지만, 정원사는 필요한 공구와 과업에 대한 선견지명이 없었다.

중간중간 뿌리 몇 개가 파이긴 했지만, 앤에게 1970년대는 순조롭게 시작해서 순조롭게 끝났다. 1970년대 초, 단체와 학술지는 계속 발전했고, 더 많은 연구원과 지도자가 영재교육에 매료되었다. NAGC 위원회는 개인적 힘을 얻어 국가의 인정을 받고, 영재와 영재교육 교사를 돕는 일에 보람을 느끼는 사람들로 가득 찼다. 앤은 단체 뒤에서 실세의 위치에 있었지만, 타협하지 못하고, 남들과 힘을 나누지 않고, 더 이상 통제력을 행사하지 않은 채 일을 위임하는 무능력함 때문에 종말을 맞았을 것이다 (Vassar, 1998). 물론 이것은 옳을 수도 있는 배서의 관점일 뿐이다. 위원회 구성원들에게 보낸 앤의 서신은 거의 항상 '사랑하는' 이 포함된 인사말로 시작해 '애정을 듬뿍 담아' 라는 말로 끝났다.

1970년과 1974년 사이 앤이 *GCQ*에 마지막 기사를 게재했을 때, 그녀는 87편의 학술지 기사, 7부의 협상문, 또 다른 3개의 장과 책 한 권을 출판했다. 이 시기에 그녀가 다룬 주제들은 신화, 성서 인물의 영재성 연구, 영재성으로 나타난 창의성을 주제로 한 일련의 실제적인 글을 포함했다. 성공한 영재들의 사례 연구는 다양한 분야에서 성공한 창의적인 78명의 성인을 대상으로 한 대규모 인터뷰 조사를 바탕으로 작가, 운동선수, 음악가로 활동하는 영재들과 함께 계속되었다(예: Isaacs, 1974b, 1974c). 1970년부터 1972년까지는 거의 모든 호의 1/3이 앤의 다양한 기사, 연구, 사설, 사색들을 담고 있었다. 가장 포괄적인 주제는 '사랑의 신 에로스여, 살아남기 위해 영재가 분투해 얻어야 할 재능은 무엇입니까?' (Isaacs, 1972a)와 '창조, 그리스 신과 영재성' 이라는 자극적인 제목으로, 신화와 관계되어 있었다(Isaacs, 1972b). 영재의 심리적 건강에 대한 관심도 계속되었지만, 이에 관한 계획들은 앞선 20년의 발상을 번복하는 듯했다. 1970년대 초에는 영재가 어떤 사람들이며 그들에게 필요한 것은 무엇인지에 대한 글은 많이 썼으면서도 어떻게 그들을 가르칠 것인가에 관해서는 많이 다루지 않았다. 아마 앤은 관심 분야의 과잉으로 인해 철학, 역사, 음악, 미술과 같이 자신의 영재성을 계발할 수 있는 쪽으로 방향을 전환한 것일지 모른다. 다양한 미디어를 통해 자기 자신을 항상 예술적으로 표현하던 앤은 점점 그림, 공예, 소묘, 스케치에 몰두했다. 또한 이 시기에 그녀는 죽은 지인이나 친구를 위한 애가를 시작하면서 많은 곡목을 작곡했다. 이러한 창조적 활동들은 1980년대 초까지 이어졌다. 아마 그녀는 교사 문제에 관해선 할 말을 다 했다고 느꼈거나, 이 주제에 관해 연구를 하고 있는 동료들이 '어떻게 그들을 가르치는가' 하는 우려의 경향이나 현 위치를 제공할 것이라 생각했을지도 모른다.

앤 파베 아이작스에게 1974년은 기복이 많던 중요한 해였다. 18번째 *GCQ*의 첫 호의 커버는 (모순적일지 모르지만) 웃는 얼굴에 강렬하면서도 동시에 사색적인 어두운 머리의 여인을 보여 준다. 그해 *GCQ*의 주제는 '영재교육 지도자'였는데, 출간물이 각 지도자에게 바쳐졌다. 흥미롭게도 네 명의 지도자 중 세 명(아이작스, 토랜스, 터먼)만이 이 책 『영재교육에 헌신한 100년: 빛을 밝혀 주는 삶(A Century of Contributions to Gifted Education: Illuminating Lives)』에 포함되었다. 네 번째 지도자였던 스탠리 크리프너(Stanley Krippner)는 아직 살아 있기 때문에 이 책에 적합하지 않았다. 앤에게 바쳐진 *GCQ*의 발행물은 분명히 1974년 그녀의 성공을 나타낸다고 말할 수 있지만, 단체의 번성과 생존을 위해 노력하고 헌신한 20년이 지난 이 해에 NAGC와 *GCQ*의 편집권을 빼앗겼기 때문에 그녀에게 쇠락의 해이기도 했다(Isaacs, 1974d).

단체가 앤을 몰아내기 위해 노력하던 때에 NAGC는 국가 정책에 기여할 기회를 잃었는데, 이것은 아마 장애라는 이름에 영재를 포함시키는 일에 격렬히 반대하던 앤 때문이거나, 새롭게 성장할 수 있는 방법이 있을 것이며 근시안적 사고라 여겨지던 것들은 더 이상 필요하지 않다는 위원회의 인식 때문이었을 수 있다. 이 시기에 앤 또한 협회를 전국적 단체로 키운 자신의 업적을 보상받기 위해 애썼다. 위원회가 앤이 요구한 방식으로 자신들의 돈을 소비하고 싶지 않아했던 것은 분명하다. 그들은 협의회를 위해 돈을 받았지만, 상임이사를 앤의 복무와 관련해 사용하지는 않았다.

학술지의 편집자이자 발행인이었던 그녀는 즉시 다음 발행편에서 자신과 위원회 간 문제의 윤곽을 드러내어 보복하였다. 앤은 다소 NAGC를 새로운 방향으로 이끌고 싶어 하는 사람들에 대한 개인적 불만을 표출하는 데 *GCQ*를 사용했다. 그녀는 '*GCQ* 독자들에게 쓰는 공개적 편지' (1973)에 다음과 같이 적었다.

> 사람들이 그렇듯, 단체는 다발로 쏟아지는 듯한 문제들을 갖고 있다. 한동안 우리는 회계사들과의 관계에서 어려움을 겪었다. 그들 중 둘은 NAGC의 기록을 보관하는 과정에서 바보 같은 실수를 했다. 다른 두 명은 도울 것처럼 하더니 뒤로 빠졌다. 또 다른 한 명은 사망했다. 가장 최근 일을 맡았던 사람은 우리를 돕고 있다고 계속 말했지만, 말뿐이었지 우리는 그가 행동으로 옮기는 것을 본 적이 없었다. 그동안에 국세청에서는 지난 6년간 비영리 단체의 재정사를 살펴보기로 결정했다. 동시에 다른 분과에서는 비영리 기구에서의 귀환이라 부르는 프로그램을 시작했다. NAGC를 돕는 회계사들은 필요한 문서를 전부 보관해 두었다고 밝혔다. 그러나 몇몇 국세청 사람이 NAGC에 귀환 불능을 통보했고, 지난 봄 파일을 정리해야 한다는 말에 우리는 문서들을 정리해 보관했다. 우리가 메일을 두 번 보냈는데도, 최근 방문한 사람들은 그들이 요구한 파일이 도착하지 않았다고 하였다. 다행히, 구식 카본 복사본이 있어 그들에게 보낼 수 있었다. 한편, NAGC 위원회는 상임이사국에 이러한 문제를 밝힐 기회를 주지 않았다. 대신에, 집단적으로 이 직원을 물고 늘어졌다. 이번 해 *GCQ* 상반기 발행물에 실린 회의록을 보라. 모든 기록을 갖고 있었음에도, 회계사는 기록물이 자신에게 전달되지 않았다고 틀리게 진술했다. 상임이사국은 단 한 번도 응답할 기회를 얻지 못했다. 그러므로 이곳은 문제에 뒤덮여 있다고 볼 수 있다. 그 문제의 일부는 단체 내에서 비롯되고 일부는 외부에서 비롯된다. 이제 우리는 이 근무지에서의 업무를 방해하는 새로운 어려움에 직면했다. 1974년 연례회의 이후에야 직무를 맡을 차기 회장은 자신이 이미 회장직에 앉은 것처럼 행동하고 있다. 이 중요한 단체의 회원들 간 평화를 지키면서 이례적인 난관과 맞설 때, 순조로운 운영을 유지한다는 것은 가장 어려운 일이다. 최근의 문제는 위원회가 비공식적으로 상임 이사의 사임을 요청한 것이다(헌법에 의하면 회의는 회장이나 상임 이사에 의해 소집되는데, 날짜가 지정된다. 이 경우와 다르

다). 이것은 대리투표로 이루어졌기 때문에 위원회의 공식 승인이 있었다고 할 수 없다. 다수가 참석하지 않았을 때의 헌법 중요 사안들은 대리투표가 아닌 우편투표로 이루어져야 한다. 로버트의 의사규칙에 따르면 대리투표는 헌법이 투표를 준비하지 못했을 때에만 허가된다. 다른 사람에게 의무를 넘기는 이 발상은 급작스럽게 나타나 상임이사의 입장에선 받아들일 만했을 법하다. 이 점을 묵인하지 않은 데에는 몇 가지 이유가 있다. ① 급료 대불 납입을 신청했을 때에 이러한 요구가 생겼다는 점은 이상한 우연이다. 이것은 단체가 영재들의 감정과 업적은 생각하지 않은 채 필요한 대로 사용하고선 무시하는 전형적 대우다. ② 이 직장에 책망하는 것은 상임이사에게 추가적 일을 요구했고, 이미 완료된 일들은 두 배로 불었다. 몇몇 사람은 이 짐을 덜기 위해 무엇이든 했다. ③ 요구 사항들은 내규에 의해 거부되었다. 그래서 헌법에 맞추기 위해 애쓰는 동안 상임이사국도 자신들과 비슷한 방향에서 움직이도록 하기 위해 노력한 것이다. ④ 그들의 요구 사항은 비현실적이었다. 아무도 NAGC의 본사에서 하는 일의 정확한 본질을 묻는 데 귀찮아하지 않는다. 시간이 많이 필요한 일도 아니다. 상임이사국은 보수 없이 일할 준비가 되어 있는데도, 선 위원회에서는 봉급에 표결했다. 지금 우리 변호사는 돈이 지불되어야 한다는 점을 확인했다. 나의 제안은 납입금이 앤 아이작스 기금(Ann F. Isaacs Fund)에 예치되어 도움이 필요한 영재들에게 사용되어야 한다는 것이다. 위원회의 회원들이 각자 이 돈의 일부를 마련해야 한다는 것은 나의 생각이었다. 그들은 이것을 따르기보단 상임이사국을 해산시키기로 생각하고 있었다. 나의 친구인 NAGC의 위원들은 당신들의 목소리를 우리에게 들려주라. 무슨 생각을 하고 있느냐?(Isaacs, 1973, p. 210)

이 정보는 대중으로 하여금 앤의 행위(예: Leininger, 1974)를 통렬히 변호하는 내용의 다양한 편지를 *GCQ*로 보내는 것부터 NAGC 위원회와 앤의 법률 자문에게 보내는 법률 안내문 돌풍을 일으키는 것까지 광범위하게 간섭하도록 영향을 미쳤고, 1974년 2월 앤이 대단원의 막을 내리던 때까지 계속되었다. 존 고원은 12월 31일까지 모든 자산과 기록물을 위원회 비서에게 넘기라는 지시와 함께 1973년 11월 1일에 앤을 즉결 해고하였다(Gowan, 1974). 다음 날 앤은 편지를 보내, 위원회는 다음 임기가 끝나는 때(1976)까지 어려움에 처한 영재를 위한 기금으로 12만 5,000달러의 금액을 할당해야 한다고 되풀이했다. 그리고 그 금액은 위원회가 모금하여 충족해야 하므로, 베이크 세일과 마라톤을 포함한 14개의 모금운동을 항목별로 구분하여 제시하며, "새로운 방법을 찾든지 알아서 하라."고 했다(Issacs, 1974e).

공식적 합의안은 고원이 NAGC의 이사회와 *GCQ*에 차례로 "역사적 문서인 '세인트 루이스 문서(St. Louis Document)'는 협상을 이루었고 이 단체에 새로운 자유를 탄생시킬 건설적 협의안"(Gowan, 1974, p. 1)이라는 내용을 게재함으로써 1974년 2월에 앤에게 전달되었다. 앤은 1974년 12월까지 학술지를 포함한 모든 자산을 보유할 수 있게 되었고, 명예이사라는 직함으로 모든 회의에 명예 참석할 수 있게 되었으며, 그녀가 개인적으로 등록한 회원당 15달러씩 환불받게 되었다. 또 그녀는 NAGC로부터 해고당한 것이 아닌 사직한 것으로 간주되었다. 그 대가로, 앤은 NAGC를 그녀의 신시내티 주소에서 이전하는 것에 대해 아무런 법적 제재를 가하지 않기로 약속했고, 어려움에 처한 영재들을 위한 앤 파베 아이작스 신탁기금(Ann Fabe Isaacs Trust Fund)을 NAGC 위원회에 맡겨 설립·운영하기로 약속하였다. 그러나 앤이 협회를 떠난 후, 이 기금의 설립은 완수되지 않았다. 앤의 남편이 앤 파베 아이작스 설립자 기념상 시상식을 위해 1만 달러를 기부한 2000년대 초까지 NAGC는 앤의 이름을 다시 적극적으로 언급하지 않았다(S. T. Isaacs, 2001a).

1970년대를 거치는 동안에 앤의 리더십과 옹호 내용을 종합해 보면, 그녀가 직업과 개인적 생활을 분리할 수 있었을지 의문이 든다. 앤은 초기 연구 보급 서약과 달리 NAGC와 학술지를 자신의 생각을 전달하는 매체로 사용했던 것은 아닐까? 점점 더 많은 연구자가 위원회에 가입함으로써 학교 기반 실습과 부모 지원보다 연구 그 자체와 연구자들을 충족시키는 데 학술지와 협회를 사용하고 싶어 했기 때문에 결국 문제가 발생한 것이 아닐까? 어떤 동기로 그녀가 자원하여 일을 시작했으며, 해가 지남에 따라 그 마음이 어떻게 변한 것일까? 아마 정원이 자라기 시작하고 많은 연구원과 지도자가 영양분으로서 정원에 색과 생기를 입히던 초기에는 환희가 가득했을 것이다. 그러나 단체의 규모가 커지면서 세부적 마무리 작업들과 문서 작업, 회의 계획,

분기별 발행물이 큰 짐이 되어 앤이라는 자원봉사자의 어깨에 떨어졌을 것이다. 이 책임감은 단체를 무너뜨려서는 안 된다는 두려움에 더 이상 사랑에서 비롯될 수 없었을 것이다. 앤은 성공하지 못할 것을 우려하면서도 아이들을 돕기 위해 NAGC를 시작하였지만 시간이 지날수록 자신의 개인적 역량 계발을 추구하는 경향을 보였고, 이사회의 결정이 하나의 개인으로 성장할 수 있는 자신의 기회를 박탈하는 것이라고 여겼다. 그녀는 작곡도 하고, 그림과 만화도 그리고, 시도 쓰는 등 자기계발을 위해 다양한 활동을 했지만 협회는 그녀가 생각하는 협회가 가야 할 방향으로 가고 있지 않았다. 아마 그녀가 몇몇 정원의 길을 따르기를 반대했을 때 마무리 과정에서 지연되는 것들이 생겼을 것이다. 그녀는 학교 컨설턴트나 부모 상담자로서의 활동을 시작하거나, 그녀의 작품들을 공연하거나, 오하이오 박물관이나 갤러리에 전시하게 되었을지 모른다. NAGC는 앤을 필요 없는 꽃과 잡초가 많이 자라 어디에 길이 나 있었는지 모르는 제어 불능 정원으로 보았다. 이에 대한 그녀의 반응은 좀 더 유익한 방향으로 자랐어야 했다는 것을 깨닫기보다는 원래의 방식에서 정원을 지키기 위해 싸우는 것이었다.

1970년대 중반은 정원사가 앤의 뿌리를 제거함으로써 NAGC가 계획을 새로 설계한 때다. 그녀는 품위 없이 즉결 해고되었지만 모순적이게도 그해 *GCQ*의 첫 발행물의 커버에 그녀의 사진이 실리며 중요시되었고, 고원(1975b)의 사설에 매우 우호적으로 기록되었다. 앤이 NAGC에서 뿌리째 뽑히긴 했지만 영재교육 분야의 정원 가꾸기는 아직 끝나지 않았다.

정원 넓히기

*GCQ*의 1974년 여름호에는 새 국가 기관에 대한 공지가 발표되었다. "창의적 아동 및 성인을 위한 일이 벌어지고 있다." 이것은 *GCQ* 독자들을 위한 보너스로 묘사되었다(A. F. Isaacs, 1974c). 앤은 신시내티 주소를 본사로 지정하여 국립 창의적 아동 및 성인 협회(NACCA)를 창립하였다. 그녀는 이 새 협회가 "이전 협회와 기원을 같이한다."

고 선언했지만(A. F. Isaacs, 1974c, p. 106), 1956년 NAGC의 헌장에 다섯 가지 목표를 기록했던 것과 달리 22개의 목표를 열거하였다. 앤은 자신을 이 새 단체의 상임이사로 지정하고, *It's Happening*이라는 뉴스레터를 3년마다 한 번씩 출판하기로 하였다. 그해 앤은 1974년 *GCQ* 가을호에 '만약 한 가지 재능 또는 창의성이 있다면 그것으로 충분한가?'라는 제목으로 영재들의 내재적 창의력에 관한 사설을 실었다. 그녀는 사설에서 새로운 '창의성' 모험의 합당한 근거를 대면서 이 훌륭한 학술지가 창의성과 관련된 연구를 발전시키고 있는지 의문을 던졌다(그녀는 그렇지 않다고 말했다). 그러나 이 주장은 *GCQ* 수립 초기에 창의성 연구 분야는 영재교육의 형제와 같고, 교육계의 다른 곳에서는 인정받을 수 없다는 말을 반복하는 것이었다. *GCQ*의 이 발행호에서 앤이 설립한 새 단체를 홍보한 일은 그녀와 같이 NAGC의 위원회에 속했던 스탠리 크리프너와 폴 토랜스를 편집위원으로 둔 『창의적인 아동과 성인 계간지(Creative Child and Adult Quarterly: CCAQ)』의 창간으로 이어졌다. 토랜스는 *GCQ*에서 그랬듯이 (1963년부터 1974년까지 주요 기사 작성) 몇 년간 *CCAQ* (첫 공식 발행물은 1976년에 발간되었다)에 실린 모든 출간물의 주요 기사를 작성했다.

　이 시기의 새로운 활동들은 앤의 지시하에 진전되었다. 앤은 폴 토랜스로 하여금 창의성 워크숍을 개발하도록 하였는데, 그 워크숍들은 국립보건원(National Insititues of Health)에 소규모 지원을 제안하여 재정적 기금을 마련한 뒤 전국적으로 운영될 예정이었다. 1973년 2월에 출판된 *GCQ*의 공개 서한에서 토랜스는 다가올 회의를 위한 공식 제의가 아직 준비되지 않았다고 사과하는 한편, 영재와 비혜택 아동을 위한 3주간의 워크숍이 독창성과 창의적 문제 해결 활동을 동일하게 다룰 것이라며 자신의 비전을 설명했다. 이 작업은 그가 몇 년 후 개발한 미래 문제 해결 프로그램(Future Problem Soving Program)의 기원이 되었을 것이다(Raina, 2006). 연말에 앤은 NACCA를 통해 『어떻게 서로에게 잘하는 사람이 될 수 있을까(How to Teach Ourselves to be Good to One Another)』라는 책을 출판했는데, 그녀의 주장에 따르면 이 책은 "직업 종사자들의 문헌을 돕는 그녀 자신의 평생 연구와 경험에 기초한" 것이다(Isaacs, 1975, p. 106). 이 책은 어쩌면 지난해 NAGC와의 일들에 관한 자신의 관점에서 비롯된 극적인 환경들을 받아들이는 교육적 방법이었을 수도 있다.

새 학술지의 첫 공식 판은 1976년 여름에 출판되었다. 학술지의 외관과 내용에 대해 살펴보면, 앤은 일러스트가 출간물에 어떤 기여를 한다고 생각하지 않으면서도 본인의 예술적 스타일(Isaacs, 1974a)에 따른 여러 일러스트를 다양한 기사와 함께 실었다. 그녀는 사설을 통해 이 첫 출판물이 자발적이고 창의적인 활동으로 이루어져 있어 개인적으로 매우 즐거웠다고 설명한다. 그리고 그녀는 자기의 기사를 '창의적이고 혁신적인 사람들은 어떻게 영감을 받는가? 미술, 음악, 과학, 작문에서 성공한 사람들과의 인터뷰' 라는 CCAQ의 시리즈에 넣었다. 피아니스트이면서 작곡가이자 지휘자인 루카스 포스(Lucas Foss)는 그녀가 이 시리즈에서 인터뷰한 첫 번째 인사다(Isaacs, 1976). 이 기사의 초점은 한 개인의 독창성과 성공에 영향을 준 영감과 노력에 있다. 이 주제는 CCAQ의 다음 몇 년간 앤이 예술, 정치, 법 분야의 전문가인 다나 앤드류스(Dana Andrews), 스탠리 크리프너, 키티 칼라일(Kitty Carlisle), 루이즈 네벨슨(Louise Nevelson), F. 리 베일리(F. Lee Bailey), 벨라 앱저그(Bella Abzug), 조이스 브라더스(Joyce Brothers), 폴 토랜스와 인터뷰하면서 이어졌다.

1978년 앤은 CCAQ를 통해 GTC(Gifted-Talented-Creative)라는 새 모델을 제안하였다. 그녀는 창의적 인물의 경력 유래, 창의적 재능의 발달을 이끈 사건, 창의적 활동에 착수하게 된 방법에 초점을 맞춘 3단계 발달 · 성장 체크리스트를 상정했다. 그녀가 제시한 질문들은 GCQ에서 출판했던 성공적 영재들과의 인터뷰에서 했던 것과 비슷했지만, 인터뷰 대상자의 응답은 일상적이면서도 심도 깊었다. 그러나 뒤이은 발행물에서는 이 체크리스트가 사용되지 않았다.

CCAQ와 함께하는 시간 동안, 앤이 기여하는 수준은 대개 GCQ에서의 기여도와 비슷하게 이어졌지만 그녀가 쓰는 글, 특히 사설은 더 깊이가 있었다. 그녀의 경험들이 자신만의 사고방식에서 벗어나 개인적 관점을 일반화시킬 수 있도록 이끈 것 같았다. 그녀의 글은 점차적으로 외부의 관점과 사회적 배경에 개방적인 모습을 보였지만, 영재교육과 창의성 개발 분야의 기존 연구를 사용한다는 점에서 영향력을 갖지는 않았다. 앤은 부모, 창의적인 성인들, 교사들과 정도는 덜하지만 CCAQ에도 계속 강력한 메시지를 전달했다. 그녀는 계속 진심을 다해 말했지만, 사용하는 예시들과 주장들은 다면적이면서 흔한 것들이었다. 흥미롭게도, 앤은 GCQ의 사설에서 작게 A.F.I라고 서명했던 것과 달리 *CCAQ*의 사설에서는 검은 펜으로 두껍게 손글씨 서명을 했다. 앤에게도 영재성은 여전히 창의성 구조의 내재적 부분이었다. 그녀는 창의성을 영재성과 분리된 요소로 보지 않았고, 성인이 되어 거둔 성공을 지적 능력 보단 창의적 영재성과 연관 지었다. 부모, 교사, 예술가들을 위한 글에서 그녀가 자주 사용한 용어는 GTC였다. 이 시기의 글을 살펴보면, 그녀는 교육 전략 목록을 계속 제 공하였으나 그 초점이 예술 분야에서의 창의성 개발에 맞춰져 있었다.

앤은 1984년 겨울의 아홉 번째 출판물과 함께 NACCA와 *CCAQ*의 책임자 위치에 서 내려왔다. 그녀는 이 출판호의 사설에 편집자 보상 목록을 기록했는데, 이것은 글 을 출간할 저자들에게 명성을 부여할 능력, 최종 결정자로서의 힘, 견해의 표출과 간 행물의 발간, 방송국 출입증, 무료 도서, 도서관에 작품 진열, 구두-시각-언어-예술 적 재능을 표현할 수 있는 실재적 매체, 사회에 중요한 기여를 하고 개인적·지역 적·국가적·국제적 시정을 꾸리며 '장래에 흔적을 남길 수 있는 수단'을 포함한다. 이 목록의 순서는 앤의 작은 포부부터 큰 포부까지를 나타낸 것이다(Isaacs, 1984, pp. 7-8). 이것은 또한 그녀 일생의 일과 목표의 달성을 위한 비전을 요약한 것이기도 하다.

앤의 편집 지도하에 간행된 마지막 호에서 그녀의 이름에 오자가 나긴 했지만, 새 편집장은 형세를 역전시켜 앤을 대상으로 '창의적이고 혁신적인 사람들은 어떻게 영 감을 받는가?' 시리즈의 인터뷰를 하였다(Draper, 1984). 앤이 그 직급에서의 보상 목 록을 작성했음에도, 드레이퍼(Draper)는 앤과의 인터뷰에서 음악적 능력의 계발에 관 해서만 독점적으로 다루었다. 앤은 일생 동안 그녀가 썼던 아홉 가지 '직업 모자'를 나열했는데, 그것은 교사, 운영 책임자, 심리학자, 예술가, 작가, 작곡가, 정치가, 편 집장, 교수였다. 직업 모자로 언급되지 않은 것들은 분명 앤이 평생 동안 공부하고자 한 것이었다. 성인기 내내 많은 곡을 창작하고 음악 행사에 참여했음에도, 앤은 50대 에 들어서서야 음악을 대학 연수 범위 내에 들여놓았다. 목표를 실현하기 위한 모든 노력 면에서 앤은 자신이 속해 있는 사회에 재능을 기부해야 한다는 점에 일관적이었 다. 그녀는 '사람들을 돕고 싶다'는 생각에서 비롯된 자신의 음악 작품과 공연들이 자 신의 마지막 직업 모자가 될 것이라 인식했고, 또 그렇게 말하기도 했다. 사실 그녀가 쓴 곡들은 친한 친구나 많은 일을 수행하던 때 존경하던 사람들을 기리기 위한 것이거나(예: 바이올린과 피아노를 위한 Holocaust Meditation Tribute는 1981년의 실바노 아리에티의 죽음을 기리는 곡, The Four Seasons는 폴 토랜스의 은퇴에 경의를 표하는 곡), 자신의 종교적·철학적 신념을 밝히는 것이거나(예: Psalms, Rememberance, Ten Commandments, Songs of the Sabbath), 삶과 자연의 관계를 표현한 것이었다(예: Bird Call Songs, Rainbow Sonata). 드레이퍼가 인터뷰하던 때 앤은 1,000점 이상의 스케치와 36점의 유화, 23점의 털실 자수, 3점의 바느질 자수, 9개의 종이 공예품, 200곡의 종교 음악, 23개의 위로곡, 24개의 피아노, 바이올린, 비올라, 첼로 또는 플루트를 위한 서곡과, 앞서 제시된 기념곡들까지 완성한 상태였다(A. F. Isaacs, 2001b). GCQ에서 18년 동안 그녀가 그린 일러스트와 디자인들은 계산되지 않았지만, 1,500점의 추가적 미술 작품일 것이라 줄잡아 추정되었다. 몇몇 곡의 연주회를 들어보면, 앤이 그 주제에 있어 창의적이고, 작곡 스타일이 현대적이며, 곡을 연주하거나 연주된 작품을 볼 때 사뭇 진지하다는 것을 알 수 있지만, 모차르트나 말러 같은 인물은 아니었다. 그녀의 작품들은 즐거웠지만, 새로운 방향의 음악적 귀나 마음가짐을 열어 주는 변화의 움직임을 만들지 못했다. 그럼에도, 집에서 연주되는 자신의 곡을 직접 듣는 태도는 그녀가 길이 보전될 유산을 남기는 작곡가가 되기 위해 얼마나 진지하게 임했는지를 알려 준다. 드레이퍼가 어떻게 기억되길 바라냐고 물었을 때, 그녀는 "어떻게 기억되길 바라냐고 물으면, 나는 섬세하고, 남을 배려하고, 호응할 줄 아는 사람, 사람들의 문제를 인지해 그것을 완화하고 예방하기 위해 애쓴 사람으로 기억되고 싶다."라고 대답했다(Draper, 1984, p. 47).

CCAQ의 마지막 사설 중 하나에서, 앤은 자신의 경험을 모범으로 사용하던 본래의 방법으로 돌아갔다. 이 경우는 앤이 다년간 자신이 창작한 수백 개의 작품과 연관지어 '시작한 데서 끝난다는' 점에 초점을 맞춘 것이었다. 그녀는 1984년과 1985년에 CCAQ에 산발적으로 글을 게재했지만, 1989년에 NACCA를 통해 『일상 속 창의적 문제 해결: 상식과 예술에의 오디세이(Creative Problem Solving for Everyday Life: An Odyssey in Common Sense and the Arts)』라는 책을 출판함으로써 그 일을 완전히 그만두었다.

지도자와 지지자로서 앤 아이작스가 보낸 직업 인생의 마지막 10년을 비추어 보면,

두 번째 학술지에서 예술, 운동, 사업, 디자인, 창의적 생산에 초점을 둔 주제들은 *GCQ*에서의 18년 동안 다룬 주제들보다 그녀의 인생과 창의력 계발을 중점적으로 반영했다고 추측할 수 있다. 그녀가 자기계발에 돌입한 시절의 초기 주제들은 주로 앤이 자신의 재능과 그 재능을 사회의 어느 부문에 기여해야 하는지와, 스스로가 기대하는 수준에 도달하지 못해 결론적으로 부진아가 되지 않을까 하는 우려를 이해하는 데 도움이 되었다. *GCQ*에 게재한 글들은 그녀가 스스로 해냈던 것처럼 이러한 문제에 어떻게 대응하고 기여하는지에 대해 다루었다. 앤이 NACCA와 *CCAQ*를 통해 조직 개발과 편집권의 두 번째 직업을 취했을 때, 그녀는 매슬로(Maslow)의 발달단계의 마지막인 자아실현의 단계에 도달했던 것일지 모른다. *CCAQ*의 인터뷰와 사설을 통해 이해하게 된 것처럼, 예술은 그녀가 이 단계에 도달할 수 있도록 돕는 마지막 사다리였다.

영재교육의 풍경을 되돌아보다

영재교육 분야에서 19~20세기의 '빛나는 위인'에 앤 아이작스를 포함하기 위한 근거를 요약하면, 그녀가 이 인명부에 들어가야 한다는 것이 분명해진다. 그녀가 이 분야의 지적 기반에 기여한 바는 대단하진 않지만, 그녀는 학교들, 영재자녀를 둔 가족들, 그리고 자신이 설립한 두 단체와 직접적으로 소통하면서 진심을 다해 이 분야의 안녕에 기여했다. 필요한 것이 무엇인가에 관한 그녀의 철학은 28년간 두 단체에 많은 도움이 되었다. 그녀는 또한 자신이 설립하고 운영한 두 학술지의 정기독자이기도 했다. '현실 세계'를 기초로 한 앤 아이작스의 메시지는 간결하고 직접적이어서 사람들이 그 메시지를 읽거나 들으면 내용을 예상할 수 있었다. 그녀는 저서, 학술지, 음악, 미술을 통해 영재교육 분야의 가장 대표적 지지자로 설 수 있었다. 그녀는 정치적·사회적·경제적 지원, 또는 존경이 없어도 영재교육 분야가 사람들의 의식과 양심에서 지워지지 않도록 지켰다. 그녀가 결점이 있고 개인적 포부에 심취했던 사람이었을진 몰라도 영재성, 창의성, 재능의 계발에 관한 메시지는 일관적이었다. 오늘날 그녀가 이 글을 볼 수 있다면, 재능 있는 독자들을 가르치기 위한 스물다섯 가지 전략(25 strategies for teaching gifted readers), 자부심을 고취시키기 위한 백 가지 방법 (100 ways to raise self-esteem) 등의 목록들을 좋아했던 것처럼 그녀의 업적에 대한 다음의 간결한 리스트도 좋아해 주었으면 한다. 작지만 에너지가 넘치는 이 여성의 업적들은 크고 광범위하다.

① 그녀는 재능 있는 그리고/또는 창의적인 아동과 성인들을 지지하기 위해 두 개의 국가 기관을 창설했다. 두 기관의 주요 목표와 방향성은 오하이오 주 신시내티의 자택에서 사무실을 열었던 초라한 시작에서와 크게 다르지 않다.

② 그녀는 오랜 시간을 두 국가 학술지의 편집장으로 일했고(*GCQ*와 18년, *CCAQ*와 10년), 매해 네 편의 사설을 쓰며 누가 영재인지, 그들이 가족에게 요구하는 바가 무엇인지, 학교 시스템에 요구하는 바는 무엇인지, 그들의 삶에서 영재성을 발현하기 위해 필요한 것은 무엇인지에 대한 우리의 관점에 영향을 끼쳤다.

③ 그녀는 직접 출판하고 편집한 두 학술지를 포함한 다양한 저널의 저술들을 통해 영재성을 지닌 개인들이 성공적으로나 실패적으로나 대면하게 되는 심리사회적 문제를 특별히 주의 집중하여 다루었다.

④ 그녀는 조직 리더십과 편집 지도력을 통해 스스로 만족할 수 있는 정도의 변화를 이끌 권력을 행사했다. 그렇지만 옹호와 집필이라는 업무 밖에서 예술인으로서의 삶을 살아가기 위해 매우 애썼다.

⑤ 그녀는 예술 활동, 건강하고 행복한 가족, 사교, 그리고 '일' 간의 균형 있는 삶을 이루었다. 그녀는 훌륭한 시간 관리자가 되어야 했고, 80년의 인생에서의 업적들을 모두 완수하기 위해 굉장한 양의 에너지를 지니고 있어야 했다.

이 장을 통틀어, 정원과 정원사 비유는 앤 파베 아이작스의 평생 업무와 영재교육 분야에 기여한 바를 설명하기 위한 것이었다. 그녀는 우리의 지식 기초가 실제 삶 속에서 운용될 수 있도록 만든 조경사다. 그녀는 평범한 사람들이 자기 자신, 자녀들, 또는 자신의 학생들의 영재성, 재능, 창의성을 계발하면서 걷고 즐길 수 있는 길을 만들었다. 길에는 바위들도 있었지만, 그녀는 대개 여러 운동, 학과, 교육적 실습이 도

중에 실패할 때 그 길을 청소하고 유지할 수 있었다. 그녀가 평생 동안 모든 노력을 다했는데도, 영재교육을 위한 첫 국가 자금인 제이콥 K. 재비츠(Jacob K. Javits) 법안이 은퇴 3년 뒤에 만들어졌다는 사실은 역설적으로 다가오기도 한다. 그럼에도 그녀의 독창적인 사상은 영재교육 분야 내 두 국가 기관의 목표와 그 길을 계속 같이할 것이고, 연방 자금이 또다시 끊겼음에도 그 사고방식이 영재교육 분야를 지탱해 나갈 것이다. 게다가 국가 지원과 법적 인식이 부재한 상황에서도 영재교육의 정원은 그 뿌리인 열정적이고 자발적인 지지자(passionate volunteer advocates)로 회귀할 것이다.

미주
1. 이 연구는 워싱턴 DC와 오하이오 주 신시내티의 문서 보관소를 다니는 동안의 교통과 비용은 갑작스러운 기회 기금(Sudden Opportunity Grant)에서 부분적으로 충당하는 방법으로 세인트 토마스 대학 교수개발원의 자금 조달을 어느 정도 받아 수행하였다.
2. 이 연구는 오하이오 주 신시내티의 히브리 연합대학 미국계 유태인 문서 보관소에서 제이콥 레이더 마커스 센터(Jacob Rader Marcus Center) 연계 기록 보관 담당자인 에밀리 호(Emily Ho)와 워싱턴 DC의 NAGC 본사에서 아낌없이 돕고 지원해 준 낸시 그린(Nancy Green)과 제인 클레런바크(Jane Clarenbach)의 도움이 없었다면 완성되지 못 했을 것이다. 내가 재능 있는 이 세 사람이 도와준 대로 정보를 적절한 위치에 잘 사용했기를, 그리고 나를 대신한 그들의 노력을 제대로 밝혔기를 바란다.

참고문헌

Billman, R. (2001, February 13). Ann Isaacs, 80, led crusade for gifted kids. *Cincinnati Enquirer*.

Draper, W. D. (1984). Anne Fabe Issacs: Creative and gifted lady. *The Creative Child and Adult Quarterly, 9*(1), 41-45.

Gowan, J. C. (1973). To the member of the executive board of NAGC. Personal correspondence. NAGC Archives, Washington, DC.

Gowan, J. C. (1974). Dear executive board member of NAGC (The St. Louis memorandum of agreement). Personal correspondence. NAGC Archives, Washington, DC.

Gowan, J. C. (1975a). Editorial. *Gifted Child Quarterly, 19*(4), 265–266.

Gowan, J. C. (1975b). Editorial. *Gifted Child Quarterly, 19*(1), 1–6.

Gross, M. U. M. (2005). *Exceptionally gifted children* (2nd ed.). London, UK: RoutledgeFalmer.

Isaacs, A. F. (1956a). How to use the mirage literature on the gifted found in educational periodicals. *Educational Administration and Supervision, 42*(5), 288–291.

Isaacs, A. F. (1956b). *The needs of today's gifted children.* Paper presented to the American Association for the Advancement of Science. Jacob Rader Marcus Center of the American Jewish Archives at Hebrew Union College, Cincinnati, OH.

Isaacs, A. F. (1957a). President's message. *Gifted Child Quarterly, 1*(2), 8.

Isaacs, A. F. (1957b). To be or not to be: A case study. *Gifted Child Quarterly, 1*(3), 7–8.

Isaacs, A. F. (1957c, November). *The influence of grades on the gifted child's awareness of his potentialities.* Paper presented to the American Association for the Advancement of Science. Jacob Rader Marcus Center of the American Jewish Archives, Hebrew Union College, Cincinnati, OH.

Isaacs, A. F. (1958a). President's message. *Gifted Child Quarterly, 2*(4), 20.

Isaacs, A. F. (1958b). Nursery school programs for the gifted. In N. Henry (Ed.), *Education for the Gifted: National Society for the Study of Education Yearbook, 57*(11), 243–245.

Isaacs, A. F. (1960a). Personal correspondence with conference organizers and NAGC board members. Unpublished file of letters found in NAGC Archives. Washington, DC.

Isaacs, A. F. (1960b). Report of the 1960 White House conference on children and youth. *Gifted Child Quarterly, 4*(2), 43.

Isaacs, A. F. (1960c). NAGC recommendations for the extension and revision of the National Defense Education Act of 1958. *Gifted Child Quarterly, 4*(4), 89–90.

Isaacs, A. F. (1963a). Personal bio. Jacob Rader Marcus Center of the American Jewish Archives, Hebrew Union College, Cincinnati, OH.

Isaacs, A. F. (1963b). Gifted preschool children. *Gifted Child Quarterly, 7*(3), 125–127.

Isaacs, A. F. (1963c). Musical genius: It is both inspiration and perspiration: An interview with a talented young concert pianist. *Gifted Child Quarterly, 7*(1), 24–25.

Isaacs, A. F. (1966). Case Study: George F. Yostel, sculptor. *Gifted Child Quarterly, 10*(1), 23–24.

Isaacs, A. F. (1967). Case Study: A gifted fifth grade underachiever in arithmetic. *Gifted Child Quarterly, 11*(1), 38–42.

Isaacs, A. F. (1970). Are gifted children handicapped or exceptional? Some educators will call them by any name if a dollar sign can be attached. *Gifted Child Quarterly, 14*(3), 153.

Isaacs, A. F. (1972a). Eros, god of love: What gift should the gifted strive hardest to learn how to manage? *Gifted Child Quarterly, 16*(3), 264–265.

Isaacs, A. F. (1972b). Creation, the Greek gods and giftedness. *Gifted Child Quarterly, 16*(1), 69.

Isaacs, A. F. (1973). An open letter to readers of the *Gifted Child Quarterly* and members of the National Association for Gifted Children. *Gifted Child Quarterly, 17*(3), 210.

Isaacs, A. F. (1974a). Collected compositions, art work, letters to Hebrew and Musical Liturgy advisors at University, course transcripts, invitation to have compositions performed, and letters to join Guild of Temple Musicians organization. Jacob Rader Marcus Center for the American Jewish Archives, Hebrew Union College, Cincinnati, OH.

Isaacs, A. F. (1974b). If one is functioning giftedly-creatively—Is it all good? *Gifted Child Quarterly, 18*(4), 213–214.

Isaacs, A. F. (1974c). It's happening with creative children and adults. *Gifted Child Quarterly, 18*(3), 106–107.

Isaacs, A. F. (1974d). The National Association for Gifted Children—Insights into growth struggles. *Gifted Child Quarterly, 18*(1), 8–11.

Isaacs, A. F. (1974e). Letter to Executive Board of NAGC. Personal communication. NAGC Archives, Washington, DC.

Isaacs, A. F. (1975). *How to teach ourselves to be good to one another.* Cincinnati, OH: National Association for Creative Children and Adults.

Isaacs, A. F. (1976). Creativity as it manifests itself in music—Lucas Foss, composer, conductor, concert artist. *The Creative Child and Adult Quarterly, 1*(2), 110–118.

Isaacs, A. F. (1978). Isaacs' three-way gifted-talented-creative developmental growth checklist. *The Creative Child and Adult Quarterly, 3*(3), 190–201.

Isaacs, A. F. (1984). Editorial. *The Creative Child and Adult Quarterly, 9*(4), 7–8.

Isaacs, A. F. (1984). Editorial. *The Creative Child and Adult Quarterly, 9*(1), 47–48.

Isaacs, A. F. (1989). *Creative problem solving in everyday life: An odyssey in common sense and the arts.* Cincinnati, OH: National Association for Creative Children and Adults.

Isaacs, A. F. (2001a). Collected recordings of Ann Fabe Isaacs' compositions for piano, violin, flute and cello performed by others. Jacob Rader Marcus Center of the American Jewish Archives, Hebrew Union College, Cincinnati, OH.

Isaacs, A. F. (2001b). Collected recordings of Ann Fabe Isaacs performance "evenings" on piano. Jacob Rader Marcus Center for the American Jewish Archives, Hebrew Union College, Cincinnati, OH.

Isaacs, S. T. (2001a). Letter of request sent to NAGC Executive Committee. NAGC Archives. Washington, DC.

Isaacs, S. T. (2001b). Personal speech delivered at 2001 NAGC convention, 1-3. NAGC Archives, Washington, DC.

Isaacs, S. T. (2002, November). Letter sent to NAGC Executive Committee. NAGC Archives, Washington, DC.

Jolly, J. L. (2005). Foundations of the filed of gifted education. *Gifted Child Today, 28*(2), 14-18, 65.

Jolly, J. L. (2009). The National Defense Education Act, current STEM initiative, and the gifted. *Gifted Child Today, 32*(2), 50-53.

Leininger, N. P. (1974). A long time member reacts to the NAGC crisis. *Gifted Child Quarterly, 18*(1), 51-52.

Morelock, M. J. (1996). On the nature of giftedness and talent: Imposing order on chaos. *Roeper Review, 19*(1), 4-12.

National Association for Gifted Children. (1957). *Articles of Incorporation.* NAGC Archives, Washington, DC.

National Association for Gifted Children. (1962). *Articles of Incorporation, Revised.* Located in NAGC Archives, Washington, DC.

Raina, M. K. (2006). In my end is my beginning: Reflections on the work of a lifetime. *Creativity Research Journal, 18*(1), 103-119.

Torrance, E. P. (1973). A personal communication from E. Paul Torrance. *Gifted Child Quarterly, 17*(3), 163-165.

Vassar, W. G. (1998). *Historical notes on NAGC (1957-1968).* Unpublished manuscript solicited by the National Association for Gifted Children. NAGC Archives, Washington, DC.

메리 M. 미커

개인차에 대한 깊은 열정(1921~2003)

Jane Piirto & Susan Keller-Mathers

1921년 텍사스 주 크락스빌에서 태어난, 메리 미커(Mary Meeker)는 혈통적으로 (옛 프랑스 식민지였던 캐나다 남동부 지역에 거주하였던) 아카디안계, 레바논계 그리고 독일계 후손의 맏이로 태어났다. 어쩔 수 없이 초등학교 4학년 때 학교를 그만두고 할아버지가 운영하는 잡화점에서 일하셨던 메리의 아버지는, 똑똑한 딸에게 대학에 진학하라고 말씀하셨다. 영리하고 독립적이던 미커는 다양한 지적 능력을 가진 사람들의 발달을 열정적으로 옹호하는 사람으로 성장하게 되었다.

미커의 박사 연구 기간의 현장 경험은 지적 능력의 다양성에 대한 관심의 기초가 되어, 학문적으로 지적 발달을 연구하는 중추적인 경험을 제공하게 되었다. 어머니, 교사 그리고 심리학자로서 미커는 J. P. 길퍼드(J. P. Guilford)의 지능구조 모델(Structure of Intellect: SI)이 학령기 아동에게 적용될 가능성을 단번에 알아보았다(Guilford, 1967, 1977).

미커는 영재에서부터 똑똑하지만 학습을 잘하지 못하는 이유를 설명할 개념이 없어 특별한 진단을 받지 못하는 아동에 이르기까지 여러 다양한 학생을 주시하였다. 이에 미커는 아동을 보호하고 교사를 교육하는 데 목적을 설정하게 되었다(Meeker, 2003, 미발행 조사).

미커는 박사 연구 기간 동안에 『지능의 구조: 해석과 적용(The Structure of Intellect: Its Interpretations and Uses)』이라는 책을 저술하였고, 캘리포니아(1974~1991), 오리건(1991~현재), 미국, 캐나다, 멕시코, 독일, 싱가포르 그리고 남아프리카에 위치한 여러 SOI 연구소 및 지부를 통해서 자신의 이론을 적용하였다.

학자적 정신

미커의 가족은 다섯 명이었다(M. N. Meeker, 개인적 대화, 2003. 4. 29.). 미커의 이름은 성녀 마리아의 이름을 본떠 지어졌지만 미커는 심장 기형으로 태어나고, 청색증을 앓고 있어 학습하는 데 장애가 있는 언니에게 가혹하였던 초등학교 수녀 선생님으로 인해 당시 전통적인 가톨릭 종교를 거부하였다(Maxwell, 2009). 이는 미커가 학습에 문제를 보이는 사람에게 동정과 관심을 갖는 계기가 되었다. 글쓰기에 열정을 보이는 4세의 미커는 손에 책을 들고 부엌 탁자 위에 앉아 자신이 언젠가는 유명한 작가가 될 거라고 큰 소리로 말하곤 하였다. 종종 자녀를 학대하던 미커의 어머니는 주위를 돌아다니며 미커에게 탁자에서 더러운 발을 치우지 않으면 키가 크지 않을 것이라 말하곤 하였다(M. N. Meeker, 1990; M. N. Meeker, 개인적 대화, 2003. 4. 29.). 심리학자인 미커의 딸 밸러리 맥스웰(Valerie Maxwell, 2004. p. 3)은 엄마의 삶을 회상할 때, "역설적으로 들리겠지만 어릴 적 미커는 학대를 받았기 때문에 아동을 옹호하고 창의적인 영재를 열성적으로 보호하게 된 것"이라고 할 정도였다.

미커(1990)는 어릴 적에 엄마가 어떻게 자신의 창의성을 좌절시켰으며, 창의적 욕구를 억압하였는지 설명하였다. 크리스마스 선물로 물감 대신 인형을 선물 받았을 때 미커는 인형을 던져 버리고, "난 물감이 좋아. 인형을 가지고 놀지 않을 거야." 하면서 울음을 터뜨렸는데, 그때 가슴이 무너지는 듯했다고 하였다(M. N. Meeker, 1990, p. 4). 일곱 살이었을 때, 어떤 선생님은 초록색 잎이 달린 빨간 장미를 묘사하는 대신 여러 색의 독창적인 꽃을 만든 미커를 야단쳤다. 미커는 "미술 선생님께서 색과 재질에 대한 나의 막 피어오르는 열정을 봐 주시지 않은 것으로 슬프게 울었던 적을 기억한다"고 회상했다(p. 5).

미커의 집은 어릴 적 자주 이사를 다녔다. 아버지는 새로운 아이디어가 떠오르면, 새로운 사업을 시작하시곤 하셨다. 새 학교에 가면 미커는 성취도 검사를 치르기 일쑤였고 결국 한 학년 월반을 하였다. 15세에 미커는 텍사스 대학에 입학하였다. 우연한 기회였지만 이것이 앞으로 미커가 몸담게 될 직업을 처음으로 접하는 계기가 되었다. 언론 분야에서 필수과목을 듣지 않았다는 것을 깨닫고, 미커는 심리학을 전공하기로 결정하였다. 19세에 미커는 산업 심리학으로 학위를 취득하였다.

가정과 직업 기회

대학에서 학업을 마친 후에, 미커와 새 남편 노먼 맥스웰은 캘리포니아로 이사를 가서 제시카와 밸러리 두 자녀를 두었다. 처음에 미커는 몇 년 동안 비버리힐즈의 심리학자와 일을 하였고, 비록 임상 훈련을 받지 않았지만 점점 더 복잡한 사례를 받아 일하게 되었다. 로스앤젤레스 통합 교육구에서 관련 학위를 가진 사람들에게 임시 증명서를 발급한다고 하였을 때, 미커는 지원하기로 결심하였다. 미커는 여러 발달 지체를 가진 학생을 지도하도록 발령을 받았지만 왜 자신이 발령을 받게 되었는지는 몰랐다. 미커는 이 경험을 통하여 개인차에 관심을 갖게 되었다(M. N. Meeker, 개인적 대화, 2003. 4. 29.).

미커는 2학년부터 4학년에 이르기까지 어느 한 범주로 규정할 수 없는 학생들이 다니는 특수학급에 발령을 받았다. 이 학생들을 교육하였던 경험은 학생들이 어떻게 학습하는지에 대한 생각을 심화 및 확장시켜 주었다. 미커는 어떻게 특수학급을 맡게 되었으며 어떻게 음악에 맞추어 춤을 추고 운동을 하는 등 가르치는 것을 제외한 모든 활동을 하였는지 설명하였다(M. N. Meeker, 개인적 대화, 2003. 4. 29.).

미커의 자녀가 3세와 4세가 되었을 때, 미커는 이혼을 하였다. 미커는 2학년을 지도하면서 대학원 과정을 계속하였다.

가난과 한부모에 대해 말하고 싶을 것이다. 나는 그것이 어떤 것인지 정확하게 말할 수 있다. 딸들을 먹이고 집세를 내기 위해서 내가 먹고 싶은 것을 포기해야 했다. 그래서 어떻게 보면 나의 인생에게 벌어진 모든 것으로 인해 기진맥진해졌다 (M. N. Meeker, 개인적 대화, 2003. 4. 29).

인생의 파트너와 진로에 대한 집중

학교에서 심리학자로 일하는 것 외에, 미커는 시스템 개발 회사(Systems Development Corporation: SDC)에서 인적 요인 전문가로 일하였다. 이 활동을 통해서 미커는 재정적으로 독립하였다. SDC에서 미커는 남편을 만났다(R. Meeker, 개인적 대화, 2012. 2. 2). 로버트 미커는 윤리학, 철학과 수학을 공부한 인간 요인(human factors) 학자였다 (R. Meeker, 2011). 이들은 1959년 결혼하여, 그해 헤더를 낳았다. 헤더는 실리콘밸리에서 변호사로 개업하였으며, 지적 재산권 전문가로 저술 활동을 하고 있다(H. Meeker, 2008). 미커의 남편은 이 외에도 1973년 학교행정으로 교육학박사 학위를 받았다. 미커와 남편은 랜드 사(Rand Corporation)에서 함께 일을 하였고 이후 SDC 컴퓨터 부서로 다시 돌아와 일을 하였다. 후에 미커의 남편은 심리학과 컴퓨터 실험실 소장 그리고 의학 및 사회학 연구 프로젝트 평가자로서 UCLA의 교직원으로 재직하였다.

미커는 서던캘리포니아 대학에서 이학석사, 교육학석사 그리고 교육학박사 학위를 더 받았다. 길퍼드와 일을 시작하게 된 기회가 되었던 곳도 바로 서던캘리포니아 대학이었다. 길퍼드에 의하면 미커는 그가 전에 만나 본 학생과는 다른 생각을 하는 개성이 강한 사람이었다. 미커는 길퍼드가 함께 연구를 하였던 3명의 여성 중 한 사람이었다. 미커는 길퍼드에게 자신이 응용심리학자라고 설명하였으며, 당시 누구도 하지 않던 SI 모델을 적용하는 데 집중하였다(M. N. Meeker, 개인적 대화, 2003. 4. 29.). 그녀는 1966년 「단기기억 및 단기기억과 학업성취도의 관련성(Immediate Memory and Its Correlates with School Achievement)」이라는 논문으로 교육학박사 학위를 받았다. 미커의 논문심사 위원장인 C. E. 메이어스(C. E. Meyers)는 지능구조 요인과 특수교육으로 잘 알려져 있던 분이었다.

"지능구조 모델을 접했을 때, 모델을 바로 이해할 수 있었다."라고 할 정도로 미커는 교육 상황에서 SI 모델을 평가도구로 활용하는 가능성을 인식하였다(M. N. Meeker, 개인적 대화, 2003. 4. 29.). SI 모델에 대한 초기 활동에서, 미커는 책을 저술할 의도가 없었다. 일반적으로 사용하던 평가인 스탠퍼드–비네 검사에 만족하지 못했고, 미커는 지능구조 요인을 평가하여 점수로 전환하는 방식을 고안하였다. 미커에게 있어 "교육은 교육의 문제를 진단할 수 없는 유일한 분야"였다. "성취도 점수를 얻을 수 있다면 그것이 바로 진단"이라고 생각하였다(M. N. Meeker, 개인적 대화, 2003. 4. 29.). 미커는 자신의 활동을 길퍼드의 SI 이론과 비견되는 SOI라고 명명하였다. 『지능의 구조: 해석과 적용』(1969)이라는 책은 학교 관련 평가에서 중요한 시점으로 새로운 기반을 개척하였다. 주류 심리학과 관련지어 볼 때, 마치 심리학자들이 정규분포를 포기하지 않는 것처럼, 미커는 너무 멀리 떨어져 주류하고는 거리가 멀었다(M. N. Meeker, 개인적 대화, 2003. 4. 29.). 미커에게 있어 다른 활동은 상이한 지적 능력의 형태를 취하므로, 모든 상이한 능력에 대해 세 가지 숫자의 지능 점수를 부여하는 것은 제정신으로 보이지 않았다(M. N. Meeker, 개인적 대화, 2003. 4. 29.).

박사 학위를 취득한 후에, 미커는 캘리포니아 주립대학교에 자리를 얻어, 전임교원으로 재직하면서 학교심리 프로그램을 개발하였다. 1974년 미커와 그녀의 남편은 캘리포니아 엘세건도에 SOI 연구소를 설립하고, 1992년 오리건으로 연구소를 옮겨 은퇴할 때까지 연구를 지속하였다(Meeker & Meeker, 1986; Mary Meeker, 2003; Mary Meeker, 82, 2003). 그 당시 SOI 시스템으로 이름을 변경하고 1992년 비영리 기관에서 영리 기관으로 바뀌게 되었다.

생애 동안 미커는 시, 단편소설, 동화책, 그리고 1970년대 수채화를 곁들인 창의적

논픽션뿐만 아니라 여러 편의 논문과 책을 발간하였으며, SOI 모듈 안에서 많은 SOI 훈련 활동지를 저술하였다(Dr. Mary Meeker, 2003; In Memorium, 2003; Mary Meeker, 2003; Mary Meeker, 82, 2003). 미커는 "엄청난 집중력" "지칠 줄 모르는 에너지" 그리고 "마음속에 떠오르는 것에 대한 집중과 몰입"을 하는 것으로 자신을 묘사하였다(S. Keller-Mathers, 개인적 대화, 2003. 4.).

업 적

미커는 검사를 마친 후에, 어떤 유형의 중재 혹은 교육과정을 제시해야 하는지에 관심이 있었다. 미커는 지능은 증진될 수 있으며, 적절한 진단과 선별적 교수 지도를 통해서 개발되며, 지능은 고정되는 것이 아니라 변화하는 것으로 생각하였다.

1969년 책에서, 미커는 길퍼드의 SI(Structure-of Intellect) 모델을 본떠서, 자신의 모델을 SOI(Structure Of Intelligence)라고 지칭하며 명확히 하였다. 길퍼드는 전통적인 지능검사에서 얻은 한두 개의 점수가 갖는 한계점을 지적하며 지능의 다양성을 주장하였다. 요인분석을 사용하여, 길퍼드는 지능지수(IQ)를 다양한 능력으로 나누고, 이러한 능력들이 특정 과제를 수행하는 데 필요하다고 보고, 다섯 가지 조작에 따라

〈표 21-1〉 길퍼드의 지능구조(SI) 모델

조 작	내 용	산 출
인지(C)	도형(F) 　도형 청각적 　도형 시각적	단위(U)
기억(M)	상징(S)	분류(C)
수렴적 산출물(N)	의미(M)	체계(S)
확산적 산출물(D)	행동(B)	관계(R)
평가(E)		전환(T)
		함축(I)

120개로 구분되는 지능 요인을 파악하였다(〈표 21-1〉 참조).

길퍼드는 이를 120개 유형의 지능(5 조작×4 내용×6 산출＝120 지능 유형)으로 요인화하고 이들 지능 요인이 무엇인지 진술하기 위하여 각 지능 요인에 대한 개별검사를 구성하였다. 수년에 걸친 시험과 이론으로 정립을 한 후에, 길퍼드는 여기서 수합한 내용으로 『인간 지능의 본질(The Nature of Human Intelligence)』이라는 유명한 책을 1967년에 발간하였는데, 그해는 미커가 길퍼드 이론에 대한 설명을 발간하기 불과 2년 전이었다. 길퍼드의 발자취는 혼합되어 캐럴(Carroll)은 인지 영역에서 실시한 요인분석 결과에서 길퍼드의 이론이 "특이"하다고 언급하였다(Carroll, 1993, p. 34). 미커는 길퍼드의 120개 검사 중에서 학교 학습과 가장 관련성이 있는 26개를 취해서 SOI 학습능력검사(SOI Learning Abilities test: SOI-LA)를 만들었다(〈표 21-2〉 참조).

〈표 21-2〉 부모면담 양식용 SOI-LA 검사의 요인

	인지(Cognition)
CFU	시각적 및 청각적으로 명명함으로써 사물을 파악하는 능력
CFC	지각한 사물을 분류하기
CFS	공간적 패턴을 지각하고 방향성을 유지하기
CFT	대상을 다른 시각적 배열로 조작하거나 변환하기
CSR	글자 패턴이 수반하고 있는 관계를 발견하기
CSS	상징을 수반하는 체계 내 복잡한 관계를 발견하는 능력
CMU	어휘
CMR	개념적, 추상적 의미에서 관계를 발견하기
CMS	문제 해결을 준비하기 위해 문제를 이해하거나 구조화하는 능력
	기억(Memory)
MFU	시각적 및 청각적으로 제시하여 학습한 자료를 회상하기
MSU	한 번의 제시 이후에 즉각적으로 일련의 숫자 혹은 문자를 회상하기
MSI	확립해 놓은 수 조작을 기억하기
	평가(Evaluation)
EFU	동일한 형태를 파악하는 능력
EFC	단위가 어떻게 분류되는지 분석하는 능력
ESC	수, 문자 혹은 기호를 분류할 적절한 곳을 판단하는 능력
ESS	상징적 체계의 적절한 양상을 판단하는 능력

수렴 산출(Convergent Production)	
NFU	관찰한 행동을 이해하고 재현하는 능력
NSS	시작에서 목적지까지 상징적 체계의 순서를 진술하기
NST	문자를 바꾸어 새로운 상징적 정보를 만드는 능력
NSI	싱징을 대체하거나 유도하기
확산 산출(Divergent Production)	
DFU	단순한 설명을 따라서 도형을 그리는 능력
DSR	수 혹은 문자 간의 다양한 관계를 만들기
DMU	그림에 관한 이야기를 쓰는 능력

검사 및 검사의 속성

이론에 의하면, 지능은 고정된 것도 일반적인(g요인) 것도 아니며, 변화 가능하고 분화되는 것이다. 지능지수는 어디서 파생되는 것이 아니며(비록 학급 순위를 정하기 위해 지표를 만들 수 있지만), 규준은 학생 수준 비교에 기초하는 것이다. SOI-LA의 결과에 기초하여, 취약한 영역을 최소화하고 강점을 보이는 영역을 극대화하기 위해서 강점과 약점을 파악하고 진술하는 것이다(M. N. Meeker, 1985; Meeker & Meeker, 1979, 1985).

대부분의 사람은 상이한 영역에서 강점과 약점을 보이는데, 이것이 학생을 대상으로 SOI 평가를 실시하였을 때 나타나는 이점이다. 대개 학생 내부의 개인차와 무관하게 학생들을 그룹 짓거나 나눈다. 어떤 반에서는 영재라고 하지만, 그 학생이 보여 주는 영재성이 어떤 유형인지 어떤 표시도 없으며, 이들 학생에게 제시하는 학습 활동들은 ① 학생들이 이미 알고 있는 것이거나 더 이상 교수 지도가 필요 없는 것, ② 학생은 배경이 부족하여 과제를 수행할 수 없거나, ③ 활동 양식—도형, 상징, 의미—이 학생의 학습 선호도에 부합되지 않기 때문에 적합하지 않다.

26개의 하위검사 중에 9개는 도형, 13개는 상징, 그리고 5개는 의미에 관한 것이다. 대부분의 능력검사가 단어에 능숙한 학생들에게 유리하게 전형적으로 의미(언어)

에 치중한다는 점에서 SOI-LA 검사는 대부분의 검사와 구분된다. SOI-LA 검사는 4개 주의 대략 800명의 초등학생을 대상으로 표준화되었지만, 그 표본을 성이나 인종에 따라 분석하지는 않았다.

인종에 따라 표준화하지 않았지만, 이 검사는 문화적으로 공정한 평가라고 가정할 수 있으며 영재교육자의 관심을 받았다. 미커는 스탠퍼드-비네 검사(S-B) 및 아동용 웩슬러(Wechsler) 지능검사(WISC)를 통해서 일반적으로 판별하는 상위 2% 그 이상의 범위에 해당하는 영재 학생의 수에 단호하였다. 1970년 중반경에 미커는 미국 전역을 돌아다니면서, SOI-LA 검사 및 학습 강점과 약점에 대한 후속 진단의 결과에 기초하여, 영재를 위해 교육과정을 차별화하는 데 관심을 가지고 있는 교사와 코디네이터 집단을 대상으로 강연을 하였다.

영재교육에서의 SOI 적용

영재교육 분야에서 SOI-LA 평가의 활용은 1980년대에 점차 줄어들었다. 이는 브로스(Buros) 평가자들 및 연구자들이 지적한 바대로 도구의 신뢰도 및 타당도의 문제 때문이었다(Clarizio & Mehrens, 1985; Coffman, 1985; Cummings, 1992; Leton, 1985; Newman, 1989; O'Tuel, Ward, & Rawl, 1983). 미커, 미커(남편)와 로이드(Meeker, Meeker, & Roid, 1985)는 이와 같은 비난이 부당하다고 주장하였으나 평가자들은 미국심리학회와 미국교육연구협회의 검사 기준을 적용하였다고 주장하였다(Standards for Education and Psychological Testing, 1985). 또 다른 이유는 SOI 이론을 이해하고, 검사를 실시하며, 진단을 하고, 교정을 실시하는 데 지적인 도전과 상당한 시간이 소요되기 때문이다.

스탠퍼드-비네 검사에서 높은 IQ 점수를 받은 학생에게 이 검사를 실시하였을 때, 이 장의 첫 번째 저자는 이 검사도구가 예상하지 못한 천장효과를 가지고 있음을 발견하였다. 다시 말해서, 학생 연령 수준에서 모든 문제에 정답을 맞히어 높은 IQ 점수를 받는 학생들을 진단하고 기술을 교정하는 것은 불가능하였다. 내가 헌터 대학 초등학교 교사에게 학습 문제를 보이는 학생을 추천해 달라고 요청하여 이 학생을 대상으로 SOI-LA 검사를 실시하고, 검사 점수를 받아보고, SOI 연구소에서 학습 자료를 주문하였을 때, 그 결과는 "검사한 학생 모두 영재이며, 교정이 필요하지 않는 것으로" 나타났다. 심지어 가장 높은 IQ 점수를 받는 학생들도 약점이 있음을 알고 있는 담임교사들은 이 결과를 반박하였다. 이것 때문에 미커와의 우정과 매년 갖는 크리스마스 카드 교환에 영향을 주지는 않았지만 워크숍 혹은 콘퍼런스에 참여하는 정도가 점차 줄어들게 되었다. 그리고 다른 사람들은 이 검사를 사용하여 내가 실시한 실험을 모사하지 않았다.

예를 들어, 메이커(Maker, 1982)는 SOI-LA 검사의 여러 이점을 언급하였다. SOI-LA 검사는 학습에 문제를 가지고 있는 영재학생을 진단하고, 학습을 개별화하며, 다차원적인 영재성을 이해하는 등의 이점이 있다. 메이커는 또한 여러 불리한 사항도 언급하였다. 즉, "특정 지능 셀이 초점이 되어 활동지가 이 지능 셀을 여는 열쇠가 될 때, 평가는 일종의 요리책 접근법으로 이어져"(p. 132), 타당도와 신뢰도에 대한 문제로 다시 반향된다(나타난다). 메이커는 "교육과정을 개발하기 위해서 모델의 타당도와 신뢰도를 결정하는 견고한 연구를 실시하여 여러 문제를 살펴봐야 한다."라고 언급하면서, 길퍼드와 미커 부부의 방법론에 의문을 제기하였다(Maker, 1982, p. 132). 물론 타당성 연구의 부재는 대부분의 교육과정 모델에서도 지속적으로 제기되는 문제다.

제이콥 K. 재비츠(Jacob K. Javits) 영재교육법의 지원을 받는 여러 연방 기금들도 SOI 평가를 활용하였다. 가장 포괄적인 것 중 하나가 프로젝트 스텝업(Project Step-Up)으로, 이 프로젝트는 텍사스, 플로리다, 애리조나 그리고 아칸소에서 소외된 청소년을 파악하고 이들을 지원하는 프로젝트다. 도로시 시스크(Dorothy Sisk), C. 준 메이커 (C. June Maker) 그리고 로버타 브레이버먼 대니얼즈(Roberta Browerman Daniels)와 같은 영재교육 분야의 전문가들이 프로젝트 연구에 참여하였다. 그들은 처음에 SOI 학습능력검사를 사용하여 학생을 파악하였다. 시스크는 "SOI 검사가 전통적인 지능검사와 다르며, 학생들이 다양한 범위의 검사를 경험할 수 있기 때문에 이 검사를 선정하였다."라고 하였다(Sisk, 1993, p. 5). 1990년대 초 실시한 프로젝트에는 실제 경제적으로 어려움에 처한 2학년 학생이 거주하는 14개 지역이 참여하였다. 프로젝트 스텝업의 소장인 시스크는 SOI 평가와 미커에 대해서 다음과 같이 언급하였다.

영재교육에서 SOI를 사용하였을 때, 낮은 사전검사 점수를 보이지만 높은 잠재력을 가진 소외된 저소득 학생에게 매우 도움이 되었다. 또한 SOI 검사는 교사가 집중할 필요가 있는 영역 그리고 교정을 위한 활동과 교안을 만들 수 있도록 단서를 제공하였다. 나의 친구이자 동료인 미커는 텍사스까지 와서 보몬트 지역의 영재교사 집단을 대상으로 교육을 담당해 주었으며 보몬트 영재교육 담당 장학사와 내가 '트레이너'가 될 수 있도록 교육해 주었다. 미커는 우리가 영재성을 정의할 수 있다면 영재성을 지도하고 개발할 수 있다고 믿고 말해 주었다. 우리는 프로젝트 스텝업을 실시하는 모든 지역에서 SOI를 사용하였다. 전 학군에서 SOI를 사용하였던 또 다른 프로젝트로는 텍사스 패리스 지역의 패리스 ISD가 있다(D. Sisk, 개인적 대화, 2012. 1. 4.).

SOI 도구를 잠재적 영재성을 가진 학생에게 사용하였던 그 외 것들로는 ① 1963년 캘리포니아 교육구 롬폭에서의 프로젝트, ② 캐나다 원주민(First Nation)에게 도형 지능을 파악하기 위해서 1965년 캐나다에서 실시하였던 타이틀 III, ESEA 프로젝트(Meeker & Meeker, 1986), 그리고 ③ 1985년 영재 판별을 위한 대안적인 평가로 뉴욕시에서 실시하였던 프로젝트가 있다. SOI 시스템은 계속해서 SOI 평가와 진단을 통해서 영재에 가까운 학생들이 영재로서 판별되도록 도움을 줄 것이라는 것을 옹호하였으며, 26개 능력을 교정함으로써 홈스쿨링을 하는 학생을 위한 교육과정 자료도 홍보하였다. SOI 시스템 웹사이트는 영재에 가까운 능력을 가진 학생들이 영재 수준으로 자신의 능력을 개발하고 싶다면, 그 분명한 방식이 SOI 접근법이라고 말하고 있다(SOI Systems Gifted Program, 2010, para. 3).

1990년 초까지 특수교사, 이중 예외성을 갖는 학생을 포함하여 학습장애를 가진 학생에게 도움을 제공하는 교육치료사, 그리고 시각운동 진단과 교정을 돕는 검안사들은 SOI-LA 평가를 사용하였다. 미커는 또한 특히 엔지니어를 위해서도 여러 국가에서 진단 워크숍을 제공하였다. 그리고 수감된 성인과 참전용사를 위한 센터에서도 활동하였다. 오리건 주 비다에 있는 SOI 연구소는 영재교육을 포함하여 특수교육 분야에서 평가와 진단 활동을 제공하였다. 연구소가 표방하는 미션은 영재 평가에 대한 강조부터 학습 문제를 가진 학생을 돕는 평가에 주안점을 두는 데까지 변화를 보여 주고 있다.

> SOI 시스템은 지능의 다면성에 대한 공감을 이끌어 내고 학습 문제에 대한 평가와 처리를 위한 가장 효과적이고 실제적인 방식을 창출하는 데 전념하였다(SOI System, n.d., para. 1).

공 로

지능의 구조를 학생을 평가하고 교정하는 수단으로 활용한 미커의 공로는 제대로 인정을 받지 못하였다(M. N. Meeker, 개인적 대화, 2003. 4. 29). 생애 말기에 미커는 이제 막 대두되기 시작하는 뇌기능 연구에 관심을 가지고, 뇌기능 연구가 자신의 연구를 재차 확인해 줄 수 있을 것이라 생각하였다. SOI에서 심리학자로서 활동하였던 미커의 딸 밸러리는 어머니가 하였던 진단 및 처방 활동을 수행하였다(Maxwell, 1989). 밸러리는 그녀의 어머니가 SOI에서 하였던 활동으로 지능과 창의성을 훈련시킬 수 있다고 믿었으며 이를 증명하였다고 설명하였다(Maxwell, 2004).

대부분의 사람은 미커의 공헌을 인정하였다. 미커가 박사 학위를 받았을 때, 길퍼드는 그녀에게 상자 하나를 보내어 축복해 주고 모든 요인뿐만 아니라 아직 요인이 아닌 검사에 대한 저작권도 미커에게 주었다(M. N. Meeker, 개인적 대화, 2003. 4. 29). 1970년 미커는 길퍼드 영재분야 및 교육과정 지침의 편집위원으로 위촉받았다(Meeker & Gowan, 1970). 1975년 미 교육부는 미커를 금세기 교육계에서 업적을 이룰 5명의 사회과학자 중 한 명으로 선정하였다. 미커는 33개 주 교육국의 컨설턴트를 역임하였으며 미국심리학회는 미커를 1981년 올해의 교육 리더로 지명하였다(M. N. Meeker, n.d.).

미커는 국립영재협회(National Association for Gifted Children: NAGC)의 이사로 15년 간 선출되었다. 1975년부터 1993년까지 『영재아동 계간지(Gifted Child Quarterly)』의

마이크로 필름 형태의 사전 논문 탐색을 보면 미커를 처음으로 상임이사로 지칭하던 시기는 1977년에 시작되었으며, 이때 미커는 린 폭스(Lynn Fox), 프랭크 윌리엄스(Frank Williams), 도널드 트레핑거(Donald Treffinger), 어빙 사토(Irving Sato) 그리고 케이 커피(Kay Coffee)와 함께 선출되었다(*Gifted Child Quarterly*, 1975-1993). 미커는 1984~1985년의 한 임기 동안 이 조직의 총무를 지냈으며, 또한 1989년 공로상을 수상하였다. 미커는 "그들이 계속하여 나를 재선출하였다."라고 말하였다(M. N. Meeker, 개인적 대화, Ca.1987). 심지어 사망 후에도 미커의 업적은 계속되었다. 2004년 그녀는 국립 영재협회의 창의성 네트워크로부터 토랜스 상을 수상하였다(NAGC, N.d.).

미커의 생애를 되돌아보았을 때, 미커의 남편은 "그녀는 상담을 통해서 그리고 활동을 통해서 수많은 사람의 생활을 구제하고 향상시켰다."라고 말했다(R. Meeker, 2003). 그는 다음과 같은 방식으로 SOI 뉴스레터에서 그녀에 대한 기억을 요약하였다.

> 용기와 진실성이 미커 당신 진로의 특징입니다.
> 이해와 연민이 미커 당신의 내적 생활의 특징입니다.
> 사랑, 격려 그리고 지도가 미커 당신 가정생활의 특징입니다.
> 미커 당신의 삶은 너무도 멋있었습니다. 함께 삶을 공유하게 되어 너무도 행복
> 하고 감사합니다(R. Meeker, 2003).

미커의 딸 제시카는 『전국 주변을 돌아(Roll Around Beaven)』이라는 회고록에서, 자신의 어머니에 대해 사람을 읽을 줄 아는 능력을 가진 민감하고 영적인 존재로, 그리고 위대하며 때로는 이상하리만큼 정확한 자연처럼 기술하였다(Maxwell, 2009). 동료 및 친구들 또한 이와 같은 면모의 미커의 성격을 잘 알고 있다. 사망하기 몇 개월 전, 그녀는 미래에 대한 자신의 소망을 다음과 같이 내비추었다.

> 내가 보고 싶은 것은 정당한 자격을 갖춘 교사가 학생의 지적 능력, 신체적 능력, 정서적 능력을 진단하는 것이다. 교사가 진단을 하기 위해 이를 위한 자료가 있고,

이렇게 진단을 하게 되면 아이들은 올바른 처치를 받게 되므로 실패하지 않는다 (M. N. Meeker, 개인적 대화, 2003. 4. 29.).

미커의 영향

미커의 영향은 대안적인 판별 방법에 대한 지칠 줄 모르는 옹호, 그리고 지능을 이해하기 위해 IQ를 넘어서서 계속 진행하는 고집에 있다. 미커는 선구자적으로 학생의 다양성을 강조하였으며 그 다양성에 대한 감사와 존중을 지지하였다. 대안적 평가에 대한 그녀의 개발과 실제 괄목할 만한 평가에 대한 적용은 혁신적이었다. 미커의 주도에 따라서, 영재교육 분야는 전통적인 IQ검사 및 성취도 검사를 사용할 때 영재로서 판별되지 못하던 경제적으로 소외되는 학생을 위한 대안에 관심을 기울이고 사회적 시사점을 도출하게 되었다. 비록 여러 학자(Gagné, 1991; Gardener, 1983; Piirto, 1994; Renzulli, 1978; Sternberg, 1985; Subotnik, Olswewski-Kubilius, & Worrell, 2011)도 대안적 지능 이론과 모델을 제안하였으나, 미커는 이 책에서 언급한 여러 다른 사람과 함께 선구자적인 위치에 있는 사람이다. 미커는 단순히 평등성에 대해 언급한 사람이 아니라 그것과 더불어 살았던 사람이다.

참고문헌

Carroll, J. B. (1993). *Human cognitive abilities*. Cambridge, UK: Cambridge University Press.

Clarizio, H. F., & Mehrens, W. A. (1985). Psychometric limitations of Guilford's Structure-of-Intellect model for identification and programming of the gifted. *Gifted Child Quarterly, 29*, 113-120.

Coffman, W. E. (1985). Review of Structure of Intellect Learning Abilities Test. In J. V. Mitchell, Jr. (Ed.), *The ninth mental measurements yearbook* (pp. 1486-1488). Lincoln, NE:

Buros Institute of Mental Measurements.

Cummings, J. (1992). Review of Structure of Intellect Learning Abilities Test. In J. J. Kramer & J. C. Conoley (Eds.), *The tenth mental measurements yearbook* (pp. 792–794). Lincoln, NE: Buros Institute of Mental Measurements.

Dr. Mary Meeker, Ed.D. (n.d). Retrieved from http://www.addsoi.com/obituary.html

Dr. Mary Meeker. (2003, November). *Watercolor Society of Oregon Watermark Newsletter.*

Gagné, F. (1991). Toward a differentiated model of giftedness and talent. In N. Colangelo & G. Davis (Eds.), *Handbook of gifted education* (pp. 65–81). Needham Heights, MA: Allyn and Bacon.

Gardner, H. (1983). *Frames of mind.* New York, NY: Basic Books.

Guilford, J. P. (1967). *The nature of human intelligence.* New York, NY: McGraw–Hill.

Guilford, J. P. (1977). *Way beyond the IQ.* Buffalo, NY: Creative Education Foundation.

In memoriam: Dr. Mary Meeker (2003, December). *National Association of Gifted Children Communique,* p. 8.

Leton, D. A. (1985). Review of Structure of Intellect Learning Abilities Test. In J. V. Mitchell Jr. (Ed.), *The ninth mental measurements yearbook* (pp. 1488–1489). Lincoln, NE: Buros Institute of Mental Measurements.

Maker, C. J. (1982). *Teaching models in the education of the gifted.* Rockville, MD: Aspen Systems.

Mary Meeker. (2003, October). *Eugene Oregon Register–Guard Newspaper.*

Mary Meeker, 82; Created a way to test and strengthen children's intellectual abilities [Obituary]. (2003, November 2). *Los Angeles Times,* B20. Retrieved from http://articles. latimes.com/2003/nov/02/local/me-meeker2

Maxwell, J. (2009). *Roll around heaven.* New York, NY: Simon & Schuster.

Maxwell, V. (1989). CMS: The midwife of instruction and learning. *Gifted Child Today, 12*(1), 2–4.

Maxwell, V. (2004, November). *E. Paul Torrance Award acceptance speech for Dr. Mary Meeker* [posthumous]. Speech presented at the National Association of Gifted Children Conference, Indianapolis, IN.

Meeker, H. (2008). *The open source authority: Understanding it.* Hoboken, NJ: Wiley.

Meeker, M. N. (1969). *The Structure of Intellect: Its uses and applications.* Columbus, OH: Charles Merrill.

Meeker, M. N. (1985). *A teacher's guide for the Structure of Intellect Learning Abilities Test.*

Los Angeles, CA: Western Psychological Services.

Meeker, M. N. (1990). On trying to be creative. *Gifted Child Today, 13*(6), 2–5.

Meeker, M. N. (2003, March 28). *Open-ended survey of women's journeys to creative accomplishment.*

Meeker, M. N. (2003, April 26). Extraordinary Womens' Journeys to Creative Accomplishment Open Ended Survey.

Meeker, M. N. (2003, April 29). Personal interview with S. Keller-Mathers.

Meeker, M. N. (n.d.). *Vitae.* Vida, OR: SOI Systems.

Meeker, M. N., & Gowan, J. (Eds.). (1970). *State publications: Thirty-two subject matter frame-works and curriculum guides for language arts, mathematics, social studies, foreign languages, art, music, science (K–12).* Sacramento, CA: California State Department of Education, Bureau of Special Education.

Meeker, M. N., & Meeker, R. J. (1979). *SOI screening form for gifted.* El Segundo, CA: SOI Institute.

Meeker, M. N., & Meeker, R. J. (1985). *Structure of Intellect Learning Abilities Test.* Los Angeles, CA: Western Psychological Services.

Meeker, M. N., & Meeker, R. J. (1986). The SOI systems for gifted education. In J. Renzulli (Ed.), *Systems and model for developing programs for the gifted and talented* (pp. 194–215). Mansfield Center, CT: Creative Learning Press.

Meeker, M. N., Meeker, R. J., & Roid, G. H. (1985). *Structure of Intellect Learning Abilities Test (SOI-LA) manual.* Los Angeles, CA: Western Psychological Services.

Meeker, R. J. (2003, October). Memorial to Dr. Mary Meeker. *SOI Systems Newsletter.* Retrieved from http://www.soisystems.com/Background.aspx

Meeker, R. J. (2011). *Vita.* Retrieved from http://www.soisystems.com/Background.aspx

National Association for Gifted Children. (n.d.). *E. Paul Torrance award.* Retrieved from www.nagc.org/index.aspx?id=1264

Newman, D. (1989). Review of the Structure of Intellect Learning Abilities Test. In J. J. Kramer & J. C. Conoley (Eds.), *The tenth mental measurements yearbook* (pp. 786–792). Lincoln, NE: Buros Institute of Mental Measurements.

O'Tuel, F. S., Ward, M., & Rawl, R. K. (1983). The SOI as an identification tool for the gifted: Windfall or washout? *Gifted Child Quarterly, 27*, 126–134.

Piirto, J. (1994). *Talented children and adults: Their development and education.* Columbus, OH: Merrill.

Renzulli, J. S. (1978). What makes giftedness? Reexamining a definition. *Phi Delta Kappan, 60*, 180-181, 261.

Sisk, D. (1993). *Project Step-Up (Systematic Training for Underserved Pupils) Final Report for Javits Grant #R206A00520.* Beaumont, TX: Lamar University.

SOI Systems Background. (n.d.). Retrieved from http://www.soisystems.com/Background. aspx

SOI Systems Gifted. (2010). Retrieved from http://soisystemscanada.co/gifted-programs

Standards for Educational and Psychological Testing. (1985). Washington, DC: American Psychological Association.

Sternberg, R. J. (1988). *The triarchic mind: A new theory of human intelligence.* New York, NY: Viking.

Structure of Intellect Systems. Retrieved from http://www.soisystems.com

Subotnik, R. S., Olszewski-Kubilius, P., & Worrell, F. (2011). Rethinking giftedness and gifted education: A proposed direction forward based on psychological science. *Psychological Science in the Public Interest, 12*(1), 3-54.

시드니 P. 말랜드 주니어
교육부 장관(1914~1992)

Jennifer L. Jolly & Michael S. Matthews

코네티컷 북동부 외곽에 위치한 킬링리 마을은 대니얼슨과 여러 주변 마을로 이뤄져 있다. 1835년 노스 킬링리에서 윌리엄 토레이 해리스(William Torrey Harris) 박사가 태어나면서 시작된 이 마을은 거의 3백 년의 역사를 가지고 있지만 이 코네티컷의 지역은 미국 교육 지도자와 영재교육의 특이한 관계를 가지고 있다. 세인트루이스 공립학교의 장학관이었던 해리스 박사는 처음으로 영재를 위한 체계적인 프로그램을 마련하였으며, 또한 최초로 상설 유치원을 미국에 설립하였다. 1889년, 해리스는 미국 교육위원으로 임명되었다. 본래 벤저민 해리슨 대통령의 임명을 받아 세 번의 대통령 임기를 지나 루스벨트 대통령 시기까지, 해리스는 17년 동안 교육위원 임기를 수행하였다(Coolidge, 1997). 대략 서쪽으로 30마일 떨어진 곳에 1990년 이래 미국영재교육센터(National Research Center on the Gifted and Talented: NRC/GT)가 자리를 잡고 있는 코네티컷 대학이 있다.

이 코네티컷 지역은 또한 1970년부터 1972년까지 미국 교육위원과 1972년부터

1973년까지 초대 보건, 교육 및 복지 사무관을 지낸 시드니 말랜드 주니어(Sidney Marland Jr.)가 태어난 곳이다. 교육위원으로 있을 당시, 말랜드는 '말랜드 보고서'로 잘 알려진 보고서를 통해서 최초로 영재의 독특한 교육적 요구를 연방 차원에서 인식하게 하였다. 전 세계적으로 말랜드 보고서가 인용되고 있지만, 보고서와 이름이 같은 이 사람을 저자로서 혹은 중요 정치 및 역사적 인물로서 문헌에서 찾아보기는 힘들다.

비록 영재교육 분야는 이미 1972년 말랜드 보고서가 발간되었던 반세기 동안 발전하고 있었지만, 이 문서를 통해서 최초로 연방 수준에서 영재학생에 대한 합법적 관심을 마련하게 되었다. 부수적으로 1950년대는 연방정부가 미국 내 아동 교육에서 보다 큰 역할을 담당하기 시작한 해다. 그 이후 공교육은 대부분 주들이 주도하는 모델을 수용하게 되었다.

제이콥 K. 재비츠(Jacob K. Javits, 뉴욕 공화당) 미국 상원의원은 말랜드 보고서를 추진하는 법을 입안하였다. 말랜드의 사무실은 영재를 위해 필요한 특별교육 프로그램을 결정하고, 영재의 요구를 충족시키기 위해 사용할 기존의 연방교육 프로그램을 파악하며, 이들 기존 프로그램들이 부수적으로 얼마큼의 효과를 이끌어 낼 것인지 평가하고, 이후 프로그램의 작성을 제안하는 일을 담당하였다(P.L. 91-230).

말랜드 보고서는 또한 영재를 옹호하기 위해 수행하였던 발전을 결정짓는 평가 기준을 제공하였다. 보고서가 처음 발간되고 배포된 지 40년이 지났지만, "영재와 영재의 요구에 대한 잘못된 이해의 부적절한 항목들은 상대적으로 변화되지 않고 남아 있다"(Marland, 1972a, p. xi).

초기 생활

보고서 배후에 있는 그 사람은 누구이며, 이 사람이 국가의 가장 유능한 학생을 옹호할 때 어떤 중요한 일을 하였는가? 이 사람과 이 사람의 업적을 이해하기 위해서 코네티컷의 북동부로 여행을 떠나 보자.

말랜드의 부모 시드니 P.와 루스 존슨 말랜드는 코네티컷 대니얼슨에서 옷가게를 하면서 살았다. 말랜드 아버지는 수년 동안 국가요인 경호대의 인원으로 봉사하였다 (Major Sidney P. Marland, 1943). 슬하에 3형제를 두었으며, 1914년 장남인 시드니 말랜드가 태어났다. 대공황이 고조를 이루던 1932년 대학에 입학한 말랜드는 집에서 15마일 떨어진 코네티컷 대학에 등록하였다. 말랜드는 영어를 전공하면서, ROTC에 참여하고, ROTC 밴드에서 드럼을 연주하였다. 말랜드는 1935년 학교 자원 밴드를 만드는 데 중추적인 역할을 하였으며, 많은 학생이 참여하여 ROTC만이 아닌 전체 학생을 대표할 정도였다. 말랜드는 이 새로운 조직에서 밴드 리더가 되었다. 이 대학 밴드는 대학 축구 및 농구 경기가 있을 적이나 대학 및 원정경기에 가서 연주를 하였다(UConn Marching Band, n.d.).

1938년에 말랜드는 코네티컷 웨스트하트퍼드에 있는 윌리엄 홀(William Hall) 고등학교 교사직을 맡았다. 말랜드는 1937년부터 1941년까지 코네티컷 하트퍼드에 있는 미국 육군 예비군에서 장으로 봉사하면서 1941년까지 영어 과목을 지도하였다. 1941년 2월 말랜드는 미국 육군에 입대하여, 1942년 제2차 세계대전에 참전하기 위해 남태평양으로 가는 배에 승선하였다. 그는 1945년까지 해외에서 거주하였다(S. P. Marland III, 개인적 대화, 2009. 6. 4.). 육군 43대 보병사단에서 있을 때, 말랜드는 수훈 훈장, 동성 훈장과 수훈장을 수상하였다. 말랜드는 보병 대령의 순위를 올려놓았다 (Daniels, 1992; College Board, 1978). 43대 보병사단의 전투가 지역 신문에 다음과 같이 게재되는 한편, 1943년 8월 3일과 8월 5일에 영웅적인 업적으로 수훈 훈장을 받았다.

일본 진지를 향하여 미국 탱크가 보병을 이끌고 나가는 것을 보고서 시드니 말랜드 소령은 반대 방향으로 돌아서서 일본 진지 바로 앞에서 쏟아지는 총알의 위험을 아랑곳하지 않고 탱크가 가는 길을 막아섰다. 말랜드 소령은 직접 탱크 앞에 끼어들어서 탱크를 세우고 그 탱크 조정사로 하여금 전파를 보내서 탱크를 유도하는 조정사에게 연락을 취하게 하였다(Major Sidney Marland, 1943).

말랜드는 1949년 10월까지 코네티컷 국립요인경호대 43연대 보병사단 참모총장으로 군 복무를 마쳤다(Marland, 1971).

학교 장학관

코네티컷 대리언의 학교

육군에서 복무를 마친 후에, 말랜드는 1948년 34세의 나이에 코네티컷 대리언의 학교들을 관장하는 장학관에 임명되었다. 이곳은 말랜드의 고향에서 100마일 떨어져 있으며 뉴욕 시까지는 운전해서 1시간 내에 도착할 수 있는 곳으로, 대도시 행정가들이 이곳을 거주지로 정하고 뉴욕 시로 출근하는 곳으로 잘 알려져 있다. 장학관으로서의 말랜드가 재임하였던 시기는 제2차 세계대전 이후 그 마을의 성장 및 대도시 센터로 더 많이 접근할 수 있도록 코네티컷 유료 도로를 건설하던 때였다. 말랜드가 대리언에 있었던 시기부터(1948~1956년) 성장이 지속되었고, 말랜드의 다음 후임지인 일리노이 위네카 학교의 장학관으로 떠날 때까지 계속되었다. 그가 떠날 때 양키 두들 가락에 맞추어 다음 이별 노래가 작곡되었다.

> 시드니 말랜드가 마을에 왔을 때
> 가족들이 왔을 때
> 학교이사회는 이 새로운 신사를 환영하기 위해 모이어 잔치를 벌였네
>
> 대리언은 운이 다했네
> 대리언은 그 이유를 알고 있다네
> 사람들은 시드니 말랜드를 잃어버렸다네
> 그리고 아이들 모두 울었다네
>
> 당신은 곧바로 일하러 갔다네
> 그리고 학교를 만들고
> 교사의 봉급을 올렸다네

사람들은 당신이 바보 짓을 하지 않는다는 것을 알고 있다네

대리언은 운이 다했네
그리고 지금 그 이유를 안다네
당신은 활동가이며 매우 특별한 사람이라네

당신은 3년 동안 우리와 함께 있었다네
어떻게 그 시간이 지나갔는지
우리는 당신이 이 마을에 딱 맞는 사람이라고 생각한다네
당신에게 그 이유를 말할 것이네

당신은 매우 아름다운 부인을 두었다네
3명의 자녀 모두 공부는 물론이고 골프도 낚시도 잘 한다네

대리언은 운이 다했네
우리는 지금 그 이유를 안다네
당신은 활동가이며 매우 특별한 사람이라네!

— (1956, Box 2, Hoover Institution Archives)

사람들은 말랜드와 그의 가족을 그리워하였다. 일리노이 위네카는 대도시 외곽 부유한 지역인 코네티컷 대리언과 매우 흡사한 곳으로 단지 약간 더 큰 규모일 뿐이었다. 위네카는 시카고 시내에서 16마일 떨어져 있으며, 지금도 미국의 가장 부유한 교외 지역 중 하나다.

1956년 위네카에 도착한 지 얼마 되지 않아서 말랜드는 의회 교회에서 '진리가 여러분을 자유케 하리라' 라는 제목으로 일요일 설교를 하였다. 이 설교에서 말랜드는 인간의 성격에 영향을 미치는 '세 가지 원칙의 힘'을 언급하였다. 말랜드는 이 세 가지 힘을 교회, 가정 그리고 학교라고 하였다. 설교는 자신의 믿음, 교사 그리고 교회

및 국가의 분리와 관련지어 미 합중국 헌법 제정가들이 제기한 기초에 대한 말랜드의 높은 관심을 나타낸다. 말랜드는 "학교는 진리를 추구함으로써 교사와 학생들이 어디를 가든지 이들을 이끌어 주는 장소"라고 생각하였다(Marland, 1956). 말랜드는 "어떤 사람도 기독교 정신에 입각하여 다른 사람에게 봉사하고자 하는 순연한 소망으로 동기가 부여되지 않는다면 대체로 교사가 될 수 없다. 인간의 종교는 그 사람의 한 부분이며, 교사에게는 매우 특별한 일부분이다."라고 강조하였다(Marland, 1956). 말랜드는 기독교 이상들의 차이, 교회와 학교를 포함하여 교회와 국가의 괴리가 미묘한 차이라고 생각하였다. 그리고 교사들을 에워싸고 있는 법과 신학적 혼동 때문에 교사들은 하나님 없이는 아무것도 아니라고 생각하였다(Marland, 1956).

일리노이 위네카 학교들

시드니 말랜드가 위네카에 도착하였을 때, 그는 미국 교육의 역사적 장소로 들어선 것이었다. 칼턴 워시번(Carlton Washburne)은 1919년부터 1943년까지 거의 25년 동안 위네카 학교들을 운영하였으며, 워시번의 교육철학은 거의 십오 년 그 이후에도 학교에 각인되어 남아 있었다. 많은 장학관은 워시번과 말랜드 사이에서 활동을 하였지만 이들은 계속해서 빨리 은퇴하였다. 위네카 거주자들은 위네카 계획과 워시번의 유업을 확대하는 것에 대해 혼동된 감정을 가지고 있었다. 워시번은 계획대로 고수할 의향이 없었고, 어떤 상태로 교육이 실시되어야 하는지 생각하였다(Washburn & Marland, 1963, p. 208). 그럼에도 불구하고 계획은 교수 지도를 하기 위한 사전검사를 실시하여 개별화 교수를 하는 데 집중되었다. 교사는 학생들의 창의성을 권장하는 프로젝트를 촉진하고, 처벌을 하기보다는 상담을 통해서 학생의 행동 문제를 수정하는 것에 더 많은 주안점을 두었다(Washburn & Marland, 1963).

말랜드는 자신의 정체성을 정립하기 위해서, 다른 집단에 불쾌감을 주지 않도록 주의하였으며, 위네카에 부임한 이래 바로 워시번을 만나러 가서 "우정을 지속적으로 돈독히 하여"(Washburn & Marland, 1963, p. 165), 그 결과 『위네카: 교육계의 역사와 의미(Winnetka: The History and Significance of an Educational Experiment)』(1963)라는 책을 함께 저술하였다.

위네카 학교는 영재의 학업적 요구를 인식하고 이들의 요구를 충족시켜 주기 위해서 여러 책략을 사용하였다. 책략 중에는 속진, 심화 그리고 집단 편성 등이 있다(Marland, 1959). 학생의 누적해 놓은 파일은 학생의 더 앞선 학업적 요구에 반응할 수 있도록 다음 교사가 보기 좋게 꼬리표를 달아 놓았다. 말랜드는 또한 심화 학습 자료를 제공하기 위해 학급 교사들과 협조할 수 있도록 도서관 사서의 역할에 대해서도 기록해 놓았다(Jolly, 2009b).

위네카에 있는 동안, 말랜드는 또한 교육과정을 점검하였고, 유명 지역사회 인사를 학교자문가로 초청하였으며, 교사의 봉급 성과제를 개발하였다(*Newsweek*, 1970). 자신의 계획대로 노력하면서, 말랜드는 위네카 시민의 신뢰와 존경을 받게 되었으며, 1963년 피츠버그의 관리자로 자리를 옮겨 갈 때 시민들은 다음의 시를 헌정하였다.

모두 낚시를 가세
부인에게 말했다네
우리 어쩌면 싸움도 없이 큰 물고기를 잡아 오세

그래서 사람들은 준비를 하고
모두 새 것인 낚시대와 낚시 도구를 가지고
문밖으로 날아갔다네.

사람들은 저녁까지 있었다네
오! 침낭으로 지내기에 더할 나위없이 편안하였다네.
모든 것이 정말 좋았다네!

이제 용기를 잃지 말고, 실망하지 마세
우리는 당신의 역경에 대해 듣고 알고 있다네 계획을 잘 세워 보세

우리는 헌금을 걷었다네 그리고 이것이 우리가 걷은 것이라네
잠들러 갈 시간이 되면 모두 '술 한잔'을 할 걸세

당신이 우리에게 작별을 고할 때
우리는 당신이 하는 모든 일에서 성공을 기원하네
그렇지만 당신을 그리워할 걸세

피츠버그가 사람들로 가득 차서
그리고 가는 길이 험난해져도
그냥 침낭을 꺼내서 그까짓 것 지옥에 던져 버리게

– (1963, Box 2, Hoover Institution Archives)

펜실베이니아 피츠버그

위네카를 떠나, 말랜드는 1963년 펜실베이니아 피츠버그의 차기 장학사로 부임하였다. 이전 지역이 '조끼 주머니' 정도의 업무였다면, 피츠버그는 크기나 인구 면에서 상당히 달랐다(The Pittsburgh Philosophy, 1966, para. 3). 피츠버그는 인종적으로 다양할 뿐만 아니라 또한 사회경제적인 지위도 다양한 도시 지역이었다. 1945년에 시작하여 피츠버그는 시카고, 필라델피아, 뉴욕 시 같은 다른 대도시처럼 인종 차이로 인한 변화를 겪었다. 말랜드가 학군 장학사로 부임한 지 중간 정도 지난 1965년에는 1945년 18.8%에 지나지 않았던 아프리카계 미국인이 36.7%나 되었다. 아프리카계 미국인 가족들은 힐과 홈우드-부시턴 지역에 많이 거주하였는데, 이 지역의 학교들은 피츠버그에서 이사를 나와서 자녀를 사립학교 및 교구부속학교에 등록하는 백인 가족과 아프리카계 미국인 가족의 분리가 계속 심화되고 있었다. 교육국은 "백인 가족이 계속 교외로 이사를 하게 된다면, 통합 지향은 자멸의 씨앗을 전해 주는 것으로 나타날 것"이라고 할 정도였다(Board of Public Education, 1965, p. 12). 1955년부터 1965년까지 아프리카계 미국인 학생이 대부분인 학교의 수(아프리카계 미국인 등록 학

생이 80% 그 이상인 학교)는 9개에서 19개로 늘어났다.

　말랜드와 피츠버그 교육 이사회는 인종적 불균형과 아프리카계 미국인 학생의 평균 학업성취도가 백인 아동의 평균 성취도보다 낮다는 사실에 민감하였다. 또한 이 사회는 "인종차별이 재개되어 본래 목적을 최소한 희석시키지 않도록 통합을 지향하는 이사회의 모든 행동을 숙고해야 한다."고 생각하였다(1965, p. 13). 피츠버그는 그 당시 여러 혁신적이며 첨단의 프로그램을 개발하였다. 이때 개발한 프로그램 중에는 매우 능력이 출중한 학생들이 속진 교육과정에 참여하도록 독려하는 피츠버그 장학금이 있다(Board of Education, 1965, p. 16).

　피츠버그 학군에서 말랜드는 우수한 아프리카계 미국인 교사를 초청하고, 교사의 질을 전반적으로 향상하며, 신설 학교를 건설하고, 학교 출석 지역을 조정하고, 인종적으로 부당한 책을 없애고, 교육과정에 변화를 주어 인종적으로 통합된 사회를 반영하였으며, 고등교육과 맞물린 프로그램을 도입하고, 학령전기 아동을 위해 프로그램을 개발하는 기타 사업을 추진하였다(Board of Education, 1965).

　피츠버그의 유아교육 프로그램은 특히 이 시기 동안 급진적으로 발전하였다. 말랜드와 피츠버그 학교 이사회는 "소외된 계층에 속한 아동의 매우 낮은 성취를 지양하는 비밀"을 찾으려 하였다(Board of Education, 1965, p. 33). 2개 지역 교회의 빌린 공간에서 시작하여(Board of Education, 1965), 전통적인 학기 동안 프로그램을 실시함은 물론 7월 동안에도 실시하였다. 이 프로그램은 사실상 국가적으로 인정을 받게 되었으며, 말랜드는 이로 인해 "피츠버그와 자신이 관심을 받을 것 같다."라고 말할 정도였다(Marland, 1972b).

　말랜드는 피츠버그에서 실시하였던 혁신적인 사업을 자랑스러워하였다. 다른 아동보다 더 일찍, 3세경쯤 소외된 아동에게 관심을 기울이는 것이 중요하다고 생각하였다. 물론 어떤 사람들은 아동이 체계적으로 학습에 노출될 준비가 되지 않았다고 비난할 수 있다고 생각하였다(Marland, 1972b). 피츠버그 모델의 독특한 특징들 중 하나는 고등학교를 졸업한 준전문가를 활용하고 유치원 아동과 같은 마을에 사는 사람을 모집하는 것이었다. 준전문가들에게 카네기 멜론(Carnegie Mellon) 대학의 유아교육 과정을 제공하였다. 유아단계 프로그램은 아동의 건강, 영양과 가정(특히 엄마)이 참여하는 안전한 환경에서 학업 준비도를 갖추도록 하는 데 목적이 있었다(Jolly, 2009b). 말랜드는 피츠버그 학교들만이 이러한 유형의 유아교육을 제공하는 유일한 학교가 아니며, "초기 주자" 중 하나라고 말했다(Marland, 1972b). 비슷한 시기에, 백악관은 경제기회국(Office of Economic Opportunity: OEO)의 대통령 자문위원으로 일하도록 말랜드를 임명하였다. 그는 OEO 책임자인 사전트 슈라이버(Sargent Shriver)와 협의하여 OEO가 유사한 유아 프로그램 '헤드스타트(Head Start) 사업'을 설립하도록 이끌었다.

공공 서비스

피츠버그에서 말랜드는 대리언 및 위네카에서는 받아 본 적 없는 수준까지 격상되어, 도시 문제에 관한 대담에서 국가적 명사가 되었다. 말랜드는 다음과 같이 생각하였다.

> 그 당시 피츠버그는 나에게 있어 적시적소였다. 피츠버그는 대도시 교육에서 볼 수 있는 전형적인 문제를 가지고 있는 도시였다. 피츠버그 도심 지역의 커다란 문제에 직면하였던 시기는 초기여서 대도시라고 하지만 문제에 대응하고 해결할 정도의 규모였다(Marland, 1972b).

OEO 자문위원으로 있던 기간에 말랜드는 워싱턴에 있는 보건, 교육 및 복지(HEW) 부서에서 교육위원 그리고 교육 차관보로 업무를 시작하였기 때문에 사실상 어떤 의미에서 미국 내 모든 학교를 관장하는 관리자가 된 것이었다.

피츠버그 공립학교를 떠나 교육위원으로 임명되던 그동안에, 말랜드는 국가적으로 학교혁신 프로그램을 준비하고 관리하는 교육발전 연구소 원장으로 일을 하게 되었다. 닉슨 대통령은 말랜드를 1970년 미국 교육위원으로 지명하였다. 『뉴스위크』지는 말랜드의 입장에서 "국회와의 힘겨운 승인 싸움"을 예견하였다(1970, p. 67). 교육국은 초기 1960년대에 설립되어 100년 정도 된 기관이며, 1950년 후반까지 교육위원의 위치는 연방정부에서 한직으로 생각하던 시기였다. 전통적으로 교육사무국의 주요 목적은 교육에 대한 통계 자료를 수집하는 것이었다. 1958년 국가방위교육법 (National Defense Education ACT) 그리고 1965년 초등 및 중등 교육법(Elementary and Secondary Education Act)이 통과되어, 모든 미국 학생의 교육에서 연방정부가 담당하는 역할이 점차 증대되고 있다고 추정했다(Jolly, 2009a). 또한 이상의 증폭된 관심은 교육위원들이 훨씬 영향력이 있고 정치적 역할을 담당하고 있음을 의미하는 것이었다.

닉슨 대통령의 추천을 받았으므로, 말랜드는 입법가, 정치가, 교사연맹 및 교육자들의 조사를 받았다. 21년 동안의 학군 장학사로서의 말랜드에 대한 기록은 특히 교사연맹과 학교 통합에 대한 관점 때문에 어느 정도 실망감을 주었다. 말랜드는 교사와의 계약 의무가 프로그램 작성의 필요성을 훼손하게 되었다고 말하였다(National School Public Relations Associations, 1970). 그러나 "교육에 대한 말랜드의 헌신"은 의심할 여지가 없었다(*Newsweek*, 1970, p. 67).

말랜드가 피츠버그에서 시작하고 실시하였던 여러 프로젝트는 새로운 연방 집행부의 조망과 프로그램 속을 누비듯 나아갔다. 이미 언급하였듯이, 피츠버그는 물론 여러 유치원 프로그램에서 헤드스타트 모델을 따라 하였다. 또 본래 말랜드 재직 중에, 카네기 멜론 대학과 피츠버그 학군 간 협력 속에서 실시되었던 업워드 바운드 (UpWard Bound) 프로그램도 있다. 잠재력을 보이는 30명 학생을 대상으로 사전 프로그램을 실시하였지만 후속 학업 기록은 남아 있지 않다. 말랜드가 OEO에서 일하였던 시기에 실시하였던 사전 프로그램과 업워드 바운드 프로그램도 OEO 프로그램이 되었다. 업워드 바운드 프로그램은 여전히 오늘날에도 존재하며, 미국 교육부를 넘어서 다음과 같은 것들을 제공하면서 실시되고 있다.

> 참가자들이 사전대학 성취도에서 성공할 기회를 제공하고 궁극적으로 더 높은 고등교육을 추구하도록 한다. 저소득의 고등학생 그리고 부모님 모두 학사 학위가 없는 고등학생에서 업워드 바운드 프로그램을 제공한다. 업워드 바운드 프로그램의 목적은 중등교육을 마치고 고등교육 기관에 등록하여 졸업하는 참가자의 비율

을 높이는 데 있다(U.S. Department of Education, n.d. para. 1).

말랜드가 처음으로 주도한 것 중에 진로교육도 있으며, 심지어 그를 진로교육의 아버지라고 언급할 정도다(Jolly, 2009b). 이것 역시 피츠버그에서 말랜드가 주도한 프로그램이다. 말랜드는 "학업과 학습한 것을 활용하는 면모"를 통합하여, 어리석게 학업과 직업적 실제를 별개로 구분하지 말며, 열등한 노력은 이후에 열등한 마음을 불러들인다고 주장하였다(Council for Basic Education, 1973, p. 4). 고등학교에 다니는 동안 학생들은 고등학교 교육과정을 실제 세계에 직접 적용하는 경험을 맛보게 되며 진로 선택의 범위를 넓힐 수 있다. 말랜드가 진로교육에 세워 놓은 기초는 오늘날 진로교육 프로그램을 작성할 때도 여전히 남아 있다(Jolly, 2009b).

말랜드 보고서

영재에게 특별교육 프로그램을 제공하기 위한 법을 발의한 상원의원 제이콥 재비츠가 말랜드 보고서를 주도하였다. 법령 806(c)조항 P.L. 91-230에 의거하여, 말랜드는 영재의 요구를 충족함에 있어 어떤 유형의 특별 프로그램이 유용한지 평가하고, 어떤 프로그램이 이미 영재의 요구를 충족시켜 주었는지 결정하며, 영재의 요구를 충족시키기 위해 사용하였던 기존 프로그램을 평가하고, 영재를 위해 새로운 프로그램을 추천하는 일을 담당하였다.

1920년대 영재교육을 공식적으로 연구 분야로 수용하고 영재에 대한 보다 체계적인 접근법을 개발하여, 영재교육에 대한 관심이 "증대되기는 하였으나 전체 국가적 초대 관심 수준까지는 도달하지 못하였다."(Marland, 1972a, p. 69). 1950년대 후반과 1960년대 초반에 국가방위교육법의 지원을 받고 과학과 수학에 재능을 보이는 학업적으로 우수한 학생을 위한 프로그램과 기금을 마련하는 등 어느 정도 연방 수준에서의 영재교육에 대한 관심을 이끌어 내었다(Jolly, 2009a). 그러나 1960년대 동안 교육부의 우선순위는 "소외된 계층, 장애학생을 위한 교육과 진로교육을 고양하고, 평등교육 기회를 추진하는 것으로" 옮겨 갔다(Marland, 1972a, p. 69).

말랜드 보고서는 영재학생에게 기울이는 관심의 부족을 인식하였다. 이 보고서는 또한 계획 보고서, 프로그램 책무성, 프로그램을 작성하는 도구와 평가를 설정하고 주교육 의제를 강화하고, 리더십과 연수를 제공하고 진로교육 모델을 개발하며, 실험학교를 설립하고, 지역 사무실을 파악하는 것 등을 포함하여 여러 목표를 제기하였다. 보고서에는 버질 스콧 워드(Virgil Scott Ward), 조지프 렌줄리(Joseph Renzulli), 어빙 사토(Irving Sato), 조지프 프렌치(Joseph French)와 같은 영재교육 최고 권위자의 연구가 포함되어 있다. A. 해리 파소(A. Harry Passow), 에이브러햄 J. 타넨바움(Abraham J. Tannenbaum), 제이콥 게젤스(Jacob Getzels)는 물론 미국 전역의 교육위원에게 피드백과 외부 감수 또한 요청하였다.

보고서는 또한 연방 차원에서 영재성을 다음과 같이 정의하였다.

높은 수행력을 보이는 아동은 다음의 영역 중 한 개 혹은 여러 개가 결합된 영역에서 성취 및 잠재 능력을 보이는 자다.

① 일반 지적 능력
② 특수 학업적성
③ 창의적 및 생산적인 사고
④ 리더십 능력
⑤ 시각 및 공연 예술
⑥ 심리운동 능력(1978년 정의에서는 제외됨)(pp. 10-11)

영재교육 및 영재에 대해 말랜드 보고서가 기울인 인식은 헤아릴 수 없을 정도이며, 40년 후인 오늘날에도 여전히 영재교육의 획기적인 사건으로 언급된다(Cross, 1999; Delisle, 1999). 말랜드의 주요 결점은 "관심, 흥미 그리고 노력"을 시스템에 의존하여 유지한 것이다(Marland, 1972a, p. 69).

보고서는 새로운 법과 대량의 비용이 필요한 것은 아니라고 제안하였다. 불행히도 1975년 불과 몇 년 후 특수교육 학생에게 해당하는 법들과 유사한 구체적인 법들이 부재하였기 때문에 영재교육은 계속해서 공격을 받고 있다. 21세기의 초기 20년 동안 영재교육은 전보다 더 취약해졌다. 말랜드 보고서는 여러 면에서 연방교육 우선순위에 영재교육을 각인할 기회를 놓쳤다. 영재교육과 영재교육을 받는 학생들은 연방법이 없다면, 영재교육과 영재교육을 받는 학생을 위해서 계속해서 관심, 흥미 및 노력을 기울여 영재교육을 정상화시켜야 할 것이다.

공직 이후 말랜드의 생활

말랜드는 보건, 교육 및 복지부에서 교육 차관보의 임기를 마친 후에, 1973년 대학입학시험 위원회에 참여하였다. 1975년 여론은 대학입학시험 위원회에게 "학업적성검사(Scholastic Aptitude Test)상 학생의 점수가 설명할 수 없을 만큼 낮아지는 것"에 대한 설명을 요구하며 주시했다(CEEB, 1977, p. iii). 1964년부터 1974년까지의 10년 동안, SAT 점수는 언어 영역에서 10점 그리고 수 영역에서 8점 낮아졌다. 말랜드는 최고의 연구진이 SAT 검사 응시자들의 인구학적 특징이 같은 시기 동안 변화되었다는 것을 발견하였으며, 전통적으로 SAT를 치른 학생의 성취도는 낮아지지 않았다고 지적하였다. 연구진은 또한 SAT와 고등학교 교육과정 간 상관이 거의 없다는 것도 발견하였다(Finder, 2004).

대학입학시험 위원회의 임기를 마친 후에, 말랜드는 『학업적 잡지(Scholastic Magazine)』의 편집부장 그리고 1986년 은퇴 전까지 고등교육 정부 위원회에서 일을 하였다. 말랜드는 은퇴 후에도 활동을 지속하여, 코네티컷 대학 겸임교수로서 학생을 지도하였고 원예에도 조예가 깊었다. 말랜드와 부인 버지니아는 집에 온실을 만들고 제라늄, 델피니움과 베고니아를 지역 원예가에게 공급할 만큼 충분한 식물과 꽃을 키웠다. 심지어 말랜드는 여러 기부자에게 판매하는 크리스마스 나무를 다양화하기도 하였다(S. P. MarlandIII, 개인적 대화, 2009. 6. 5.).

말랜드는 77세의 나이로 1992년 암으로 사망할 때까지 다양한 사회경제적 수준에 처해 있는 학생 그리고 다양한 교육적 요구를 망라하여 교육적으로 옹호하는 혈통을 남겼다. 교육계에 남긴 엄청난 업적을 볼 때, 말랜드는 계속하여 영재의 특별한 교육적 요구를 인식하고 있었다. 게다가 코네티컷의 '조용한 한 지역' 출신인 이 신사는 연방 수준에서 영재를 위한 법을 제공하였던 말랜드 보고서를 통해서 영원히 영재교육과 연계될 것이며 영재의 시계를 높여 주었다.

참고문헌

Board of Public Education. (1965). *The quest for racial equality in the Pittsburgh public schools: The annual report.* Pittsburgh, PA: Board of Public Education.

[Citizens of Darien, CT]. (ca. 1956). *Poem set to tune of "Yankee Doodle."* Bos 2. Hoover Institution Archives, Palo Alto, CA.

[Citizens of Winnetka, IL]. (ca. 1963). *To Sid.* Box 2. Hoover Institution Archives, Palo Alto, CA.

College Board. (1978). *Sidney P. Marland, Jr.* Box 2. Hoover Institution Archives, Palo Alto, CA.

College Entrance Examination Board. (1977). *On further examination: Report of the advisory panel on the Scholastic Aptitude Test score decline.* New York, NY: College Entrance Examination Board.

Coolidge, N. L. (1997). Killingly—Birthplace of two U.S. commissioners of education. Retrieved from http://www.killinglyhistory.org/online-journals/online-journal-vol-1-1997/71-killingly-birthplace-of-two-us-commissioners-of-education.html

Council for Basic Education. (1973). *Proceedings of a conversation between Drs. Marland and Koerner and the Board of Directors and Staff of the Council for Basic Education.* Washington, DC: Council for Basic Education.

Cross, T. L. (1999). The top ten list (plus or minus two) for the 20th century. *Gifted Child Today, 22*(6), 22–25.

Daniels, L. A. (1992, May 27). Sidney Marland, Jr., 77, former U.S. school chief. *New York Times.* Retrieved from http://www.nytimes.com/1992/05/27/nyregion/sidney-marlandjr-77-former-us-school-chief.html?pagewanted=print

Delisle, J. (1999). A millennial hourglass: Gifted child education's sands of time. *Gifted Child Today, 26*(6), 26-32.

Embattled commissioner. (1970, October 5). *Newsweek*, 67-68. Box 2. Hoover Institution Archives, Palo Alto, CA.

Finder, M. (2004). *Educating America: How Ralph W. Tyler taught America to teach.* Westport, CT: Praeger.

Jolly, J. L. (2009a). The National Defense Education Act, current STEM initiative, and the gifted. *Gifted Child Today, 32*(2), 50-53.

Jolly, J. L. (2009b). Sidney P. Marland, Jr. *Gifted Child Today, 32*(4), 40-43, 65.

"Let's both go fishin." (1963). Box 2. Hoover Institution Archives, Palo Alto, CA.

Major Sidney P. Marland. (1943, August 24). *Norwich, Conn. Bulletin.* Box 2. Copy in Hoover Institution Archives, Palo Alto, CA.

Marland, S. P., Jr. (1956). The truth shall make you free. Box 2. Hoover Institution Archives, Palo Alto, CA.

Marland, S. P., Jr. (1959). The school librarian as a resource for the gifted student. *NASSP Bulletin, 43*, 163-169.

Marland, S. P., Jr. (1971). *Summary of military service.* Box 2. Hoover Institution Archives, Palo Alto, CA.

Marland, S. P., Jr. (1972a). *Education of the gifted and talented: Report to the Congress of the United States by the U.S. Commissioner of Education: Vol. 1.* Washington, DC: U.S. Government Printing Office.

Marland, S. P., Jr. (1972b). Interview by J. B. Frantz [Tape recording]. Lyndon Baines Johnson Library, Austin, TX.

National School Public Relations Associations. (1970). *Marland lists his top priorities.* Washington, DC: National School Public Relations Associations.

The Pittsburgh philosophy. (1966, March 4). *Time*, 87. Retrieved from http://www.time.com/time/magazine/article/0,9171,835227-1,00.html

UConn Marching Band. (n.d.). *A history revealed.* Retrieved from http://www.ucmb.uconn.edu/about/history

U.S. Department of Education. (n.d.). *Upward Bound program.* Retrieved from http://www.ed.gov/programs/trioupbound/index.html

Washburn, C., & Marland, S. P., Jr. (1963). *Winnetka: The history and significance of an educational experiment*. Englewood Cliffs, NJ: Prentice Hall.

"When Sidney Marland came to town." (1956). Box 2. Hoover Institution Archives, Palo Alto, CA.

지난 1세기 영재교육 분야에 기여한 인물들에 대한 소회

Ann Robinson & Jennifer L. Jolly

    이 책에서 제시된 인물들은 영재교육 분야의 확립과 성장을 대표하는 인물들로 부족함이 없으며, 우리로 하여금 영재교육에 대해 다시 진지하게 생각을 하게 해 준다. 이들은 우리가 영재아에 관심을 갖고 있는 독자들에게 이 분야가 심리학과 밀접한 관련이 있는 교육심리학에서 어떻게 파생되었으며, 독립된 학문 분야로 어떻게 성장하게 되었는지에 대해 생각하는 기회를 제공해 준다. 이러한 영재교육의 성장은 필연적으로 이루어지거나 혹은 어떤 방해 요인 없이 이루어진 것은 아니다. 이러한 성장은 이 분야 학자들의 연구와 실제에 영향을 주었는데, 이것이 바로 이 분야 학자들의 생애를 이 책을 통해 재조명해 보게 된 근거이기도 하다. 그러나 영재 분야는 여러 학자와 이들 같은 다른 이들이 표출한 아이디어들이 개발되어 현재의 상태에 이르게 된 것이기도 하다.

    이 분야의 선두주자들에서부터 이 분야의 기반을 구축하고 체계화한 사람들에 이르기까지, 지난 1세기에 걸쳐 다양한 주제가 수차례에 걸쳐 반복적으로 제시되어 왔다. 비록 모든 아이디어가 만장일치로 나타나는 것은 아니지만, 공통적인 관심사들은 여러 학자에 의해 공유되기도 하였다. 학자들이 개인차에 관심을 갖게 되면서, 각자 다른 개인적인 의견은 아니지만 개념적인 내용들이 이 책에 제시되었다.

개인차 심리학에 대한 주제, 정신 발달 측정 산업의 영향, 아동과 성인의 창의성에 대한 관심, 뛰어난 학습자들의 요구에 부합되는 교육과정과 프로그램에 대한 관심 그리고 이 분야에 대한 지지와 활동은 여러 학자의 생애와 그들의 업적에서 나타난다. 영재교육 분야 이론의 기초와 개발, 연구와 실제 그리고 지지와 관련하여 다양한 학자가 존재한다. 이를 종합해 볼 때, 그들이 영재라는 주제하에 다양한 시각을 제공하고 있긴 하지만, 모든 이가 동일한 시각을 제시하고 있지는 않다는 점이다.

이 책에 등장하는 연구자들과 지지자들은 영재아에 대한 관심과 정도 면에서 고른 경험을 하지는 못했다. 대부분의 학자는 영재교육에 대한 관심뿐만 아니라 다른 분야에 대해서도 관심을 보였다. 이 책의 집필진은 이들의 생애와 전문 분야에 걸쳐, 다양한 영역에서 강도 높은 관심을 갖고, 문서 기록물과 2차 자료 조사를 통해 상당한 자료들을 정리하였다. 골턴(Galton)은 통계학에서부터 범죄학에 이르기까지의 여러 분야에서 독보적인 기여를 하였다. 몇몇 주요 학자는 심리과학 및 교육 직업 흥미는 물론 예술 분야와 관련된 프로젝트를 수행하였다. 알프레드 비네(Alfred Binet)는 열성적으로 극장예술에 참여하였으며, 리타 홀링워스(Leta Hollingworth)는 시를 썼고, 메리 미커(Mary Meeker)는 그림을 그렸으며, 앤 아이작스(Ann Issacs)는 작곡은 물론 시각예술에 종사하였다.

각 장에서, 이 책의 저자들은 영재교육 분야 이외의 다른 분야에서 수행한 상당한 연구물들에 대한 논의를 포함시켰다. 캐서린 콕스 마일즈(Catharine Cox Miles)는 성에 대한 심리학 문헌을 집중적으로 다루었다. 해리 파소(Harry Passow)는 도시 빈민층들의 교육의 필요성을 주장한 대표적인 인물이었다. 폴 위티(Paul Witty)와 루스 메이 스트랭(Ruth May Strang)은 뛰어난 학자들이었다. 마틴 젠킨스(Martin Jenkins)는 관심 분야를 흑인계 미국 영재아에서 HBCU 대학생들의 재능을 계발하는 것으로 전환하였다. W. E. B. 두 보이스(W. E. B. Du Bois)와 시드니 P. 말랜드 주니어(Sidney P. Marland Jr.)와 같은 학자들은 다른 학문 분야와 행정업무 수행을 위해 일생 동안 상당한 시간을 보냈다. 마침내, 말랜드 보고서는 교육 취약계층 아동 집단에 대한 영재교육의 적법성을 제공해 주었다. 그의 기여는 이 책의 말미와 부합되는데, 이는 앞으로 일어날 미래와 함께 향후 100년의 지평을 열게 해 주었다.

이 책을 통해 제시된 개념적·역사적 분석과 더불어, 우리는 일대기 연구 방법론을 사용하는 학자들을 집대성하려고 하였다. 우리는 일대기 연구자들이 통찰적 추론을 할 수 있도록 단서를 제공해 주고, 다른 사람들의 생애를 이해하기 위한 전기 작가들의 애타는 여정이 담겨 있는 문서 기록물 연구와 찾기 어려운 세부 사항들에 대한 문서들을 발굴하여 널리 알리고자 하였다. 전기 작가인 리처드 홈스(Richard Holmes)는 일대기 집필 작업을 가장 유창하게 설명하였다.

'전기'는 어떤 이의 생애에 관한 책을 의미한다. 단지, 나에게 전기는 어떤 이의 과거 자취에 대한 물리적인 흔적을 추적하는 것이며, 이는 오로지 내가 추구하고자 하는 일이 되었다. 여러분은 절대 이해하지 못할 것이다. 아니, 정말로 이해하지 못할 것이다. 그러나 아마도, 여러분이 운이 좋다면, 현재 이 순간 생생하게 어떤 인물에 대한 탐색에 대해 집필할 수 있을 것이다(1985, p. 27).

참고문헌

Holmes, R. (1985). *Footsteps: Adventures of a romantic biographer.* New York, NY: Viking.

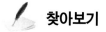 **찾아보기**

인명

내용

편저자 소개

앤 로빈슨(Ann Robinson) 박사는 리틀록 시에 있는 Arkansas 대학의 교육심리학 교수이자, Jodie Mahony 영재교육센터 설립자이며 센터장을 맡고 있다. 그녀는 *Gifted Child Quarterly* 의 전 편집자로 미국영재학회 회장을 역임하였고, 미국영재학회에서 젊은 지도자상, 젊은 학자 상, 탁월한 봉사상, 탁월한 학자상 등을 수여하였다. 앤은 160개 이상의 책과 장들, 논문, 사설 과 보고서들을 저술하였다. 앤은 위인들의 전기를 쓰는 데 열정을 쏟고 있는데, 시간이 있을 때 마다 전 세계 위인들의 삶을 연구하고 있다.

제니퍼 L. 졸리(Jennifer L. Jolly) 박사는 Baylor 대학 교육심리학과에서 영재교육 전공으로 박사 학위를 받았다. 현재 Louisiana 주립대학 초등교육과 영재교육의 부교수로 재직 중이다. 졸리 박사는 The Association of the Gifted(CEC-TAG)의 부회장이며, 미국영재학회(NAGC)의 『영재부모(Parenting for High Potential)』 잡지의 편집장으로 봉사하고 있다. 그녀는 미국교육학 회(AERA)의 창의성, 영재, 재능연구 분과에서 알렉스 건(Alex Garn) 박사와 마이클 매튜스 (Michael Matthews) 박사와 함께 2012년에 Michael Pyryt Collaboration Award를 받았고, 2011년 에는 루이지애나 특수아동위원회 대학교육 부분 올해의 인물(Louisiana Council for Exceptional Children Higher Educaqtion Professional of the Year)과, 2010년에는 미국 멘사 (MENSA) 연구상을 수상하였다.

저자 소개

　캐시 D. 오스틴(Kathy D. Austin) 박사는 Northwest Christian 대학의 교수로, 연구 글쓰기, 창의적 글쓰기와 문학을 가르치고 있다. 또한 그녀는 Oregon 주립대학의 겸임교수이기도 하다.

　마조리 M. K. 바타글리아(Marjorie M. K. Battaglia) 박사는 현재 George Mason 대학의 심리학과 부교수(Assistant Term professor)다.

　제임스 H. 볼랜드(James H. Borland) 박사는 Columbia 대학의 Teachers College 교육학과 교수이며 영재교육 전공 주임교수다.

　리오노라 M. 코헨(LeoNora M. Cohen) 박사는 Oregon 주립대학의 명예부교수다.

　마리아 페레이라 다 코스타(Maria Pereira Da Costa) 박사는 Paris Descartes 대학의 차이심리학 조교수다.

　데비 데일리(Debbie Dailey) 박사는 Arkansas 대학에 있는 영재학생을 위한 Jodie Mahony 센터의 부센터장으로 다양한 연구 활동에 참여하여 영재교육 전공과 AP 교사들에게 강의를 하고 있다.

　조이 로슨 데이비스(Joy Lawson Davis) 박사는 미국 버지니아 주의 Virginia Union 대학 교사교육학과 학과장으로 재직 중이며, 전국적으로 영재교육 프로그램 컨설턴트로 활동하고 있다. 또한 미국영재학회 영재센터장 위원회(Board of Directors)의 멤버로 활약하고 있다.

　토머스 P. 헤버트(Thomas P. Hébert) 박사는 South Carolina 대학의 영재교육학과 교수다.

　수잔나 E. 헨션(Suzanna E. Henshon) 박사는 플로리다 Gulf Coast 대학에서 창의적 글쓰기, 회고록 쓰기, 자연 글쓰기, 작문 수업을 가르치고 있다.

　홀리 허트버그-데이비스(Holly Hertberg-Davis) 박사는 영재학생을 포함한 다양한 학습자가 활발히 참여하는 일반학급 영재교육 컨설턴트이고 프리랜스 작가다.

　수전 켈러-매터스(Susan Keller-Mathers) 박사는 Buffalo 주립대학 국제창의성 센터에서 창의성 연구 부교수로 재직 중이다.

리오니 크론보그(Leonie Kronborg) 박사는 호주 빅토리아 주 클레이턴 시에 있는 Monash 대학 교육학과에서 영재교육 전공을 담당하는 대학원 선임강사이며 프로그램 코디네이터를 맡고 있다.

토드 루바르(Todd Lubart) 박사는 Paris Descartes 대학 심리학과 교수이며, Institute Universitaire de France 구성원이다.

마이클 S. 매튜스(Michael S. Matthews) 박사는 Charlotte에 있는 North Carolina 대학의 대학원 영재전공 코디네이터이고 부교수다. 또한 그는 North Carolina 영재학회(Association for the Gifted & Talented)의 부회장도 맡고 있다.

브론윈 맥팔레인(Bronwyn MacFarlane) 박사는 Little Rock에 있는 Arkansas 대학 교육리더십 학과에 영재교육 전공 부교수로 재직 중이다. 그녀는 대학원에서 영재교육, 평가와 교육정책을 가르치고, Arkansas 대학의 Jodie Mahony 영재센터에서 일하고 있다.

샐 멘다글리오(Sal Mendaglio) 박사는 Calgary 대학의 교육학과 교수이며 영재교육과 교육리더십, 교사교육을 가르치고 있다.

세르주 니콜라(Serge Nicolas) 박사는 Paris Descartes 대학의 인지심리학 교수다.

레베카 H. 오도어디(Rebecca H. Odoardi) (M. Ed.)는 현재 영재교육 분야 컨설턴트로 일하고 있다. 그녀는 유타 영재학회의 회장이며, Davis 교육청의 영재 프로그램 책임자로 일하고 있고, 미국 영재학회(NAGC)의 리더십위원회 멤버로 활동하고 있다.

마이클 M. 피에초프스키(Michael M. Piechowski) 박사는 1967년에 K. 다브로프스키(K. Dabrowski)를 만나 8년 동안 공동 작업을 많이 하였다. 그는 *Melllow Out*의 저자이며, S. 대니얼스 (S. Daniels)와 함께 *Living with Intensity*를 집필하였고, C. S. 네빌(C. S. Neville)과 S. S. 톨런(S. S. Tolan)과 함께 *Off the Charts: Asynchrony and the Gifted Child*를 저술하였다.

제인 피어토(Jane Piirto) 박사는 Ashland 대학의 석좌교수(Trustees' Distinguished)로 재직하고 있다.

제니퍼 H. 로빈스(Jennifer H. Robins) 박사는 William and Mary 대학 영재교육센터에서 출판과 교사연수(Publications and Professional Development) 총책임자이고, 임상 조교수다.

캐런 B. 로저스(Karen B. Rogers) 박사는 미네소타 주 미니애폴리스에 있는 St. Thomas 대학에서 1984년부터 영재교육 교수로 재직하고 있다.

딘 키스 시몬턴(Dean Keith Simonton) 박사는 미국 캘리포니아 주 데이비스 시에 있는 California 대학의 심리학과 특훈교수다.

조이스 반타셀-바스카(Joyce VanTassel-Baska) 박사는 William and Mary 대학의 영재교육센터 초대회장이며, 명예교수로 있다.

대니얼 L. 윙클러(Daniel L. Winkler) (Ed.S.)는 Louisiana 주립대학에서 학생 체육 프로그램에서 일하면서, 연구 프로젝트를 수행하며 학부생과 대학원 과목을 가르치는 한편, 수 편의 논문을 쓰고 있다.

프랭크 C. 워렐(Frank C. Worrell) 박사는 UC Berkeley 대학 심리학과와 교육대학원 교수다. 이곳에서 그는 학교심리학 프로그램 학과장과 학문재능발달 프로그램의 학과장, California 대입준비학교의 교장을 맡고 있다.

프랑크 제나스니(Franck Zenasni) 박사는 Paris Descarter 대학 차이심리학과 조교수다.

역자 소개

박경빈(Park, Kyungbin)
미국 조지워싱턴 대학교 석사(영재교육 전공)
미국 아이오와 대학교 박사(교육심리 전공)
전 한국영재학회 회장
현 가천대학교 유아교육학과 교수
　　아시아-태평양 영재학회 회장

〈저서 및 역서〉
한눈에 보는 영재교육(공저, 학지사, 2014)
영재탐구(공역, 시그마프레스, 2015)

길경숙(Gil, Kyungsook)
대전대학교 대학원 석사(아동학 전공)
경희대학교 대학원 박사(아동학 전공)
전 대전대학교 교육대학원 초빙교수
　　KAGE영재교육학술원 RnD Director
현 한국영재학회 이사
　　(주) 타임교육 영재교육 연구소 소장

〈저서〉
CDP(Cognitive Development program) (KAGE 영
재교육학술원, 2011)

김명숙(Kim, Myungsook)
미국 시카고 대학교 박사(교육평가 · 교육심리 전공)
현 서울시립대학교 교육대학원 교수(교수학습 ·
상담 전공)

〈저서〉
현대교육평가의 이해(공저, 교육과학사, 2012)

김판수(Kim, Pansoo)
부산대학교 대학원 석사(교육학 전공)
캐나다 앨버타 대학교 박사(수학 전공)
전 한국초등수학교육학회장
현 부산교육대학교 수학교육과 교수

〈저서〉
교과교육에서 창의성의 이론과 실제(공저, 학지사,
2010)
구성주의와 교과교육(공저, 학지사, 2000)

류지영(Ryu, Jiyoung)
미국 하버드 대학교 석사(교육심리 전공)
미국 컬럼비아 대학교 박사(영재교육 전공)
현 KAIST 과학영재교육연구원 연구교수

〈저서 및 역서〉
한눈에 보는 영재교육(공저, 학지사, 2014)
영재탐구(공역, 시그마프레스, 2015)
영재교육(공역, 박학사, 2014)
영재교육의 새로운 이해(공역, 학지사, 2013)

박명순(Park, Myongschun)
연세대학교 대학원 석사(교육심리학 전공)
독일 튀빙겐 대학교 박사(교육심리학 전공)
현 경인여자대학교 유아교육과 교수
　　한국영재학회, 한국교육심리학회, 한국다문화
교육학회 이사

〈저서 및 역서〉
부모교육(공저, 학지사, 2015)

아동을 위한 세계시민교육(공역, 학지사, 2012)
영재 교육과정 연구(공역, 학지사, 2008)
영재 판별의 동향(공역, 학지사, 2008)

박혜원(Park, Hyewon)
서울대학교 대학원 석사(심리학 전공)
미국 매사추세츠 대학교 박사(심리학 전공)
전 한국발달심리학회 회장
　　인지발달중재학회 회장
현 울산대학교 아동가정복지학과 교수

〈저서〉
한국 Wechsler 유아지능검사 4판(K-WPPSI-IV) 실
시지침서(공저, 학지사, 2016)
한국 비언어지능검사(K-CTONI 2) 실시지침서(마
인드프레스, 2014)
한국 Bayley 영유아발달검사(K-BSID-II) 실시지
침서(공저, 키즈팝, 2006)

변순화(Byun, Soonhwa)
연세대학교 교육대학원 석사(화학교육 전공)
서울대학교 대학원 박사(화학교육 전공)
전 서울대학교 교육종합연구원 객원연구원
현 가천대학교 과학영재교육원 주임교수
　　한국영재학회 이사

〈저서 및 역서〉
창의성이 보인다 성공이 보인다(공저, 창지사,
1999)
창의성을 내것으로: 우리 아이들의 창의성을 어떻
게 길러줄 것인가(공역, 학지사, 1999)

안도희(Ahn, Doehee)
중앙대학교 대학원 석사(교육심리 전공)
캐나다 앨버타 대학교 박사(교육심리 전공)
현 중앙대학교 교육학과 교수
　　한국영재학회 학술지『영재교육연구』편집위
　　원장
　　한국교육심리학회 부회장

〈역서〉
교육심리학(공역, 박학사, 2015)
부모와 교사를 위한 미성취 영재아 교수 전략(공
역, 학지사, 2013)

윤여홍(Yoon, Yeuhong)
서울대학교 대학원 석사(임상심리 전공)
미국 텍사스 A&M 대학교 박사(교육심리 전공)
전 아주대학교 교육대학원 겸임교수
　　KAGE영재교육학술원 심리교육상담연구소
　　소장
현 한국영재학회 이사

〈저서 및 역서〉
특수아 상담의 이해 개정판(공저, 교육과학사, 2009)
지금 꼭 키워야 할 우리 아이 숨은 재능(명진출판,
2003)
영재상담 모델(역, 학지사, 2014)
영재와 정신건강: 오진단과 이중진단(역, 학지사,
2009)

이미순(Lee, Misoon)
연세대학교 대학원 석사(아동학 전공)
미국 코네티컷 대학교 박사(영재교육 전공)
현 대구대학교 사범대학 교직부 교수
　　대구대학교 정보영재교육원/융합영재교육원
원장
　　대구대학교 글로벌 브릿지 연구소 소장

〈저서 및 역서〉
한눈에 보는 영재교육(공저, 학지사, 2014)
영재교육(공역, 박학사, 2014)
영재교육과 재능계발(공역, 시그마프레스, 2010)

임호찬(Lim, Hochan)
영남대학교 대학원 석사(심리학 전공)
경북대학교 대학원 박사(심리학 전공)
미국 애리조나 대학교 박사후 과정
현 한국 나사렛대학교 심리재활학과 교수

〈저서〉
한국판 레이븐 청소년지능검사[SPM](한국가이던
스, 2013)
미술치료 입문(학지사, 2012)
한국판 레이븐 유아용지능검사[CPM](한국가이던
스, 2002)

전미란(Chun, Miran)
미국 미시간 대학교 대학원 석사(유아교육 전공)
미국 컬럼비아 대학교 박사(영재교육 전공)
현 공주대학교 국제학부 교수

〈저서 및 역서〉
한눈에 보는 영재교육(공저, 학지사, 2014)
영재교육의 새로운 이해(공역, 학지사, 2013)

태진미(Tae, Jinmi)
러시아 상트페테르부르크 국립음악원 석사(작곡
전공)
러시아 게르젠 국립사범대학교 박사(교육이론 및
교수법 전공)
현 숭실대학교 교육대학원 융합영재교육전공 교수

〈저서 및 역서〉
매력전쟁시대 창조예술로 plus하라(생각나눔,
2011)
음악영재 교육(도서출판 예종, 2006)
교실에서의 창의성 교육(공역, 학지사, 2014)

영재교육을 이끈 세기의 학자들: 골턴에서 말랜드까지
A Century of Contributions to Gifted Education: Illuminating Lives

2016년 8월 25일 1판 1쇄 인쇄
2016년 8월 30일 1판 1쇄 발행

엮은이 • Ann Robinson · Jennifer L. Jolly
옮긴이 • 박경빈 · 길경숙 · 김명숙 · 김판수 · 류지영
　　　　박명순 · 박혜원 · 변순화 · 안도희 · 윤여홍
　　　　이미순 · 임호찬 · 전미란 · 태진미
펴낸이 • 김진환
펴낸곳 • (주)**학지사**
　　　　04031 서울특별시 마포구 양화로 15길 20 마인드월드빌딩
대표전화 • 02)330-5114　　　팩스 • 02)324-2345
등록번호 • 제313-2006-000265호

홈페이지 • http://www.hakjisa.co.kr
페이스북 • https://www.facebook.com/hakjisa

ISBN 978-89-997-1036-0 03370

정가 20,000원

이 도서의 국립중앙도서관 출판시도서목록(CIP)은 서지정보유통지
원시스템 홈페이지(http://seoji.nl.go.kr)와 국가자료공동목록시스템
(http://www.nl.go.kr/kolisnet)에서 이용하실 수 있습니다.
(CIP 제어번호: CIP2016017274)

교육문화출판미디어그룹 **학지사**

심리검사연구소 **인싸이트** www.inpsyt.co.kr
원격교육연수원 **카운피아** www.counpia.com
학술논문서비스 **뉴논문** www.newnonmun.com